라틴아메리카 고전 02

독립과 나라 세우기

19세기 라틴아메리카의 국민국가 기획

옮긴이

박병규 서울대학교 라틴아메리카연구소 HK교수
「조국을 위한 삶은 기쁨이요, 조국을 위한 죽음은 영광이다」, 「콜롬비아 대륙, 일명 이스파노아메리카 대륙의 민중에게 고함」, 「돌로레스 민중에게 고함」, 「자메이카에서 쓴 편지」, 「아이티 독립선언문」, 「아이티 제국 헌법」, 「아메리카 둘러보기」, 「통치는 식민이다」, 「아메리카의 날」, 「촐로」, 「원주민」, 「우리 아메리카」, 「병든 대륙」

우석균 서울대학교 라틴아메리카연구소 HK교수 | 「고무 채취자」

이경민 서울대학교 라틴아메리카연구소 HK연구교수 | 「정복」

김창민 서울대학교 서어서문학과 교수 | 「카르타헤나 선언」

김현균 서울대학교 서어서문학과 교수 | 「칼리반의 승리」

조영실 서울대학교 서어서문학과 강사 | 「문명과 야만」

최유정 덕성여자대학교 서어서문학과 강사 | 「아메리카 언중을 위한 스페인어 문법 서문」

홍정의 서울대학교 서어서문학과 대학원 졸업 | 「아리엘」

최이슬기 서울대학교 서어서문학과 대학원 박사과정 | 「해묵은 문제」

정민정 고려대학교 서어서문학과 대학원 박사과정
「이스파노아메리카 여성작가의 임무」, 「여성 노동자와 여성」, 「여성이 아메리카 정신 형성에 미친 영향」

라틴아메리카 고전 02

독립과 나라 세우기 – 19세기 라틴아메리카의 국민국가 기획

초판 인쇄 2018년 5월 25일
초판 발행 2018년 5월 30일
지은이 시몬 볼리바르 외
옮긴이 박병규 외 9명
펴낸이 최국주
펴낸곳 동명사
출판등록 1950년 11월 1일(제1-76호)
주소 (우 10881) 경기도 파주시 회동길 50(문발동)
전화 031-955-7200(대표)~2, 7203(편집부), 7204(물류)
팩스 031-955-7205
전자우편 webmaster@dmsbook.com
홈페이지 www.dmsbook.com

東明社

ISBN 978-89-411-8191-0 93300
값 18,000원

이 저서는 2008년 정부(교육부)의 재원으로 한국연구재단의 지원을 받아 수행된 연구임(NRF-2008-362-B00015)

서문

대부분의 라틴아메리카 국가는 19세기 초에 식민지에서 벗어나 독립을 성취했다. 그러나 신생국 탄생의 환호성이 채 가시기도 전에, 라틴아메리카 각국은 갖가지 도전에 직면했다. 대내적으로는 군주제와 공화제, 연방제와 중앙집권제, 교회와 국가의 관계 설정, 식민 잔재의 청산 문제에 시달렸고, 대외적으로는 프랑스, 영국, 미국의 무력 침공 위협에 대응해야 했다. 세계 여느 신생국과 마찬가지로, 라틴아메리카 각국의 나라 세우기(state building) 과정은 결코 평화롭지도, 순탄하지도 못했다. 역사는 '혁명'이라는 이름의 정변으로 얼룩지고, '질서'라는 이름의 독재로 귀결되기 일쑤였다. 자유파와 보수파는 이념이 아니라 이권을 놓고 대립하거나 야합했다. 이렇게 어수선한 현실에서도 라틴아메리카 사람들은 부단히 이상을 좇고, 대안을 제시하고, 주변국의 야욕을 경계했다. 이 책은 이런 19세기 라틴아메리카 지식인들의 나라 세우기 열망과 기획을 담은 선집이다.

제1부 독립운동에서는 라틴아메리카 독립 과정의 다양한 경로를 드러내고자 하였다. 미란다, 이달고 신부, 볼리바르의 글은 라틴아메리카 대륙의 독립이 결코 민족주의 정서를 공유한 일단의 사람들이 한마음 한뜻으로 노력한 결과가 아니라 지역마다 상이한 동기에서 촉발되고, 우여곡절을 통해서 쟁취한 산물임을 알 수 있다.

제2부 나라 세우기에서는 19세기 라틴아메리카의 핵심 쟁점을 살핀다. 「아이티제국 헌법」은 독립 초기의 국체(國體), 즉 입헌제와 공화제를 둘러싼 쟁론의

편린이다. 「문명과 야만」은 연방제와 중앙집권제의 문제, 「아메리카 둘러보기」는 식민잔재의 청산 문제, 「통치는 식민이다」는 근대화의 문제, 「아메리카의 날」은 대륙 통합의 꿈을 다루고 있다. 대부분의 문제는 시간의 흐름과 더불어 자연스럽게 해소(해결이 아니라)되었지만, 근대화와 대륙 통합의 문제는 지금도 다양한 형태로 변주되고 있다.

19세기 라틴아메리카는 이른바 과학적 인종주의를 무반성적으로 수용하여 원주민에 대한 멸시와 지배 또한 과학적으로 정당화했다. 심지어 아르헨티나의 사르미엔토나 알베르디는 원주민을 근대화의 장애물로 여기고, 청산의 대상이라고 목소리를 높였다. 칼보다 무서운 필봉을 휘두른 것이다. 제3부에 수록한 후안 몬탈보의 「원주민」은 비록 짧은 글이지만 이런 풍조에 대한 날카로운 비판이다. 오스토스의 「촐로」는 원주민과 백인 사이에 태어난 혼혈(촐로 또는 메스티소)에 대한 찬양이고, 후스토 시에라의 「정복」은 고대 원주민문명을 멕시코 역사로 전유하려는 메스티소 문화담론이며, 다 쿠냐의 「고무채취자」는 아마존지역 원주민의 일상사에 대한 인류학적 탐구이다. 모두가 원주민에 대해 이야기하고 있지만, 정작 원주민의 목소리는 들리지 않는다.

제4부의 핵심어는 반외세 민족주의 담론이다. 19세기 중반부터 진보적인 라틴아메리카 지식인들은 미국의 제도와 문물을 본받고자 노력했다. 그러나 호세 마르티의 예언처럼 1898년 미국이 쿠바와 푸에르토리코를 침공하여 제국주의 야욕을 드러내자 엔리케 로도와 같은 보수적인 지식인들이 전면에 나서 미국의 야만성을 규탄하고, 라틴아메리카 차원의 민족주의를 고양시켰다. 현재의 눈으로 보면, 스페인 문화전통을 되살리자는 로도의 보수적 민족주의 담론보다는 국가 개혁을 통하여 미국에 대적하자는 수메타의 개혁론이 더 설득력 있다.

제5부에서는 여성의 목소리를 담았다. 비록 당대의 사회문제에 대해서 혁신적인 주장을 개진한 경우는 드물다고 하더라도 전통적인 가부장 질서의 두꺼운 껍질을 깨뜨리고 여성으로서의 분명한 자기정체성을 주장했다는 점에

의미를 부여할 수 있을 것이다.

이 책을 구상할 때는 19세기 라틴아메리카의 주요 쟁점을 모두 담아낼 요량이었다. 그런데 실증주의에 관한 글은 무엇보다도 분량이 만만하지 않고, 논지 전개를 고려할 때 발췌 번역도 용이하지가 않아서 부득불 다음 기회로 미룰 수밖에 없었다. 이런 부족을 완성을 위한 여백이라고 너그럽게 이해하여주기를 바란다. 번역에 참여해주신 여러분께 감사 인사를 드린다.

박 병 규 씀

목차

서문 3

제1부 독립운동 9

1. 조국을 위한 삶은 기쁨이요, 조국을 위한 죽음은 영광이다 / 프란시스코 데 미란다 11
2. 콜롬비아 대륙, 일명 이스파노아메리카 대륙의 민중에게 고함 / 프란시스코 데 미란다 18
3. 돌로레스 민중에게 고함 / 미겔 이달고 33
4. 카르타헤나 선언 / 시몬 볼리바르 37
5. 자메이카에서 쓴 편지 / 시몬 볼리바르 52

제2부 나라 세우기 85

6. 아이티 독립선언문 87
7. 아이티 제국 헌법 98
8. 문명과 야만 / 도밍고 파우스티노 사르미엔토 109
9. 아메리카 언중을 위한 스페인어 문법 서문 / 안드레스 베요 131
10. 아메리카 둘러보기 / 후안 몬탈보 142
11. 통치는 식민이다 / 후안 바우티스타 알베르디 161
12. 아메리카의 날 / 에우헤니오 마리아 데 오스토스 173

제3부 원주민 문제 185

13. 촐로 / 에우헤니오 마리아 데 오스토스 187

14. 원주민 / 후안 몬탈보 192

15. 정복 / 후스토 시에라 195

16. 고무 채취자 / 에우클리지스 다 쿠냐 211

제4부 라틴아메리카와 미국 231

17. 우리 아메리카 / 호세 마르티 233

18. 칼리반의 승리 / 루벤 다리오 249

19. 아리엘 / 호세 엔리케 로도 260

20. 병든 대륙 / 세사르 수메타 282

제5부 여성의 목소리 301

21. 이스파노아메리카 여성작가의 임무 / 솔레다드 아코스타 데 삼페르 303

22. 여성 노동자와 여성 / 클로린다 마토 데 투르네르 313

23. 해묵은 문제 / 알폰시나 스토르니 326

24. 여성이 아메리카 정신 형성에 미친 영향 / 테레사 데 라 파라 334

제1부 독립운동

1. 조국을 위한 삶은 기쁨이요, 조국을 위한 죽음은 영광이다

프란시스코 데 미란다

프란시스코 데 미란다(Francisco de Miranda, 1750~1816)는 라틴아메리카 독립운동의 선구자이다. 스페인의 식민지 누에바그라나다 부왕령(현재의 베네수엘라)의 카라카스에서 출생한 미란다는 대학교육을 마치고 스페인 군대에 입대했다. 군대에서 반역자로 몰린 미란다는 미국으로 탈출하여 조지 워싱턴, 토마스 제퍼슨을 만나고, 이후에는 영국을 비롯하여 프로이센, 오스트리아 등 유럽 전역을 주유하다가 키예프에서 러시아의 예카테리나 2세를 만나 정분을 쌓기도 했다.

1791년 프랑스에 모습을 드러낸 미란다는 1792년에는 혁명군 장군이 되어 발미전투에 참여하는 등 공을 세웠다. 이 덕분에 공포정치 시대에 두 번이나 체포되었어도 단두대를 면할 수 있었고, 개선문에 '미란다'라는 이름을 선명하게 남길 수 있었다. 이후 영국과 미국에 머물면서 라틴아메리카 독립 활동을 벌이는데, 그 가운데 하나가 여기에 소개하는 편지 형식의 격문이다. 이처럼 미란다는 유인물 형식으로 자신의 견해를 라틴아메리카 설파하는 한편, 무장한 선박으로 베네수엘라에 상륙하여 독립투쟁을 전개하려고 준비했다.

1810년 시몬 볼리바르의 초청을 받고 고향으로 귀국한 미란다는 대대적인 환영을 받았으며, 1811년에는 독립선언서에 서명하는 영광을 누렸다. 그러나

1년 뒤인 1812년, 스페인군에게 연패하던 미란다가 스페인측과 휴전협정을 맺자, 볼리바르는 이를 반역으로 간주하고 미란다를 체포하여 스페인 당국에 신병을 인도했다. 1816년 미란다는 스페인의 카디스 감옥에서 파란만장한 일생을 마쳤다.

1801년의 격문「조국을 위한 삶은 기쁨이요, 조국을 위한 죽음은 영광이다(Por la partria el vivir es agradable y el morir glorioso)」를 보면 미란다는 독립의 명분으로 크리오요의 경제적 이익을 내세우고 있다. 식민지 시대에 라틴아메리카에서는 크리오요(criollo)라는 스페인계 백인이 농업과 상업을 장악하고 있었다. 중상주의 시대 국가 간 교역이 활발해지자 크리오요는 유럽 및 미국과 교역함으로써 이익을 극대화하려는 열망을 품게 되었다. 그러나 스페인 왕실은 오로지 스페인과 무역을 허락했을 뿐, 타 국가는 물론이고 심지어 인접한 다른 부왕령과의 교역마저도 철저하게 금지했다. 이로써 크리오요의 불만은 고조되었는데, 이런 사정을 간파한 미란다는 독립하면 크리오요의 이익이 보장된다고 설파하고 있다.

참고문헌

1. Miranda, Francisco de. 1982. "Por la partria el vivir es agradable y el morir glorioso", En *América espera*. Caracas: Biblioteca Ayacucho. pp. 261-263.

동포 여러분!

300백 년 전부터 스페인인이 이 대륙을 힘으로 장악하고 있습니다. 정복과정에서 저들이 저지른 죄악상은 전 세계가 익히 알고 있습니다. 그러나 정복

후 오늘날까지 폭정이 계속되고 있는데, 이런 사실을 알고 또 체감하는 사람들은 우리뿐입니다. 아메리카 토박이로서, 정복자 후손으로서, 원주민(indio)으로서, 스페인인으로서 우리의 권리는 갖가지 방식으로 침해당했습니다. 이를 증명하기 위해 1781년 감독관의 만행을[1] 상기할 필요는 없을 것입니다. 시파키라 협정은 이행을 맹세하는 엄숙한 의식까지 치렀는데, 스페인 정부는 이 협정을 무시하고 정말이지 후안무치한 일을 벌였습니다.[2] 또한 1796년과 1797년에 산타페와 카라카스의 우리 동포를 쇠사슬로 묶어 스페인으로 끌고 가는 만행을 저질렀습니다.[3] 이러한 폭거는 너무도 흔한 일이어서 우리 가운데 일상적으로 이런 일을 당하지 않은 사람은 하나도 없습니다. 우리에게 유용한 것이 무언지 완전히 망각한 스페인은 오로지 세금만 부과하기로 작정하고, 폭군 무리를 파견하여 우리를 모욕하고 재산을 탈취함으로써 산업을 죽이고, 무역을 금하고, 교육을 방해하며, 재능 있는 사람들을 핍박했습니다. 스페인에게는 아메리카에서 태어난 것이 죄입니다. 스페인 정부의 눈에 아메리카인은 무능해서 어떤 직업에도 종사할 수 없는 사람입니다. 그저 죽도록 고생만 할 사람인 것입니다.

땅이 비옥하고, 온갖 광물이 매장되어 있으며, 세상에 나는 물건은 다 있는

1 1778년 스페인 왕실은 누에바그라나다 부왕령에 감독관(Regente Visitador) 구티에레스 데 피녜레스를 파견하여 징세를 독려했다. 이 감독관은 상관인 부왕의 명을 따르지 않았을 뿐만 아니라 현지 사정을 고려하지 않고 무리하게 증세를 추진함으로써 1781년 3월 전 사회계층이 참여한 봉기를 유발했다. 이에 당황한 식민당국은 1781년 6월 콜롬비아의 시파키라에서 협정을 맺고 감세, 감독관 추방을 약속했다.

2 미란다가 시파키라 협정을 충격적인 방식으로 위반했다고 말하는 까닭은, 스페인 식민지배세력이 협정문의 잉크가 마르기도 전에 무효를 선언하고, 봉기 주동자를 체포하여 처형했기 때문이다.

3 1797년 7월 13일에 발각된 마누엘 괄(Manuel Gual)과 호세 마리아 에스파냐(José María España)의 독립운동 음모사건을 가리킨다. 이때 70명이 체포되었다.

데도 우리는 곤궁하게 살고 있습니다. 폭정이라는 괴물이 이런 부를 이용하지 못하게 막고 있기 때문입니다. 스페인 정부는 우리가 잘살기를 바라지 않습니다. 또 우리가 다른 나라와 왕래하는 것도 바라지 않습니다. 그래야 우리가 폭정의 무게를 모를 테니까요. 이런 폭정은 무식하고 비천한 사람들에게나 행하는 것입니다.

그러나 300년에 걸친 억압은 우리의 권리를 인식하고도 남을 정도의 교훈을 남겼습니다. 그 권리란 개인의 안전, 자유, 재산인데, 이런 권리는 사회에서 사는 인간에게는 지극히 필수적입니다. 폭군이 우리 목숨과 재산의 주인이라고 말하는데, 폭군의 신하는 시시때때로 이런저런 것을 빼앗아 가는데, 우리가 그 무슨 자유를 누리고, 그 무슨 안전을 누릴 수 있겠습니까? 또 우리가 조금이라고 교육하면, 아무 뜻 없이 한 마디라고 하면, 우리 입에서 불평이 새어나오는 기색이라고 있으면 국사범으로 간주하여 가차 없이 고문하거나 구금하거나 사형에 처하는 것이 사실이지 않습니까?

동포 여러분!

우리가 이런 폭압에 시달리기에는 세계가 아주 많이 계몽이 되었으며, 후견인 밑에서 굴욕적인 삶을 이어가기에는 어엿한 이제 성인이 되었습니다. 이 부끄러운 노예 사슬을 끊어냅시다. 스페인이 생각하는 만큼 형편없는 사람들이 아님을 세계에 보여줍시다. 우리 형제인 북미인[4]의 족적을 따라갑시다. 그리하여 북미인처럼 자유롭고 정의로운 정부를 세운다면 북미인이 현재 획득하여 누

4 1776년에 독립을 성취한 미국인을 가리킨다.

리는 부를 우리 또한 얻을 것입니다. 북미인이 자유를 얻은 것은 불과 25년밖에 안 되었습니다. 그렇지만 그 후 도시를 세우지 못했습니까, 교역을 하지 못했습니까, 번영과 행복을 누리지 못하고 있습니까? 우리는 북미인보다 인구도 많고 자원도 풍부한데, 북미인은 겪어본 적도 없는 고통을 당하면서 항상 궁핍과 무지와 노예 상태에 시달리지 않습니까? 애팔래치아산맥 기슭에서는 자유인이 경작하고 있는데, 세계를 지배하는 안데스 산맥에는 사람이 없거나 불행한 노예가 살고 있습니다. 델라웨어강과 포토맥강은 전 세계 사람들에게 개방되어 있지만 아마존강이나 오리노코강이나 그밖에도 우리나라를 적시고 있는 큰 강은 사람들이 기억조차 못하고 있지 않습니까?[5] 예술과 과학은 남미에서 낯선 것이어야 합니까? 절대 그렇지 않습니다. 우리는 자유를 얻을 것이며, 인간답게 살 것이며, 국민이 될 것입니다. 자유와 노예 사이에 중간은 없습니다. 좌고우면은 불명예가 될 것입니다. 우리의 해방을 반대하는 유일한 적은 반도에 쇠사슬로 묶여있습니다.[6] 거기서 빠져나올 수도 없고, 시간이 흘러도 모욕당하고 억압당한 국민이 준비한 형벌을 피할 방도가 없습니다. 우리 조국에서 신음하고 있는 선량한 스페인인들은 우리의 자유를 반기고 있습니다.

우리에게는 친구들이 있습니다. 우리를 확실하게 보호해주고, 폭군이 우리에게 어떤 짓도 못하도록 막아줄 것입니다. 또 우리에게는 무기가 있으며, 자유를 위한 투쟁에 참여한 백전노장도 많습니다. 무엇보다도 우리에게는 당당한 명분이 있으며, 이것이 우리에게 힘이 되어 줄 것입니다. 그렇습니다. 만사가 우리 손에 달렸습니다. 자유를 위해 단결합시다. 독립을 위해 단결합시다.

---

5 스페인 왕실의 자유 무역 금지로 외국 선박이 들어오지 못한다는 뜻이다.

6 이 당시 스페인 국왕 카를로스 4세의 왕권은 나폴레옹의 압력으로 약화되어 있었다.

우리 사이에서는 샤프롱이니 크리오요이니 물라토니 하면서 사람 구별하고 미워하는 일이 없어지기 바랍니다. 이런 차별과 증오는 폭군에게나 좋은 일을 하는 것입니다. 폭군은 이해관계에 따라서 노예를 편 가르고, 이 편이 저 편을 지배하게 만듭니다.

자유 정부는 모든 사람을 평등하게 여깁니다. 법이 지배할 때, 단순한 구별은 나름의 장점과 쓸모가 있습니다. 우리 모두는 같은 아버지의 자식이기 때문입니다. 우리는 언어도 같고, 관습도 같고, 특히 종교도 같기 때문입니다. 우리는 같은 방식으로 부당한 대접을 받고 있기 때문입니다. 그러하니 우리 모두 단결하여 자유라는 대업을 이룩합시다. 불의하고 도탄에 빠뜨리는 정부를 무너뜨리고, 현명하고 국민의 삶을 보살펴주는 정부를 세웁시다. 폭정을 무너뜨리고 자유 정부를 세웁시다. 전제주의를 무너뜨리고, 그 대신 법 앞에 평등, 질서, 선법善法이 지배하는 나라를 세웁시다. 폭정이 끝나면, 우리의 빈곤도 끝날 것입니다. 항구를 모든 국가에게 개방하면, 우리에게 부족한 물건은 넘쳐나게 들어올 것이며, 우리에게 남는 물건은 해외로 나갈 것입니다. 우리 땅에 온갖 종류의 공장이 아무런 제한 없이 들어설 것입니다. 더 이상 전매제도 없을 것이며, 공물도 없을 것이며, 판매세도 없을 것이며, 징세사무소도 없을 것이며, 무역제한법이나 경작제한법도 없을 것입니다. 우리들을 위해 경작하고 교역하지, 탐욕스럽고 불의한 외국인을 위해 경작하고 교역하지는 않을 것입니다.

현재 우리는 여러모로 스페인에 기여하고 있는데, 스페인은 되레 우리를 억압하고 있습니다. 이제는 우리를 위해 일합시다. 우리의 앞길을 개척합시다. 무역을 할 수 있도록 강과 수로를 정비하고, 공공의 이익과 과학 발전을 위한 기관을 창설합시다. 끝으로 동포여러분, 이제는 우리나라에서 이방인이 되지 않도록 합시다. 우리의 노력을 높이 평가하고 또 보답해주는 조국을 건설합시다. 조국을 말입니다. 이 말이 더 이상 의미 없는 말이 되어서는 안 됩니다. 조국이라는 말은 우리 가슴에 신성한 열광을 불러일으킬 것입니다. 현대의 유명한 여러 민중을 격동시켰듯이 말입니다.[7] 조국을 위한 삶은 기쁨이요, 조국을 위한 죽음은 영광입니다(Dulce et decorum est pro patria mori).[8]

---

7 1776년 미국독립선언과 1789년 프랑스혁명을 가리킨다.

8 로마 시인 호라티우스의 『송시』 권3, 제2시에서 인용한 구절로, "조국을 위한 죽음은 마땅하고 또 기쁜 일이다"라는 뜻인데, 미란다는 앞에 번역한 문장처럼 풀어쓰고 다시 라틴어 원문을 병기했다.

2. 콜롬비아 대륙, 일명 이스파노아메리카 대륙의 민중에게 고함

프란시스코 데 미란다

18세기 후반에 이르면 스페인의 아메리카 식민지 독립은 시간문제일 뿐 필연적이라는 인식이 팽배했다. 먼저, 아메리카 식민지에서는 1780년 투팍 아마루 2세가 식민지 시대를 통틀어 가장 위협적인 반란을 일으켰으며, 식민지 지배의 중추이던 크리오요의 불만 또한 누적되어 가고 있었다. 여기에 덧붙여, 1776년에 미국이 독립하고, 1789년에는 프랑스혁명이 발발하자 날로 국력이 쇠약해지던 스페인은 방대한 아메리카 식민지를 효과적으로 장악하기 위한 대안으로 평화적이고 질서 있는 독립 방안을 검토하기 시작했다.

이러한 국제 사회의 분위기를 체감한 프란시스코 데 미란다는 유럽 일주를 마치고 1789년에 다시 영국으로 돌아오면서부터 본격적으로 독립운동을 시작했다. 이 당시 미란다는 독립을 하려면 외국, 특히 스페인과 적대 관계이던 강대국 영국의 지원이 필수적이라고 여겼다. 훗날 시몬 볼리바르도 영국의 지원을 얻으려고 노력한 데서 알 수 있듯이, 독립운동 세력은 내부의 역량 부족을 외부의 지원으로 메꾸려고 했으나 국제관계를 고려한 영국은 지원 요청을 거절했다.

이 해 프랑스혁명에 참여한 미란다는 무장투쟁의 중요성을 깨달았다. 그리고 1797년 영국으로 돌아와서는 본격적으로 무장투쟁을 준비했다. 어느 정도 준비가 되었다고 판단한 미란다는 1801년에 여기 소개한 '콜롬비아 대륙, 일명 이스파노아메리카 대륙의 민중에게 고함(Proclamación a los pueblos del continente colombiano alias Hispano–América)'이라는 글을 런던에서 작성했다. 그러나 이 글에서 얘기한 무장 침공은 실현되지 못했다.

이후 미국으로 건너간 미란다는 당시 대통령이던 토머스 제퍼슨을 만나 지원을 요청했다. 제퍼슨은 정부 차원의 지원은 불가능하다고 선을 그으면서도, 개인 자격의 활동은 막지 않겠다고 약속했다. 미란다는 부유한 사업가 새뮤얼 오그덴의 재정 지원을 받아 선박 3척을 구입하고, 뉴욕 등지에서 대원 500명을 모집하여, 1806년 8월 1일 베네수엘라의 북부 해안에 상륙하여 인근 도시 코로를 장악했다. 그러나 대규모 진압군이 온다는 소식을 듣고 2주 만에 코로를 포기하고 트리니다드섬으로 철수했다. 이 작전은 비록 실패로 끝났지만 베네수엘라에서 독립운동을 준비하던 사람들에게는 더 없이 고무적인 일이었다. 여담이지만, 미란다의 이 무모한 무장 침공은 1895년 호세 마르티의 쿠바 침공과 1956년 피델 카스트로의 그란마호 침공으로 반복되었다.

글 제목에서 이스파노아메리카(Hispanoamérica)는 스페인의 아메리카 식민지를 가리키는 말이다. '스페인어권 아메리카'라고 번역하기도 하는데, 여기에서는 식민지 시대임을 감안하여 원어 그대로 옮겼다. 제목에서 이보다 더 눈에 띄는 용어는 '콜롬비아 대륙'이다. 미란다가 1789년 작성한 '헌법 초안'에 따르면, 스페인의 아메리카 식민지는 독립 이후 거대한 단일 국가가 될 터였다. 그리고 국명은 콜럼버스를 기념하여 콜롬비아라고 할 것이라고 밝혔는데, 이 글에서는 이를 대륙명으로 사용한 것이다. 아무튼 이 글에서 미란다는 무장 침공으로 야기될지도 모르는 혼란상을 방지하기 위한 일련의 조치를 언급하는 한편, 스페인의 아메리카 정복 이후 300년에 걸친 식민 통치의 역사를 개괄하고, 스위스 국제법학자 바텔이 1758년에 출판한 『만민법』에 근거하여 스페인의 아메리카 대륙 지배는 원천적으로 무효이며, 민중의 해방 열망은 정당한 권리라고 역설하고 있다.

참고문헌

1. Miranda, Francisco de. 1978. *Proclamación a los pueblos del continente colombiano alias Hispano-América*. México, D.F.: Universidad Nacional Autónoma de México.
2. Vattel, Emir de. 1834. *El Derecho de gentes o Principios de la ley natural*. Madrid: Imprenta de León de Amarita.

경애하고 용감한 동포여러분

오래전 여러분에게서 독립 달성을 위한 방법을 강구하라는 임무를 부여받은 우리는 오늘 기쁜 소식을 알리게 되었습니다. 이미 해방과 자유의 순간이 도래했습니다. 원컨대, 우리의 노력이 여러분의 장대한 열망을 충족시켜 주기를 바랍니다.

이 관대한 친구들은 마침내 우리의 정의로운 대의를 수용하고 여러분의 간청에 호응하여, 굳건하고 현명하고 균형 잡힌 기초 위에 정의롭고 독립적인 정부를 수립할 수 있도록 우리에게 원조와 지원을 제공하고 있습니다.

이제 우리를 억압하는 야만인들을 축출할 때가 되었습니다. 대서양 건너편에 있는 어떤 정부의 왕홀을 부러뜨릴 때가 되었습니다. 잊지 마십시오. 여러분은 저 훌륭한 원주민의 후손입니다. 원주민은 자기 조국에서 노예로 살고 싶지 않아서 욕된 삶을 사느니 차라리 영광스런 죽음을 선택했습니다. 고매한 원주민 전사들은 후손의 불행을 예감하고, 억압의 사슬을 끌고 다니느니 차라리 멕시코, 쿠스코, 보고타의 성벽 밑에서 싸우다가 죽는 길을 선택했습니다. 공공의 자유를 위해 한 몸을 희생한 것입니다.

여러분은 압제 정부의 폐허 위에 독립 조국을 건설할 것입니다. 그러나 그렇게 중요한 대업에서, 여러분의 처지를 바꿀 대업에서 여러분이 해야 할 의무가 있습니다. 바로 전 세계에 여러분이 독립을 결심하게 된 동기를 알리는 것이며, 증오나 망은이 아니라 정의의 목소리와 자존감이 이 장대한 분투를 추동하고 있다는 사실을 확실하게 증명해야 합니다.

여러분은 이 문제에 대한 광범위한 토론을 피하기는커녕 관심이 많을 것입니다. 사실, 도대체 무슨 근거로 가톨릭 폐하[1]는 이 지역을 독점적으로 소유하게 되었을까요?

안토니오 데 에레라[2]의 서인디아스 역사를 펼쳐보면, 가톨릭 폐하가 1510년에 아메리카 주민에 반대한 유명한 칙서가 실려 있습니다. 인디아스의 통치자와 관리와 군장교에게 권한을 부여하고 지침을 내린 칙서입니다. 그곳에는 다음과 같은 구절이 있습니다.

> 앞서 언급한 바 있는 예전 교황 중에서 한 분[3]이 세상의 주인으로서 대양에 있는 이 제도와 뭍을 카스티야의 가톨릭 양왕에게 증여했다 […] 이러한 증여 덕분에 폐하께서 이 제도와 뭍의 왕이자 주인이다.

---

1 가톨릭 폐하란 스페인 국왕을 가리킨다.

2 안토니오 데 에레라(Antonio de Herrera, 1549~1626)는 스페인 왕실의 공식 역사가로 「서인도제도라고 부르는, 대양의 뭍과 섬에서 카스티야인이 행한 일의 일반사」라는 책을 펴냈다. 이 책을 가리켜 미란다는 서인도제도 역사라고 부르고 있다.

3 교황 알렉산드르 6세를 가리킨다.

이 역사가는 다른 곳에서도 서인디아스에 대한 스페인의 지배권을 언급하면서 반박이 두려웠는지, 그 땅은 '예수 그리스도의 대리자'이신 교황께서 양여한 덕분에 얻게 되었다고 천명하고 있습니다.

그러므로 가톨릭 폐하는 교황 칙서 외에는 소유권을 주장할 근거가 없습니다. 사실, 이 근거는 너무나 불합리하고 터무니없으므로 논박하는 것 자체가 불필요하며, 시간 낭비입니다. 다른 민족들, 이를테면 프랑스인, 영국인, 네덜란드인을 비롯하여 많은 민족은 누차에 걸쳐 이상한 증여에 대하여 어떻게 응대해야 할지 세상에 알렸습니다. 이와 관련하여 다리엔의 카시케[4] 두 사람은 자연법의 논리에 의거하여 아주 당연한 말을 하였습니다. "타인의 재산을 주고, 요구하고, 받는 것은, 다른 것과 마찬가지로 정신 나간 짓이었다. 저들이 나라의 주인이므로 낯선 주인에 할 수 있는 일은 아무 것도 없었다."

아마도 스페인 왕실을 두둔하는 사람들은 정복의 권리[5]가 합법적인 근거라고 무턱대고 우길 것입니다. 그러나 가톨릭 폐하가 지금 우리가 얘기하는 특수한 상황에서 정복의 권리를 들먹였는지 검토하기 전에, 백번을 양보하더라도 정복의 권리 주장이 때늦었다는 점을 살펴볼 필요가 있습니다. 왜냐하면 스페인 왕실은 아메리카 대륙과 제도를 점령했을 때, 정복의 권리로 차지한 것이 아니라 교황의 증여로 차지한 것이기 때문입니다.

다른 한편으로, 정복에 나선 코르테스, 피사로, 케사다, 소토가 보낸 간략한 보고서는, 만약 정복의 권리를 인정했더라면 이들 정복자 후손이 그 권리를

---

4 다리엔(Darién)은 현재의 파나마 남부 일대를 가리키던 지명이다. 이 글에서 카시케(cacique)는 카리브해에 살던 원주민 지도자를 지칭하는 말이다.

5 '정복의 권리'는 정복자가 무력으로 차지한 땅을 소유할 권리를 갖는다는 것으로, 전통적인 국제법의 원칙이었다. 그러나 현대로 오면서 점차 사라지기 시작해서 2차 세계대전 이후에는 완전히 폐기되었다.

승계해야 한다는 점을 분명하게 증거하고 있습니다. 자기 비용을 들여서 멀고 험난한 정복을 시도했으며, 스페인 왕실은 아무런 비용도 들이지 않았기 때문입니다.

그래도 스페인 왕실이 정복의 권리를 주장하고자 한다면 우리는 이 권리가 아무런 의미도 없다는 점을 증명하겠습니다. 만민법에 따르면, 한 국가는 당연히 아무도 거주하지 않는 나라를 점령할 수 있습니다. 그러나 이 만민법은 한 국가에 대한 소유권과 통치권은 인정하지 않습니다. 오직 현실적으로 그리고 사실상 점령한 빈 나라에 대한 소유권과 통치권을 인정합니다. 그런 나라에 제도를 세울 수 있고, 그런 나라에서 실제적으로 이득을 얻을 수 있습니다. 항해사가 황량한 땅을 발견했는데, 그 이전에 다른 나라 사람이 지나가는 길에 소유권을 증명하기 위해 기념비를 세워두었다고 합시다. 그럴 경우 항해사는 쓸데없는 기념비는 무시합니다. 이런 기념비가 바로 스페인 왕실과 포르투갈 왕실이 세계를 양분하도록 만든 교황의 조치입니다. 그러나 논박할 수 없는 사실은, 아메리카의 제도와 대륙이 황량하기는커녕 많은 사람이 살고 있었으므로 스페인인은 합법적으로 아메리카를 점유할 수 없었습니다.

또 다른 고려 사항도 있습니다. 필수 만민법[6]에서 도출된 것인데, 가톨릭 폐하의 정복의 권리를 강력하게 부정하는 것입니다. 이 문제에 대해서 현대 공법학자 가운데 가장 유명하고 현명한 분[7]이 한 말을 살펴봅시다.

> 부당한 전쟁은 어떤 권리도 획득하지 못한다. 이런 전쟁을 수행한 군주는

---

6 필수 만민법(derecho de gentes necesario)과 뒤에 나오는 임의 만민법(derecho de gentes voluntario)은 바텔의 용어이다. 이 용어에 대해 미란다는 아래에서 간략하게 설명하고 있다.

7 스위스 국제법학자 에메르 드 바텔(Emer de Vattel, 1714~1767)을 가리킨다. 이하 인용문은 바텔이 1758년에 출판한 『만민법(Le droit des gens)』 제1책 18장에서 따온 것이다.

범죄자인데, 적을 공격하고 억압하고 죽이기 때문이며, 자국민을 불의에 가담시키기 때문이며, 인류에게는 평화를 어지럽히고 유해한 예를 남기기 때문이다. 이런 경우, 불의를 저지른 자는 반드시 손해를 변상해야만 하며, 변상할 수 없을 때는 정당한 구제조치를 해야 할 의무가 있다.

신세계 발견부터 오늘날까지, 아메리카 주민에 대한 스페인의 전쟁이 정당했다고 감히 주장하는 공법학자는 단 한 명도 없습니다. 페루, 칠레, 멕시코, 보고타의 사람들은 그때까지 스페인인을 알지 못했으므로 경미한 공격도 할 수가 없었습니다. 그러므로 스페인인의 침략은 근원에서 보면 불의하며, 실행에서 보면 잔혹했으므로 경미한 권리도 부여할 수 없습니다. 스페인 왕실이 행한 악은 변상 불가능하며, 위에서 인용한 규정에 따르면, 정당한 구제조치 외의 다른 방도는 없습니다. 다시 말해서, 아메리카 대륙에서 즉시 군대를 철수하고, 지금까지 이른바 이스파노아메리카라는 식민지를 구성하고 있는 민중의 독립을 인정하는 수밖에 없습니다.

이상이 진정한 원리이고, 정의의 영원한 규범이며, 자연법의 힘으로 필수 만민법이 만민에게 부과한 신성한 법 조항입니다. 그러나 인류의 행복을 위협하는 한 가지 불행 때문에 군주의 양심에만 호소하는 필수 만민법만 고집할 수 없게 되었으므로 우리는 인류 사회의 안전과 이익을 보장하기 위해 확립되고 모든 문명국의 일반적 동의로 인정받은 임의 만민법이 가톨릭 왕의 야심을 정당화하는지 살펴봐야 합니다.

모든 군주가 의무적으로 준수해야 하는 임의 만민법 덕분에 우리는 "오로지 형식을 갖춰 천명한 전쟁만이 그 결과가 쌍방에게 정당하게 보인다"는 것을 알 수 있습니다. 이제 어떤 상황이어야 형식을 갖춘 전쟁이라고 할 수 있는지, 그리고 스페인 측이 형식을 갖춘 전쟁을 수행했는지 살펴보겠습니다.

전쟁이 형식을 갖추려면 무엇보다도 먼저 공격하는 측의 항의 사유가 정당해야 하고, 상대방은 그에 합당한 배상을 거부해야 하며, 선전포고를 해야 합니다. 이 마지막 조건은 엄격합니다. 상대방이 반복적으로 배상을 거부해야 선전포고가 가능합니다. 이러한 필수 조건을 갖춰야 형식을 갖춘 전쟁이 됩니다.

이제 우리는 전 세계에 묻고자합니다. 이상과 같은 적절하고 필수불가결한 정식 절차를 거쳤는지 스페인 왕실에게 묻고자 합니다. 이런 정식 절차를 거쳤다고 하더라도 우리 조국의 폐허더미 위에 끔찍한 지배기구를 설치하기 전에 공격을 받은 적이 있는지 묻고자 합니다. 분명히 아닙니다. 피 흘리는 일을 미연에 방지하기 위해 동원한 최후 수단이었습니다. 게다가 스페인의 이 선언은 정당한 항의 사유여야 하는데, 신세계를 발견하기 전에는 이름조차 몰랐습니다. 스페인인을 해치지도 않았고, 그 어떤 권리도 침해하지 않았는데, 그 무슨 배상을 한단 말입니까?

가톨릭 양왕[8]은 이런 사정을 잘 파악하고 있었습니다. 또 만민법에서는 신대륙의 소유를 정당화할 그 어떤 합법적인 대의나 마땅한 동기를 찾을 수 없다는 것을 알고 있었습니다. 그래서 스페인 출신 교황[9]의 증여 외에 다른 명분을 주장하지 못한 것입니다.

따라서 스페인은 전쟁을 벌여 아메리카 대륙을 집어삼킬 핑계거리조차 없었다는 것이 분명합니다. 또 하나 분명한 사실은 형식을 갖춘 전쟁을 하지 않았다는 것입니다. 스페인의 적의는 정당하지 못하며, 스페인의 승리는 살인이었고, 에스퍄냐의 정복은 강탈이고 찬탈이었습니다. 선혈이 낭자하고, 도시는 약탈당하고, 농촌은 파괴되었습니다. 바로 이것이 스페인이 하느님과 인간

---

8 가톨릭 양왕(Reyes Católicos)이란 콜럼버스가 신대륙으로 항해하던 때 스페인을 공동 통치한 이사벨 여왕과 페르난도 국왕을 가리킨다.

9 교황 알렉산데르 6세를 가리킨다.

앞에서 저지른 범죄입니다.

이러한 중요한 문제에서 패소한 뒤, 스페인 왕실의 변호인들은 마지막 피난처에 몸을 숨기고 우리에게 이렇게 말할 것입니다. "너희와 너희 재산을 취득한 지도 300년이 넘었으니 무척이나 합법적인 권리를 획득한 것인데, 어떻게 너희는 감히 가톨릭 폐하의 통치를 되돌리려고 하느냐?"

동포여러분은 이러한 전제정치의 옹호자들에게 이렇게 대답하십시오. 어떤 취득시효도 폭군의 찬탈을 인정하지 않는다고 말입니다. 이때도 바텔이 권위자입니다. "군주는 민중의 운명을 좌우할 수 있는 절대적 주인이라고 생각하기 때문에 민중을 노예상태로 만들고, 자기와 민중 사이에 전쟁상태를 유지한다". 이스파노아메리카 식민지의 민중들은 3백 년 전부터 외국의 억압 밑에서 신음하고 있는 것은 아닐까요?

그러나 가톨릭 폐하의 소유권 근거가 교황의 증여뿐이기 때문에 어처구니없고 터무니없다고 할지라도, 남미를 포함한 광대한 제국에 대한 소유권 주장이 법적으로 아무런 근거가 없다고 할지라도 어쩌면 스페인 국왕은 사람들과 재산을 보호하는 정치를 펼쳐 무자격자라는 사실을 잊게 만드는 데 성공하지 않았을까요?

여러분은 코르테스, 피사로, 케사다, 알부케르케, 톨레도, 알데레테와 그 밖의 여러 괴물의 광분을 기억하실 것입니다. 알부케르케[10]가 권력을 이용하여, 가톨릭 폐하가 차후에 승인한 칙서를 이용하여 불쌍한 원주민과 카시케를 천한 가축으로 취급하여 동료들에게 노예처럼 부리라고 나누어줬다는 사실도 기

10 돈 로드리고 데 알부케르케(Don Rodrigo de Alburquerque, ?~?)는 1513년 스페인 왕실의 인맥을 이용하여 페르난도 국왕을 알현하고, 분배제도 폐지 결정을 유예하도록 설득하였다. 그리고 1514년에 에스파뇰라섬에 도착하여 넓은 땅을 차지하고 약 2만5천명의 원주민을 노예처럼 부려먹었다.

억하실 것입니다. 발보아는 자기를 불쾌하게 만들었다는 이유로 사냥개를 동원해서 원주민과 카시케를 물어뜯어 죽였다는 사실도 기억하실 것입니다.[11]

여러분은 저들이 예수그리스도와 12사도를 기린다는 명목으로 원주민 13명을 목매달고 불태워 죽인 사실도 기억하실 것입니다. 죽은 사람들의 잘못이라면 원주민으로 태어났다는 것뿐입니다.

또 목테수마의 후임자[12]는 코르테스의 온갖 회유에도 넘어가지 않고, 가장 고통스러운 고문을 당한 끝에 다른 두 왕과 함께 나무에 목매달려 죽었다는 사실을 기억하실 것입니다. 이렇게 막연한 몇 마디 말 때문에, 하찮은 불평 때문에 멕시코 왕가의 불행한 군주들은 비명횡사했습니다. 따라서 이런 살인자들은 엄중한 처벌을 받아야 마땅합니다.

여러분은 분명히 기억하실 것입니다. 잉카 왕가의 구성원은 모두 비참한 죽음을 맞이했으며, 페루 부왕 프란시스코 데 톨레도는 망코 카팍 왕가의 마지막 군주 투팍 아마루에게 사형을 선고함으로써 이 살인극에 마침표를 찍었습니다. 펠리페 2세마저도 살인자처럼 행동했다는 점을 인정할 정도로 톨레도 부왕의 야만적인 잔혹성은 극에 달했습니다.

이러한 잔혹행위는 스페인 왕실과 무관한 일이었다고 얘기하거나 스페인 국왕은 칙서를 내려 아메리카 민중을 존중하고 사랑했다고 얘기해서는 안 됩니다. 아메리카 발견 이후 지금까지 스페인 국왕이 남긴 문헌을 모두 살펴봅시다. 앞서 인용한 칙서를 살펴봅시다. 그러면 가톨릭 폐하가 서인디아스의 통치자와 그 밖의 민간 관리, 군사장교에게 권한을 위임하여, 자신의 지배를 인정하지

---

11 스페인 정복자 바스코 누녜스 데 발보아(Vasco Núñez de Balboa, 1475~1519)는 파나마 원주민이 혼교와 남색에 빠졌다는 이유로 이런 만행을 저질렀다.

12 콰우테목을 가리킨다. 콰우테목은 테스코코의 왕 및 틀라코판의 왕과 함께 교수형을 당했다고 한다.

않으려는 모든 원주민의 자식과 부인을 강제로 끌어와서 노예로 팔거나 뜻대로 처분해도 되고, 재산은 몰수해도 되고, 온갖 악행을 저질러도 괜찮으며, 불충한 신민이나 반역자로 간주하여 살해해도 된다고 명했다는 사실을 알게 될 것입니다. 이것이 바로 스페인 왕실의 부정(父情) 넘치는 말이었습니다.

그렇습니다. 스페인 국왕과 대리인이 덕행과 기독교와 바르톨로메 데 라스 카사스 신부의 인간애를 신봉하였더라면, 여러분은 그들을 애정으로 기억하고, 그들 밑에서 살고자 열망했을 것입니다. 적어도 여러분의 성격과 이해관계에 부합하는 정의로운 법을 제시했더라면 여러분은 건실한 통치 때문에 오래전의 찬탈을 잊을 수 있었을 것입니다. 이와 유사한 상황에서 로마인들이 패배한 사람들에게 자유를 빼앗은 대신에 문명과 훌륭한 법을 줌으로써 찬탈을 잊도록 만들었듯이 말입니다.

동포 여러분! 스페인 왕실은 여러분 나라에 문명의 광선을 쪼이기는커녕 은폐하고 말살시키려고 노력했습니다. 전제정치의 일반적인 원칙을 좇았습니다. 폭군은 민중의 무지 위에서 군림했을 뿐입니다. 이리하여 오늘날에는 귀족까지도 외국으로 나가는 것이 금지되고 있습니다. 이 사람들은 칭찬할 만한 야망에 이끌려 조국을 떠나 외국 땅에서 과학과 예술을 배우고자 합니다. 그러려면 먼저 스페인 왕실의 특별 허가를 받아야 하는데 좀처럼 얻기 어렵습니다. 지금 여러분은 주요한 공무에서 배제되어 있습니다. 지금도 끝없는 탐욕 때문에 여러분의 돈을 삼키고 있습니다. 자국민을 희생시켜 욕심 많은 외국인을 부자로 만들어주고 있습니다. 지금 온갖 명목으로 여러분 주머니에서 털어낸 세금은 여러분의 손을 묶은 쇠사슬을 더욱 강고하게 만드는 데 사용되고 있습니다. 지금 여러분은 정확하게 말해서 직함이라는 옷을 입은 종에 지나지 않습니다. 반짝이기 때문에 완전한 상상의 옷으로 보이거나 꼴불견으로 보이지 않을 뿐입니다.

결국, 이 식민지를 완전히 무식하게 만든 스페인 왕실은 헤로도토스가 얘기한 저 스키타이인과 다를 바가 없습니다. 한눈팔지 말고 말 젖 짓는 일에만 몰두하도록 노예의 눈알을 빼버린 스키타이인 말입니다.

여러분 중에서 갈베스 가문[13], 아라체 가문, 피녜레스 가문, 아발로 가문, 브란시포르테 가문의 압제 밑에서 신음하지 않은 분들이 있습니까? 결국, 가톨릭 폐하는 부끄러운 줄도 모르고 가장 성스러운 약속과 신앙을 저버리지 않았습니까? 정당한 이유도 없이, 핑계도 없이 1781년 아우디엔시아와 산타페 지방의 주민이 시파키라에서 작성하고, 1782년 스페인 왕실이 승인한 협정을 1783년에 파기했습니다.

또한 우리는 1797년 베네수엘라에서 스페인 정부가 대사면을 노골적이고 가장 치졸한 방법으로 무시하는 것을 보지 않았습니까? 이처럼 우리 아메리카인은 한두 번 속은 것도 아닌데, 도무지 믿을 수 없는 정부의 언명을 어떻게 신뢰할 수 있겠습니까?

여기에 덧붙여, 단순히 강을 항해하고, 길을 통과하며, 동일한 해안에 있는 항구에서 항구를 연결하고, 파나마 지협에 운하를 파자는 제안은 스페인 법에서 중죄였고, 지금도 중죄입니다. 그렇다면 스페인이 식민지를 다스리는 혐오스러운 체제를 어떻게 생각할까요?

시민여러분, 이 괴물 같은 폭정을 반드시 무너뜨려야 합니다. 진짜 채권자들이 찬탈 당한 권리를 되찾아야만 합니다. 외세가 빼앗아간 공권력의 고삐를 현지 주민의 손에 되돌려줘야 합니다. 로크의 말처럼, 정복자나 다를 바 없는 사람이 수립한 정부는 비합법적일수록 그만큼 더 자연법에 배치되므로 즉시 전복시켜야 합니다. 가장 완전한 사건은 의심할 여지없이 여러분의 대단한 노력일 것입니다. 300백만 명에 달하는 북미의 여러분 형제들은, 아직도 내부적

13 여기서 미란다가 언급하고 있는 인명(갈베스, 아라체, 피녜레스, 아발로, 브란시포르테)은 스페인의 유력 가문으로, 식민지 아메리카에서 부왕 등 고위관료를 지냈거나 광대한 토지를 소유했다.

으로 합의할 문제가 없지는 않지만, 용기와 미덕과 인내를 통해서 독립을 확보하기에 이르렀습니다. 여러분도 당연히 대성공을 이야기하게 될 것입니다. 1700백만 명이 넘는 주민이 정의와 용기와 결의로 독립을 외치고 있으니까요.

남미에 수많은 재앙이 닥쳤습니다만, 그런 와중에 참으로 인간다운 광경은 수많은 용맹한 원주민 부족이 일족을 죽인 살인자에게 복종하느니 차라리 협곡과 밀림에 틀어박혀서 살든지, 사막이나 아메리카의 알프스[14] 고지대에서 정처 없는 떠돌이 생활을 선택했다는 사실 아닐까요?

아무튼 여러분은 자유의 깃발 아래 단결해야 합니다. 정의는 우리 편에 서서 싸우고 있습니다. 유럽에서 가장 건전한 지역[15]은 알바 공작의 광분과 학살 정책을 물리친 네덜란드인의 용기를 인정했고, 포르투갈 민중의 해방을 열렬히 찬성했으며, 북미의 독립을 처음부터 환호했는데, 세계 어디에서도 보지 못한 폭력과 잔혹함에 시달려온 남미 민중의 독립에 어찌 박수를 보내지 않겠습니까?

아무튼 여러분은 이상의 여러 가지 생각, 명예심, 적개심에서 우리에게 치욕스럽고 견딜 수 없는 압제를 타파하는 데 일조하라는 임무를 부여했습니다. 그 일조가 바로 여기에 있습니다. 여러분의 계획을 돕기 위해 해군과 육군이 저와 함께 왔습니다. 곧 알게 되겠지만, 모두가 사심 없는 친구들입니다. 여러분의 적만이, 바꿔 말해서 자유의 적만이, 아메리카 독립의 적만이 두려워할 사람들입니다. 친구들은 자진해서 자기 나라를 떠나온 사람들입니다. 우리는 그들의 충심과 선의에 화답해야 합니다. 정복이나 갖가지 독점과 지배와는 거리가 먼 사람들입니다. 여러분의 행복, 해방, 정치적 독립에 기여하겠다는 것밖

14 안데스 산맥을 의미한다.

15 동유럽, 서유럽, 남유럽, 북유럽 가운데 서유럽을 지칭한 것으로 보인다.

에 다른 의도나 욕망은 없습니다.

그러나 시민 여러분은 압제 정부의 폐허 위에 독립 국가를 세울 때 명심해야 합니다. 여러분 업적의 명성은 가장 먼 지역까지 울려퍼질 것이며, 기념비에 여러분의 성명이 새겨질 것입니다. 거창하고 명예로운 업적일수록 여러분은 예상치 못한 사건으로 업적에 먹칠을 할까 두려워해야 합니다. 온갖 종류의 범죄는 배격하고, 무정부 상태가 되지 않도록 극도로 조심해야 합니다. 또한 범죄자 단죄는 사법 재판소 소관이라는 점도 명심해야 합니다. 살인은 이유 여하를 불문하고 항상 또 다른 살인을 불러옵니다. 압제자인지 아닌지 불분명하더라도 폭군이 하던 짓을 모방해서는 안 됩니다. 여러분의 이상은 비정상적인 정부를 그와 유사한 정부로 교체하는 것이 아닙니다. 폭압 정권을 또 다른 폭압 정권으로 대체하는 것도 아닙니다. 구 전제정치를 무너뜨리고 신 전제정치를 확립하는 것도 아닙니다. 한마디로 말해서, 외국인 전제정의 폐허 위에 조금은 덜 미운 전제정, 방종과 무정부의 전제정을 수립하는 것이 아닙니다. 끝으로 여러분은 고대에 그리고 근대에 찬란하게 빛나던 민족의 역사를 본받아야 합니다. 그리고 선한 의도가 훌륭한 결과를 초래하는 것과 마찬가지로, 불순한 원칙은 필연적으로 치명적인 결과를 초래한다는 사실을 여러분은 결단코 잊어서는 안 됩니다.

바라건대, 무정부 상태의 치명적인 결과가 나타나지 않도록 나라를 보전하여 주십시오. 우리가 그토록 원하던 해방에서는 시민권과 정의와 공공질서에 반하는 그 어떤 행위도 일어나지 않기를 바라면서 다음 4개 조항을 선포합니다.

제1항

콜롬비아 대륙의 식민지를 구성하는 농촌과 도시의 카빌도[16]와 아윤타미

16 카빌도(cabildo)와 아윤타민엔토(ayuntamiento)는 식민지 시대에 설치된 지방 행정기관이다.

엔토는 대표단을 지체 없이 총사령부로 파견해야 한다. 이 대표단은 회의 개최에 가장 적합한 장소를 지정하고, 의회를 구성한다. 이 의회는 임시정부 구성을 책임진다. 임시정부는 독립과 진정한 의미의 자유를 확립할 것이다.

제2항

로마 가톨릭 종교는 논란의 여지가 없는 국교이다. 종교적 관용은 다른 모든 종교에도 확대 적용한다. 이로써 종교재판은 무의미하게 되었으므로 폐지한다. 사제의 업무는 성격상 매우 신성하며, 연구와 일과를 수행해야하므로 여타의 민간 업무나 군인 업무와 양립할 수 없다.

제3항

원주민과 유색인[17]은 여전히 증오의 대상이고, 불공정한 대우를 받으며, 억압받고 있으므로, 이들에게 부과하는 개인세는 사실상 폐지한다. 원주민과 유색 자유민은 이 순간부터 여타 시민에 상응하는 권리와 특전을 누린다.

제4항

18세부터 58세까지의 모든 시민은 추후에 발표할 관련 규정과 조건에 의거하여 조국 방어를 위해 무기를 들 의무가 있다.

불행한 조국을 위해 충성하라(Patriae infelice fidelis)

---

17 여기서 유색인은 흑인노예를 가리킨다.

3. 돌로레스 민중에게 고함

미겔 이달고

미겔 이달고(Miguel Hidalgo, 1753~1811)는 멕시코의 신부이자 혁명가이다. 멕시코에서는 보통 이달고 신부라고 부르며, 국부(Padre de la patria)로 추앙한다.

멕시코 과나후아토 지방의 부유한 크리오요 가정에서 태어난 미겔 이달고는 1778년 사제 서품을 받고 과나후아토 지방의 성당에서 신부로 봉직하고 있었다. 당시 국내외의 정세는 급변하고 있었다. 1808년 프랑스는 스페인을 침공하여 국왕 페르난도 7세를 폐위하고, 식민지 최고통치자인 부왕을 교체했다. 이에 대응하여 멕시코 지식인들은 식민지 장래에 대하여 의논하는 한편, 정치적 음모집단을 결성하기도 하였다.

이달고 신부와 정치적 동료들은 새로 부임한 부왕을 축출하고, 의회를 소집하여 유폐된 페르난도 7세의 이름으로 자치 통치를 실시한다는 계획 아래, 1810년 10월 1일 거사하기로 약조했다. 이 음모가 사전에 발각되자 9월 16일 새벽 이달고 신부는 돌로레스 마을의 성당에서 '돌로레스 민중에게 고함(Grito de Dolores)'을 발표하고 봉기했다. 이 봉기에는 탐관오리의 가렴주구와 기근에 시달리던 농민까지 참여함으로써 한때는 그 수가 4만 명에 이르러 멕시코 북부에서 가장 큰 봉기세력으로 성장했다. 그러나 전략 부재로 봉기는 결국 실패로 끝나고 말았다. 1811년 5월 21일 봉기세력에 침투한 밀정의 배신으로 체포된 이달고 신부는 사형을 언도받고, 7월 30일 새벽에 총살당했다.

여기에 소개하는 이달고 신부의 '돌로레스 민중에게 고함'은 멕시코 공식 역사에서는 독립선언문으로 통용된다. 멕시코의 독립기념일은 이달고 신부가 이 선언문을 발표한 9월 16일이며, 이 날 밤 멕시코 대통령은 이달고 신부의 예를 따라 소칼로광장 발코니에 나와 국민들과 함께 독립 구호를 외친다.

엄밀하게 얘기하면, '돌로레스 민중에게 고함'은 독립선언문으로 보기 어렵다. 이달고 신부는 이 선언문을 문헌으로 남기지 않았기에 기억에 의존해 재구성한 것인데, 1810년 당시에 작성된 세 가지 문헌을 보면, 말미에는 "페르난도 7세 만세"라는 구호가 공통적으로 들어가 있다. 다시 말해서, 이달고 신부는 독립이 아니라 스페인 국왕에 대한 충성을 다짐하고 있으므로 '돌로레스 민중에게 고함'은 탐관오리의 척결을 내세운 민중봉기 선언문이다.

그렇다고 이달고 신부가 독립을 주장하지 않은 것은 아니다. 봉기가 한창이던 1810년 11월 22일 이달고 신부는 과달라하라에서 일종의 독립을 선언하고, 임시정부를 구성했으며, 노예제 철폐, 스페인 국왕에게 바치는 조세 폐지, 토지개혁을 약속했기 때문이다.

번역 대본으로는 페드로 가르시아가 1948년에 출판한 『독립전쟁에서 이달고 신부와 함께』라는 책에 수록한 문헌을 사용했다. 이 문헌에는 "페르난도 7세 만세"라는 구절이 누락되어 있기 때문에 진본이라고 보기는 어렵다. 그럼에도 불구하고 이 판본을 선택한 이유는 가장 널리 유포된 텍스트이고 또 현대 멕시코인이 이달고 신부와 '돌로레스 민중에게 고함'을 어떻게 수용하고 또 해석하고 있는지도 알 수 있기 때문이다.

참고문헌

1. García, Pedro. 1948. "Memoria sobre los primeros pasos de la independencia". En *Con el cura Hidalgo en la guerra de independencia.* México, D.F.: Empresas Editoriales. pp. 50-51.
2. Herrejón Peredo, Carlos. 2009. "Versiones del grito de Dolores y algo

más". En Rafael Vargas. *20/10. Memoria de las revoluciones en México.* México, D.F.: RGM Medios. pp. 38-53.

1810년 9월 16일 새벽

친우 여러분 그리고 동포 여러분!

이제 우리에게는 국왕[1]도 없고 세금도 없습니다.

우리는 3세기 전부터 노예에게나 합당한 이 터무니없는 부담을 짊어지고 살아왔습니다. 폭정과 예속의 징표와도 같았습니다. 이제 우리 힘으로 폭정과 예속이라는 끔찍한 오점을 씻어내야겠습니다.

이제 해방의 순간이 다가왔습니다. 자유의 종이 울렸습니다. 여러분은 자유의 위대한 가치를 알고 있으므로 포악한 자들의 사나운 발톱으로부터 자유를 지키려는 저를 도와주실 것입니다.

조금 후에 여러분은 자유를 소중하게 여기는 사람들의 선두에서 행진하는 저를 볼 것입니다.

이 대의를 완수하는 데 여러분이 참여하기를 바랍니다. 조국이 없다면, 자유가 없다면, 진정한 행복도 항상 멀리 있기 때문이다.

여러분도 알다시피, 첫 발을 내디뎌야 합니다. 뭐든지 시작해야만 합니다.

대의는 신성하며, 하느님이 대의를 지켜주실 것입니다.

상황이 시급합니다. 저는 여러분 앞에서 더 이상 길게 얘기하지 않겠습

1 스페인 국왕 페르난도 7세(재위 1808, 1814~1833)를 가리킨다.

니다.

과달루페 성모 만세![2]

아메리카 만세, 아메리카를 위한 투쟁 만세!

---

2 마누엘 아바드 이 케이포 주교가 작성한 1810년 문헌에 따르면, 이달고 신부의 구호는 "과달루페 성모 만세! 페르난도 7세 만세! 악정 철폐!"였다.

4. 카르타헤나 선언

시몬 볼리바르

시몬 볼리바르(Simón Bolívar, 1783~1830)는 19세기 라틴아메리카 독립운동의 대표적인 지도자로, '해방자'라는 칭호를 얻었다. 베네수엘라 카라카스에서 귀족 집안의 아들로 태어난 볼리바르는 1810년 독립운동이 시작될 때부터 참여하여 식민지 지배 세력과 끊임없이 전투를 벌였다. 1819년에는 남미 대륙의 북부를 아우르는 거대한 지역에 콜롬비아공화국(현재의 콜롬비아공화국과 혼동할 우려가 있어서 지금은 그란콜롬비아라고 부른다)을 건설하고 대통령에 취임했다.

대통령 볼리바르는 강력한 중앙집권제를 옹호했으나 지방의 토호세력은 연방제를 선호했다. 이런 갈등을 봉합하고자 볼리바르는 종신 대통령에 취임하여 강력한 권력을 행사했는데, 그만큼 볼리바르 반대세력의 물리적인 저항도 커져만 갔다. 결국 1830년 볼리바르는 실각하고, 그란콜롬비아는 완전히 해체되었다.

이 문헌은 독립운동의 초기인 1812년에 작성한 것이다. 원래 제목은 '어느 카라카스인이 누에바그라나다인에게 보내는 호소문'인데 보통은 콜롬비아의 카르나헤나에서 작성했다고 하여 '카르타헤나 선언(Memoria dirigida a los ciudadanos de la Nueva Granada por un caraqueño)'이라고 부른다.

여기서 잠시 역사적 맥락을 짚어보기로 한다. 1810년 어름에는 지금의 베네수엘라 일대를 가리켜 베네수엘라 총독령이라고 불렀으며, 콜롬비아, 에콰도르 일대는 누에바그라나다 부왕령이라고 불렀다. 총독령이든 부왕령이든 지방이라고 하는 하부 행정단위를 포함하고 있었다.

이 지역에서 독립운동은 1810년 4월 19일 베네수엘라 총독령의 중심도시 카라카스에서 독립파가 최고평의회를 결성하여 총독에게 권력을 이양 받음으로써 시작되었다. 최고평의회는 제헌의회를 구성하기 위해 그해 10월 제한선거를 실시하여 각 지방의 대표자를 선출했다. 왕당파가 장악한 일부 지방(코로, 마라카이보)은 이 선거에 참여하지 않았다.

제헌의회 의원 가운데는 독립파뿐만 아니라 왕당파도 있었다. 양파는 논란 끝에 연방제, 공화제, 삼권분립, 양원제를 골자로 한 헌법을 제정하고, 1811년 7월 5일 독립을 선언했다. 국명은 베네수엘라 아메리카연방(Confederación Americana de Venezuela)인데, 현재는 '베네수엘라 제1공화국'이라고 부른다.

제1공화국은 순항하지 못했다. 내부적으로는 정파 갈등, 왕당파 음모, 반란에 시달렸다. 게다가 1812년 3월에 발생한 대지진으로 민심까지 흉흉해졌다. 이 틈을 노려 코로 지방의 왕당파는 푸에르토리코에 있던 스페인군을 불러들였다. 미란다가 이끄는 독립파 군대는 1812년 6월 빅토리아 전투에서 도밍고 몬테베르데가 이끄는 왕당파 군대에게 패배함으로써 제1공화국은 종지부를 찍었다.

1812년 6월 25일 미란다와 도밍고 몬테베르데는 강화협정을 맺었는데, 대령으로 전투에 참여한 시몬 볼리바르 등은 미란다의 투항을 배신으로 간주했다. 볼리바르와 일단의 청년 장교는 미란다를 체포해서 스페인측에 넘겨주고, 베네수엘라를 탈출하여 콜롬비아의 카르타헤나로 피신했다

이런 상황에서 작성한 「카르타헤나 선언」에서 볼리바르는 제1공화국이 실패하게 된 원인을 분석하고, 이어 인접한 누에바그라나다인에게 도움을 호소하고 있다.

볼리바르는 실패의 원인으로 다섯 가지를 든다. 첫째는 연방제이다. 강력한 중앙정부를 구성하지 못했기에 각종 현안에 대해 적절하게 대응할 수 없었다고 평가한다. 이후 볼리바르는 항상 중앙집권제를 주장하고 또 이를 구현했다. 둘째는 지도자들의 우유부단이다. 독립에 반대하는 왕당파, 특히 코로(Coro)에

둥지를 틀고 있는 왕당파를 응징하지 않음으로써 화를 초래했다는 분석이다. 셋째는 정규군이 없었다는 것이다. 어중이떠중이 민병대뿐이었기 때문에 왕당파의 공격에 무기력하게 무너졌다는 것이다. 넷째는 지진이다. 제1공화국은 대지진에 미숙하게 대처했을 뿐만 아니라 '하느님의 징벌'이라는 유언비어에도 제대로 대응하지 못해서 민심의 이반을 초래했다고 비판한다. 다섯째는 내부 분열이다. 위정자들이 자기 세력 확장과 이익만을 좇아 파당 싸움을 벌이는 바람에 독립이라는 대의를 경시하게 되었다고 책망한다.

그리고 글 후반부에서는 왕당파의 베네수엘라를 점령은 인접하고 있는 누에바그라나다에게도 위협이 되므로 왕당파 지원군이 도착하기 전에 베네수엘라를 지원하여 독립을 쟁취하자고 호소한다.

참고문헌

1. Bolívar, Simón. 2009. "Memoria dirigida a los ciudadanos de la Nueva Granada por un caraqueño". En *Doctrina del libertador*. Caracas: Biblioteca Ayacucho. pp. 10-19.
2. Hernández Sánchez-Barba, Mario. 2004. *Simón Bolívar: una pasión política*. Barcelona: Ariel.
3. Díaz-Trechuelo, Lourdes. 1999. *Bolívar, Miranda, O'Higgins y San Martín: cuatro vidas cruzadas*. Madrid: Encuentro.
4. Lynch, John. 2006. *Simón Bolívar: A Life*. New Haven, Conn.: Yale University Press.
5. Garcia Marquez, Gabriel. 1989. *El General en su laberinto*. Buenos Aires: Editorial Sudamericana.

제가 이 글을 쓰는 목적은 누에바그라나다[1]가 베네수엘라[2]의 전철을 밟지 않게 하고, 베네수엘라를 지금의 고통스런 처지에서 구원하려는 것입니다. 동포 여러분께서는 이 글을 격려의 시선으로 관대하게 받아주시기 바랍니다.

누에바그라나다인이여, 저는 불행한 카라카스의 아들이고, 물리적[3]으로 정치적으로 폐허가 된 그곳에서 기적적으로 탈출했습니다. 저는 우리나라가 천명한 바 있는, 정의롭고 자유로운 체제에 항상 충성을 바친 사람으로, 누에바그라나다의 여러 주[4]에서 영광스럽게 펄럭이는 독립의 깃발을 따르려고 여기 왔습니다.

이제 저는 베네수엘라가 실패한 원인을 간략히 지적하고자 하오니, 애국심에서 우러나온 충정으로 양해하여주시기 바랍니다. 베네수엘라공화국을 파멸로 이끈 끔찍한 일을 교훈삼아 아메리카는 각 정부에서 드러난 통일, 단결, 열정의 부족을 치유하여 바람직한 방향으로 나아가야 한다고 감히 말씀드립니다.

베네수엘라가 정치무대에 등장할 때 저지른 결정적인 실수는, 두말할 필요

---

1 누에바그라나다는 누에바그라나다 부왕령(Virreinato de Nueva Granada)에서 유래한 이름이다. 부왕령은 식민통치를 위한 행정 단위이고, 그 중심지를 부왕청이라고 불렀다. 라틴아메리카 식민통치는 멕시코시티와 리마 두 곳의 부왕청을 중심으로 이루어지다가 1717년 누에바그라나다 부왕령을 신설하고 콜롬비아 보고타에 부왕청을 두었다. 대체로 오늘날의 콜롬비아, 파나마, 에콰도르와 베네수엘라 일부가 누에바그라나다 부왕령에 속했다.

2 여기서 베네수엘라는 베네수엘라 아메리카연방(Confederación Americana de Venezuela)을 가리킨다. 1811년부터 1812년 왕당파에게 패배할 때까지의 정부를 현대의 역사학자는 편의상 '베네수엘라 제1공화국'이라고 부른다.

3 1812년 대지진을 가리킨다. 1812년 3월 26일에 카라카스를 비롯하여 여러 지방을 뒤흔든 지진과 4월 4일에 발생한 여진으로 수많은 건물이 파괴되고 수천 명의 사망자가 발생했다. 리히터 규모로 7.7에서 8정도로 추정한다.

4 여기서 주(州)는 훗날 콜롬비아, 파나마, 에콰도르 등이 된 지방을 가리킨다.

없이, 관대한 제도를 채택한 것이었습니다. 애초부터 지각 있는 사람들은 이 제도가 무력하고 비효율적이라고 배척하였건만, 베네수엘라에서는 유례없이 맹목적으로 최근까지 유지하고 있었습니다.

우리 정부의 어처구니없는 무능이 처음으로 드러난 사례는 예하 도시인 코로[5] 문제의 대응이었습니다. 코로는 베네수엘라의 합법성을 인정하지 않고 반란정부로 선언하며 적대시했습니다.

코로는 우리 해군이 항구 앞에 모습을 드러내자마자 항복했습니다. 그런데도 최고평의회는 무방비 상태의 도시를 베네수엘라 정부에 예속시키기는커녕 그 도시가 힘을 강화하도록 내버려두었습니다. 기세가 등등해진 코로는 전에 우리가 쉽게 그 도시를 이긴 것처럼 연방 전체를 손쉽게 예속시키기에 이르렀습니다. 최고평의회의 정책은 인본주의 원칙을 잘못 이해한 것입니다. 그런 식이라면 어떤 정부도 자기 권리의 가치도 모르는 어리석은 사람들을 강제로 해방시킬 권한이 없습니다.

우리나라 판사들이 참고한 법전은 정부에 관한 실용 학문을 가르치는 것이 아니었습니다. 허무맹랑한 공화국을 상상하던 몇몇 몽상가들이 인류는 완벽하다는 전제 아래 완벽한 정치를 실현하기 위해 만들어낸 것이었습니다. 이로써 우리는 지도자 대신 철학자를 두게 되었습니다. 즉, 입법 대신 박애를, 전술 대신 변증법을, 군인 대신 궤변가를 두게 된 것입니다. 이와 유사하게 원칙과 사실이 전도됨으로써, 사회질서는 극도로 요동치고 불만은 증폭되었습니다. 베네수엘라는 총체적인 와해를 향해 성큼성큼 나아갔고, 얼마 지나지 않아 현실이 되었습니다.

---

5 코로(Coro)는 베네수엘라의 서쪽 해안에 위치한 도시이다. 1813년 당시에는 독립보다는 스페인에 충성을 바치는 왕당파 도시이자 지방이었다. 코로와 마라카이보(Maracaibo)는 1811년에 수립된 베네수엘라 아메리카연방에 참여하지 않았다.

이런 상황에서, 불평분자의 철면피한 반역죄도 처벌하지 않게 되었습니다. 특히 불구대천의 원수인 스페인인들은 불순한 의도로 우리나라에 머물면서 끊임없이 불안을 야기하고, 온갖 음모를 꾸몄지만 우리나라 판사들은 항상 용서하였습니다. 공공의 안녕을 위협하는 매우 중대한 불법행위를 저질렀음에도 불구하고 말입니다.

판사들의 이러한 태도를 뒷받침하는 학설은 몇몇 저술가의 박애주의적 격언에 뿌리를 두고 있습니다. 이 저술가들은, 비록 어떤 사람이 반역죄를 저질렀더라도 그 사람의 생명을 빼앗을 권리는 그 누구에게도 없다는 원칙을 고수하고 있습니다. 이렇게 대단히 자비로운 학설을 등에 업고, 음모를 꾸며도 용서하고, 용서 받으면 또 음모를 꾸미고, 이 음모 또한 용서했습니다.[6] 자유주의 정부는 자비로 구별된다는 이유였습니다. 하지만 범죄에 가까운 자비가, 아직 완전히 구성하지도 못한 정부를 무너뜨리는 데 무엇보다 큰 기여를 하고 말았습니다!

이런 상황이기에 직업군인 소집에 결사반대하는 목소리가 등장했습니다. 이미 훈련을 받아서 규율이 잡히고 전장에 곧바로 투입할 수 있는 군대여야 성공적으로 그리고 영광스럽게 자유를 수호할 수 있는 데도 말입니다. 그 대신 규율도 잡히지 않은 수많은 민병대를 조직했습니다. 그들은 막료 수준의 봉급으로 국고를 바닥냈을 뿐만 아니라, 농사지을 농민을 동원하였기에 농업은 피폐해졌습니다. 농민은 가족을 등지고 무기를 잡도록 강요한 정부를 증오했습니다.

우리 위정자들은 말했습니다. 공화국은 자유를 지키기 위해서 직업군인은 필요 없다고 말입니다. 왜냐하면 적이 쳐들어오면 모든 시민이 군인이 되기 때

6　1810년 리나레스(Linares) 형제의 음모, 1811년 사바나 델 테케(Sabana del Teque)의 음모를 가리킨다.

문이라는 것입니다. 직업군인은 항상 독재를 지지하고 자기 동포를 예속시키는 경향이 있는 데다 그리스, 로마, 베네치아, 제노바, 스위스, 네덜란드 그리고 최근의 미국은 직업군인 없이도 적을 무찔렀다고 말입니다.

이런 비정치적이고 부정확한 논리에 단순한 사람들은 열광했습니다. 그러나 신중한 사람들을 납득하지 못했습니다. 우리나라와 저 나라들 사이에는 민중도, 시대도, 관습도 엄청난 차이가 있다는 것을 잘 알고 있었기 때문입니다. 사실 고대 공화국은 상비군에게 돈을 주지 않았습니다. 왜냐하면 고대에는 상비군이 없었고, 나라의 안녕과 영광을 오직 자신들의 정치적 덕목, 엄격한 관습, 군사적 기질에 믿고 맡겼습니다. 하지만 현대의 우리가 이런 자질을 갖추기는 어려운 일입니다. 폭군의 굴레에서 벗어난 근대의 공화국은 자국 안보를 위해 충분한 수의 직업군인을 유지해온 것이 특징입니다. 미국은 예외입니다. 미국은 모든 국가와 평화롭게 지내고, 주변이 바다이기 때문에 최근에 와서는 국경과 도시를 방어하려고 직업군인을 유지하는 것이 적절하지 않다고 생각하고 있습니다.

결과는 베네수엘라의 계산착오를 여지없이 입증하고 있습니다. 적과 맞서려고 출정한 민병대는 무기를 사용할 줄도 몰랐고, 규율과 복종도 잘 몰랐습니다. 지휘관은 승리하기 위해 고군분투했음에도 불구하고 민병대는 전투를 시작하자마자 혼란에 빠졌습니다. 이로서 사병과 장교 모두 사기가 떨어졌습니다. 전투 경험이 많은 군대만이 전투 초기의 열세를 극복할 능력이 있다는 것이 군사적 진리이기 때문입니다. 초짜 병사는 한 번 패배하면 졌다고 생각합니다. 용기와 기량과 끈기가 불운을 바꿀 수 있다는 것을 경험하지 못했기 때문입니다.

연방의회가 계획하고 논의하고 승인한 카라카스 지방의 분할 건은 예하 도시와 지역에서 수도[7]에 대한 적개심을 일깨우고 조장했습니다. 지역구를 장악하려는 야망을 품은 의원들은 "수도가 주변 도시에게는 폭군이고, 베네수엘라에게는 거머리 같은 존재"라고 말했습니다. 그리하여 발렌시아에서 내전의 불꽃이 타올랐습니다.[8] 이 도시는 함락되었는데도 불길은 꺼지지 않았습니다.

은밀히 타오르던 이 불길은 인접한 코로와 마라카이보로 확산되었습니다. 그리고 이들 도시는 다른 도시와 내통했고, 결국 스페인인이 쳐들어와 베네수엘라는 무너지고 말았습니다.

공공 재정을 쓸모없고 유해한 일에 낭비했습니다. 특히 수많은 관료, 비서, 판사, 대법관, 지방의원, 연방의원의 봉급은 베네수엘라에 치명적인 타격을 입혔습니다. 이 비용을 충당하기 위해 베네수엘라는 연방정부의 강제력과 가상 세입 외에는 아무런 보증도 없는 불환지폐를 발행하는 위험을 감수할 수밖에 없었습니다. 이 지폐는 사람들의 눈에 명백한 재산권 침해로 보였습니다. 왜냐하면 불확실하고 관념적인 가치밖에 없는 지폐를 주면서 실질 가치가 있는 물건을 빼앗아간다고 생각했기 때문입니다. 이 지폐는 결국 어리석은 민중의 불만을 가중시켰고, 노예제도보다 더 무서운 지폐에서 벗어나려고 스페인이군 사령관을 불러들였습니다.

하지만 베네수엘라 정부의 가장 큰 취약점은 연방제를 채택하고, 과도한 인권 개념을 추구한 것이었습니다. 인간은 스스로를 다스려야 한다는 이 개념은 사회계약을 파기하고, 국가를 무정부 상태로 만듭니다. 이것이 연방의 실상이었습니다. 각 지방은 독자적으로 통치했습니다. 이 예를 따라서 각 도시도 지방이 누리는 권한과 동일한 권한을 요구했습니다. 모든 인간과 모든 민중은 자기 마음에 드는 정부를 세울 특권을 누린다는 이론을 실천하라고 요구한 것입니다.

연방제가 아무리 사회적으로 인간의 행복을 보장하는 데 가장 적합하고 완벽한 제도라고 해도 갓 태어난 우리 주(州)의 이해관계와는 완전히 상반된 제도입니다. 일반적으로 말하자면, 아직 우리 동포는 자기 권리를 독자적으로 완

---

7 1811년 말까지 연방정부의 수도는 카라카스였다. 1812년 1월 9일에 발렌시아로 천도했다.

8 1811년 7월 11일 카라카스와 발렌시아에서 동시에 왕당파가 봉기했다.

전하게 행사할 준비가 되어 있지 않습니다. 왜냐하면 진정한 공화국 시민이 갖추어야 할 정치적 덕목이 결여되어 있기 때문입니다. 시민의 권리와 의무를 모르는 전제주의 정부에서는 이런 역량을 갖출 수가 없습니다.

한편, 연방정부처럼 복잡하고 허약한 정부가, 아무리 양식이 있는 공화주의자 국가라고 할지라도 내부 분열과 외환에 시달리는 국가를 어떻게 다스릴 수 있겠습니까? 당파 싸움과 전쟁의 혼란에서 그런 연방정부를 유지하는 것은 불가능한 일입니다. 말하자면, 정부는 주변 여건과 시대와 사람들의 성격에 꼭 맞아야합니다. 만일 번영을 누리고 평화롭다면 정부는 따뜻한 보호자가 되어야 합니다. 반면에, 위기 상황이고 혼란스럽다면 정부는 엄격해야 하며, 헌법이나 법률에 구애받지 말고 위험에 대응하듯이 단호해야 합니다. 어중간한 태도를 취해서는 행복과 평화를 되찾을 수 없습니다.

카라카스는 연방제의 취약점 때문에 많은 어려움을 겪었습니다. 카라카스에 도움이 되기는커녕 재정과 군수품을 바닥냈습니다. 그리고 카라카스가 위기에 처하자 지방정부는 등을 돌렸습니다. 최소한의 군사적 지원도 하지 않았습니다. 게다가 연방정부와 지방정부가 힘겨루기에 매달리면서 혼란만 가중되었습니다. 이미 적이 대부분 지방을 장악했는데도 연방군대를 보낼지, 아니면 지방군대를 보낼지 결정을 못했습니다. 그러는 동안에는 적은 이미 심장부로 들어왔습니다. 이처럼 한심한 지연 대응은 우리 군에 치명적이었습니다. 우리 군은 적을 제압하기 위해서 지원군을 기다리다가 산카를로스에서 참패했습니다.

저는 아메리카 정부를 중앙집권하지 않으면, 적이 완벽한 우위를 차지하리라고 생각합니다. 분명 우리는 끔찍한 내분에 휩싸이게 될 것이며, 시골 마을을 괴롭히는 한 줌의 도적떼에게 정복당하는 치욕을 맛볼 것입니다.

농촌의 무지렁이와 도시의 모사꾼이 참여하는 보통선거[9]는 연방제 실시에서 또 하나의 장애물입니다. 왜냐하면 시골사람은 너무 무식해서 기계적으로 투표하고, 또 모사꾼은 너무 야망에 차 있어서 모든 것을 분열시키기 때문입니다.

그래서 베네수엘라에서는 제대로 된 자유 투표가 한 번도 없었습니다. 그로 인해 독립의 대의를 모르고, 무능하고, 부도덕한 사람들의 수중에 정부가 들어가게 되었습니다. 당파심으로 모든 사안을 결정한 나머지, 주변상황이 우리를 분열시키는 것 이상으로 우리를 분열시켰습니다. 스페인 군대가 아니라, 분열이 우리를 노예상태로 되돌려놓았습니다.

분명, 3월 26일의 지진은 물리적으로나 심리적으로 세상을 뒤흔들어놓았습니다. 이 지진이 베네수엘라가 파멸한 직접적인 원인이라고 해야 적절합니다. 그러나 그때 단일 정부가 카라카스를 통치하고 있었더라면, 그렇게 치명적인 결과는 발생하지 않았을 것입니다. 또 신속하고 효과적으로 피해를 복구할 수 있었을 것입니다. 갈등과 방해로 지방정부의 조치가 지체되는 바람에 피해는 걷잡을 수 없이 커지고 말았습니다.

만일 카라카스가 그렇게 무기력하고 허술한 연방정부 대신에 정치적, 군사적 상황에 맞는 단일 정부를 수립했더라면, 카라카스여, 그대는 지금 존재하고 있을 텐데! 베네수엘라여, 그대는 지금 자유를 누리고 있을 텐데!

지진 다음으로 교회도 예하 도시와 지방의 반란에 상당한 영향을 끼쳤습니다. 성직자들은 불경스럽게도 성직을 남용하여 내전을 부추기는 사람들을 편을 들어 적을 끌어들였습니다. 그러나 우리는 솔직하게 얘기해야 합니다. 이 배신의 성직자들이 처벌 받아 마땅한 가공할 범죄를 서슴없이 저지른 것은 절대적인 면책특권을 누렸기 때문입니다. 여기에는 의회의 부끄러운 비호도 한몫했기에, 발렌시아의 반란으로 천 명 가까이 희생되었지만 단 한 명의 폭도도 처벌받지 않는 지경에 이르렀습니다. 모두가 목숨을 유지했고, 대다수는 재산까

---

9 1810년 10월에서 11일까지 실시된 제헌의원 선거는 제한선거였다. 25세 이상의 남자이면서 2,000페소 이상의 재산을 소유한 사람만 투표권이 있었다.

지 지킬 수 있었습니다.

이상에서 언급한 일을 살펴보면 다음과 같은 결론이 나옵니다. 베네수엘라의 몰락을 초래한 여러 원인 가운데 첫째가는 원인은 헌법의 성격입니다. 다시 말씀드리지만, 이는 베네수엘라의 이익에 반하는 만큼이나 적의 이익에 유리한 것이었습니다. 둘째 원인은 우리 위정자들의 박애정신입니다. 셋째 원인은 공화국을 수호하고 스페인인의 공격을 격퇴할 수 있는 군대를 창설에 반대한 일입니다. 넷째 원인은 지진입니다. 지진에 이은 유언비어는 최악의 결과를 초래했습니다.[10] 마지막 원인은 내부 균열입니다. 조국을 무덤으로 끌고 간 맹독이었습니다.

이러한 실책과 불운의 사례는 자유와 독립을 열망하는 남미 민중에게 결코 무익하지 않을 것입니다.

누에바그라나다는 베네수엘라가 침몰하는 모습을 지켜보았으므로 베네수엘라를 좌초시킨 암초를 피해야 합니다. 이를 위해 저는 누에바그라나다의 안전을 위한 필수 조치로 카라카스 탈환을 제안합니다. 일견 이 계획은 무익하고, 희생이 크며, 어쩌면 실행불가능하게 보일지도 모릅니다. 하지만 선견지명으로 심사숙고하고 주의 깊게 분석해 보면, 그 필요성을 부인하기는 어려울 것입니다. 유용성이 입증되었으므로 실행에 옮기지 않을 수가 없습니다.

카라카스의 패배 원인을 알면 이 작전에 큰 도움이 됩니다. 그 원인이란 다름 아니라 카라카스가 적의 존재를 과소평가한 것입니다. 그런데 실상은 그렇지 않았습니다.

코로는 힘에서 볼 때 카라카스의 경쟁 상대가 아니었습니다. 하지만 인간사의 흥망성쇠를 보면 물리적 힘의 우위가 항상 성패를 결정짓는 것은 아닙니다.

---

10 왕당파 성직자들은 이 지진이 '독립에 대한 하느님의 징벌'이라고 얘기함으로써 주민의 공포감을 증폭시켰다.

그보다는 정신력이 우월한 쪽이 정치적 균형을 자기 쪽으로 기울게 합니다. 이런 이유에서 베네수엘라 정부는 적을 섬멸했어야 합니다. 코로는 겉으로는 약하게 보였지만, 마라카이보 지방을 비롯하여 스페인 섭정위원회[11]에 복종하는 모든 지방의 지원을 받고 있었습니다. 자금도 있었고, 우리와 함께 살면서도 우리의 영원한 적인 유럽인의 협력도 있었습니다. 전제정치의 동반자이자 지지자인 성직자 집단도 있었습니다. 무엇보다도, 각 주에 살고 있는 무지하고 미신적인 사람들의 고정관념도 도움이 되었습니다. 그래서 반역자 관리 한 명[12]이 적을 불러들이자마자 정치조직은 와해되었고, 카라카스를 지키려는 사람들이 전대미문의 애국적인 노력을 기울였지만, 단 한 사람의 타격으로 이미 기울어진 건물의 붕괴를 막을 수 없었습니다.

베네수엘라의 예를 누에바그라나다에 적용해보겠습니다. 비례식으로 설명하면, 코로 대 카라카스는 카라카스 대 아메리카 전체입니다. 베네수엘라가 직면한 위험도 방금 말한 공식과 관계가 있습니다. 왜냐하면 스페인이 베네수엘라 영토를 장악하고 있으면 인력과 식량과 군사물자를 쉽게 구할 수 있습니다. 그렇게 되면 백전노장인 프랑스인과 전투 경험을 쌓은 지휘관의 통솔 하에 스페인인은 바리나스와 마라카이보 지방에서 시작해서 남미 끝까지 진격할 것입니다.

스페인에는 현재 야심차고 대담한 장군이 많이 있습니다. 온갖 시련을 이겨낸 이들은 얼마 전에 상실한 국토[13]를 대신할 땅을 찾고자 이곳으로 오기를 갈

---

11 나폴레옹이 1808년 스페인 국왕 페르난도 7세를 폐위하자, 독립운동 세력은 임시정부격인 섭정위원회를 설치하여 왕권을 행사했다.

12 코로 지방을 통치하던 호세 세바요스(José Ceballos)는 독립을 선언한 뒤에도 스페인에 충성한 왕당파였다. 1812년 2월 세바요스는 푸에르토리코에 있던 도밍고 데 몬테베르데(Domingo de Monteverde)에게 지원을 요청하였고, 몬테베르데가 이끄는 스페인군이 1812년 6월 빅토리아 전투에서 승리함으로써 베네수엘라 제1공화국은 막을 내렸다.

13 1808년 나폴레옹에게 점령당한 스페인을 가리킨다.

망하고 있습니다.

아마도 이베리아반도가 완전히 망하게 되면, 온갖 계급의 사람들이 엄청나게 밀려들 것입니다. 추기경, 대주교, 주교, 수도승이 올 것입니다. 특히 혁명적인 성직자들은 우리의 연약하고 무기력한 주를 전복할 능력이 있을 뿐만 아니라, 신대륙 전체를 끔찍한 무정부 상태로 만들 수도 있습니다. 종교적 영향력, 일반인과 군인에 대한 장악력, 인간 정신에 영향을 주는 권위는 이 지역을 집어삼킬 수 있는 또 다른 수단입니다.

스페인인의 이주를 막을 방도는 전혀 없습니다. 영국은 일부 사람들의 탈출을 도와줄 것입니다. 그러면 스페인에서 보나파르트 세력은 약화되겠지만, 이 사람들은 아메리카에 머물면서 스페인 세력을 확대할 것입니다. 프랑스는 스페인인의 이주를 막지 못할 것입니다. 미국도 마찬가지입니다. 우리는 더더욱 막을 수 없습니다. 왜냐하면 믿을만한 해군이 없기 때문에 이주를 저지하려는 시도는 헛수고가 될 것입니다.

스페인에서 탈주한 사람들은 틀림없이 베네수엘라의 항구에서 환영받을 것입니다. 베네수엘라의 압제자에게 힘을 실어주고, 독립한 주를 정복할 수 있는 수단을 제공할 것이기 때문입니다.

이들은 일만 오천내지 이만 명의 남자를 모집하고, 곧바로 지휘관, 장교, 상사, 하사, 전역 병사를 동원하여 훈련시킬 것입니다. 군대에 이어, 훨씬 무서운 집단이 형성될 것입니다. 장관, 대사, 고문관, 대법관, 모든 성직자, 고관대작 말입니다. 이들은 거창한 직함을 내세워 대중을 현혹시키지만 실제로 하는 일은 사기와 음모입니다. 이들은 급류처럼 쏟아져 콜롬비아[14]에서 자유의 씨앗과 뿌리까지 뽑아버릴 것입니다. 군대는 전장에서 싸울 것이고, 이들은 사무실에 앉아서 회유와 광신이라는 무기로 우리와 전쟁을 벌일 것입니다.

우리가 이런 참화를 막으려면, 반란을 일으킨 지방을 조속히 평정하는 수밖에 없습니다. 그런 다음 적을 향해 무기를 겨눠야합니다. 그리고 국가의 기둥이라고 할 수 있는 군인과 장교를 양성해야 합니다.

모든 상황이 이런 대책을 강구하라고 우리를 압박하고 있습니다. 적이 못 들어오게 시급히 문을 닫아야하는 것은 두말할 나위 없습니다. 우리가 공세를 취해야할 또 다른 강력한 이유가 있습니다. 공세를 취하지 않는다면 용서할 수 없는 군사적, 정치적 실책이 될 것입니다. 우리는 현재 침입을 당한 상태이고, 따라서 적을 반드시 국경 밖으로 몰아내야 할 처지입니다. 게다가 모든 방어적 전쟁은 파멸을 자초하는 행위라는 것이 병법의 기본 원칙입니다. 얻는 것도 없이 피해만 당하기 때문입니다. 적의 영토에 싸우는 것이 유리합니다. 결과야 어떻든 피해를 당하는 쪽은 적이기 때문입니다. 그러므로 우리는 어떠한 이유에서도 방어적 자세를 취해서는 안 됩니다.

또한 우리는 적의 현재 상태를 고려해야 합니다. 적은 지금 심각한 위기에 처해 있습니다. 크리오요 병사들은 대부분 이탈했는데, 카라카스, 푸에르토카베요, 과이라, 바르셀로나, 쿠마나, 마르가리타 같은 우리의 애국 도시에 병력을 배치해야만 하는 상황입니다. 이들 도시에는 적의 병참기지가 있기 때문입니다. 적은 이런 도시를 방치하는 순간 전면적인 반란이 일어날까 두려워하고 있습니다. 따라서 우리 군대가 전투를 치르지 않고 카라카스 문전까지 가는 것도 불가능한 일은 아닙니다.

한 가지 긍정적인 점은 우리가 베네수엘라에 모습을 드러내자마자 수많은 용감한 애국자가 우리에게 합류하리라는 것입니다. 그 사람들은 우리가 나타나기를 고대하고 있습니다. 압제자의 질곡에서 벗어나기 위해, 자유를 지키기 위해 우리와 힘을 합치려고 합니다.

---

14 콜롬비아라는 말은 프란시코 데 미란다(Francisco de Miranda)가 처음으로 사용한 용어이다. 미란다는 아메리카 대륙을 콜롬비아 대륙으로 부르자고 제안했다. 볼리바르는 한참 후인 1819년에 '콜롬비아 공화국'(일명 그란콜롬비아)을 세웠다.

현재 전투 상황으로 보아, 우리는 산타마르타를 통해서 마라카이보로 진격하고, 쿠쿠타를 거쳐서 바리나스로 진격하는 것이 유리합니다.

이 절호의 기회를 놓쳐서는 안 됩니다. 스페인에서 지원군이 속속 도착하면 상황이 급변할 수도 있습니다. 그러면 이 주들의 행운을 보장할 수 있는 절호의 기회를 우리는 영원히 놓치고 말 것입니다.

누에바그라나다의 명예를 생각하면, 저 무모한 침략자들을 마지막 참호까지 추격하여 엄단하지 않을 수 없습니다. 누에바그라나다의 영광을 생각하면, 베네수엘라로 진격하여 콜롬비아 독립의 요람을 해방시키고, 독립 순교자와 공로가 있는 카라카스 주민을 구출해야 합니다. 누에바그라나다는 영광을 누릴 것입니다. 카라카스 주민은 사랑하는 그라나다 동포에게 절규하고 있습니다. 그라나다 동포를 구원자라고 여겨 애타게 기다리고 있습니다. 여러분이 구원을 고대하면서 지하 감옥에서 신음하는 사람들의 사슬을 끊으러 달려갑시다. 그 사람들의 믿음을 저버리지 맙시다. 여러분 형제의 신음소리를 외면하지 맙시다. 어서 달려가 죽은 형제의 원수를 갚고, 죽어가는 형제를 살리고, 억압받는 사람을 해방시키고, 모두에게 자유를 찾아줍시다.

1812년 12월 15일
카르타헤나 데 인디아스[15]에서
시몬 볼리바르

---

15 카르타헤나 데 인디아스(Cartagena de Indias)는 식민지 시대의 지명이다. 현재의 지명은 카르타헤나이다.

5. 자메이카에서 쓴 편지

시몬 볼리바르

1810년대 라틴아메리카 상황은 독립파와 왕당파가 일진일퇴를 거듭하고 있었다. 1814년 스페인은 왕정복고와 함께 정규군을 파견함으로써 독립전쟁은 한층 가열되었다. 긴 안목으로 보면, 독립파가 점점 우위를 점해가고 있었으나 특정 연도로 시점을 국한하면 한 치 앞을 내다볼 수 없는 혼전 상태였다.

베네수엘라로 시야를 좁히면, 제1공화국이 붕괴된 이후 카르타헤나로 도피한 볼리바르는 누에바그라나다 공화파의 지원을 얻어 1813년 5월 베네수엘라로 진격했다. 볼리바르가 이끄는 군대는 승승장구하여 1813년 8월에는 카라카스를 탈환했다. 이로써 역사에서 이야기하는 베네수엘라 제2공화국이 시작되었다.

1814년 1월 소집된 '카라카스 유력인사 총회'에서 볼리바르는 공식적으로 '베네수엘라의 해방자'라는 칭호를 얻고, 최고 통치자로 전권을 장악했다. 볼리바르와 독립파는 한동안 가는 곳마다 승리했다. 그러나 왕당파의 반격도 만만치 않았다. 특히 스페인의 왕정복고 소식과 군대 파견 소식에 고무된 왕당파는 세를 결집하여 카라카스를 일거에 점령함으로서 전세는 역전되고, 제2공화국도 종말을 맞았다.

1814년 말 신변의 위협을 느낀 볼리바르는 카르타헤나로 피신했다가 1815년 5월 14일에는 자메이카로 건너갔다. 볼리바르가 밝힌 바에 따르면, 여행 목적은 영국으로 건너가 지원을 얻는 것이었다. 그러나 자메이카 당국은 결코 호의

적이 아니었다. 게다가 암살 시도까지 겪게 되자 볼리바르는 1815년 12월 아이티로 건너갔다.

볼리바르에게는 내키지 않은 여행이었다. 볼리바르 자신은 물론 지지 세력이 흑인노예를 부리는 크리오요였기 때문에 흑인노예가 건국한 아이티로 간다는 것은 계급적 이익에 반하는 것이었다. 그렇지만 볼리바르를 실질적으로 지원한 쪽은 영국이 아니라 아이티였다. 아이티의 페티옹 대통령은 볼리바르에게 노예해방 약속을 받아내고 병사와 무기를 지원했다. 이렇게 아이티의 지원을 받은 볼리바르는 1816년 다시 베네수엘라로 돌아와 독립투쟁을 전개할 수 있었다.

아무튼 이 편지는 1815년 볼리바르가 자메이카의 킹스턴에 머물 때 헨리 컬렌(Henry Cullen)에게 보낸 답장이다. 컬렌은 영국 출신으로 자메이카에서 상업에 종사하던 사람이었다. 편지 제목은 '어느 남미인이 이 섬의 신사에게 보내는 답신(Contestación de un Americano Meridional a un caballero de esta isla)'이다.

볼리바르는 이 편지의 상당 부분을 할애하여 1815년 당시 멕시코에서 아르헨티나에 이르기까지 라틴아메리카 전역에서 벌어지고 있는 독립운동을 개괄적으로 서술하고 있다. 통계의 부정확성, 정보와 자료의 부족에도 불구하고 지역별 독립운동의 특징 나열한 이유는 영국의 여론을 환기시켜 군사적, 물질적 지원을 얻고자 기도했기 때문이다.

이와 더불어 볼리바르는 스페인 식민통치가 남긴 폐해로 크리오요의 정치적 우민화를 든다. 식민통치는 크리오요를 국가 운영에서 배제함으로써 스페인이 물러나더라도 국가를 운영할만한 역량을 갖춘 인재가 부족하게 되었다고 지적한다. 현재의 관점에서 보면, 식민지 사회에서 이중으로 질곡을 받고 있는 아프리카 노예와 원주민에 대한 고려가 전혀 없다는 점에서 비판의 여지가 있다.

새로운 정치 체제 수립과 관련해서, 볼리바르는 군주제보다는 공화제, 연방제보다는 중앙집권제를 강력하게 주장한다. 또 스페인 식민지 전체를 묶어 단일한 국가를 세우자는 일부 주장은 고매한 이상일 뿐, 현실적으로는 불가능하기 때문에 감히 꿈도 꿀 수 없는 일이라고 배격한다. 그렇지만 현대에 들어와 일부 사람들은 이 대목에서 '볼리바르의 꿈'을 보기도 한다. 바꿔 말해서, 볼리바르가 크고 강력한 나라세우기를 꿈꾸었다는 것이다.

이 편지가 세상에 공개된 때는 1818년이었다. 이 해 《자메이카 쿼터리 저널(The Jamaica Quarterly Journal and Literary Gazette)》이 편지의 일부를 영문으로 수록한 것이다. 스페인어본은 그로부터 십 수 년이 지난 1833년에 처음 출판되었는데, 문헌의 출처가 밝히지 않아서 일부에서는 영어본을 번역한 것이 아니냐는 의심을 받았다. 그러던 중 1996년 에콰도르 키토에서 원본이 발견되었다. 이 키토본은 기존 판본에 없던 문단이 하나 더 있고, 마지막 한 문장이 누락되어 일부에서는 미완본이라고 주장하기도 한다. 그렇지만 출처가 확실하다는 장점 때문에 번역에서는 키토본을 대본으로 삼았다.

참고문헌

1. Bolívar, Simón. 2015. *Carta de Jamaica y otros textos*. Caracas: Biblioteca Ayacucho. pp. 28-47.

어느 남미인이 이 섬의 신사에게 보내는 답신

존경하는 귀하에게[1]

지난 달 29일 귀하께서 저에게 보내주신 서한을 반갑게 받아보고, 서둘러

1 이 편지의 수신자는 당시 자메이카에 머물고 있던 영국인 헨리 컬렌(Henry Cullen)이다.

답장을 드립니다.

귀하가 우리 조국의 운명에 지대한 관심을 갖고 계시며, 신대륙 발견 이래 최근까지 파괴자 스페인인에게 당한 고통 때문에 마음 아파하신다 하니 저로서는 심심한 사의를 표하는 바입니다. 귀하는 아메리카 정치의 중대사에 대해 상세한 설명을 요청하셨는데, 이에 대해서는 만족할만한 답변을 드릴 수 없을 것 같습니다. 저는 귀하의 신뢰에 보답하고 싶으나 지금은 자료나 서적도 부족할 뿐만 아니라 신세계와 같이 거대하고 다양하고 생소한 나라에 대한 제 지식에도 한계가 있기 때문에 제대로 답변할 수 없을 것 같아 갈등하고 있습니다.

귀하가 제게 하신 질문은 대답이 불가능하다는 것이 제 생각입니다. 이론과 실제에 두루 해박한 훔볼트 남작조차도 정확하게 대답하기 힘들 것입니다. 비록 아메리카의 혁명[2]이나 통계자료가 일부 알려진 바 있다고 하나 대부분은 어둠에 덮여있다고 감히 말씀드릴 수 있습니다. 따라서 대략적인 추측을 말씀드릴 수밖에 없는데, 특히 아메리카인의 진정한 기획이나 미래에 관한 이야기가 그러합니다. 각국의 역사는 서로 밀접한 관계에 있고, 다른 나라와 마찬가지로 우리도 지정학적 위치, 전쟁의 추세, 정치적 불확실성의 영향을 받을 수밖에 없기 때문입니다.

저는 귀하의 소중한 편지와 박애주의 정신에 주목하지 않을 수 없기에 이 편지를 보내기로 결심하였습니다. 물론 이 편지에서는 귀하가 원하는 명석한 사상은 찾을 수 없을 것입니다만, 진솔한 제 생각은 읽을 수 있을 것입니다.

"3세기 전에 스페인인은 이 거대한 콜럼버스 반구(半球)[3]에서 온갖 야만

---

2 아메리카 혁명이란 독립운동을 의미한다.

3 볼리바르는 이 편지에서 대륙이라는 말 대신에 반구(hesmisferio)라는 말을 사용하고 있다. 콜럼버스 반구란 아메리카 대륙을 의미한다.

행위를 저질렀습니다"라고 귀하는 말했습니다. 현대에는 스페인인이 이 대륙에서 자행한 야만 행위를 터무니없는 얘기라고 여겨 부정하고 있는데, 그 이유는 아무리 악독한 인간이라고 만행을 저지를 수는 없는 것으로 보이기 때문입니다. 그리고 그 처참한 진실을 증명하는 수많은 문헌자료가 없다면 현대 비평가는 결코 믿으려고 들지 않았을 것입니다. 치아파스의 박애주의 주교이자 우리 아메리카의 진정한 사도인 라스카사스 신부는 야만 행위에 대한 간략한 보고서[4]를 후대에 남겼습니다. 이 보고서는 세비야에서 정복자들을 재판한 공판기록에서 발췌한 것으로, 당시 신세계에 머물던 수많은 훌륭한 인물의 증언도 함께 수록하고 있습니다. 그리고 그 시대의 저명한 역사가들이 얘기하고 있듯이, 압제자끼리 맞고소한 사건도 있습니다. 공정한 사람이라면 누구나 저 인도주의 신부 라스카사스의 열정과 진실과 덕성을 인정하고 있습니다. 라스카사스 신부는 준열하게 정부와 동시대인 앞에서 피에 굶주린 광란이 빚어낸 천인공노할 짓을 고발한 것입니다.

저는 귀하의 편지를 읽고 얼마나 감사하게 여겼는지 모릅니다. 귀하는 편지에 이렇게 썼습니다. "예전에는 스페인 군대가 성공을 거뒀지만 이제는 반대편, 즉 극도로 억압받던 남미인이 성공하기를 희망합니다." 저는 이런 희망을 예언으로 간직하겠습니다. 만일 정의가 인간 사이의 분쟁을 심판한다면, 우리의 노력은 승리의 월계관을 쓰게 될 것입니다. 아메리카의 운명은 이미 돌이킬 수 없게 되었기 때문입니다. 아메리카와 스페인을 하나로 묶던 끈은 끊어졌습니다. 기껏해야 말뿐인 유대로 거대한 제국의 양측은 긴밀한 관계를 유지했습니다. 예전에 양측을 하나로 묶은 것이 지금은 양측을 떼어놓고 있습니다. 이베리아

4 바르톨로메 데 라스 카사스(Bartolomé de las Casas, 1484~1566) 신부의 책 「인디아스 파괴에 대한 간략한 보고서(Brevísima relación de la destrucción de las Indias)」를 말한다.

반도가 우리에게 심어놓은 증오는 양자 사이에 가로놓인 바다보다 더 깊고 넓습니다. 양측이 화해하는 것보다 양 대륙을 잇는 작업이 더 수월할 것입니다. 몸에 밴 순종, 상업적, 문화적, 종교적 교류, 상호 편의의 도모, 조상의 명성과 출생지에 대한 배려 등 예전에 우리가 소망하던 바는 모두 스페인에서 건너온 것입니다. 바로 여기서 친근감이 생겨났고, 이는 영원할 것 같았습니다만 우리를 지배하던 사람들의 행위는 이러한 공감대를 약화시켰습니다. 정확하게 말하면, 통치하던 제국이 강요한 결속이었습니다. 지금은 이와 정반대되는 현상이 벌어지고 있습니다. 죽음, 치욕, 각종 위해가 우리를 위협하고 있고, 두려움에 떨게 만들고 있습니다. 우리는 이상한 계모에게 학대당하고 있습니다. 장막이 걷히고 빛을 보았는데, 다시 우리를 어둠 속으로 몰아넣으려 하고 있습니다. 족쇄가 끊어지고, 우리는 자유롭게 되었는데, 다시 우리를 노예로 삼고자합니다. 그래서 아메리카는 필사적으로 싸우는 것입니다. 필사적으로 싸워서 승리하지 못하는 경우는 매우 드뭅니다.

우리가 완전한 승리를 거두지 못하거나 승패를 번갈아 맛본다고 하더라도 운명을 불신해서는 안 됩니다. 한쪽에서는 독립 세력이 승리하고 다른 쪽에서는 압제자들이 유리한 고지를 점하고 있습니다. 그렇다면 최종 결과는 어떨까요? 신세계 전체가 자기를 지키겠다고 무기를 들고 일어나지 않았습니까? 잠시 눈을 돌려, 이 대륙 곳곳에서 동시 다발적으로 전개된 투쟁을 살펴보도록 합시다.

라플라타강 지역[5]의 용맹한 사람들은 식민세력을 몰아내고, 군대를 알토페루로 파견하였습니다. 이로써 아레키파에서 반란이 일어나고, 리마의

5 현재의 아르헨티나와 우루과이를 가리킨다. 1810년 독립을 선언한 아르헨티나 독립 세력은 남미를 해방시키기 위해 마누엘 벨그라노(Manuel Belgrano)를 알토페루(Alto Perú)로 진격시켰다. 알토페루는 현재의 볼리비아이다.

왕당파[6]는 불안에 떨었습니다. 이제 그곳에서는 100만에 가까운 주민이 자유를 누리고 있습니다.

인구 80만의 칠레 왕국[7]은 지배 야욕을 드러낸 적과 싸우고 있습니다. 그러나 적의 기도는 헛된 일입니다. 어찌나 용맹한지 예전에도 스페인이 정복하지 못해서 자유롭게 살고 있는 아라우코족이 이웃이고 동포이기 때문입니다. 아라우코족[8]이 보여준 숭고한 예는, 독립을 갈망하는 민중은 기필코 승리한다는 사실을 증명하고도 남습니다.

150만 명이 넘는 주민이 거주하는 페루 부왕령은 분명 가장 유순한 지역이며, 스페인 왕에게 충성하느라 가장 큰 희생을 치른 곳입니다. 아메리카에서 매우 아름다운 이 지역에 관한 이야기는 편차가 있지만, 그렇더라고 결국에는 평온을 유지할 수도 없고, 대다수 지방을 위협하는 격류를 통제할 능력도 없습니다.

누에바그라나다는 아메리카의 심장부라 할 수 있는데, 키토 왕국[9]을 제외하고는 일반적인 정부가 다스리고 있습니다. 키토 왕국은 적이 스페인에 헌신하겠다고 작정한 바람에 고전을 면치 못하고 있습니다. 파나마와 산타마르타[10] 지방은 식민지배자의 폭정에 신음하고 있습니다. 그 지역의 250만 주민은 현재

---

6 왕당파(realistas)는 식민지 아메리카에서 독립을 반대하고 스페인 왕실에 충성을 바친 세력을 뜻한다. 독립파는 당시에 애국세력(patriotas)라고 불렀다.

7 칠레 왕국(Reino de Chile)이란 스페인 식민지 시대 칠레 일대를 일컫던 말로, 별도의 왕이 통치하지는 않았다.

8 아라우코족은 정복 초기 스페인인이 잘못 붙인 명칭으로 현재는 마푸체족이라고 한다. 식민지 시대 내내 스페인은 칠레 남부에 사는 마푸체족과 수차례 전투를 벌였으나 결코 정복할 수 없었다. 19세기 중반까지도 마푸체족은 일종의 자치령을 구축하고 있었다.

9 키토 왕국(Reino de Quito)는 식민지 시대 에콰도르 키토 일대를 가리키던 지명이다. 별도의 왕이 다스리지는 않았다.

모리요 장군[11] 휘하의 스페인군과 대치하고 있습니다. 그러나 모리요 장군은 카르타헤나 광장에 결집한 난공불락의 독립세력 앞에 무릎을 꿇을 것입니다. 설령 이 도시를 점령한다 해도 수많은 희생이 따를 것이며, 그렇게 되면 예의바르고 용감한 지방민을 굴복시킬 여력이 없을 것입니다.

이제 용감하지만 불운에 시달리고 있는 베네수엘라를 살펴봅시다. 모든 일이 순식간에 벌어졌습니다. 그런 참변을 당한 뒤에 베네수엘라는 절대적인 빈곤과 의지할 곳 없는 외톨이 신세로 전락하고 말았습니다. 베네수엘라는 아메리카인이라면 누구나 다 자랑하던 아름다운 나라였습니다. 지금은 압제자들이 황폐화된 이곳을 다스리고 있습니다. 간신히 죽음을 면하고 근근이 연명하고 있는 불쌍한 사람들을 억압하고 있습니다. 그곳에 남아있는 사람은 얼마 되지 않은 여자, 아이, 노인뿐입니다. 대다수 남자는 노예로 사느니 차라리 죽음을 택했습니다. 살아남은 남자들은 지금도 들판에서, 마을에서 격렬하게 싸우고 있습니다. 예전에 아메리카에서 원주민을 멸절시킨 짐승만도 못한 인간들에 버금갈 정도로 피에 굶주려 날뛰며 범죄를 자행하는 저들을 척살하거나 바다에 수장시키는 그날까지 말입니다. 베네수엘라에는 100만 명에 가까운 사람들이 살고 있습니다. 그중 4분의 1이 토지 때문에, 칼날 때문에, 기아 때문에, 역병 때문에 희생당하거나 유랑하고 있습니다. 결코 과장이 아닙니다. 지진을 제외하면,[12] 이 모든 것이 바로 전쟁 때문입니다.

훔볼트 남작에 따르면, 1808년 당시 누에바에스파냐에는 780만 명이 살고

---

10 산타마르타(Santa Marta)는 콜롬비아 북부에 위치하고 있다.

11 나폴레옹이 물러가고 1814년 페르난도 7세가 다시 스페인 왕위를 되찾자 아메리카 식민지의 독립운동을 진압하려고 1815년 파블로 모리요(Pablo Morillo) 장군이 이끄는 군대를 베네수엘라로 파견하였다.

12 1812년에 발생한 대지진으로 카라카스와 주변 지역은 폐허가 되었다.

있었습니다. 과테말라까지 포함해서 말입니다.[13] 그 후 각지에서 봉기가 발생하는 바람에 인구가 눈에 띄게 감소했습니다. 왈톤[14]의 보고서를 보면, 100만 명 이상이 죽어나갔는데, 정확한 얘기일 것입니다. 왈톤은 이 풍요로운 나라에서 자행된 피비린내 나는 범죄 행위를 정확하게 기술하고 있습니다. 그곳에서는 지금도 싸움을 하느라 인명과 온갖 종류 희생을 치르고 있습니다. 스페인인은, 불행하게도 이 땅에서 태어난 사람들을 굴복시키기 위해 수단 방법을 가리지 않고 있습니다. 아마도 이 땅은 스페인인 후손의 피로 물들 운명인가 봅니다. 그럼에도 불구하고 멕시코인은 결국 자유롭게 될 것입니다. 왜냐하면 조국이라는 대의를 가슴에 품고, 조상의 원수를 갚든지, 아니면 조상을 따라서 무덤으로 가겠다고 결심했기 때문입니다. 그리고 레이날[15]처럼 이렇게 외칩니다. '마침내 때가 되었다. 우리가 당한만큼 스페인인에게 돌려주자. 저 인간 말종을 처단하든지 바다에 수장시키자.'

푸에르토리코섬과 쿠바섬 주민을 합하면 7,80만입니다. 이 지역의 스페인인은 평온합니다. 독립 세력과 접촉이 없기 때문입니다. 하지만 이곳 섬사람들은 아메리카인이 아니란 말입니까? 핍박당하지 않고 있다는 말입니까? 행복을 바라지 않는다는 말입니까?

---

13 식민지 시대 과테말라 총독령(Capitanía General de Guatemala)의 관할권은 중미 전역을 아우르고 있었으므로, 볼리바르의 이 언급은 멕시코와 중미라는 뜻이다.

14 윌리엄 왈톤(William Walton, 1784~1857)은 영국의 언론인으로, 시몬 볼리바르가 언급하는 책은 1814년에 출판된 『스페인어권 아메리카의 분쟁에 대한 폭로(An exposé of the dissentions of Spanish America)』이다.

15 기욤 토마 프랑수아 레날(Guillaume Thomas François Raynal, 1713~1796)은 프랑스 백과전서파 작가이다. 볼리바르가 언급하는 책은 1770년에 출판된 『두 인디아스에서 유럽인의 무역과 정착에 대한 철학적, 정치적 역사(Histoire philosophique et politique des établissements et du commerce des Européens dans les deux Indes)』이다.

이상이 의미하는 바는 군사행동 지역이 상하로 최대 2,000레과,[16] 좌우로 최대 900레과에 이른다는 것입니다. 이 넓은 지역에서 1600백만 명의 아메리카인이 권리를 위해 투쟁하고 있습니다. 말을 바꾸면, 스페인에게 억압받고 있습니다. 스페인이 한때 세계에서 가장 광대한 제국이었다고는 해도, 이제는 신대륙을 다스릴 능력도 없고, 구대륙에 있는 영토조차 지킬 힘이 없습니다. 유럽은 문명이 발달하고 교역이 활발하며 자유를 사랑하는데, 늙은 뱀 한 마리가 독기 서린 분노를 삭이기 위해 지구에서 가장 아름다운 지역을 통째로 삼켜도 방관할까요? 놀랄 일입니다. 목전의 이득이 확연한데도 유럽이 눈을 감고 있으니까요. 유럽은 정의를 볼 수 있는 눈이 없단 말입니까? 어찌 이리 둔해지고 무감각해졌단 말입니까? 저는 이런 생각을 할 때마다 혼란에 빠집니다. 유럽은 아메리카가 사라지기를 바란다는 생각까지 하게 됩니다. 그러나 그럴 리 없습니다. 온 유럽이 스페인은 아니기 때문입니다. 우리의 적은 지금 제정신이 아닙니다. 해군도 없고 자금도 없고 병력도 없는데 아메리카를 다시 정복하려고 듭니다. 지금 있는 병력으로는 자국민을 폭력적으로 탄압하거나 주변국으로부터 자국을 수호하기도 버겁습니다. 게다가 스페인은 생산품도 없고, 농산물도 없고, 기술도 없고, 과학도 없고, 정책도 없습니다. 그런데 어찌 세계의 절반에 해당하는 이 지역과 독점 무역을 할 수 있겠습니까? 이런 정신 나간 시도가 성공한다고 칩시다. 그래서 평화가 왔다고 칩시다. 그렇지만 20년 내에 현재 아메리카인의 자손은 유럽 재정복자의 자손과 힘을 합하여 애국적 계획을 수립하고, 지금 우리가 투쟁하고 있듯이 다시 투쟁하지 않겠습니까?

유럽이 스페인을 설득하여 무모한 고집을 버린다면, 그것은 스페인에게 선행을 베푸는 일입니다. 적어도 불필요한 지출을 절감하고, 인명의 희생을 최소

16 1레과(legua)는 약 4,180미터이다.

화할 것이기 때문입니다. 그리고 적대적이고 강력하고 또 멀리 떨어진 곳의 사람들과 불확실한 정복 전쟁을 벌이고, 불안정한 무역을 행하며, 강제로 세금을 징수하는 것보다는 자국의 자원을 활용하면 훨씬 견고한 토대 위에서 국력을 기르고 번영을 누릴 수 있을 것입니다. 유럽도 건전한 정책을 통해 아메리카를 독립시킬 계획을 세우고 실행해야 합니다. 아메리카의 독립은 세계의 균형을 위해 필요할 뿐만 아니라 합법적이고 안전하게 해외 무역 거점을 확보하는 방법이기 때문입니다. 스페인과 다르게 유럽은 복수심, 야심, 탐욕과 같은 격정에 흔들리지 않고 평등의 원칙에 따라서 모든 일을 처리하기 때문에 어떻게 해야 스페인이 이익을 극대화할 수 있는지 애기할 자격이 있는 것처럼 보입니다.

이 문제를 다룬 저술가는 모두 이 점에 동의하고 있습니다. 그리하여 우리는 모든 문명국이 서둘러 우리를 도와주리라고 당연히 기대했습니다. 우리가 양대륙에 공히 이익이 되도록 말입니다. 그렇지만 이런 희망은 헛된 것이었습니다. 유럽인뿐만 아니라 북쪽의 형제[17]까지도 우리 투쟁을 수수방관했습니다. 고대에서 현대에 이르기까지 그 어떤 전쟁보다 본질적으로 정의롭고, 결과적으로 고귀하고 중요한 투쟁인데도 말입니다. 콜럼버스 반구의 자유가 얼마나 중요한지 계산이 됩니까?

귀하는 이렇게 말했습니다. "3세기 전에 남미의 두 군주[18]를 속임수로 사로잡은 나라의 국왕 카를로스 4세와 페르난도 7세[19]를 보나파르트가 속임수로 축

17 북쪽의 형제란 미국을 말한다.

18 남미의 두 군주란 아스테카의 목테수마(Moctezuma) 2세와 잉카의 아타우알파(Atahualpa) 황제를 가리킨다.

19 1808년 3월 스페인의 국왕 카를로스 4세는 나폴레옹의 침입을 피해서 아메리카로 피신하려고 안달루시아 아랑후에스로 갔다. 이때 아버지를 퇴위시키려고 음모를 꾸민 적이 있는 페르난도 왕자 일당이 급습했다. 겨우 목숨을 부지한 카를로스 4세는 3월 19일 마지못해 페르난도 왕자에게 왕위를 물려주었다. 이렇게 아들이 아버지에게 왕위를 빼앗은 것은 스페인 왕실 역사상

출한 것은 하느님의 징벌이 분명합니다. 또한 하느님께서 아메리카인의 대의를 지지하고 계시며, 곧 독립시켜주시리라는 증좌이기도 합니다."

귀하는 아마도 멕시코의 목테수마 왕과 잉카의 아타왈파 왕을 말씀하시는 것 같습니다. 코르테스에게 사로잡힌 목테수마는, 에레라[20]에 따르면 자결했다고 하고, 솔리스[21]에 따르면 군중에게 피살당했다고 합니다. 잉카는 프란시스코 피사로와 디에고 데 알마그로[22]가 파괴했습니다. 그러나 언급하신 스페인 왕들과 아메리카 왕들의 운명은 큰 차이가 있으므로 비교하기가 어렵습니다. 스페인 왕들은 정중한 대접을 받고, 목숨을 부지했으며, 끝내는 자유와 왕위를 되찾았습니다. 반면에 아메리카 왕들은 이루 말할 수 없는 고문을 받고, 온갖 수모를 겪었습니다. 목테수마 왕을 계승한 콰우테목은 황제 대우를 받고 왕관까지 썼습니다만, 그것은 조롱이지 존경이 아니었습니다. 고문하기 전에 모욕을 안겨준 것입니다. 미초아칸의 왕 카촌친[23]도 비슷한 운명이었습니다.

처음 있는 일이었다. 3월 23일 프랑스군에 둘러싸여 즉위한 페르난도 7세에게 프랑스측은 곧바로 나폴레옹 면담을 주선했는데, 면담 장소가 자꾸만 바뀌었다. 결국 페르난도 7세는 4월 20일 스페인 국경 근처의 바욘 지방으로 가서 나폴레옹을 기다렸다. 그러나 사실은 페르난도 7세를 유폐시키려는 프랑스의 계략에 빠진 것이었다. 곧이어 카를로스 4세도 이곳에 도착했다. 두 왕은 1808년 5월 5일 나폴레옹의 형 조제프 보나파르트에게 스페인 왕위를 양여했다. 이곳에서 유폐생활을 하던 페르난도 7세는 1814년 나폴레옹이 실각하자 곧바로 복위하여 1833년 사망할 때까지 스페인 왕위에 머물렀다.

20 안토니오 데 에레라(Antonio de Herrera, 1559~1625)는 16세기 스페인 역사가로 아메리카의 발견과 정복에 관한 연대기 『10년사(Décadas)』를 남겼다.

21 안토니오 데 솔리스(Antonio de Solís, 1610~1686)는 17세기 스페인 역사가이다. 볼리바르가 언급한 책은 1684년에 출판한 『멕시코 정복사(Historia de la conquista de México)』이다.

22 디에고 데 알마르고(Diego de Almagro, 1475-1538)는 프란시스코 피사로(Francisco Pizarro, 1476~1541)와 함께 잉카를 정복한 스페인 정복자이다.

23 카촌친(Catzontzin, ?~1529)은 멕시코 미초아칸 지방의 왕이었다. 카촌친은 아스테카인이 부르던 명칭으로 정식 이름은 탕가소안 친치차(Tangáxoan Tzíntzicha)이다. 1529년 정복자 누뇨 데 구스만의 명령의 고문을 받고 죽었다.

시파 데 바카타[24]를 비롯하여 수많은 토키, 잉카, 시파, 울멘, 카시케, 원주민 고관이 스페인의 무력 앞에 굴복했습니다. 페르난도 7세의 운명은, 1535년 칠레의 코피아포[25] 지방을 다스리던 울멘에게 닥친 운명과 흡사합니다. 스페인인 알마그로는 나폴레옹과 마찬가지로 정통성을 운운하면서 새로운 울멘을 세우더니, 결국에는 이 울멘을 찬탈자라고 불렀습니다. 스페인에서 페르난도 7세가 당한 경우와 같았습니다. 그리고 정통성을 다시 회복시킨다면서 울멘을 쇠사슬에 묶어서 불 속으로 던져넣고 말았습니다. 울멘은 자기를 변호할 기회조차 없었습니다. 페르난도 7세도 이와 비슷한 경우입니다만, 유럽의 왕은 기껏해야 추방이나 당할 뿐이었습니다. 그러나 칠레의 울멘은 처참한 죽음을 맞았습니다.

귀하는 또 이렇게 썼습니다. "몇 개월 후 저는 아메리카인의 상황과 미래의 희망에 대해 곰곰이 생각해보았습니다. 저는 아메리카인의 역사에 무척이나 관심이 많습니다만, 자료가 빈약하여 지금 상황이 어떠한지, 무엇을 열망하는지 알 수가 없습니다. 제가 알고 싶은 사항은 한두 가지가 아닙니다. 각 지방의 정책은 어떻고, 인구는 얼마나 되는지 알고 싶습니다. 또한 공화정을 원하는지, 아니면 군주제를 원하는지, 거대한 공화국을 세우려는지, 아니면 거대한 군주국을 세우려는 것인지도 궁금합니다. 이와 관련하여 답변을 주시거나 참고할 수 있는 자료를 알려주시면 더할 나위 없이 감사하겠습니다."

관대한 사람은 창조주와 자연이 부여한 권리를 되찾기 위해 분투하는 민중의 운명에 항상 관심을 보입니다. 이런 고귀한 마음을 잃지 않으려면, 실수를

---

24 시파(Zipa)는 안데스 지역에서 원주민 지도자를 부르던 말이다. 시파 데 바카타(Zipa de Bacatá)는 콜롬비아 보고타 지역의 시파를 의미한다. 뒤이어 나오는 토키(Toqui)는 칠레 남부의 마푸체족 지도자를 지칭하며, 울멘(Ulmen)은 마푸체족의 유지를 지칭한다. 끝으로, 카시케(Cacique)는 카리브해 지역에서 원주민 지도자를 부르는 말이었다.

25 코피아포(Copiapó)는 칠레 북부 아타카마 지방을 가리킨다.

교훈 삼고 따뜻한 마음을 가져야 합니다. 귀하는 우리나라에 대해 많은 생각을 하고, 걱정도 많이 하고 계십니다. 이런 애정을 보여주셔서 귀하에게 깊이 감사드립니다.

앞서 얘기한 인구는, 그다지 정확하지 못한 자료에 근거하여 계산한 것입니다. 여러 가지 여건상 자료가 부실합니다만, 정확하게 수정하기도 쉽지 않습니다. 대다수 사람들이 시골에 살고, 또 주거지를 자주 옮기기 때문입니다. 농부, 목동, 유랑민은 광대하고 나무가 울창한 숲이나 외떨어진 평야나 호수 아니면 드넓은 강으로 고립된 곳에 살고 있습니다. 사정이 이러한데, 어떻게 완벽한 통계자료가 나오겠습니까? 게다가 원주민이 내야하는 세금, 노예에 대한 처벌, 농부를 짓누르는 첫 열매 헌금, 십일조, 세금 그리고 기타 부담금이 가난한 아메리카인을 고향에서 내몰고 있습니다. 여기에 말살 전쟁까지 벌어져 인구의 8분의 1 가량이 죽었고, 상당수는 놀라서 달아났습니다. 이런 어려움은 도무지 해결할 방법이 없습니다. 명부에 등록한 사람은 실제 인구의 절반 남짓할 것입니다.

신세계의 장래를 예견하거나 정치적 원칙을 수립하거나 정부 형태를 예상하기란 정말 어렵습니다. 이 나라의 미래와 관련된 모든 생각이 저에게는 추측에 지나지 않습니다. 인류가 아직 유년기였을 때, 수없는 불확실성과 무지와 오류로 둘러싸여 있었을 때, 생존을 위해 어떤 체제를 선택할지 누가 예상할 수 있었겠습니까? 어떤 나라가 공화정이 될지 군주제가 될지, 큰 나라가 될지, 작은 나라가 될지 누가 감히 얘기할 수 있겠습니까? 이것이 현재 우리가 처한 상황이라고 생각합니다. 우리는 아직 어린 인류와 같으며, 광대한 바다로 둘러싸인 외딴 세계에 살고 있습니다. 그리고 시민 사회라는 측면에서는 다소 나이가 들었습니다만, 예술이나 과학의 측면에서는 신참내기입니다.

저는 아메리카의 현 상황이 로마 제국이 무너지던 때와 유사하다고 여깁니다. 로마 제국에서 떨어져 나온 각 지방은 자기 고장의 이해관계나 상황에 따라서, 또는 몇몇 지도자나 가문이나 단체의 야망에 따라서 적절한 정치 체제를 구축했습니다. 이렇게 해서 현저한 차이가 생겼습니다. 각 지방은 로마 제국으로 통합되기 전의 나라를 다시 세운 것입니다. 물론 사정에 따라 조금의 변화는 있었습니다. 그러나 우리는 상황이 다릅니다. 예전의 자취가 거의 남아있지 않습니다. 게다가 우리는 원주민도 아니고 유럽인도 아닙니다. 우리는 이 땅의 합법적인 소유자와 찬탈자 스페인인의 피가 반반씩 섞인 사람들입니다. 간단히 말해서, 우리는 아메리카인으로 태어났는데, 권리는 유럽인의 권리입니다. 따라서 우리는 이 땅의 사람들과 권리 다툼을 벌어야만 하고, 또 침략자로부터 우리 자신을 지켜야 합니다. 이처럼 우리는 기묘하고 복잡한 상황에 처해 있습니다. 아메리카가 어떤 정책 노선을 취하고, 그 결과가 어떻게 될지 이야기한다는 것은 점을 치는 것이나 다를 바 없지만, 그럼에도 불구하고 감히 몇 가지 추측을 해보려고 합니다. 물론 이런 추측은 성격상 매우 자의적이며, 합리적인 열망에서 우러나온 것이지 개연성 있는 추론은 아닙니다.

아메리카 대륙 주민의 역할은 수세기 동안 완전히 수동적이었습니다. 정치적으로는 없는 사람들이나 마찬가지였습니다. 우리는 노예보다 훨씬 못한 위치에 있습니다. 따라서 자유를 향유할 수 있는 수준까지 올라가기가 무척이나 어렵습니다. 이렇게 생각하면 문제가 명확해집니다. 헌법의 성격 때문이든, 아니면 헌법의 악용 때문이든 국가가 노예면, 민중도 노예입니다. 본성 때문이든, 아니면 부패 때문이든 정부가 노예면, 시민 또는 신민의 권리를 짓밟고 빼앗습니다. 이런 원리를 적용해보면, 아메리카는 자유를 빼앗겼을 뿐만 아니라 능동적이고 효율적인 전제정치의 기회마저도 빼앗겼습니다. 무슨 의미인지 설명하겠습니다. 절대정치에서 권력자는 무소불위의 권력을 행사합니다. 술탄, 칸, 데이[26]를 비롯하여 절대군주의 의지가 최고의 법입니다. 이 법을 터키와 페르시아의 사트라프[27], 칸, 파샤[28]와 같은 고위 신하는 자의적으로 행사했습니다. 이런 식으로 하급자는 상급자가 부여한 권한을 행사함으로써 억압체제가 만들어집니다. 하급 관리는 행정, 군사, 정치, 세금, 종교 업무를 떠맡습니다. 그러나 결국 이스파한[29]의 통치자는 페르시아인이고, 오스만 제국의 사드라잠[30]은 터키인이며, 타타리아의 술탄 역시 타타르인입니다. 중국은 칭기즈칸에게 정복당한 후에도 몽골에서 문무대신을 데려오지 않았습니다. 그렇지만 현재의 중국인은 현재의 타타르인 조상이 복속시킨 사람들의 직계 후손입니다.

우리는 얼마나 다른지 모릅니다. 스페인은 우리 고유의 권리를 빼앗았을 뿐만 아니라 공무(公務)에 관해서도 우리를 영원히 유년기에 머물게 만들었습니다. 우리가 국내 행정과 내부 현안을 처리했더라면 공무 처리 과정과 메커니즘을 알 수 있었을 것입니다. 또한 개인적으로도 자긍심이 생기고, 민중의 눈에도 다소 존경스럽게 비췄을 것입니다. 이런 존경은 혁명을 이끌어가는 데 반드시 필요합니다. 바로 이런 이유 때문에 저는 스페인이 능동적이고 효율적인 전제정치의 기회마저도 빼앗아버려 정부가 어떻게 작동하는지 알 수 없게 되었다고 말씀드린 것입니다.

아메리카에서 스페인 체제는 여전히 작동하고 있고, 또 어느 때보다 강력한 힘을 발휘하고 있는데, 이런 체제에서 사는 우리 아메리카인의 사회적 위치는 노동이나 하는 농노에 지나지 않습니다. 기껏해야 단순 소비자에 불과합니다. 여기에는 깜짝 놀랄만한 제한도 많습니다. 이를테면, 우리는 유럽 과일을 생산

---

26 데이는 과거 알제리에서 지방장관을 부르던 칭호이다.

27 사트라프는 고대 메디아 제국, 아케메네스 제국, 사산 제국에서 사용하던 지방 통치자를 부르던 칭호이다.

28 파샤는 오스만 제국에서 고위 관리, 장군을 부르던 칭호이다.

29 이스파한은 이란의 도시명이다. 고대 아케메네스 제국부터 여러 왕조의 수도였다.

30 사드라잠은 오스만 제국에서 술탄을 제외하고는 가장 높은 관직명이다. 대재상이라고 부르기도 한다.

할 수 없습니다. 스페인 왕실이 독점한 물품도 생산하지 못합니다. 스페인에 없는 공장은 세울 수 없습니다. 교역도 스페인이 독점하고 있습니다. 생활필수품이라고 예외는 아닙니다. 아메리카 지방과 지방 사이에도 교역을 금하고, 왕래를 금하고, 교류를 금하고 있습니다. 이제 우리가 어떤 처지인지 짐작이 가십니까? 들에서는 인디고, 곡물, 커피, 사탕수수, 카카오, 목화를 재배하고, 외딴 평원에서는 가축을 기르고, 사막에서는 맹수를 사냥하고, 땅속에서는 금을 캐냅니다. 아무리 금을 많이 캐내도 저 탐욕스러운 스페인은 결코 만족할 줄 모릅니다.

우리의 상황이 얼마나 암울한지, 어느 문명권에서도 유사한 사례를 찾기 힘들 정도입니다. 제가 시대를 더듬어 올라가면서 여러 나라의 정치를 살펴봤는데도 그렇습니다. 예전에 그렇게 잘 정비되고 광대하고 풍요롭고 인구가 많던 나라가 극히 수동적으로 변했다면, 이것이 바로 인권 침해이고, 인권 위배가 아니겠습니까?

앞서 말씀드린 것처럼 우리는 망각된 존재였습니다. 바꿔 말해서, 행정학적으로 이 세상에 없는 존재였습니다. 우리는 말도 안 되는 이유 때문에 부왕도 될 수 없었고, 총독도 될 수 없었습니다. 대주교나 주교가 된 사람은 몇 있었습니다. 외교관은 없습니다. 군인이 되면 하급 장교로 만족해야 합니다. 귀족이라고 해도 특권은 없습니다. 결국 우리는 판사도 금융가도 될 수 없었습니다. 하다못해 상인이 되기도 어려웠습니다. 이 모든 것이 우리 제도에 정면으로 배치되는 것이었습니다.

황제 카를로스 5세는 아메리카 발견자, 정복자, 거주자와 협정을 체결했는데, 게라[31]의 말처럼, 이것이 바로 우리의 사회계약이었습니다. 스페인의 여러 왕은 엄숙하게 이들과 협상했습니다. 그 결과, 발견자와 정복자는 자기 돈과 목숨을 걸었습니다. 왕실 재산은 사용하지 못하도록 했습니다. 그 대신에 그 땅의 주인이 될 수 있는 권한을 부여했습니다. 발견자와 정복자가 행정조직을 만들고, 법원을 운영하고, 면세 특권을 비롯하여 이루 헤아릴 수 없이 많은 특권을 누렸습니다. 왕은 아메리카의 지방[32]에 간섭하지 않겠다고 약속했습니다. 최고 지배권을 제외한 지방 관할권은 간여하지 않는다는 것이었습니다. 그래서 정복자는 아메리카를 일종의 봉건 영지처럼 자신과 후손을 위해 소유할 수 있었습니다. 이와 더불어 오로지 스페인 출신에게만 유리한 여러 가지 법도 공포했습니다. 스페인 출신만이 행정직이나 성직이나 징세업무에 종사할 수 있다는 것입니다. 그러나 법이나 계약을 명백하게 위반하면 법으로 허용한 권리를 박탈할 수 있었습니다.

제가 말씀드린 내용으로 아메리카가 식민 본국에서 이탈하기가 얼마나 어려운 일이었는지 쉽게 짐작을 하실 것입니다. 우리는 갑자기 이탈하게 되었습니다. 바욘에서 불법적으로 왕위를 양여했고, 또 섭정위원회가[33] 아무런 권한도 없으면서 우리에게 부당하게 선전포고를 했기 때문입니다. 합법성도 없고 정당성도 없는 선전포고였습니다. 스페인 정부의 본성, 적대적이며 호전적인 법령, 절망적인 행동의 전 과정을 아시려면, 《엘 에스파뇰》신문[34]에 실린 블랑코의 글을 읽어보시면 많은 도움이 될 것입니다. 블랑코는 우리 역사의 이 부분을 매우 잘 다루었다는 점만 말씀드리겠습니다.

---

31 멕시코의 신부 세르반도 테레사 데 미에르(fray Servando Teresa de Mier, 1765~1827)는 1813년에 호세 게라(José Guerra)라는 필명으로 런던에서 『누에바에스파냐 혁명사(Historia de la Revolución de Nueva España)』라는 책을 출판했다.

32 여기서 지방이란 부왕령과 같은 식민지의 행정 단위를 가리킨다.

33 1808년 바욘에서 페르난도 7세가 나폴레옹의 형 조제프 보나파르트에게 왕권을 양여하자 스페인인들은 일종의 임시정부와 같은 중앙최고평의회를 조직했다. 보수적인 성격의 이 평의회는 지지를 얻지 못하여 1810년 '스페인과 인디아스 섭정위원회'로 대체되었다. 섭정위원회는 유폐된 페르난도 7세를 대신하여 식민지에 왕명을 내렸다.

34 신문 《엘 에스파뇰 El español》은 호세 마리아 블랑코 화이트(José María Blanco White, 1775~1841)가 런던에서 1810년부터 1814년까지 월간으로 발행했다.

아메리카인은 사전 예고도 없이 갑작스럽게, 무엇보다도 유감스러운 일이지만, 아무런 공무 경험도 없이 세계무대에 나서게 되었습니다. 그렇지만 입법, 사법, 재정, 외교, 군사 부분에서 특출한 인물과 수많은 고위관리와 하위관리가 정상적이고 체계적인 국가를 구성하고 있습니다.

프랑스의 독수리가 카디스 섬을 제외한 이베리아반도 전역을 뒤덮으며 날아오르자 무기력한 스페인과 포르투갈 정부는 한꺼번에 무너지고 말았습니다. 그때 우리는 고아가 되었습니다. 그전에 이미 우리는 외국 침탈자의 손에 넘어갔습니다. 우리가 요구하는 정의를 실현할 듯이 알랑거려서 희망에 부풀었지만 끝내 조롱당하고 말았기 때문에 우리의 장래는 불확실했습니다. 또 합법적이고 정의롭고 자유로운 정부가 없어서 무정부 상태에 빠질 위험도 있었습니다. 우리는 혁명의 혼돈 속으로 빨려들었습니다. 처음에는 치안을 확보하고, 우리 가운데 숨어 있는 적만 조심하면 됐습니다. 그러나 곧 대외 안보까지 고려해야 했습니다. 우리는 기존 정권을 무너뜨리고 새로운 정권을 수립했습니다. 이 정권의 임무는 혁명 과정을 지휘하고, 이 절호의 기회를 이용하여 시대에 부응하고 우리 상황에 적합한 입헌 정부를 세우는 것이었습니다.

아메리카에서 새로운 정부는 하나같이 평의회[35]를 구성함으로써 첫발을 내딛었습니다. 평회의는 즉시 규정을 마련하여 의회를 소집했는데, 여기서 중요한 차이가 나타났습니다. 베네수엘라는 민주정과 연방제를 채택했습니다. 우선 인권 보장을 천명하고, 권력의 균형을 유지하며[36], 출판의 자유를 비롯하여 여러 가지 시민권을 보장하는 일반 법률을 제정했습니다. 그리고 마지막으로 독립

---

35 1810년 카라카스, 부에노스아이레스 등지에서 독립파는 식민지배세력에게 권력을 인수하고, 곧바로 평의회를 구성하여 새로운 정부 수립에 착수했다.

36 입법, 사법, 행정의 3권 분립을 의미한다.

정부를 구성했습니다. 누에바그라나다는 기존 정치 기구를 그대로 유지한 반면에, 베네수엘라는 수많은 개혁을 실시했습니다. 헌법에 근거하여 유례를 찾아보기 어려울 정도로 정교한 연방제를 채택했습니다. 최근에는 행정수반의 권한을 강화하여 필요한 권한을 모두 부여했습니다. 제가 아는 바로는 부에노스아이레스와 칠레도 이와 동일한 절차를 따랐습니다. 그러나 거리가 너무 멀어서 관련 자료도 얻기 힘들고, 들리는 소식도 정확하지 않아서 전반적인 실태를 개괄할 엄두가 나지 않습니다.

멕시코에서는 사태가 매우 다양하고 복잡하고 빠르게 전개되고, 불행한 일들이 발생하여, 혁명 과정을 추적하기가 용이하기 않습니다. 더구나 정확하게 판단할 수 있는 자료조차 충분하지 않습니다. 우리가 알고 있는 바를 말씀드리자면, 멕시코의 독립운동가들은 1810년 9월에 처음으로 봉기했습니다. 그로부터 1년 후, 페르난도 7세를 등에 업고 시타콰로[37]에 중앙 정부를 세우고 국가평의회를 구성했습니다. 그리고 페르난도 7세의 이름으로 명령을 내렸습니다. 전쟁의 양상에 따라 평의회는 여러 지역으로 옮겨 다녔습니다. 상황에 따라 변화가 있었겠지만, 최근까지 평의회를 유지하고 있는 듯합니다. 들리는 얘기로는, 총통 아니면 독재자가 등장했다고 하는데, 유명한 모렐로스 장군이라는 사람도 있고, 라욘[38] 장군이라는 사람도 있습니다. 확실한 사실은, 두 인물 중 한 사람이나 두 인물이 각각 멕시코에서 최고 권력을 행사하고 있다는 것입니다. 그리고 최근에 국가 체제를 확립하기 위해 헌법을 마련했습니다. 1812년 3월에

37 시타콰로(Zitácuaro)는 멕시코 미초아칸 주에 있는 도시 이름이다. 모렐로스 등이 평의회를 구성한 날짜는 1811년 8월 19일이다.

38 이그나시오 로페스 라욘(Ignacio López Rayón, 1773~1832)은 미겔 이달고 신부의 비서였는데, 이달고 신부의 사후에 혁명지도자가 되었다.

술테펙에 있던 정부가 멕시코 부왕에게 '전쟁과 평화에 관한 강령'[39]을 제시했습니다. 지극히 현명한 내용을 담은 강령입니다. 이 강령은 논란의 여지가 없이 정확한 원칙을 확립하고, 만민법을 천명하고 있습니다. 이 강령을 보면, 전쟁은 형제끼리, 동족끼리 싸우는 것이나 마찬가지입니다. 따라서 국가 간의 전쟁보다 잔인해서는 안 되며, 이단자나 야만인과 전쟁에서도 위반하면 안 되는 만민법과 교전규칙은 동일한 군주, 동일한 법률의 지배를 받는 기독교인을 상대할 때는 더더욱 준수해야 합니다. 전쟁 포로를 대역죄인 취급해서는 안 되고, 무기를 버리고 항복한 포로를 참수해서는 안 됩니다. 포로 교환용 인질로 잡아두어야 합니다. 전쟁에 가담하지 않은 민간인 마을에서 총칼을 휘둘러서 안 되고, 적군 색출이라는 이유로 주민의 10분의 1이나 5분의 1을 죽일 수 없습니다. 마지막으로, 이 강령을 수용하지 않을 경우 가혹한 보복을 가하겠다고 끝을 맺고 있습니다. 그러나 이 강령은 간단히 무시되고 말았습니다. 평의회는 아무런 답변도 들을 수 없었습니다. 당국은 이 강령 원본을 멕시코 광장에서 불태웠습니다. 스페인측은 몸에 밴 분노로 섬멸전을 계속했습니다. 그러나 멕시코인과 여타 아메리카인은 섬멸전은커녕 사람 하나 죽이지 않았습니다. 스페인인을 포로로 잡아도 죽이지 않았습니다. 여기서 알 수 있듯이, 평의회는 편의상 스페인 국왕과 왕실의 법령에 복종하는 척했습니다. 이제 평의회는 입법, 사법, 행정에서 절대적인 권력을 행사하고 있는 듯이 보입니다. 이 평의회의 구성원은 극소수입니다.

티에라피르메[40] 지역에서 벌어진 일에서 우리는 다음과 같은 사실을 확인

---

39 전쟁과 평화에 관한 강령(Plan de paz y guerra)은 호세 마리아 코스(José María de Cos, 1770~1819)가 1812년에 작성한 것이다.

40 티에라피르메(Tierra Firme)는 정복 초기에 파나마와 남미 대륙 북부(콜롬비아에서 베네수엘라까지)지역을 가리키던 말이다. 시몬 볼리바르는 관습에 따라 이 용어를 사용하고 있다.

할 수 있습니다. 완벽한 대의제는 현재 우리의 성격, 관습, 지식수준에 비추어 볼 때 적합하지 않습니다. 카라카스에서는 당파주의가 사회단체, 의회, 선거에 자리를 잡았습니다. 그리고 바로 이 당파주의가 우리를 다시 노예로 만들고 말았습니다. 베네수엘라는 정치제도의 면에서 가장 진보적인 아메리카 공화국이었지만, 초창기 상태를 벗어나지 못한 우리에게는 민주적인 연방제가 비효율적이라는 사실을 여실히 보여준 사례였습니다. 누에바그라나다의 경우, 지방 정부의 과도한 권한과 중앙정부의 부재로 저 아름답던 곳이 오늘날과 같은 상태로 전락했습니다. 이런 까닭에, 힘없는 적들이 예상과는 달리 아직도 남아있습니다. 우리 동포가 북미 형제처럼 뛰어난 능력과 정치적 덕목을 갖추지 못하는 한, 민중에 전적으로 의지하는 정치제도는 이롭기는커녕 오히려 우리를 패망으로 몰고 가지 않을까 두렵습니다. 불행하게도 우리가 그런 자질을 갖추는 날은 요원하게 보입니다. 설상가상으로 잔혹, 야망, 복수, 탐욕에서만 특출할 뿐인 스페인과 같은 나라의 지배를 받다보니 우리는 갖가지 악덕으로 물들게 되었습니다.

몽테스키외는 이렇게 말했습니다. "자유로운 민중을 노예로 삼기보다 민중을 노예상태에서 꺼내기가 더 어렵다." 모든 시대의 역사가 이 진리를 증명하고 있습니다. 수많은 민중이 멍에를 둘러썼지만, 극소수 민중만이 자유를 되찾았습니다. 이런 역사적 사실에도 불구하고, 이 대륙의 남쪽에 사는 사람들은 자유를 완벽하게 보장하는 제도를 구축하기 위해 고군분투했습니다. 이는 의심할 바 없이 최대 행복을 열망하는 모든 사람들의 본능에서 우러나온 것입니다. 이 행복은 정의와 자유와 평등의 기초 위에 제도를 확립할 때 어김없이 실현되었습니다. 그런데 우리가 균형을 유지하면서 공화국이라는 힘겨운 짐을 짊어지고 갈만한 역량이 있을까요? 질곡에서 이제 막 벗어난 민중이 자유의 창공에 도달할 수 있을까요? 이카로스처럼 날개가 떨어져 심연으로 추락하는 일 없이 말입니다. 그런 기적은 불가능합니다. 들은 적도 없습니다. 따라서 헛된 희망에 지나지 않습니다.

저는 다른 무엇보다도 아메리카에다 세계에서 가장 큰 나라를 만들고 싶습니다. 영토나 자원에서가 아니라 자유와 영광에서 말입니다. 저는 우리나라 정부가 완벽해지기를 열망하지만, 그렇다고 해서 지금 당장 거대한 공화국이 이 신세계를 통치해야 한다고 생각하지 않습니다. 그것은 불가능한 일이기 때문에 감히 바랄 수조차 없습니다. 아메리카 전역이 하나의 군주국이 되는 것은 더욱 바라지 않습니다. 이런 생각은 바람직하지 못할 뿐만 아니라 불가능하기 때문입니다. 지금도 남아 있는 각종 폐단을 개혁할 수도 없을 것이며, 우리의 쇄신도 결실을 맺지 못할 것입니다. 아메리카의 모든 나라는 자애로운 정부가 보살펴줄 필요가 있습니다. 정부는 전제정치와 전쟁으로 인한 고통과 상처를 치료해주어야 합니다. 예를 들어, 메트로폴리스[41]는 멕시코가 될 것입니다. 멕시코야말로 잠재 능력으로 보아 메트로폴리스가 될 수 있는 유일한 곳입니다. 멕시코 외에 다른 대안은 없습니다. 파나마 지협이 수도라고 가정해 봅시다. 이곳은 이 거대한 대륙의 정중앙에 위치하고 있습니다. 그렇다고 해서 외곽지대가 무기력에서 깨어나고, 현재와 같은 혼란상에 빠져들지 않을까요? 단 하나의 정부가 신세계에 활기를 불어넣고, 번영을 위해 모든 자원을 총동원하고, 폐단을 바로잡고, 계몽하고, 신세계를 완벽하게 만들려면 신과 같은 능력이 있어야 할 것입니다. 적어도, 전 인류의 지혜와 장점을 갖추어야 할 것입니다.

권력의 원천이 없다면, 현재 우리 아메리카 나라들을 뒤흔드는 당파주의는 더욱 기승을 부릴 것입니다. 권력만이 유일하게 당파주의를 억누를 수 있기 때문입니다. 게다가 지방 수도의 거물들은 메트로폴리스 거물들의 압도적 우세를 견딜 수가 없어서, 여느 압제자와 다를 바 없다고 여길 것이고, 질시가 극에 달

41 여기서 메틀로폴리스는 연방제의 중심, 즉 연방정부가 들어선 곳을 의미한다.

하면 저 가증스러운 스페인인과 동급으로 취급할 것입니다. 결국, 거대한 군주국은 보기 흉측한 거인 꼴이 될 것이고, 몸무게를 이기지 못해 아주 작은 충격에도 고꾸라지고 말 것입니다.

드 프라[42]는 아메리카를 15개 내지 17개의 독립국가로 나누고, 각 국가는 여느 군주국처럼 군주가 다스려야 한다는 견해를 밝힌 바 있습니다. 저는 이 견해의 전반부에는 동의합니다. 아메리카는 17개의 독립 국가를 건설하기에 충분하기 때문입니다. 그러나 후반부는 성취하기는 쉬울지 몰라도 바람직하지 못합니다. 그래서 저는 아메리카에 군주국을 세우자는 의견에 반대합니다. 그 이유를 설명 드리겠습니다. 정확하게 말해서, 공화국의 관심사는 자국 보전, 번영, 영광의 영역에 국한됩니다. 자유는 제국을 추구하지 않습니다. 극과 극이기 때문입니다. 공화주의자는 어떤 이유로도 영토를 확장하지 않습니다. 인접국을 자유로운 헌정 국가로 만들겠다는 명분으로 자국의 자원을 낭비하지도 않습니다. 공화주의자에게는 그럴 권리도 없고, 다른 나라를 정복해서 얻는 이득도 전혀 없습니다. 로마처럼 이웃 나라를 식민지나 점령지나 동맹국으로 격하시키지 않는다면 말입니다. 로마의 예는 공화정이 추구하는 정의 원칙에 정면으로 위배됩니다. 첨언하자면, 시민들의 이해관계와도 명백히 배치됩니다. 자국의 영토가 원래 방대하든, 아니면 속국을 편입하여 방대하게 되었든, 지나치게 방대한 국가는 결국 몰락하게 되고, 급기야 또 다른 폭정으로 변질됩니다. 견고하게 지켜야 할 원칙이 느슨해지고, 급기야 전제정치로 빠지고 마는 것입니다. 작은 공화국의 특징은 항구성에 있습니다. 큰 공화국의 특징은 다양합

---

42 뒤푸르 드 프라(Dufour de Pradt, 1759~1837)는 프랑스의 주교로, 정치에도 관심이 많아 여러 저술을 남겼다. 시몬 볼리바르가 언급하는 책은 1801년부터 1802년까지 두 권으로 펴낸 『식민지의 세 시기—과거, 현재, 미래(Les Trois Âges des colonies, ou de leur état passé, présent et à venir)』이다.

니다만, 항상 제국주의로 치닫습니다. 작은 공화국은 대부분 오래 존속합니다. 큰 나라 가운데 오직 로마만이 수세기 동안 존속했습니다만 그 이유는 수도가 공화국이었고, 나머지는 공화국이 아니었기 때문입니다. 상이한 법률과 제도로 통치했던 것입니다.

군주국의 정치는 정반대입니다. 왕의 관심사는 항상 재산과 부와 권한을 늘리는 데 있습니다. 그럴 수밖에 없습니다. 왕의 권위는 재산과 부와 권한 획득에 따라서 드높아지고, 이웃 나라는 물론 신하도 왕의 가공할 권력을 두려워하고, 전쟁과 정복을 통해서 유지되는 제국을 두려워합니다. 이런 이유로, 평화, 학문, 예술, 상업, 농업을 갈망하는 아메리카인은 왕정보다는 공화정을 택할 것이라고 생각합니다. 우리의 이런 소망은 유럽이 지향하는 바와 일치하리라고 생각합니다.

저는 민중과 대표자 사이의 연방제는 찬성하지 않습니다. 지나치게 완벽하고, 우리 수준을 뛰어넘는 정치적 덕목과 능력이 필요하기 때문입니다. 동일한 이유로 귀족정치과 민주제를 혼합한 군주제도 반대합니다. 이런 군주제로 영국은 부와 번영을 이룩했습니다만, 우리는 공화정과 군주제를 완전하고 완벽하게 절충할 수 없으므로 선동적인 무정부주의나 일인독재에 빠지지 않도록 경계해야 합니다. 우리는 양극단 사이의 중도를 추구해야 합니다. 어느 한쪽으로 치우치게 되면 이전과 마찬가지로 수많은 난관에 봉착하고, 불행해지며, 치욕을 당할 것입니다. 이제 아메리카의 장래를 숙고하여 얻은 결론을 조심스럽게 제시하고자 합니다. 최상은 아니지만 우리가 성취할 수 있는 장래입니다.

멕시코는 지리적 위치, 풍부한 물자, 인구, 멕시코인의 성격 때문에 초기에는 대의제 공화국을 세우려고 할 것입니다. 이 공화국에서는 행정부가 큰 권한을 행사할 것입니다. 행정부의 권한은 한 사람에게 집중될 것이며, 이 사람이 업무를 정확하고 정의롭게 수행할 경우 자연스럽게 종신토록 권력을 유지할 것입니다. 만일 무능하거나 폭력적으로 통치한다면, 민중 봉기를 야기할 것이며, 이 민중 봉기가 성공할 경우 권력은 의회로 넘어갈 것입니다. 만일 다수당이 군인이나 귀족이라면, 아마도 군주제를 수립하려고 할 것입니다. 처음에는 권한이 한정된 입헌군주제로 출발하겠지만 나중에는 절대군주제가 될 것이 틀림없습니다. 따라서 정치제도에서 혼합군주제를 유지하는 것보다 더 어려운 일은 없다는 사실을 명심해야 합니다. 또한 영국인처럼 애국적인 민중만이 왕권을 제한할 수 있으며, 왕이 있더라도 자유정신을 지킬 수 있다는 사실도 필히 명심해야 합니다.

파나마지협과 과테말라 사이에 위치한 나라들은 아마 연합국을 구성할 것입니다. 이 지역은 양 대양 사이에 있다는 지리적 이점 때문에 장차 전 세계의 교역 중심지가 될 것입니다. 운하를 통해 세계는 더 가까워지고, 유럽과 아메리카와 아시아 사이의 교역관계는 긴밀해지며, 4대륙의 산물이 이 지역으로 몰려들 것입니다. 언젠가는 이 지역에 세계의 수도가 들어설 것입니다. 콘스탄티누스 황제가 비잔티움을 구대륙의 수도로 삼았듯이 말입니다.

누에바그라나다와 베네수엘라는 통합될 것입니다. 물론 단일한 공화국 건설에 합의가 이루어질 경우입니다. 수도는 마라카이보나 신도시가 될 것입니다. 신도시라면 도시명은 박애정신에 투철한 라스카사스 신부를 기리는 뜻으로 라스카사스 시가 적당하며, 위치는 양국의 경계선인 바이아온다[43] 항구가 적합합니다. 이곳은 잘 알려져 있지는 않아도 모든 면에서 최적지입니다. 우선, 접근이 용이합니다. 그러나 위치가 좋아서 난공불락입니다. 공기는 맑고 깨끗하고, 토양도 농사나 목축에 적합하며, 건축용 목재도 풍부합니다. 이 지역에 거주하는

---

43 바이아온다(Bahía Honda) 항구는 콜롬비아의 과히라반도에 있는 항구이다. 현재는 볼리바르 항구라고 부른다.

원주민도 개화시킬 수 있고, 과히라지역을 확보함으로써 영토도 넓어질 것입니다. 국명은 콜롬비아로 지어서, 우리 반구(半球)의 창조자에게 감사의 의미와 또 잘못을 바로잡는 의미로[44] 헌정할 것입니다. 정치는 영국을 모방할 것입니다. 다른 점이 있다면, 왕 대신에 선거로 행정 수반을 선출한다는 것입니다. 행정 수반은 종신까지 가능하지만, 공화국을 유지하고자 한다면 세습은 안 됩니다. 상원, 즉 세습 의원으로 구성된 원은 정치의 폭풍우 속에서 민중의 물결과 정부의 번갯불을 중재합니다. 또 자유선거로 구성된 원을 두는데, 영국 하원만큼 제한적인 권한을 행사합니다. 이 헌법은 여러 가지를 받아들일 텐데, 저는 나쁜 점까지 받아들이지 않기를 바랍니다. 이 나라는 우리나라이기 때문에 저는 최선이라고 생각하는 바를 요구할 수 있는 양도 불가능한 권리가 있습니다. 누에바그라나다는 아마 중앙집권제에는 찬성하지 않을 것입니다. 연방제에 집착하고 있기 때문입니다. 따라서 독자적인 국가를 세울 것입니다. 그럴 경우, 각종 물자가 풍부해서 번영을 누릴 것입니다.

부에노스아이레스, 칠레, 페루에서는 어떤 의견이 우세한지 잘 모르겠습니다. 여기저기서 들리는 얘기로 짐작하면, 부에노스아이레스의 경우 중앙집권제 정부를 수립할 것입니다. 정부에서 주도권은 내부 분열과 대외 전쟁 때문에 군부가 장악하고 있습니다. 이런 정부는 필연적으로 과두체제나 약간 제약을 받는 일인독재로 전락할 텐데, 이 체제를 뭐라고 불러야 할지 모르겠습니다. 그렇게 된다면 참으로 안타까운 일입니다. 그곳 주민은 최고의 영광을 받아야 마땅하기 때문입니다.

칠레 왕국은 지리적 위치로 보거나, 성격이 순박하고 고결한 주민으로 보거나, 이웃하고 있는 불굴의 아라우코족으로 보건대, 공화국을 세워서 공정하고

---

44 볼리바르의 이 말은, 콜럼버스가 '발견'했으므로 아메리카라는 명칭이 잘못되었다는 뜻이다.

원만한 법률의 축복을 누릴 것입니다. 아메리카에서 장기간 존속할 공화국을 들라면, 저는 칠레 공화국을 꼽겠습니다. 그곳에서는 자유정신의 불꽃이 꺼진 적이 없습니다. 유럽과 아시아의 악습이 지구 끝에 있는 이곳에 들어와 미풍양속을 해치는 일도 없을 것입니다. 칠레의 영토는 넓지 않습니다. 타 지역 사람들로부터 악영향을 받지 않을 것입니다. 법률, 습속, 관례도 바뀌지 않을 것입니다. 정치적, 종교적 견해도 일관성을 유지할 것입니다. 한마디로 말해서, 칠레는 자유를 누릴 것입니다.

반대로 페루는, 정의롭고 자유로운 체제에 걸림돌이 되는 두 가지 요소를 안고 있습니다. 바로 황금과 노예입니다. 황금은 모든 것을 부패시키고, 노예는 스스로 부패합니다. 노예근성은 진정한 자유가 얼마나 소중한지 잘 모릅니다. 폭동이 일어나면 날뛰고, 족쇄를 채우면 고분고분해집니다. 이런 잣대는 아메리카 전체에 적용할 수 있지만, 어느 모로 보나 리마가 대표적인 예라고 저는 생각합니다. 제가 밝힌 이유로 봐서도 그렇고, 리마의 지배자들이 친형제나 다를 바 없는 키토, 칠레, 부에노스아이레스 사람들을 괴롭힌 것을 봐도 그렇습니다. 분명한 사실은, 자유를 얻으려면 적어도 시도는 해봐야 한다는 것입니다. 리마의 부자는 민주주의를 용납하지 못할 것입니다. 그리고 노예와 해방 노예는 귀족 정치를 용납하지 못할 것입니다. 부자는 일인 독재를 선호할 것입니다. 폭동으로 쫓기고 싶지 않고, 평온한 질서를 유지하고 싶기 때문입니다. 만약 독립을 쟁취하려고 하면, 그 도는 더할 것입니다.

지금까지 밝힌 것으로부터 이런 결론을 얻을 수 있습니다. 아메리카 각지에 해방 투쟁이 벌어지고 있으며, 끝내는 해방을 쟁취할 것이다. 몇몇 지역에는 당연히 연방공화국이나 단일공화국이 수립될 것이며, 많은 지역에서는 불가피하게 군주국이 수립될 것이다. 몇몇 지역은 현재와 미래의 혁명에서 불행하게도 분열될 것이다. 거대한 군주국 수립은 용이하지 않으며, 거대한 공화국도 불가능하다.

신세계 전체를 단일한 원칙으로 묶어서 단일한 국가를 형성하겠다는 기도는 지나치게 거창한 생각입니다. 신세계는 기원도 하나요, 언어도 하나요, 관습도 하나요, 종교도 하나이기 때문에 여러 지역에서 수립될 나라가 연합해서 단일한 정부를 수립해야만 한다는 것입니다만, 실제로는 가능하지 않습니다. 아메리카는 기후도 편차가 심하고, 환경도 다양하고, 이해관계도 상반되고, 성격도 같지 않습니다. 우리의 파나마 지협이 그리스인의 코린토스 같다면 얼마나 좋겠습니까![45] 바라건대, 언젠가 그곳에 공화국이나 왕국이나 제국의 대표로 장엄한 의회를 세워, 세계의 나머지 세 대륙 국가와 함께 평화와 전쟁에 대해 수준 높은 의견을 교환하기를 희원합니다. 이런 유형의 협력은 우리의 쇄신이 성공하면 언젠가는 실현될 것입니다. 다른 기획은 실현가능성이 없는 얘기입니다. 유럽 의회를 구성하여 각국의 이해관계와 운명을 결정하자는 생피에르[46] 신부의 구상은 고매한 헛소리입니다.

귀하는 또 이렇게 썼습니다. "개인의 노력으로 중요하고 긍정적인 변화가 일어나는 경우도 흔히 있습니다." 남미인들 사이에 내려오는 전설이 있습니다. 케찰코아틀(남미의 헤르메스 또는 부처라고 할 수 있습니다)이 권좌에서 물러나 어딘가로 떠날 때, 사람들에게 이런 약속을 했습니다. 때가 되면 돌아와서 정부를 세우고 번영을 이루겠다. 이 전설은 케찰코아틀이 곧 돌아오리라는 확신을 심어주지 않습니까? 어떤 사람이 나타나 케찰코아틀이나 숲 속의 부처나 다른 나라에서 흔히 얘기하는 메르쿠리우스[47]와 같은 면모를 보여준다면 그 영

45 여기서 시몬 볼리바르는 고대 그리스의 도시국가 연맹 체제인 '코린토스 동맹'을 상기하고 있다.

46 생피에르(Saint Pierre, 1658~1743) 신부는 프랑스의 저술가로 1713년에 펴낸 『유럽에서 영구 평화를 정착하기 위한 방안(Projet pour rendre la paix perpétuelle en Europe)』은 칸트와 영구 평화론에 지대한 영향을 주었다. 최초로 유럽연합의 구상을 밝힌 선구자이기도 하다.

47 메르쿠리우스는 그리스 신화의 헤르메스에 상응하는 로마 신화의 인물이다.

향이 어떠하리라고 보십니까? 귀하는 그 영향이 아메리카 전역에 미치리라고 생각하는 것은 아니신가요? 그러려면 우선 필요한 것은 통일이 아니겠습니까? 스페인인, 스페인 군대, 부패한 스페인 지지자를 축출한 후에 자유로운 정부와 자비로운 법을 갖춘 강력한 제국을 세워야하지 않겠습니까?

귀하와 마찬가지로 저도 개인의 노력은 광범위한 영향을 끼칠 수 있다고 생각합니다. 특히 혁명에서 그렇습니다. 그러나 영웅도, 위대한 선지자도, 아나우악[48]의 신 케찰코아틀도 귀하께서 말씀하신 경이로운 변화를 일으킬 수 없습니다. 케찰코아틀은 겨우 멕시코인이나 알고 있으며, 비록 신이지만 패배한 신이기 때문에 그다지 도움이 되지 못합니다. 오직 역사가나 문인만이 케찰코아틀의 출생, 업적의 진위, 예언, 유랑의 종착지를 세심하게 연구하고 있습니다. 케찰코아틀이 그리스도의 사도였다는 설도 있고, 이교도였다는 설도 있습니다. 어떤 사람들은 그 이름이 성 도마를 의미한다고 주장하고, 또 어떤 사람들은 깃털이 난 뱀을 의미한다고 주장하고, 또 어떤 사람들은 유카탄의 유명한 예언자 칠란 캄발[49]이라고 얘기합니다. 간단히 말해서, 수많은 멕시코의 작가, 논객, 세속 역사가가 케찰코아틀의 진정한 성격에 대해 광범위하게 다루었습니다. 아코스타[50] 신부의 말에 따르면, 케찰코아틀은 종교를 창설했습니다. 이 종교의 예식, 교리, 진리는 그리스도교와 놀랄 정도로 흡사해서, 종교 가운데 그리스도교와 가장 유사한 종교라고 합니다. 아코스타 신부를 제외한 대부분의 가톨릭 저자는 케찰코아틀이 실존인물이라는 주장을 배격하고, 다른 저명한

48 아나우악(Anáhuac)은 나우아틀어로 '물로 둘러싸인 곳'이라는 뜻이며, 현재 멕시코시가 위치한 멕시코 고원 일대를 가리킨다.

49 칠란 캄발(Chilan cambal)은 고대 마야의 예언자 쿠쿨칸(Kukulkán)을 가리킨다.

50 호세 데 아코스타(José de Acosta, 1539~1600)는 스페인의 예수회 수사이다. 아메리카를 여행하고, 1590년 『인디아스의 풍속사와 자연사(Historia natural y moral de las Indias)』를 저술했다.

작가들의 주장과는 달리 성 도마와의 관련성도 인정하지도 않습니다. 일반적인 견해에 따르면, 케찰코아틀은 아나우악의 이교도를 다스린 신적인 입법자이며, 위대한 목테수마는 케찰코아틀에게서 통치 권한을 부여받은 대리인이라는 것입니다. 그렇다면 이런 추론이 가능합니다. 멕시코인은 이교도인 케찰코아틀이 제아무리 친근한 모습으로 나타나더라도, 예전의 모습과 똑같은 모습으로 나타나더라도 따르지 않을 것입니다. 멕시코인은 이 세상 어떤 종교보다 배타적이고 비관용적인 종교를 신봉하기 때문입니다.

멕시코의 독립운동 지도자들은 멕시코인의 광신을 아주 교묘하게 이용했습니다. 저 유명한 과달루페 성모를 애국자[51]의 성모로 선언하고, 시련이 닥치면 이 성모에게 간구했습니다. 독립운동 깃발에도 이 성모를 그려넣었습니다. 이로써 정치적 열광은 종교와 뒤섞이게 되었고, 멕시코인은 자유라는 성스러운 대의에 열렬히 헌신하게 되었습니다. 멕시코에서 과달루페 성모상에 대한 경배는 제아무리 뛰어난 선지자에 대한 경배라도 비교를 불허할 만큼 열광적입니다.

아무튼 여기저기서 성모마리아가 발현하던 시기는 지났습니다.[52] 아메리카인이 세상에서 가장 미신적이고 할지라도, 사기꾼에게는 넘어가지는 않을 것입니다. 이런 사기꾼은 종파주의자가 아니면 그리스도교에서 말하는 적그리스도일 것입니다.[53]

통일은 우리의 쇄신 작업을 완수하는 마지막 과업임에 틀림없습니다. 그러나 분열도 기이한 현상은 아닙니다. 분열은 보수 진영과 개혁 진영이 싸우는 내

51 여기서 애국자란 독립운동을 하던 사람들이나 독립에 찬성하던 사람을 가리킨다.

52 정복 이후 아메리카대륙 곳곳에서 성모가 발현했다. 멕시코의 과달루페 성모 발현도 그 가운데 하나이다.

53 이 단락은 키토 사본에만 있다.

전의 특징이기 때문입니다. 일반적으로 보수 진영이 수적으로 우세합니다. 제국에 익숙한 우리는 기존 권력에 복종하는 경향이 있기 때문입니다. 진보 진영은 수적으로는 항상 열세지만 열성과 지성으로 무장하고 있습니다. 따라서 한쪽의 수적 우세와 다른 쪽의 도덕적 힘은 균형을 유지하고, 싸움은 길어지며, 결과는 불확실합니다. 다행히 우리 대중도 이제 지성을 따르고 있습니다.

스페인인을 축출하고 자유 정부를 수립하기 위해 우리가 무엇을 준비해야 하는지 귀하께 말씀드리겠습니다. 바로 통일입니다. 그러나 통일은 신의 기적으로 이루어지는 것이 아닙니다. 올바른 방향 설정과 분별 있는 행동으로 성취하는 것입니다. 아메리카는 혼자입니다. 모든 나라가 아메리카를 저버렸기 때문입니다. 세계로부터 고립되어 외교관계도 수립하지 못하고, 군사 원조도 받지 못하며, 스페인으로부터 공격받고 있습니다. 스페인의 전쟁 물자는 우리가 은밀히 모은 것보다 훨씬 더 많습니다.

앞날이 불확실하고, 국가가 힘이 없고, 승리가 요원할 때는 누구나 주저하게 됩니다. 의견은 분열되고, 감정에 휩쓸립니다. 적은 이를 조장함으로써 쉽게 승리합니다. 따라서 우리를 보호해주는 자유 국가의 원조를 받아 우리가 강해지고, 우리를 영광으로 인도할 덕목과 능력을 함양하게 되면, 그때 우리는 남미의 위대한 번영을 향하여 장엄한 행진을 개시할 것입니다. 그때 동양에서 발흥하여 유럽을 계몽한 학문과 예술이 자유 콜롬비아로 날아올 것이고, 우리는 이를 반갑게 맞이할 것입니다.

이상 제가 보고 들은 바와 소견을 귀하께 밝혔사오니, 귀하의 뜻대로 정정하거나 배격하셔도 됩니다.[54] 제가 귀하께 이 편지를 쓰는 이유는 결례를 범하지

54 키토 사본은 여기서 끝난다.

않으려는 것이지, 이 문제에 관하여 귀하를 계몽하려는 의도는 아니라는 점 부디 혜량하여 주시기를 바랍니다.

이만 총총.

1815년 9월 6일 킹스턴에서

시몬 볼리바르

제2부 나라 세우기

6. 아이티 독립선언문

아이티는 1804년 1월 1일 프랑스로부터 독립을 쟁취했다. 이로써 아메리카 대륙에서는 미국에 이어 두 번째로 독립한 국가가 되었다. 프랑스 식민지이던 때는 생도맹그(Saint Domingue)라고 불렀으나 독립한 후에는 국명을 아이티로 정했다. 원주민어로 '산이 많은 곳' 또는 '신성한 땅'이라는 뜻이다.

역사를 살펴보면, 이 섬은 콜럼버스가 처음으로 식민지를 건설한 곳이었다. 1697년 위트레흐트 조약에서 프랑스는 이 섬을 스페인에게 양도 받아 생도맹그라고 부르고(섬 서쪽에는 스페인인이 여전히 거주하고 있었다), 사탕수수를 재배하기 시작했다. 사탕수수 재배에 필요한 노동력은 아프리카 노예로 충당했다. 이로써 인구 구성비가 급격히 변했는데, 1789년 현재, 전체 인구 약 50만 명 가운데 백인이 4만 명, 자유노예와 흑백혼혈(물라토)가 2만8천 명, 아프리카 노예가 45만 2천 명이었다. 백인 1명당 10명이 넘는 아프리카 노예가 있었던 것이다.

아프리카 노예라고 하더라도 다 같은 노예는 아니었다. 대다수 노예는 사탕수수 플랜테이션에서 일했다. 그 중 극히 일부는 험준한 산속으로 도망쳐 조그만 마을을 이루고 살았다. 노예인데도 남다른 재주로 돈을 많이 모으거나 선한 주인을 만나거나 백인과 결혼하면 노예 신분에서 벗어나 자유인이 될 수 있었다. 이런 사람을 가리켜 자유 노예라고 부른다. 자유 노예는 노예를 부릴 수도 있고, 재산을 모을 수도 있었다. 마지막으로, 백인과 흑인노예 사이에 태어난 아이는 프랑스어로 유색인(gens de couleur)이라고 불렀다. 이 유색인은 태어나면서부터 자유인이었고, 일부는 프랑스로 유학을 가는 등 모든 면에서 백인에 준하는 대접을 받았다. 정리하면, 식민지 시대 아이티에는 기층 민중이라고 할 수 있는 아프리카 노예와 도망친 노예, 중간계급인 자유 노예, 기득권 세력인 유색인(흑백혼혈인 또는 물라토), 지배세력인 백인이 있었다.

아이티의 독립운동이 언제부터 시작되었는가는 이론의 여지가 있으나 일반적으로는 도망친 노예이자 보두교 사제인 뒤티 부크망이 1791년에 주도한 봉기를 출발점으로 본다. 당시는 프랑스혁명이 진행 중이어서 흑인노예 봉기는 이내 생도맹그 전역으로 퍼져나갔다. 이때 등장한 영웅이 투생 루베르튀르였다. 투생은 자유 노예였으며, 비록 정규교육을 받지 못했지만 대부와 예수회 선교사에게 교육을 받은 지식인이었다. 투생은 노예출신의 장 자크 데살린, 앙리 크리스토프와 함께 북부지방을 장악하고, 노예해방을 투쟁 목표로 삼았다.

한편, 남부지방에서는 앙드레 리고라는 유색인 지도자가 같은 유색인 출신으로 프랑스 육군사관학교를 수료한 알렉상드르 페티옹과 장 피에르 부아예를 거느리고 투생과 패권 경쟁을 벌이고 있었다. 리고의 목표는 독립이지만, 기존의 신분질서는 그대로 유지하고자 했다.

투생은 정치적으로 기민하게 움직였다. 당시 스페인과 영국은 혼란을 틈타 생도맹그를 공격했다. 전세가 불리해지자 프랑스혁명정부가 아이티에 파견한 시민 판무관 송토낙스는 1793년 노예제 폐지를 선언하고, 투생을 끌어들여 스페인과 영국군을 물리쳤다. 이로써 명성을 얻은 투생은 갈수록 정치적 영향력을 확대하여 1797년에는 송토낙스를 축출하고, 1801년에는 헌법을 제정했다. 이 헌법에 따르면, 투생은 종신 총독이며, 노예는 해방하고, 독립국은 아니라고 할지라도 광범위한 자치권을 행사할 수 있었다.

이러한 생도맹그의 상황은 프랑스에서 나폴레옹이 정권을 장악하면서 급변했다. 나폴레옹은 노예제 부활시키기 위해 르클레르를 파견했다. 1802년 2월, 4만 명의 병사를 이끌고 생도맹그에 도착한 르클레르는 '식민지인도 프랑스인이며, 노예는 영원히 해방한다'는 거짓말을 퍼뜨리는 한편, 투생 휘하의 데살린, 크리스토프를 회유하고, 계략으로 투생을 사로잡아 프랑스로 송환했다. 이로써 르클레르는 독립 세력의 주요 장군을 모두 장악했다. 그렇다고 독립투쟁이 끝난 것은 아니었다. 권력과 명예에 눈이 먼 장군들과는 달리 평범한 노예들은 산속에 숨어 게릴라전을 펼치고 있었다.

이즈음 프랑스가 카리브해의 또 다른 식민지 과들루프에서 노예제를 부활했다는 소식이 들려왔다. 이 소식을 접한 흑인노예 출신의 데살린은 반프랑스로 돌아섰다. 그로부터 두세 달 후인 1802년 11월에는 르클레르가 황열병으로 사망했다. 르클레르의 후임자 로샹보 자작은 피부가 까만색이면 흑인이건 유색인이건 무조건 죽이는 인종청소를 시작했다. 심지어 자메이카에서 사냥개 1만5천 마리를 들여와 사람 사냥에 나서기도 했다. 그러자 이제까지 프랑스편이던 유색인 페티옹이 데살린과 손을 잡고 반프랑스 투쟁에 나섰고, 전세는 급속히 역전되었다.

이제부터 도륙전이 시작되었다. 로샹보가 흑인 500명을 죽이면, 데살린도 똑같이 백인 500명을 죽이는 식으로 양측은 무자비한 살상 경쟁을 벌였다. 마침내 1803년 11월 18일 베르티에르(Vertières) 전투에서 총사령관 데살린은 페티옹과 함께 로샹보 자작에게 승리함으로써 기나긴 전쟁은 막을 내렸다. 1803년 12월 4일 프랑스군의 항복을 받아낸 데살린과 페티옹은 다음해 1월 1일 독립을 선언했다.

아이티 독립은 기층 민중인 아프리카 노예가 해방을 위해서 지속적으로 투쟁한 결과이다. 그러나 지도자들은 출신성분에 따라서 이해관계가 달랐고, 때로는 권력을 좇아, 때로는 명분을 좇아 프랑스편을 들기도 하고 아프리카 노예편을 들기도 했다. 결정적인 승리는 아프리카 노예 출신과 유색인 출신이 단합했기 때문에 가능한 일이었다. 따라서 독립선언문에서는 유난히 단결을 강조한다. 또 프랑스가 언제 다시 노예제를 부활시킬지 모르기 때문에 아이티에 남아있는 프랑스인은 모두 척결하는 것이 해방을 공고히 다지는 일이라고 역설한다. 실제로 1804년 2월부터 4월까지 독립정부는 프랑스인을 남김없이 살상함으로써 후환을 제거했다. 유럽과 미국은 이 사건을 아프리카 노예의 잔혹성과 비인간성이 드러난 예로 선전했는데, 실제로는 자국이나 자국의 식민지에서 노예반란이 일어날까봐 두려웠던 것이다.

그동안 아이티 독립선언문은 필사본으로 전해졌는데, 2010년 인쇄본이 발견되었다. 미국 듀크대학교의 대학원에 재학하던 캐나다 출신의 줄리아 가필드가 영국국립문서보관소에서 1804년 아이티 정부가 발행한 독립선언문 인쇄본을 찾아낸 것이다. 모두 여덟 쪽인 이 문헌은 '자유 아니면 죽음을 달라'라는 큰 제목 아래 '원주민 군대', '총사령관이 아이티 민중에게 고함', '아이티 민중의 이름으로'라는 소제목의 글이 실려 있다. 내용상으로는 기존의 판본과 대동소이하지만, 독립 시기 아이티 문헌의 원본이 거의 남아 있지 않은 상황에서는 더 없이 귀중한 사료이다. 이 문헌의 스페인어 번역본을 여기에 옮긴다.

참고문헌

1. Martínez Garnica, Armando. 2011. "Documento. La Declaración de Independencia de Haití". *Historia Caribe*, VI (18). pp. 189-194.

자유 아니면 죽음을 달라

원주민[1] 군대

1804년 1월 1일 오늘, 원주민 군대의 총사령관은 국가의 장래에 영향을 미

1 이 글에서 '원주민'은 아이티의 흑인, 물라토(흑백혼혈)을 가리킨다.

칠 조치를 취할 목적으로 여러 장군 및 지휘관을 소집하였다.

소집된 장군들은 이 회합의 진정한 의도가 아이티 원주민에게 안정적인 정부를 항구히 보장하는 데 있으며, 이것이 총사령관의 지대한 관심사라는 점을 인지하였다. 총사령관은 담화를 통하여 우리가 독립국가를 건설하고 이 섬 주민의 피로 신성한 자유를 향유하기로 결의하였음을 외국의 여러 나라에게 알리기로 하였다. 회합에 참석한 장군들의 의견을 수렴한 연후에 장군들은 프랑스를 항구히 배격하고, 프랑스 지배하에 사느니 차라리 죽음을 택하겠으며, 독립을 위해 최후의 순간까지 싸우기로 각기 맹세하였다.[2]

이러한 신성한 원칙을 가슴에 새긴 장군들은, 확고한 독립 계획에 만장일치로 찬성하였으며, 후손 앞에, 전 세계 앞에 프랑스를 항구히 배격하고 프랑스 지배하에 사느니 차라리 죽음을 택하기로 맹세하였다.

1804년 1월 1일 아이티 독립 첫 날
고나이브에서

(서명)

총사령관: 데살린

사단장: 크리스토프, 페티옹, 클레르보, 제프라르, 베르네, 가바르

여단장: 로맹, 제랭, 카푸아, 도, 장 루이 프랑수아, 페루, 캉제,
루이 바 즐레, 마글루아르 앙브루아즈, 에른, 투생 브라브, 야유

여단 부관: 보네, 파팔리에, 모렐리, 쉬발리에, 마리옹

여단 지휘관: 마니, 루

2 원문의 강조이다.

장교: 샤레롱, 로레, 켄, 마르카주, 뒤퓌 카르본, 디아쿠아 르 마요르,
라파엘, 말레, 드르농쿠르
서기: 부아롱 토네르

총사령관이 아이티 민중에게 고함

시민여러분! 2세기 전부터 이 땅을 피로 물들인 야만인을 축출하는 것만으로는 부족합니다. 프랑스가 여러분 눈앞에 보여준 자유 같지 않은 자유마저도 차례차례 묵살하던 일당을 저지한 것만으로는 부족합니다. 국가 권위의 최종 행위를 통해서 우리가 탄생을 목격한 국가에 자유의 제국을 영원히 확립할 필요가 있습니다. 오로지 우리를 굴복시키려는 일념으로 오래 전부터 우리 정신을 무기력하게 만들어버린 비인간적인 정부를 척결할 필요가 있습니다. 이제는 독립해서 살 것인가 아니면 죽을 것인가를 결정해야 합니다.

'자유 아니면 죽음을'. 이 신성한 구호로 우리는 하나로 뭉칠 것입니다. 단결과 투쟁의 기치로 삼을 것입니다.

시민 여러분, 동포 여러분! 오늘 본인은 용감한 군인들을 소집하였습니다. 이 사람들은 숨을 거두기 직전의 자유를 구하기 위하여 자기 피를 수혈하였습니다. 이 장군들은 여러분의 반(反)폭정 투쟁을 이끌었습니다만, 아직 여러분의 안녕을 확고하게 다지지 못하였습니다. 프랑스라는 이름이 아직도 우리 강토를 암울하게 뒤덮고 있습니다.

우리 모두는 저 야만 민족의 잔혹성을 똑똑히 기억하고 있습니다. 우리 법률, 우리 관습, 우리 민중에게는 프랑스의 각인이 찍혀있습니다. 아직도 이 섬에는 프랑스인들이 남아 있습니다. 모든 나라와 싸웠지만 자유를 원하는 사람들을 결코 이기지 못한 저 공화국[3]으로부터 여러분은 독립적이고 자유롭다고

믿고 있습니다.

게다가 지난 14년 동안 우리는 쉽게 믿고 관용을 베푼 까닭에 희생자가 되었으며, 프랑스 군대가 아니라 프랑스 대리인의 쓸데없이 요란한 선언문 때문에 패배자가 되었습니다. 언제까지 우리가 저들과 같은 공기를 마시면서 살아야 합니까? 우리가 저 살인자 집단과 무슨 공통점이 있다는 말입니까? 저들의 잔혹성과 우리의 온화함을 비교해보고, 저들의 피부색과 우리의 피부색을 비교해보고, 저들과 우리 사이에 가로놓인 넓은 바다 생각해보고, 우리를 짓누르는 가혹한 분위기를 생각해보면 저들은 우리의 형제가 아니며, 형제가 될 일도 없을 것입니다. 그리고 우리가 저들에게 피난처를 제공하더라도 전과 다름없이 우리를 교란하고 분열시키는 모사꾼 노릇을 할 것입니다.

원주민 시민 여러분, 남성과 여성 여러분, 여아와 남아 여러분! 눈을 들어 이 섬을 둘러보십시오. 이 섬에서 여러분의 아내, 남편, 형제, 자매를 찾아보십시오. 아울러 엄마 젖을 먹는 아이를 찾아보십시오. 그들이 지금 무슨 일을 당하고 있습니까? 본인은 가슴이 떨려 말도 나오지 않습니다. 저 독수리들의 먹이 신세입니다. 여러분의 놀란 눈에는 돌보아야 할 희생자보다는 살인자들밖에 눈에 들어오지 않을 것입니다. 아직도 피에 굶주린 호랑이들밖에 눈에 들어오지 않을 것입니다. 이런 참상은 바로 무심한 여러분, 복수를 망설이는 여러분 탓입니다. 저들의 만행이 누그러지기를 손 놓고 기다리고만 있을 것입니까? 기억나십니까? 여러분은 폭정을 무너뜨렸을 때, 조상 곁에 묻히기를 원했습니다. 그런데 저들에게 복수도 못하고 무덤에 묻힐 것입니까? 그러면 조상의 유골도 여러분의 유골을 내칠 것입니다.

그리고 여러분, 더할 나위 없이 소중한 여러분, 용맹한 장군 여러분, 자신의

---

3 프랑스 제1공화정을 가리킨다.

안위를 돌보지 않고 자유를 되찾기 위해서 피를 뿌린 여러분은 명심해야 합니다. 자유를 되찾으려는 고귀한 민중, 자유를 지키려고 열망하는 민중이 실행할 수밖에 없는 처절한 그러나 정당한 복수의 사례를 세계에 보여주지 않는다면 아무것도 할 수 없다는 것을 명심해야 합니다. 우리의 자유를 다시 빼앗으려고 획책하는 저들을 공포에 떨게 만듭시다. 프랑스인들부터 시작합니다.

저들이 우리 해안에 도착했을 때 전율하게 만듭시다. 그동안 저들이 행한 잔혹성을 기억하기 때문에 전율하는 것이 아니라면, 적어도 자유의 땅에 감히 더러운 발자국을 남긴 프랑스인을 남김없이 처단하겠다는 우리의 무서운 결의 때문에 전율하게 만듭시다.

우리는 자유인이 되려고 도전했습니다. 우리 스스로의 힘으로, 우리 자신을 위해서 자유인이 됩시다. 자라나는 어린이를 모방합시다. 쓸모가 없어지고 걷는 데 방해만 되는 보행기를 혼자 힘으로 부수는 어린이를 모방합시다. 어떤 사람들이 우리를 위해 싸웠습니까? 어떤 사람들이 우리 노동의 열매를 거둬갔습니까? 노예로 만들려고 상대방을 이기는 것만큼 어리석고 부끄러운 일이 또 있겠습니까? 노예라니! 이런 차별적인 말은 프랑스인에게 넘겨줍시다. 저들은 승리를 하고도 자유인이 되지 못했으니 말입니다.

우리는 다른 족적을 따라 전진합시다. 미래에는 열망이 달성되리라고 확신하고 또 후손에게 비겁하다는 말을 들을까 두려워 자유로운 국가의 명단에서 지워지느니 차라리 멸절을 택한 민중들을 본받읍시다.

그렇지만 변심으로 우리 과업을 망치지 않도록 조심합시다. 평화롭게 쉼 쉬고 있는 우리 이웃은 방해하지 맙시다. 이런 이웃은 자기들이 만든 법의 세계에서 조용히 살고 있습니다. 우리가 혁명의 횃불을 들었다고 앤틸리스제도의 입법자처럼 굴지는 맙시다. 제아무리 자랑스럽더라도 우리 주변 섬의 안녕을 방해하지 맙시다. 우리와 다르게 주변 섬에서는 무고한 주민이 피를 뿌리지도 않았고, 섬을 지키는 당국에게 복수할 필요도 없습니다. 우리를 파괴한 채찍 맛을 알지 못한 사람들은 복 받은 사람들입니다. 우리의 번영을 기원하는 사람들은 복 받은 사람입니다. 우리 이웃에게 평화를, 그러나 프랑스라는 이름에게는 저주를! 프랑스에게는 영원한 증오를! 바로 이것이 우리의 외침입니다.

아이티 원주민 여러분! 본인은 운이 좋아서 어느 날 여러분이 희생을 바친 우상을[4] 지키는 초병이 되었습니다. 본인은 불철주야로 경계하고, 싸웠습니다. 때로는 혼자 싸웠습니다. 여러분이 본인을 믿고 맡긴 신성한 예치물을 돌려줄 수 있게 되어 다행입니다. 이제부터는 여러분이 간수해야 합니다. 여러분의 자유를 위해 투쟁하면서 본인은 만족을 얻었습니다. 법률로 여러분이 자유로운 개인임을 보장하겠습니다만, 그에 앞서 본인과 이 자리에 모인 장군들은 여러분에게 우리 헌신의 최종 증거를 보여주려고 합니다.

우리나라의 장래를 위해 여기 모인 장군 및 지휘관 여러분. 이제 그날이 되었습니다. 우리의 영광, 우리의 독립이 영원히 빛날 그날이 되었습니다. 혹시 두려운 생각이 드는 사람이 있다면, 우리가 단결하겠다는 맹세를 선포하기 전에 이 자리를 떠나십시오.

우리는 전 세계 앞에, 후손 앞에, 우리 자신 앞에 맹세합니다. 프랑스와 영원히 단절할 것이며, 프랑스의 지배하에 사느니 차라리 죽음을 택하겠습니다.

우리나라의 독립을 위해 마지막 순간까지 싸우겠습니다.[5]

그리고 오랫동안 고생하신 여러분, 우리 맹세의 증인이신 여러분! 아시다시피, 본인은 여러분의 인내와 용기를 믿고 자유를 향한 도정에 뛰어들어 여러분이 14년 전부터 전개해온 반(反)전제정치, 반폭정 투쟁에 합류했습니다.

---

4 여기서 우상은 자유 또는 노예해방을 의미하는 비유적 표현이다.

5 두 문장은 원문의 강조이다.

여러분의 부모, 자녀, 재산을 보호하려고 본인은 모든 것을 희생했습니다. 이제 본인에게 남은 유일한 재산은 여러분의 자유뿐입니다. 본인의 이름은 노예제도를 유지하려는 모든 사람에게 공포의 이름이 되었습니다. 전제군주와 폭군은 본인이 태어난 날을 저주하고 있습니다. 여러분의 운명을 지켜주던 어느 천재가 여러분의 장래를 위해 본인에게 불러준 법률에 대해 장차 여러분이 투덜거리거나 배척한다면 여러분은 고마움을 모르는 사람일 것입니다. 그러나 이런 무서운 생각은 멀리 떼어놓겠습니다. 왜냐하면 여러분이 바로 여러분이 열망하던 자유의 지지대이고, 여러분을 이끄는 지휘관의 버팀목이기 때문이다.

이제 여러분은 자유롭고 독립적으로 살겠으며, 다시 예속되느니 차라리 죽겠다고 맹세하십시오. 마지막으로, 여러분은 독립을 방해하는 적과 반역자를 끝까지 추적하겠다고 맹세하십시오.

1804년 1월 1일, 독립의 첫 날
고나이브 군사령부에서
(서명) 장 자크 데살린

아이티 민중의 이름으로

아이티 섬 군대의 장군과 지휘관인 우리는, 아이티 민중이 향유하는 자유의 보호자인 장 자크 데살린 총사령관에게 임명을 받아 정식으로 취임하였습니다.

우리는 자유의 이름으로, 독립의 이름으로, 행복을 추구하는 민중의 이름으로 장 자크 데살린을 아이티의 종신 총독으로 선포하며, 우리가 유일하게 인정하는 당국자인 총독이 공포한 법률에 무조건 복종할 것을 맹세합니다. 또한 총독하게 강화조약권, 전쟁선포권, 후계자 지명권을 부여합니다.

1804년 1월 1일, 독립의 첫 날
고나이브 군사령부에서

(서명)

가바르, 로맹, 에른, 카푸아, 크리스토프, 제프라르, 제랭, 베르네, 페티옹, 클레르보, 장 루이 프랑수아, 캉제, 페루, 야유, 투생 브라브, 마글루아르 앙브루아즈, 루이 바즐레

7. 아이티 제국 헌법

아이티는 1805년 5월 20일 헌법을 공포했다. 이 헌법은 전문, 본문, 부칙으로 이뤄진 일반적인 헌법의 구성과는 다르지만, 라틴아메리카 최초의 독립국가가 마련한 최초의 헌법으로, 법 앞의 평등, 세속 국가, 종교의 자유, 경제 활동의 자유 등 근대 국가의 기틀을 마련했다는 데 의의가 있다.

이 헌법에는 아이티인의 열망과 두려움이 그대로 반영되어 있다. 노예제도는 영구히 폐지한다는 제2조와 백인 노예소유주나 토지소유주의 입국을 불허한 제12조가 그러하다. 당시 영국에서는 노예제 폐지 운동이 전개되고 있었기는 하나 노예무역 금지법이 통과된 때는 1807년이었고, 노예제도 폐지는 그보다 한참 뒤인 1833년이었다. 프랑스는 혁명정부에서 폐지한 노예제도를 나폴레옹이 부활시켰다. 아메리카 대륙으로 눈을 돌려보더라도 미국은 물론이고 라틴아메리카에서도 노예제도 폐지는커녕 아직도 노예무역은 한창이었다. 따라서 아이티인은 언제 다시 외세가 간섭하여 노예제를 부활시킬지 모른다는 잠재적 두려움을 안고 있었다.

또 다른 특징으로는 제국의 선포이다. 아이티는 1804년 9월 22일 제국을 수립하고, 장 자크 데살린을 자크 1세로 옹립했다. 명목에 불과할지라도 공화제를 선택하지 않고 입헌군주제를 선택한 까닭은 아마도 1804년 7월 나폴레옹의 황제 등극에서 영향을 받은 것으로 보인다.

아이티는 독립 이후 권력 투쟁을 벌였다. 데살린, 크리스토프와 같은 노예출신과 부아에, 페티옹처럼 유색인(물라토) 출신은 독립과 노예해방을 제외하면 공통분모를 찾기 어려웠다. 경제적 이해, 정치적 비전, 교육 정도도 상이했다. 암투의 결과, 1806년 10월 17일 지방 순회에 나선 황제 데살린이 암살됨으로써 아이티 제국도 역사 속으로 사라졌다. 아이티는 곧바로 양분되었다. 북부에는 노예출신 크리스토프가 아이티 왕국(1806년~1811년)을 세우고, 남부에는 유색인 출신 페티옹이 1807년에 아이티 공화국을 세웠다. 이후 19세기의 아이티는 유색인이 지배하는 나라가 되었다.

참고문헌

1. AAVV. 2011. "Constitución Imperial de Haití(1805)". En Nelson Chávez Herrera(comp.). *Primeras Constituciones. Latinoamérica y el Caribe.* Caracas: Bibliloteca Ayacucho. pp. 5-14.

제국 2년 1805년 5월 20일 데살린 황궁

앙리 크리스토프, 클레르보, 베르네, 가바르, 페티옹, 제프라르, 투생 브라브, 라파엘, 랄롱드리, 로맹, 카푸아, 마니, 캉제, 도, 마글루아르 앙브루아즈, 야유, 장 루이 프랑수아, 제랭, 모로, 페루, 바즐레, 마르샬 베스

위에 열거한 우리의 이름으로 그리고 자신의 의사를 대변할 대표자와 기구를 합법적으로 구성한 아이티 민중의 이름으로, 인간을 평등하게 여기며 여러 역사(役事)를 통하여 영광과 권능을 증명하고자 지상에 산재하는 다양한 피조물을 창조하신 하느님 앞에서, 우리를 매우 불공정하게 대우하고, 오랜 시간 동안 우리를 버림받은 자손으로 간주한 전 세계 앞에서 선언하니,

본 헌법은 우리 심중의 자유롭고 자발적이고 변함없는 표현이자 우리 동포 총의의 표현이다. 이에 우리 해방자 자크 데살린 황제의 재가를 받아 본 헌법을 즉각적이고 완전하게 시행한다.

서장

제1조 구명(舊名) 생도맹그섬의 주민은 이 섬에 아이티제국이라는 이름으로 세계 모든 권력으로부터 독립적이고 자주적이고 자유로운 국가를 건설한다.

제2조 노예제도는 영구히 폐지한다.

제3조 아이티 국민은 본국에서 형제이고, 이론의 여지없이 법 앞에 평등하며, 자유와 독립에 기여한 자에 대한 필수적인 보상과 배려를 제외하고 어떤 작위, 특전, 특권도 있을 수 없다.

제4조 법은 처벌받는 자든 보호받는 자든 모두에게 동등하다.

제5조 법의 소급효는 금한다.

제6조 소유권은 신성하며, 소유권의 침해는 엄격하게 다스린다.

제7조 아이티 국민의 자격은 이민과 외국 귀화 및 신체형과 치욕형으로 상실된다. 이민과 외국 귀화는 사형에 처하고 재산을 몰수한다.

제8조 국민의 자격은 부도나 파산으로 정지된다.

제9조 아이티인의 자격을 갖추려면 훌륭한 아버지, 착한 아들, 좋은 남편, 특히 훌륭한 군인이어야 한다.

제10조 부(父)든 모(母)든 자녀의 상속권을 박탈할 수 없다.

제11조 모든 국민은 손노동 직업이 있어야 한다.

제12조 백인은 국적 여하를 불문하고 노예소유주나 토지소유주의 자격으로 이 땅에 발을 디딜 수 없으며, 차후 어떤 재산도 취득할 수 없다.

제13조 전조(前條)는 아이티 정부가 인정한 귀화 백인여성 및 이 백인여성

이 출산하거나 출산할 자녀에게는 적용되지 않는다. 본 조의 규정은 아이티 정부가 인정한 귀화 독일인 및 폴란드인에게도 적용한다.

제14조 국가원수가 아버지인 단 하나의 동일 가족 자녀들은 어떠한 피부색 용어도 사용해서는 절대 안 된다. 이제부터 아이티인은 오로지 흑인으로 통칭한다.

제국

제15조 아이티제국은 유일하고 분리불가분하다. 제국의 영토는 6개 군관구(軍管區)로 나눈다.

제16조 각 군관구는 관구사령관이 통솔한다.

제17조 각 관구사령관은 타 관구사령관으로부터 독립적이며, 황제 또는 황제가 임명한 총사령관과 직접 교섭한다.

제18조 다음에 언급한 모든 도서는 제국에 포함된다. 사마나, 라토르튀 , 라고나브, 레카이에미트, 릴아바슈, 라손 및 여타 부속 도서.

정부

제19조 군주에게 아이티 정부를 위탁한다. 군주는 황제와 최고사령관이라는 직함을 갖는다.

제20조 아이티 국민은, 해방자이자 수호자인 자크 데살린을 황제와 최고사령관으로 인정한다. 황제 및 황제의 존귀한 배우자 황후는 폐하라고 칭한다.

제21조 황제와 황후는 신성하고 불가침하다.

제22조 국가는 황후에게 매년 일정액을 지급하여, 황제 사후에도 전임 황후로서 품위를 유지할 수 있도록 예우한다.

제23조 황제는 선출하며, 세습되지 아니한다.

제24조 국가는 황제 폐하가 자손으로 인정한 자녀에게 연봉을 지급한다.

제25조 황제가 자식으로 인정한 남아(男兒)는 일반 국민과 마찬가지로 1계급씩 진급한다. 유일한 차이점이 있다면, 황제의 자녀는 출생시부터 제4준여단에 입대한 것으로 간주한다.

제26조 황제는, 서거 전 또는 서거 후에 직위를 계승할 후계자를 적절한 방식으로 지명한다.

제27조 국가는 후계자가 황제로 즉위하는 즉시 적절한 보수를 정한다.

제28조 황제와 후계자는 경우와 사정을 불문하고 명예 수호나 그 어떤 명분으로도 특정집단이나 특권집단으로 주변을 에워쌀 권리가 없다.

제29조 어떤 후계자라도 전조의 규정 또는 현 황제의 지시사항 또는 본 헌법에 규정된 원칙을 어기면 사회에 대항하여 전쟁을 선포한 것으로 간주한다. 이에 따라서, 국무위원은 후계자 교체를 위한 목적으로 회의를 개최하여 가장 적합하다고 판단되는 인물로 교체한다. 새로 선임된 후계자가 이러한 합법적인 조치의 실행에 반대한다면, 국무위원은 민중과 군대를 동원하여야 하며, 그 즉시 민중과 군대는 전력을 다하여 지원함으로써 자유를 수호해야 한다.

제30조 황제는 법률을 확정하고 공포하며, 황제의 뜻에 따라 장관, 총사령관, 국무위원, 장군, 제국의 여타 관료, 육군과 해군의 장교, 지방 행정 관리, 사법부에 파견된 정부 대리인, 판사, 기타 공무원의 임면권을 행사한다.

제31조 황제는 국가의 수입과 지출을 관장하며, 화폐 주조를 감독한다. 오로지 황제만이 화폐 발행을 명할 수 있고, 무게와 형태를 정할 수 있다.

제32조 오로지 황제만이 선전포고권, 강화권, 외교권, 조약체결권을 보유한다.

제33조 황제는 치안을 확보하고, 국가를 수호해야 하며, 육군과 해군을 임의로 배치한다.

第34조 황제는 국가 안보나 헌법이나 황제 개인을 위협하는 모종의 음모가 있을 경우, 즉시 주모자와 공모자의 체포를 명하고, 이들을 특별위원회 심판에 부쳐야한다.

第35조 오로지 황제만이 사면권과 감형권을 행사한다.

第36조 황제는, 정복 목적이나 외국 식민지의 내정을 간섭하고 평화를 교란할 목적으로는 어떤 업무도 추진해서는 안 된다.

第37조 모든 공적 행사는 "하느님의 은총과 헌법에 의거한 최고사령관이자 아이티의 황제"의 명의로 행한다.

국무원

第38조 사단과 여단의 장군은 국무위원을 겸하며, 국무원을 구성한다.

장관

第39조 제국에는 장관 두 명과 국무대신 한 명을 둔다. 재무장관은 내무장관을 겸하며, 전쟁장관은 해군장관을 겸한다.

재무내무장관

第40조 이 장관의 업무는 일반적인 국고 관리, 특별 행정 기구, 전쟁부와 여타 부서에 대한 예산 배분, 공공지출, 정부와 군관구에 대한 회계 관리 감독, 농업, 상업, 공공교육, 도량형, 인구밀도표 작성, 국내생산물, 보유하거나 매매한 국유재산, 농경지임대, 교도소, 병원, 도로보수, 화물선, 염전, 수공업체, 세관, 화폐 주조와 관리, 법률과 행정명령 집행을 포함한다.

전쟁해군장관

제41조 이 장관은 육군과 해군의 징집, 조직, 감찰, 감시, 훈련, 헌병, 병력 동원 및 포병대와 공병대의 인력과 물자, 방어시설, 요새, 화약과 초석, 공문서 등록, 황제 칙령의 군 전달과 이행 감독의 업무를 관장한다. 특히 황제의 결정이 신속히 군에 전달되는지 감독하고, 인지한 군 범죄를 특별위원회에 고발하며, 전쟁부의 관리와 보건 공무원을 감독한다.

제42조 모든 장관은 헌법과 공공안전에 반하는 모든 범죄와 재산과 개인 자유를 침해하는 모든 범죄 및 소관 재원 낭비 범죄에 대해 책임을 지며, 3개월마다 황제에게 예상 지출 견적서와 함께 소관 부처의 총 지출액에 대한 설명서 및 행정 각 부서의 예산 남용 가능성에 대한 보고서를 제출하여야 한다.

제43조 어떤 장관도, 재임 중이든 퇴임한 후든, 황제의 신상에 관한 일이 아니면, 직무상의 행한 일로 인하여 기소당하지 아니한다.

국무대신

제44조 국무대신은 직인 날인 및 법률, 행정명령, 성명, 황제 칙령의 발송을 관장한다. 외교에서는 황제와 함께 업무를 직접 처리하고, 각부 장관과 연락하고, 각부 장관으로부터 요구사항, 요청사항, 기타 간청사항 및 각급 법원이 제출한 질의를 보고 받아 황제의 명에 복종하며, 황제가 전결한 판단 및 의견을 각부 장관에게 송달한다.

사법

제45조 누구도 각 개인이 선임한 중재자를 통해 유리한 재판 받을 권리를

침해할 수 없다. 개인의 결정은 법적으로 인정받는다.

제46조 각 공동체에 치안판사 1인을 둔다. 치안판사는 100구르드[1] 이상의 사건을 심판할 수 없다. 양측이 치안판사의 법정에서 화해할 수 없을 때는 관할 법원에 소를 제기할 수 있다.

제47조 법원 6개소를 다음 도시에 설치한다. 생마르크, 카프아이시앵, 포르토프랭스, 레카이, 앙사보, 포르드페

제48조 군범죄는 특별 위원회에서 특별 재판으로 다스린다.

제49조 거래에 관한 법률 및 국가 공무원에 관한 법률을 제정한다.

신앙

제50조 법률상 지배적인 종교는 용인하지 않는다.

제51조 신앙의 자유는 용인한다.

제52조 국가는 어떤 종교단체나 어떤 사제에게도 유지비를 지급하지 아니한다.

행정

제53조 각 군관구에 주 행정기관 1개소를 둔다. 이 행정기관의 조직과 감사는 원칙적으로 재무부장관의 소관이다.

---

1 구르드는 아이티의 화폐단위이다.

일반 규정

제1조 황실 직원의 선발, 임금, 관리는 황제와 황후의 소관이다.

제2조 현 황제 서거 후, 헌법 개정이 필요하다고 판단되면 이 안건을 처리할 국무회의를 소집하며, 최고 연장자가 회의를 주재한다.

제3조 대역죄, 장관과 장군이 저지른 죄는 황제가 소집하고 주재하는 특별위원회에서 심판한다.

제4조 군대의 기본은 복종이다. 어떤 무장 단체도 허용하지 않는다.

제5조 누구도 변론을 듣지 않고는 심판하지 않는다.

제6조 시민의 가옥은 침범 불가능한 피난처이다.

제7조 화재, 홍수, 거주인의 요청, 황제의 칙령이나 합법적인 당국의 명령이 있을 경우에는 시민의 가옥에 들어갈 수 있다.

제8조 살인자는 사형으로 다스린다.

제9조 사형과 신체형을 포함한 모든 판결은 황제의 재가가 없는 한 집행하지 않는다.

제10조 절도는, 행위 이전 상황 또는 당시 상황 또는 이후 상황을 고려하여 처벌한다.

제11조 아이티 영토에 거주하는 모든 외국인은 아이티인과 동일하게 형사법을 적용받는다.

제12조 이 섬에서 프랑스 백인이 소유한 모든 재산의 몰수는 정당하고 이론의 여지가 없으며, 몰수한 재산은 국가가 이용한다.

제13조 아이티인이 프랑스 백인의 재산을 획득하고 매매 계약서의 명기된 금액의 일부만 지급했다면, 총액에서 남은 금액은 국가에 납부해야 한다.

제14조 결혼은 전적으로 민사 행위이며, 정부가 인정한다.

제15조 이혼을 준비했거나 이미 이혼한 경우에는 이혼을 인정한다.

제16조 혼외 자녀에 관해서는 별도의 법을 제정한다.

제17조 가장에 대한 존경, 복종, 규율은 반드시 필요하다.

제18조 형법을 공포하고, 엄격히 적용한다.

제19조 각 군관구에 공립학교를 설립하여 젊은이를 교육한다.

제20조 국가의 색은 검정색과 빨간색이다.

제21조 농업은 모든 일 가운데 으뜸이자, 가장 고귀하고, 가장 유용하므로 존중하고 보호한다.

제22조 상업은 국가 번영의 제2원천이며, 상업에 대한 어떠한 방해도 용인하지 않는다.

제23조 각 군관구에 상업 재판소를 설치하며, 재판소 구성원은 황제가 상인 계급에서 선발한다.

제24조 상업 활동은 필히 선의와 정직으로 임해야 한다.

제25조 정부는 이 섬과 교역관계를 유지할 목적으로 내방하는 우호국 국민과 중립국 국민은 신변을 보호하고, 안전을 보장한다. 단, 이 나라의 규정과 풍습과 관습을 준수해야 한다.

제26조 외국인 상회와 상품은 국가가 보호하고 보장한다.

제27조 국경일은 독립기념일, 황제와 황후의 탄신일, 농업의 날, 제헌절이다.

제28조 첫 축포(祝砲)를 발사할 때, 도시는 없어지고 국가가 시작된다.

아래에 서명한 우리는 시민의 의무와 신성한 인권에 대한 명백하고 엄숙한 계약을 법관, 가정의 아버지와 어머니, 시민, 군대로 보장한다.

우리는 후손과 자유를 지지하는 사람과 만국의 박애주의자에게 하느님 선의의 약속 징표로 이를 천명하느니, 하느님의 불후한 명령의 결과로 우리는 족쇄를 깨뜨리고 자유롭고 문명화되고 독립적인 국민을 구성할 기회를 얻게 되었다. 이에 우리는 개인의 명의와 지도자의 명의로 서명한다.

앙리 크리스토프, 클레르보, 베르네, 가바르, 페티옹, 제프라르, 투생 브라브, 라파엘, 랄롱드리, 로맹, 카푸아, 마니, 캉제, 도, 마글루아르 앙브루아즈, 야유, 장 루이 프랑수아, 제랭, 모로, 페루, 바즐레, 마르샤 베스

황제는 서명으로 제국의 헌법을 재가하였다.

본 헌법을 검토한 아이티 초대 황제이자 군 최고사령관인 짐 자크 데살린은 하느님의 은총과 국가 헌법에 따라서, 헌법의 내용을 수용하며 승인하니, 짐의 제국 영토 전역에서 지체 없이 완전하고 완벽하게 시행하도록 한다. 짐은 헌법을 유지하고 삶의 마지막 순간까지 온전히 수용할 것을 맹세한다.

아이티 독립 2년, 1805년 5월 20일, 데살린 황궁에서

황제 데살린

총서기 쥐스트 샤라트

8. 문명과 야만

도밍고 파우스티노 사르미엔토

19세기 가장 영향력 있는 라틴아메리카인을 고르라면 대다수 사람들은 주저 없이 아르헨티나의 도밍고 파우스티노 사르미엔토(Domingo Faustino Sarmiento, 1811~1888)를 꼽을 것이다. 아르헨티나가 독립하고 얼마 지나지 않은 1845년에 사르미엔토는 『파쿤도. 문명과 야만(Facundo o Civilización y Barbarie』이라는 책을 통해서 서구적 근대화를 신생국 아르헨티나의 발전 모델로 제시했기 때문이다.

19세기 전반 아르헨티나는 연방제와 중앙집권제를 둘러싸고 심각한 정치적 갈등을 겪고 있었다. 연방제는 전통적인 지방 토호(caudillo) 세력의 이익을 대변하는 국가 건설 기획이었고, 중앙집권제는 지식인을 비롯한 신흥 세력이 지지하는 기획이었다. 이런 대립은 1835년 후안 마누엘 데 로사스(Juan Manuel de las Rosas, 1793~1877)라는 토호가 정권을 장악하여 철권으로 통치함으로써 점진적으로 해소되었다. 로사스는 입으로는 연방제를 내세웠지만, 독재정치는 필연적으로 중앙권력을 강화할 수밖에 없기 때문에 의도하든 의도하지 않았든 중앙집권제의 기반을 마련했다.

로사스 정권이 태동할 때부터 반대 운동을 벌이던 사르미엔토는 1840년 칠레로 망명하였다. 이곳에서 집필하여 1845년에 출판한 책인 바로 『파쿤도. 문명과 야만』이다. 이 책의 명제는 단순하다. 신생국 아르헨티나는 스페인 식민통치의 잔재이자 전통인 야만을 척결하고, 부에노스아이레스를 중심으로 강력한 중앙집권제를 구축하여 국가 주도의 근대화를 꾀하자는 것이다.

이러한 사르미엔토의 국가 건설 기획은 1852년에 로사스가 물러나고, 근대화론자들이 주도권을 장악함으로써 실현되었다. 사르미엔토 역시 1868년부터 1874까지 대통령이 되어 근대화에 박차를 가한 것은 물론이다. 이 과정에서 수많은 원주민, 가우초, 흑인이 희생되었고, 그 빈자리를 이탈리아를 비롯하여 서구 유럽에서 건너온 이민자로 채웠다. 이로써 아르헨티나는 원주민과 흑인이 없는 '백인의 나라', '남미의 파리'라는 이미지가 만들어졌다.

사르미엔토의 『파쿤도. 문명과 야만』은 아르헨티나뿐만 아니라 라틴아메리카 전역에서 두루 읽히는 고전이다. 서구적 근대화를 역사적 과업으로 인식한 사람들에게는 필독서이고, 서구적 근대화보다는 라틴아메리카 현실에 기초한 제3의 길을 추구하려던 사람들에게도 결코 빠뜨릴 수 없는 참고도서이기 때문이다. 근대화라는 유령이 사라지지 않는 한 사르미엔토의 『파쿤도. 문명과 야만』은 여전히 고전으로 남을 것이다. 끝으로, 여기에 소개한 번역은 『파쿤도. 문명과 야만』의 제1장이다.

참고문헌

1. Sarmiento, Domingo Faustino. 1983. *Facundo.* Caracas: Biblioteca Ayacucho. pp. 23~34.

팜파의 광활함은 참으로 불가사의하다. 북으로는 종려나무 숲이 경계를 이루고, 남으로는 만년설이 경계를 이룬다.
– 프랜시스 헤드[1]

아메리카 대륙은 남단이 뾰족한 지형으로 끝나고, 그 끝 부분에 마젤란해협이 있다. 서쪽으로 태평양에서 머지않은 곳에는 해안선과 나란히 칠레의 안데스산맥이 펼쳐져 있다. 사슬처럼 이어진 그 산맥의 동쪽, 말하자면 대서양의 서쪽, 라플라타강과 더 위쪽으로 우루과이 강을 따라 내륙까지 이어지는 땅이 '리오데라플라타 연합주(Provincias Unidas del Río de la Plata)'라고 부르던 곳이다. 이곳은 '아르헨티나공화국'이 될 것인지 '아르헨티나연방'이 될 것인지를 놓고 다투느라 흘린 피가 아직도 낭자하다. 북쪽으로는 파라과이와 그란차코(Gran Chaco) 그리고 볼리비아가 대략적인 경계선이다.

대륙의 끝자락에 위치한 이 나라의 광활한 영토에는 인적을 아예 찾아볼 수 없다. 배가 다닐 수 있는 강이 있지만 허름한 거룻배조차도 물살을 갈라본 적이 없다. 아르헨티나공화국의 질병은 광활함이다. 사방으로 황무지가 공화국을 둘러싸고 있고, 안에도 황무지같은 곳이 있다. 주(州)를 구분하는 명백한 경계선은 대개 인적 하나 없는 황야와 고독이다. 이곳은 사방이 광대무변하다. 평원도 광활하고 숲도 드넓으며 강도 광대하고 지평선은 언제나 불확실하다. 지평선은 늘 옅은 구름과 희미한 수증기 사이에서 대지와 뒤섞여 있어서 멀리서 보면 어디가 대지의 끝이고 어디가 하늘의 시작인지 알 수가 없다. 남으로도 북으로도 야만인이 마치 하이에나 무리처럼 호시탐탐 노리고 있다. 들판에서 풀을 뜯는 소 떼 위로 그리고 무방비 상태의 마을 위로 달빛이 내리기만 기다리고 있다. 고독한 짐마차 행렬이 힘들게 팜파를 가로질러 가다가 잠시 쉴 때면 희미한 모닥불 주위에 모여 앉은 마부들은 마른 풀을 흔드는 잔잔한 바람의 속삭임에도 기계적으로 고개를 남쪽으로 돌려본다. 어느 순간에 야생의

---

1 프랜시스 헤드(Francis Bond Head, 1793~1875)는 군사공학기술자로 워털루 전투에 참전한 영국인으로, 1825년 아르헨티나로 파견되어 '라플라타 광산 조합'을 관리 감독했다. 아르헨티나에 근무하는 동안 아르헨티나와 칠레를 여행하면서 『팜파와 안데스 여행 노트(Rough Notes Taken During Some Rapid Journeys across the Pampas and among the Andes)』(1826)를 남겼다.

무리가 들이닥칠지도 모르기 때문에 깜깜한 밤의 어둠 속에 시선을 꽂는 것이다. 귀에 아무 소리도 들리지 않고 침묵의 고독을 뒤덮은 어둠의 장막을 꿰뚫어보기 어려우면 마부는 시선을 돌려 모닥불 가까이에 서 있는 말의 귀를 쳐다본다. 말 귀가 움직이지 않고 느긋하게 뒤로 젖혀져 있으면 마음을 푹 놓을 수 있기 때문이다. 그제야 중단된 대화가 이어지고, 주식인 반쯤 익힌 고기 조각을 입으로 가져간다. 평원의 사람은 근방에 야만이 있어서 불안한 것만이 아니다. 숨어서 노려보는 재규어[2]도, 언제 발에 밟힐지 모르는 독사도 공포의 대상이다. 평원에서는 삶의 불확실성이 일상적이고 또 영속적이다. 내 생각에는 이러한 불확실성 때문에 난폭한 죽음에 대한 금욕적인 체념이 아르헨티나인의 기질 속에 깊이 뿌리내린 것 같다. 이들은 폭력에 의한 죽음이 삶과 분리할 수 없는 재난이라고 여긴다. 다른 방식의 죽음과 하등 다를 바 없다고 보는 것이다. 이들이 죽음을 대하고 받아들이는 무심함, 살아남은 이들에게 깊고 지속적인 감흥을 남기지 않는 이 냉담한 태도는 아마도 부분적으로 이렇게 설명할 수 있을 것이다.

이 나라에서 사람이 거주하는 지역은 여러 기후가 모두 나타나는 특권적인 곳으로, 서로 다른 특징을 가진 세 지역으로 구분된다. 각 지역은 주변의 자연환경에서 비롯되는 상이한 생활여건을 주민에게 제공한다. 먼저 북쪽으로는 빽빽한 수풀이 들어찬 무성한 밀림이 차코 주와 뒤섞인 채 전대미문이라 부를 만한 드넓은 면적을 차지하고 있다. 그 광활함이 아메리카 전역을 통틀어 듣도 보도 못한 정도의 규모이다. 중부지방과 평행한 위도를 따라 나란히 펼쳐진 지역은 오랜 시간 팜파와 밀림이 서로 겨루어왔다. 어느 지역은 숲이 더 많은 밀림이지만 시들시들한 가시 잡초 덤불이 나타나면 숲은 쇠약해진다. 그러다가

2 아르헨티나에서 재규어(tigre 또는 jaguar)는 19세기 중반에 멸종되었다.

강줄기가 흐르는 곳에서 다시 밀림이 나타난다. 남쪽으로는 결국 팜파가 밀림에 승리를 거두고 매끄러운 솜털 같은 이마를 환하게 뽐낸다. 이곳은 경계선도 알 수 없고 땅의 기복도 별로 없다. 마치 땅 위의 바다 같은 이미지이고, 지도 위에 그려놓은 땅 같기도 하다. 초목과 온갖 종류의 씨앗이 싹틀 날을 고대하고 있는 그런 땅이다.

이 나라 외양의 두드러진 특징으로 꼽을 수 있는 것은 항해할 수 있는 강이 무리지어 있다는 점이다. 이 강들은 사방으로 펼쳐진 지평선으로부터 동쪽으로 모여들어 라플라타 강에서 합류한다. 그리고는 실어온 풍부한 공물을 품위 있게 대양에게 선사하는 것이다. 그러면 대양은 별 다른 야단스러움이나 존경의 기색 없이 기슭 쪽에서 공물을 받아들인다.[3] 그러나 자연의 세심한 손으로 만들어진 이 무한한 강들은 아르헨티나의 풍습에 아무런 변화도 초래하지 않았다. 이 나라를 식민지로 삼은 스페인 모험가들의 후손은 항해를 싫어한다. 이들은 항해를 보트나 거룻배의 좁다란 경계선 안에 갇히는 것으로 여긴다. 그래서 거대한 강이 앞을 가로막으면 태연히 의복을 벗고 말을 챙겨 멀찍이 보이는 섬으로 헤엄쳐간다. 섬에 다다르면 말과 사람은 휴식을 취한다. 이렇게 이 섬에서 저 섬으로 옮겨 다니는 사이 마침내 여정이 끝난다.

섭리가 한 민족에게 준 최고의 호의를 아르헨티나 가우초는 이런 식으로 업신여긴다. 가우초는 강을 이동을 용이하게 하는 가장 강력한 수단이라기보다 오히려 방해물로 생각한다. 강은 국가 성장의 원천이다. 고대 이집트의 명성을 가능하게 하고 네덜란드의 번영을 가능하게 했으며, 미국의 급속한 발전의 원인이 된 것은 강을 항해하여 물길을 만든 일이었다. 베르메호강과 필코마요강,

---

3 라플라타강의 하구는 풍요로운 삼각주를 이룬다.

파라나강[4], 파라과이강, 우루과이강 주변의 주민은 물을 개척하지 않은 채 죽은 요소로 만들어버렸다. 이탈리아인이 탄 작은 배가 라플라타강 상류로 거슬러 올라간다. 그러나 십여 킬로미터 남짓 가다가 완전히 멈춰버린다. 스페인인은 북미의 앵글로색슨족 같은 강렬한 항해 본능이 없다. 나라의 생기에 찬 이동이 정체된 오늘날 그 동맥을 뒤흔들어 줄 또 다른 영혼이 필요하다. 이곳의 강은 문명과 힘과 부를 대륙 구석구석까지 실어 나르고, 산타페, 엔트레리오스, 코리엔테스, 코르도바, 살타, 투쿠만, 후후이[5]와 그 밖의 많은 지역에 풍요를 제공하고 인간과 문화가 넘쳐나도록 해주어야 한다. 그러나 이 모든 강 가운데 풍요로운 혜택을 주민에게 선사하는 강은 단 하나뿐이다. 다른 강을 모두 묶어놓은 라플라타강이 바로 그것이다.

라플라타강 하구에는 몬테비데오와 부에노스아이레스 두 도시가 자리 잡고 있다. 이들은 남들이 부러워할 입지에서 비롯되는 이점을 오늘날 서로 번갈아가며 누리고 있다. 부에노스아이레스는 언젠가는 남·북아메리카 전역에 걸쳐 가장 대규모 도시가 될 부름을 받았다. 온화한 기후 덕분에 발치로 흘러드는 수많은 강의 항해 여주인이 되어 광활한 대지 위에 상냥하게 기댄 채 열세 개 내륙 주를 거느리고 있다. 이 내륙 주는 여주인이 만들어주는 출구 외에는 달리 출구가 없다. 아마도 팜파의 기질이 불어 닥치지 않았더라면[6], 그리고 여러 강과 내륙 주가 실어다주는 풍요로운 공물이 그 원천에서 말라버리지 않았더라면 이곳은 이미 아메리카의 바빌로니아가 되었을 터이다. 이 광대한 아르

---

4 둘 다 파라과이강의 서부 지류로, 볼리비아에서 발원하여 아르헨티나와 파라과이의 국경 근처를 따라 흐르다가 파라과이강과 합류한다.

5 모두 아르헨티나의 주(州) 이름이다.

6 사르미엔토는 내륙의 주와 팜파를 야만으로 보고, 문명의 중심인 부에노스아이레스와 대비시키고 있다.

헨티나의 영토에서 부에노스아이레스만 유일하게 유럽 국가와 접촉하고 있다. 이 도시만이 외국과의 교역이라는 이점을 이용하고 있고, 이 도시만이 힘과 수익을 얻고 있다. 내륙 주가 문명과 산업, 유럽인 이민자를 조금이라도 양보해달라고 요청해봤지만 소용이 없었다. 식민시대의 어리석은 정치로 인해 그런 아우성에는 귀가 먹은 것이다. 그러나 지방 주는 지방에 넘쳐나는 야만보다 더한 야만 로사스[7]를 보내 복수를 시도했다.

"아르헨티나공화국은 아로요 델 메디오에서 끝난다."고 말한 사람들은 충분히 비싼 값을 치렀다.[8] 이제 공화국은 안데스 산맥부터 바다까지 이어진다. 야만과 폭력이 지방 주의 경계를 훨씬 넘어 부에노스아이레스까지 내려왔다. 부에노스아이레스가 대도시이고 앞으로 더 큰 도시가 되리라는 걸 불평해서는 안 된다. 그런 행운을 누릴 만하기 때문이다. 차라리 섭리를 불평하고 대지의 형상을 바로 잡아달라고 기도할지어다. 그게 가능하지 않다면 거장의 손이 정해놓은 바를 그대로 받아들이자. 길을 잘못 들어선 민족에게 자연이 안겨준 선물을 자신을 위해서도 내륙 주를 위해서도 불모로 만들어버린 사나운 폭력의 무지몽매함을 탓하자. 부에노스아이레스여, 이제는 빛과 풍요와 번영을 보내는 대신 사슬과 절멸의 군대와 하급 폭군만을 내륙으로 보낼지어다! 지방의 주가 로사스에게 마련해 준 그 악에 복수할지어다!

부에노스아이레스가 독점적인 지위를 차지하는 상황을 지적한 이유는

---

7 후안 마누엘 데 로사스(Juan Manuel de las Rosas, 1793~1877)는 1835년부터 1852년까지 아르헨티나 대통령을 지냈다. 연방제와 중앙집권제를 둘러싸고 정쟁을 벌이던 때 로사스는 겉으로는 연방제를 지지했으나 실제로는 부에노스아이레스 중심의 중앙집권화를 꾀했다. 비밀경찰을 동원한 폭정으로 악명이 높아 사르미엔토는 그를 야만의 대표적인 예로 꼽았다.

8 아로요 델 메디오(Arroyo del Medio)는 부에노스아이레스주와 산타페주의 경계가 되는 샛강이다.

대단히 중심적이고 통합적인 구조가 이 나라에 존재함을 보여주기 위해서다. "연방제가 아니면 죽음을!"이 설혹 로사스의 신념이었더라도 결국에는 오늘날처럼 중앙집권제를 정착시키는 결과가 되었을 것이다. 우리는 문명과 자유의 중앙집권제를 원했으나 실현된 것은 야만과 노예성의 중앙집권제였다. 그러나 사물이 순리대로 흐를 때가 도래할 것이다. 지금 알아두어야 할 것은 문명의 진보는 부에노스아이레스에만 축적되어 있다는 점이다. 팜파는 문명을 여러 내륙 주에게 전하고 나눠주기에는 적격자가 아니다. 그 결과가 어떠할지 이제 곧 보게 되리라. 그러나 이 지역에는 이 모든 독특한 지형보다 더 지배적인 균질적이고 영속적이며 보편적인 특성이 있다. 대지 표면이 대부분 평평하고 연결되어 있다는 사실이다. 거대한 열대 식물이 풍부하게 대지를 뒤덮고 있는 지역이건, 병약하고 가시 많은 관목이 성가시게 들어차 생명이 자랄 습기가 모자라는 지역이건, 시원하게 트인 단조로운 얼굴을 뽐내고 있는 팜파 지역이건 마찬가지다. 중앙에 산루이스와 코르도바의 산악지대가 있고, 북으로 안데스 산맥의 여러 지맥이 있다고 해서 그 끝없는 연속성이 훼손되지는 않는다. 산악지대는 언젠가 거대한 고독의 땅에 사람이 살게 할 국가에게는 새로운 통합 대상이다. 이 나라와 저 나라 사이에 끼어있는 산과 그밖의 자연 장애물이 국민의 고립을 고착시키고 원시적인 특성을 그대로 유지하게 만든다는 것은 주지의 사실이기 때문이다. 미국은 연방이 되도록 부름 받았다. 이는 플랜테이션의 원시적인 독립성 때문이라기보다 영토가 대서양을 향해 넓게 열려 있기 때문이다. 뿐만 아니라 북으로는 세인트로렌스강[9]이, 남으로는 미시시피강이, 그리고 중앙으로는 드넓은 하천이 바다로 나아갈 출구를 내륙에게 제공하기 때문이다. 반면 아르헨티나공화국은 나누어지지 않는 한 덩어리이다.

---

9 세인트로렌스강은 미국의 오대호와 대서양을 잇는 강이다.

수많은 철학자는 평원은 전횡을 부르고, 산악지대는 자유에 대한 저항의 빌미를 준다고 여겼다. 살타에서 부에노스아이레스에까지, 그리고 부에노스아이레스에서 멘도사까지 4,000킬로미터에 달하는 이 평원은 거대하고 무거운 짐마차가 다니는 데 어떤 장애물도 없다. 길을 내느라 사람 손으로 나무와 가시덤불을 베어낼 필요도 없다. 이러한 평원이 아르헨티나공화국 내륙의 가장 두드러진 모습이다. 교통로 확보는 순전히 개인의 노력과 자연조건에 의존할 수밖에 없다. 기술의 도움을 받거나 사회의 힘으로 개인의 한계를 보충할 수도 있다고는 하지만, 그 엄청난 공사 면적에는 제아무리 배짱 좋은 기업가도 뒷걸음치게 된다. 노력으로 가능한 일이 아니니 결국 해봄직한 공사가 되지 못하는 것이다. 그러니 길에 관한 한 야생의 자연법칙이 오랜 세월 지배할 것이고, 문명의 작용은 미약하고 비효율적일 것이다.

한편 끊임없이 이야기해왔듯이 평원의 광대무변함은 내륙지방 사람들의 삶에 아시아적인 색채를 뿌려놓는다.[10] 고즈넉한 달이 대지의 풀잎 사이로 찬란하게 모습을 드러내면 나는 유프라테스강 유적을 묘사한 볼네 백작[11]의 다음 구절을 기계적으로 떠올리며 달에게 인사한다. "동양을 비추는 보름달이 유프라테스의 평탄한 강의 푸른 물 위로 떠오른다." 실제로 아르헨티나의 고독에는 아시아의 고독을 떠올리게 하는 무언가가 있다. 다시 말해 팜파와, 티그리스강과 유프라테스강 사이에 펼쳐진 평원은 어떤 영혼의 아날로지가 있다. 팜파의

---

10 옛날 유럽과 아메리카에서 아시아는 주로 중동을 의미했는데, 이 글에서도 마찬가지다.

11 볼네 백작(Comte de Volney, 1757~1820)은 프랑스 철학자이자 역사가이다. 보나파르트의 학자로서 『폐허: 제국의 혁명들(Les Ruines, ou méditations sur les révolutions des empires)』(1791)을 통해 18세기 합리주의적 사상을 함축적으로 그려냈다. 저명한 동양 여행가로, 이집트 정복을 강력하게 주장하기도 했다. 사르미엔토가 인용한 구절은 『시리아와 이집트 기행(Voyage en Egypte et en Syrie)』(1787)의 일부이다.

고독을 가로질러 몇 달에 걸친 여정 끝에 마침내 부에노스아이레스에 도달하는 고적한 짐마차 행렬과 바그다드나 이즈미르를 향해가는 낙타 캐러반 사이에는 어떤 친연성이 있다. 우리의 짐마차들은 일종의 작은 배 군단이다. 이 여행자들은 마치 뱃사람이 육지의 사람과 구별되듯이 다른 주민과 구별되는 독특한 관습과 언어, 의복을 갖고 있다.

여기서는 카우디요[12]가 대장이고, 아시아에서는 캐러반의 수장이 대장이다. 이 운명을 위해서는 무쇠 같은 의지와 무모할 정도의 용감성이 필요하다. 그래야 두려움을 모르고 시끌벅적한 이 육지의 해적 떼를 제압할 수 있다. 무방비의 사막에서 혼자 힘으로 이들을 통제하고 지배해야 하는 것이다. 불복종의 기색이 조금만 보여도 대장은 불경한 자에게 쇠 채찍을 휘둘러 상처와 멍이 남을 정도로 매질을 해댄다. 반항이 길어지면 가공할 만한 단검을 손에 빼들고 말에서 뛰어내려 탁월한 칼 솜씨로 일순간에 권위를 되찾는다. 총 쓰는 걸 대체로 경멸하므로 총은 최후의 수단이다. 대장에게 처단된 자는 항의할 권리가 없다. 그 권리는 정당한 것으로 여기기 때문이다.

이러한 특수성 때문에 아르헨티나인의 삶에서는 거친 무력이 우위를 점하고 최강자가 절대적으로 우세하다. 지배자들은 책임이 필요 없는 무한한 권위를 누리고, 정의는 형식도 논의도 없이 집행되는 관습이 자리를 잡기 시작했다. 짐마차 군단은 무기를 갖고 다니기도 한다. 짐마차마다 한두 자루의 소총이 있고, 때때로 선두 마차는 회전식 대포를 싣고 있기도 한다. 야만인이 습격하면 짐마차로 원형의 방어막을 만든다. 그리고 피와 약탈에 굶주린 야만인의 탐욕에 맞서 거의 언제나 영웅적으로 싸운다.

12 카우디요는 19세기 라틴아메리카 각국의 지방에서 무력을 통해 지배력을 확보한 수장을 말한다. 이런 카우디요는 기회가 있을 때마다 중앙 권력을 장악했다.

노새 행렬이 이 아메리카의 베두인족[13] 손에 무방비로 붙잡히는 경우도 많다. 이런 일이 생기면 노새몰이꾼은 대부분 참수를 면치 못한다. 이 긴 여정을 통해 아르헨티나의 하층민은 사회와 떨어져 개별적으로 자연과 싸우며 궁핍에 단련된 채 생활하는 습속이 생겼다. 끊임없이 포위해오는 모든 위험을 막아내기 위해 의지할 수단이 자신의 능력과 솜씨를 제외하고는 달리 존재하지 않는다.

이 광활한 지방 주에 거주하는 사람들은 스페인인과 원주민이라는 서로 다른 두 인종으로 구성되어 있다. 그러나 서로 혼합되어 알아채기 힘들 정도의 중간적 특징을 드러낸다. 코르도바와 산루이스 주 평원에는 순수 스페인 혈통이 우세하다. 이 지역 농촌에서는 도시의 우아한 여자들조차 부러워할 정도의 새하얗고 발그레한 피부의 아리따운 아가씨들이 양을 치는 모습을 흔히 접할 수 있다. 산티아고 델 에스테로에 사는 대부분의 농촌사람들은 아직도 케추아어를 구사하며, 원주민 혈통을 드러낸다. 코리엔테스 사람들은 매우 우스꽝스러운 스페인어 방언을 쓴다. "대장님, 치리파[14] 하나 주라." 이는 병사들이 라바예 장군[15]에게 한 말이었다.

부에노스아이레스 주의 평원에서는 안달루시아 혈통 병사가 아직은 눈에 띄는 존재인 데 비해 부에노스아이레스 시에서는 외국 성(姓)이 넘쳐난다. 흑인은 이제 부에노스아이레스를 제외한 곳에서는 거의 사라지고, 삼보와 물라토만 남았다. 주로 도시에 거주하는 삼보와 물라토는 문명인과 거친 시골사람을

13 시리아·북아프리카의 사막에 사는 아랍계 유목민이다.

14 치리파(chiripá)는 가우초의 의복으로, 바지 위에 덧입는 가리개를 가리킨다.

15 후안 라바예(Juan Lavalle, 1797~1841)는 아르헨티나의 장군이자 중앙집권제를 지지한 정치가이다. 아르헨티나 독립전쟁에 참여했고, 부에노스아이레스의 주지사를 역임했으며 망명지 우루과이에서 우루과이 독립전쟁을 이끌기도 했다.

이어주는 연결고리이다. 이들은 문명에 경도된 인종이자, 재능과 진보에 대한 가장 아름다운 본능을 부여받은 인종이다.

이 세 혈통의 혼합으로부터 전적으로 동질적인 인간이 나왔다. 한가함을 선호하여 산업화 능력이 결핍된 인간이 그들이다. 이들은 교육이나 사회적 신분에 대한 욕구를 자극한다고 해도 평소의 느릿한 걸음을 떨쳐내는 게 불가능하다. 이 불행한 결과를 유발한 것은 틀림없이 식민시대에 원주민을 편입시킨 일이다. 아메리카 인종들은 느긋하게 살기 때문에 강제라는 수단을 동원해도 고되고 연속적인 노동에 집중할 수 없다. 아메리카에 흑인을 들여오자는 발상이 이런 연유에서 나왔으나 결과는 아주 치명적이었다. 그러나 아메리카의 황무지에서 자신의 본능을 포기하는 걸 보면 스페인인도 행동력을 제대로 타고난 것은 아니다.

아르헨티나공화국 내륙지방에 형성된 마을을 부에노스아이레스 남쪽지역의 독일인 집단촌이나 스코틀랜드인 집단촌과 비교해 보면 연민과 수치심이 느껴진다. 이들 외국인 집단촌의 집들은 채색이 잘 되어 있고, 집 정면은 아름다운 꽃과 관목으로 장식된 채 항상 청결하게 정돈되어 있다. 가구는 단순하지만 제대로 갖추었고, 구리나 주석으로 된 식기는 늘 윤이 난다. 침대에는 우아한 커튼이 쳐져 있고, 사람들은 끝없이 일을 하며 움직인다. 소젖을 짜고 치즈와 버터를 만들며, 이 일로 재산을 모아 도시로 이주하여 안락함을 누리고 사는 집도 있다.

아르헨티나 시골 마을은 이와 정반대의 수치스러운 모습을 띠고 있다. 누더기를 입은 지저분한 아이들이 개집을 곁에 두고 산다. 어른들은 바닥에 드러누워 아무 일도 하지 않고, 지저분함과 궁핍이 사방에 널려있다. 가구라고는 작은 탁자와 가죽 안장함이 전부이고, 추접스러운 오두막을 잠자는 곳으로 쓴다. 이것이 야만과 나태로 얼룩진 집의 보통 모습이다.

이러한 비참함은 이제는 점차 사라져가고 있지만, 목축을 하는 평원에서는 흔한 일이 아니다. 월터 스콧[16]이 영국 무기에 대한 분노와 굴욕감으로 다음과 같은 구절을 휘갈긴 것은 의심의 여지없이 그 비참함이 동기가 된 것이었다.

> 부에노스아이레스의 광활한 평원에는 구아초(즉 가우초)라는 이름의 미개한 기독교인이 살고 있을 따름이다. 가구라고는 말 두개골이 고작이고, 양식이라고는 날고기와 물이 전부이며, 여가라고는 말을 내달리는 것뿐이다.

스콧은 다음과 같이 덧붙이고 있다. "불행하게도 그들은 우리의 면직물과 모슬린보다는 독립을 더 갈망한다."[17] 부에노스아이레스의 이 평원을 차지하는 값으로 몇 자의 린넨, 몇 필의 모슬린을 내줄 것인지 영국에게 물어보는 게 좋겠다.

앞에서 기술한 바처럼 끝없이 드넓은 땅에 열네 개의 주도(州都)가 여기저기 흩어져 있다. 이들을 지리적 위치에 따라 순서대로 열거해보면 다음과 같이 분류할 수 있다. 파라나 강 주변의 부에노스아이레스, 산타페, 엔트레리오스, 코리엔테스, 칠레 쪽 안데스 지역과 거의 평행선을 이루며 이어지는 멘도사, 산후안, 라리오하, 카타마르카, 투쿠만, 살타, 후후이 그리고 중앙에 위치한 산티아고, 산루이스, 코르도바. 그러나 아르헨티나의 지방을 이런 식으로 열거하는 것은 내가 다루고자 하는 사회적 결과에 대해서는 전혀 알려주지 못한다. 내 목적에 부합하는 구분은 평원에 사는 사람들의 생활수단에 따른 분류법이다. 그들의 기질과 정신에 영향을 주는 것이 바로 생활수단이기 때문이다. 앞에서도

16 월터 스콧(Walter Scott, 1771~1832)은 『아이반호(Ivanhoe)』 등을 쓴 스코틀랜드의 시인이자 소설가이다.

17 [원주] 『나폴레옹 보나파르트의 생애(Life of Napoleon Bonaparte)』, 제2권 1장.

말했듯이 강이 인접해 있다는 사실은 어떠한 변화도 가져오지 못했다. 배를 저을 곳이라고는 영향력이 적고 무의미한 항구 하나밖에 없기 때문이다. 오늘날 산후안과 멘도사를 제외한 모든 아르헨티나의 국민은 목축업으로 먹고 산다. 투쿠만에서는 농사도 짓고, 부에노스아이레스에서는 수백만 두의 소 목축 외에 문명생활의 복잡하고 다양한 직업도 공존한다.

아르헨티나 도시의 외양은 거의 모든 아메리카 도시와 비슷하다. 거리는 직선으로 재단되어 있고 사람들은 넓은 땅에 드문드문 살고 있다. 코르도바는 예외긴 하다. 작고 제한된 공간에 건물이 들어서 있는 이 도시는 예외적으로 유럽 도시에서 볼 수 있는 외양을 모두 드러낸다. 수없이 많은 웅장한 교회 위로 치솟은 첨탑과 돔으로 도시는 더욱 광채가 빛난다. 아르헨티나든 스페인이든 유럽이든 도시는 문명의 중심이다. 미술 작업실과 상가, 학교, 재판소 등 교양 민족을 특징짓는 이 모든 것이 도시에 존재한다.

우아한 예법과 호화로운 편의시설, 유럽식 의복인 연미복과 프록코트는 자신의 무대, 자신에게 맞는 공간을 도시에서 구했다. 이러한 일상적인 것을 열거하는 목적이 있다. 목축업을 하는 지방 주의 수도는 소도시를 거느리지 못한 채 더러 단독으로 존재한다. 경작하지 않는 황무지가 도시 안으로 들어와 길거리까지 이어져 있는 경우도 있다. 멀지 않은 인접한 곳에서 사막이 도시를 에워싸고 압박한다. 도시는 야생의 자연 속에서 수백 제곱킬로미터의 개간되지 않은 평원 사이에 끼인 채 좁다란 문명의 오아시스로 축소되고 만다. 눈길을 끌 만한 도시라고는 아주 드물게 마주칠 따름이다. 부에노스아이레스와 코르도바는 다른 수많은 문명과 행정의 중심지처럼 수없이 많은 시골마을을 평원으로 내몰아버린 도시다. 이것은 주목할 만한 사실이다.

도시인은 어디나 마찬가지이지만 유럽식 옷을 입고 문명화된 삶을 산다. 법과 진보사상, 교육수단, 행정기구, 통상적인 통치가 도시에 있다. 도시의 경계를 벗어나면 완전히 외관이 달라진다. 시골사람은 아메리카식이라고 부를 수 있는 다른 종류의 의복을 입는데, 이는 어느 마을이나 공통적이다. 그들은 생활풍습도 다르고, 독특하고 제한된 생필품 또한 다르다. 마치 두 개의 다른 사회, 서로 낯선 민족 같다. 그밖에도 더 있다. 시골사람은 도시인과 유사해지려고 열망하기는커녕 도시인의 호화로움과 정중한 예법을 경멸하고 거부한다. 도시인의 복식과 연미복, 망토, 흔들의자, 그 밖의 모든 유럽 표식의 물건이 시골에 나타나면 용서 받기가 어렵다. 도시의 모든 문명화된 물건은 배척당하고 추방당한다. 일례로 프록코트를 입고 영국식 안장을 말에 깐 채 겁 없이 시골사람들 앞에 나타나는 사람은 사나운 공격과 조롱을 받게 될 것이다.

이제 도시를 둘러싼 광활한 평원의 외적인 모습을 살펴보고, 다음으로 그곳에 사는 사람들의 내적인 생활을 살펴보도록 하자. 이미 말했거니와 많은 내륙 주들은 사이사이에 끼여 있는 메마른 사막이 불가항력의 경계선이다. 대다수 인구가 평원에 살고 있는 주의 경우는 다르다. 예를 들어 인구가 16만 명인 코르도바 주의 경우 고립된 도시 경계선 안쪽의 인구는 채 2만 명도 되지 않는다. 대부분의 인구는 농촌에 있는데, 그곳은 보통 평원이다. 숲으로 뒤덮여 있건 키 큰 식물이 없건 간에 거의 사방이 초지인 것이다. 어떤 곳은 초지가 무성하게 우거져 인공초지와 비견되지 않을 정도로 질이 뛰어나다. 멘도사와 산후안은 특히 미개간 땅이 많다는 점이 예외적이다. 그래서 이 지역 사람들은 주로 농산물로 생계를 유지한다. 그 외 지역은 모두 초지가 풍족해서 목축은 직업이라기보다 생존 수단에 해당한다. 목축생활은 뜻밖에도 우리의 상상 속에 아시아를 떠올리게 한다. 우리는 늘 아시아의 평원은 여기저기 칼미크인[18]과 카자크인, 아랍인의 천막이 뒤덮고 있다고 상상한다. 그 민족들의 원시적인 생활, 현저히 야만적인 정착생활, 아브라함의 생활은 오늘날 베두인족의 생활이면서

18 칼미크는 17세기에 중앙아시아에서 서쪽으로 이동해 볼가강 하류에 정착한 몽고족이다.

아르헨티나의 농촌에도 나타나고 있다. 이곳에서는 매우 기이한 문명화 방식을 통해 변형되어 있기는 하다.

아시아의 고독 속을 유랑하는 아랍인은 부족 노인이나 대장 전사의 명령에 따라 군집을 이루어 산다. 일정한 지역에 정착하지는 않지만 사회는 존재한다. 종교적 신념과 유구한 전통, 변함없는 풍습, 경로사상 이런 것들이 모여 법이 되고 통치 행위의 수단이 된다. 그렇게 하여 부족의 질서와 화합이라고 여길 만한 도덕률이 유지된다. 그러나 진보는 질식당한다. 땅에 대한 지속적인 소유 없이는, 인간의 산업화 능력을 개발하고 그 성과물을 확대시켜 줄 도시라는 존재 없이는 진보란 가능하지 않기 때문이다.

아르헨티나 평원에는 유목민이 존재하지 않는다. 목축을 하는 사람은 소유권이 등기된 토지를 소유하고 있고 그곳에 뿌리를 내리고 산다. 그러나 땅을 계속 소유하기 위해서는 군집생활을 해체하고 가족들이 광대한 평원에 흩어져 살 수밖에 없었다. 가령, 1만 제곱킬로미터의 땅에 사람들이 살고 있는데, 이들이 20킬로미터의 거리를 두고 산다고 상상해 보라. 때로는 40킬로미터, 제아무리 가까워도 10킬로미터의 간격을 두고 산다고 상상해 보라. 재산을 불리는 것도 불가능하지 않고, 고립되어 산다고 해서 호화로움을 향유하는 생활과 전적으로 양립 불가능한 것도 아니다. 돈이면 사막에 웅장한 건물을 지을 수도 있다. 그러나 자극과 본보기가 되지 못하고, 도시에서 느낄 수 있는 위엄을 드러낼 필요성이 이 고립과 고독의 땅에서는 존재하지 않는다. 어쩔 도리 없는 한계가 사람들의 천성적인 게으름을 정당화시키고, 제대로 향유하지 못하는 삶은 곧바로 야만의 온갖 외양을 불러온다. 사회는 완전히 사라지고, 고립되고 내향적인 봉건 가족만이 남는다. 결집된 사회라는 것이 없기 때문에 어떤 종류의 통치도 불가능하고, 행정기구도 존재하지 않으며, 경찰도 기능할 수 없고 사법당국도 범법자에게 손을 뻗칠 수단이 없다.

도대체 근대 세계에 이 같은 기괴한 종류의 혼합 생활이 존재하기나 할까

싶다. 이곳은 로마의 자치 시와 정반대이다. 로마의 자치 시는 모든 인구가 도시의 경계선 안에 집중되어 있고, 인근에 있는 들을 경작할 때만 도시 밖으로 나가는 형태였다. 말하자면 로마는 강력한 사회조직이 있었고, 그 유익한 결과가 오늘날까지 감지되고, 현대 문명을 예비한 것이다. 이곳은 옛 슬라보니아[19]의 슬로보다와 유사하다. 차이가 있다면 슬로보다는 농업문명이었고, 그래서 통치에 민감했다는 점이다. 또 주민이 이곳만큼 광범위하게 뿔뿔이 흩어져 살지 않았다. 이곳은 유목민족과도 다르다. 유목민족은 땅을 소유하지 않기 때문에 사회를 이루지 않은 채 이동해 다닌다는 차이가 있다. 그러니 결국은 영주가 농촌에 거주하면서 농촌을 거점으로 도시를 공격하고 평원을 괴멸시키던 중세의 봉건제도와 유사한 것이다. 그러나 이곳에는 중세의 영주도 영주의 성도 없다. 농촌에 힘이 생겨난다 하더라도 그것은 일시적으로 민주적일 뿐이다. 산악지대도 없고 강력한 인구집단도 없기 때문에 그 힘은 계승되지도 못하고 보존될 수도 없다. 그래서 도덕의 발전이라는 측면에서는 팜파의 야만족[20]도 우리의 농촌보다 잘 조직화되어 있을 정도이다.

그러나 이 사회가 사회적 측면에서 주목을 끄는 점은 고대 생활, 즉 스파르타인이나 로마인의 생활과 유사하다는 것이다. 다른 한편 근본적인 차이점이 없는 것은 아니다. 스파르타나 로마의 자유민은 포럼 같은 공공 장소에서 국가의 일, 가령 전쟁과 평화, 검투 경기 등에만 관여하면서 자유민답게 살았다. 물질생활의 부담이나 생활물자를 마련하는 일을 모두 노예가 부담했다. 목축생활도 똑같은 이점을 제공한다. 고대 노예의 비인간적인 역할을 가축이 대신

---

19 슬라보니아는 옛날 중부 유럽에 있던 나라로, 현재 크로아티아 북동부의 흑토지대에 해당한다. 슬로보다(sloboda)는 인구가 희박한 땅에 들어선 마을을 가리킨다.

20 사르미엔토가 이 책을 쓸 무렵에는 아르헨티나 행정체계에 복속되지 않은 원주민이 많이 있었다.

한다. 자연발생적인 생식으로 무한한 부(富)가 형성되고 증가한다. 인간의 손은 할 일이 없다. 인간의 노동, 인간의 지성, 인간의 시간은 생활수단을 증대시키고 보존하는 데 필요하지가 않다. 그러나 생활의 물질적인 측면에서 인간의 노동이 전혀 필요하지 않다 해도, 이들은 로마인처럼 힘을 경제적으로 사용할 줄 모른다. 도시도, 동네도, 친목단체도 없으니 사회 발전의 기초를 전혀 마련하지 못했다. 농장주의 회합이 없으니 만족할 만한 공적 필수품, 한마디로 공화국(res publica)도 없다.

아랍인이나 타타르인도 도덕적인 진보와 지성적인 문화를 소홀히 여기지만, 이곳에서는 소홀히 여겨질 뿐더러 가능하지조차 않다. 사방으로 오십 킬로미터나 떨어진 곳에 흩어져 있는 아이들이 수업을 받을 수 있도록 하려면 어디에 학교를 세워야 하는가? 이렇듯 문명은 전적으로 실현 불가능하고 야만은 일상적이다.[21] 가정의 풍습에 약간의 도덕이라도 보존되어 있다면 감사할 일이다. 종교는 사회 해체의 영향을 받는다. 교구는 이름뿐이고 신도는 없다. 사제는 고적한 예배당에서 도망치거나 고독과 무위 속에서 방만해진다. 악덕과 성직매매, 일상화된 야만이 사제의 독방까지 파고든다. 그의 도덕적 우월성은 부와 야망의 수단으로 변질되고, 사제는 결국은 당파적인 카우디요가 되기에 이른다.

나는 사제 제도가 생겨나기 이전의 원시시대에나 있을 법한 농촌 풍경을 목격한 적이 있다. 1838년 산루이스 산악지대에서 한 목장주의 집에 기거하던 때였다. 주인이 제일 좋아하는 일은 기도와 카드놀이였다. 그는 예배당을 세워 일요일 오후면 친히 로사리오 기도를 드렸고, 오랜 세월동안 결핍되어 있던 성스

21 [원주] 나는 1826년 내내 산 루이스 산악지대에 거주하면서 집안이 부유한 젊은이 여섯에게 읽기를 가르쳤는데, 그 중 가장 나이어린 사람이 스물두 살이었다.

러운 업무를 수행하며 사제의 역할을 대신했다. 그것은 호메로스 풍의 광경이었다. 해가 저물고 우리로 돌아온 가축의 어수선한 울음소리가 대기를 가르는 시간이었다. 예순 살 주인은 흰 얼굴, 푸른 눈, 훤하고 미끈한 이마가 순수 유럽인임을 자랑하는 기품 있는 생김새였다. 집주인이 기도를 선창하면 십여 명의 여자들과 젊은이 몇 명이 화답을 했다. 아직 제대로 길들이지도 않은 말들은 예배당 문간에 매어 둔 채였다. 로사리오 기도가 끝나면 열성적인 성찬식이 있었다. 나는 그보다 더 경건함이 넘쳐흐르는 목소리를 들어본 적이 없다. 그것보다 더 순수한 열기, 더 강고한 믿음, 환경에 더 잘 어울리는 아름다운 기도를 들어본 적이 없다. 그 기도는 들판에는 비를, 가축에게는 다산을, 공화국에게는 평화를, 짐마차 꾼에게는 안전을 달라고 주께 간청하고 있었다. 눈물이 많은 편인 나는 그 때 흐느낄 정도로 울었다. 종교적인 감정이 일어 내 영혼 속에 알 수 없는 흥분과 감동이 깨어난 것이다. 그보다 더 종교적인 광경을 본 적이 없었다. 마치 아브라함 시대에 있는 기분이었다. 아브라함이 함께 하고, 주께서 함께 하고, 주를 현현시키는 자연이 함께 하는 듯했다. 순박하고 천진한 그 노인의 목소리는 내 모든 신경 줄을 울리더니 내 골수까지 파고 들어왔다.

목축업을 하는 평원에서 종교는 자연 그대로의 특성을 지니고 있는 것이다. 기독교는 스페인어와 마찬가지로 일종의 영속적인 전통이지만, 교리도 예식도 신념도 없는 조잡한 미신들과 결합되어 타락한 모습이다. 도시와 떨어져 있는 거의 모든 평원에서는 산후안이나 멘도사에서 상인들이 오면 몇 개월 내지 한 살배기 아이 서넛이 세례를 받으러 온다. 상인들은 교육을 받은 사람들이니 세례의 효력이 있으려니 하고 만족하는 것이다. 사제가 오면 어린 망아지를 길들이던 젊은이들이 나타나 성유식과 '조건부' 세례를 받기를 원한다.

사람들이 사회를 이루어 모여 살 때만 발전할 수 있는 문명과 진보의 수단이 모두 결여되어 있는 상태에서 농촌의 교육이 어떠한지 보라. 여자들은 집을 지키며 요리를 하고 양털을 깎고 소젖을 짜며 치즈를 만들고 투박한 천으로 옷을 짠다. 모든 가사와 가내수공업은 여자가 맡는다. 모든 노동을 여자가 떠맡고 있다. 가족의 식량이 될 옥수수 경작에 남자들이 조금이라도 공을 들인다면 그걸로 감사한 일이다. 빵을 일상적인 식량으로 먹는 것은 흔치 않다. 아이들은 힘을 기르고, 오랏줄 던지는 기술과 투석 기술을 기꺼이 익힌다. 그리고는 쉬지 않고 송아지와 암양을 쫓아다닌다. 말을 타고 걷는 법을 배우고 나면 목동이 되어 말을 타고 여러 가지 일을 한다. 시간이 지나 힘이 더 자라면 들판을 돌아다닌다. 말에서 떨어졌다가 다시 일어서는가 하면 일부러 토끼굴 속으로 굴러보기도 하고, 벼랑을 뛰어넘기도 하며 말 다루는 솜씨를 단련한다. 사춘기가 다가오면 사나운 망아지를 길들이는 데 열중한다. 힘과 용맹이 결여되는 순간에 그를 기다리는 최소한의 벌은 죽음이다. 청년기에 접어들면 완전한 독립과 자유가 찾아온다.

여기에서 가우초의 공공생활이 시작된다. 이제 교육이 끝났기 때문이다. 가우초들은 언어와 모호한 종교 관념을 고려하면 스페인인이라 할 수 있다. 그런데 고립된 인간과 야생의 자연 간 싸움, 이성적인 인간과 난폭한 인간 사이의 싸움이 이 스페인인마저 얼마나 드세고 거만한 기질의 사람으로 만들었는지 똑똑히 봐둘 필요가 있다. 아시아 아랍인의 용모처럼 턱수염이 짙고 억센 얼굴에 근엄하고 장중한 이들의 표정을 한번 쳐다보라. 그러면 이들이 정착생활을 하는 도시인을 보면서 느끼는 동정어린 경멸감을 제대로 판단할 수 있다. 도시인은 수없이 많은 책을 읽었지만 사나운 황소를 제압하여 죽일 줄 모른다. 다른 사람의 도움 없이 혼자서 광야로 나서 말을 자기 것으로 길들일 줄도 모른다. 한 손에 단도를 쥐고 다른 손에는 폰초를 말아 쥔 채 재규어와 맞서 본 적도 없고, 재규어의 입 속에 단도를 찔러 넣어 심장을 관통시켜 제 발치에 나자빠지게 해본 적도 없다. 이렇게 저항을 극복해내는 습성, 자연에 도전하고 자연을 극복함으로써 자연보다 우월함을 증명해온 습성은 놀랍게도 인간 개개인이 중요하다는 감정과 우월감이라는 감정을 발달시켰다. 아르헨티나인은 계층이 어떻건, 문명화되었건 무지하건 상관없이 자신이 곧 국가라는 인식이 강하다. 그래서 아메리카의 다른 나라 사람들이 다 이런 허영심을 책하고, 아르헨티나인의 자부심과 자만심을 불쾌하게 여긴다. 나는 이러한 비난이 전혀 근거 없는 것은 아니라고 생각하지만, 그렇다고 그로 인해 괴로움을 느끼지도 않는다. 아, 자신에 대한 믿음이 없는 국민이여! 그러자고 그런 위대한 일을 했더란 말인가![22] 이 아르헨티나 가우초의 자부심이 아메리카 일부 지역의 독립에 얼마나 많은 기여를 했는가? 어떤 현자나 강자도 햇살에 눈이 부신 상태에서 그들만큼 사물을 제대로 보지 못했다. 말이 두어 번 날뛰는 것조차 견뎌내지 못하는 유럽인은 가우초가 볼 때 가장 서열이 낮은 인간이다.[23] 열등한 계층에게 나타나는 이러한 국민적 허영의 근원이 비속한 것이라 해도, 그렇다고 해서 그 결과의 고귀함이 덜한 것은 아니다. 썩은 진흙 개천에서 나왔다고 해서 강물의 청정함이 덜하지 않은 것과 같은 이치다. 교양인이 그들에게 품는 증오는 누그러뜨릴 수 없고, 그들의 의복과 관습, 예법에 대한 거부감도 극복하기 힘들 정도다. 아르헨티나 병사들은 이런 기질을 바탕으로 하여 태어났다. 이런 습속에서 전쟁에 필요한 용기와 인내심이 나온다는 건 쉽게 짐작된다. 덧붙여 그들은 유년기부터 가축을 죽이는 데 습관이 되어 있다. 필요에서 생긴 잔인성으로 유혈 상황에 익숙해져 희생물의 신음소리 앞에서도 냉정하다.

---

22 '위대한 일'이란 19세기 초반의 독립전쟁을 의미한다.

23 [원주] 만시야 장군은 프랑스인에게 봉쇄되었을 때 이렇게 말했다. "밤에는 말을 전속력으로 달리지도 못하는 저 유럽인들이 우리에게 무슨 짓을 했는가?" 그러자 수많은 평민들의 열광적인 환호가 연사의 목소리를 뒤덮었다. [루시오 노르베르토 만시야(Lucio Norberto Mansilla, 1792~1871) 장군은 1845년 로사스의 아르헨티나연방과 영·프 전투함대 사이의 오블리가도 전투를 지휘했다. 영·프 함대 개입의 명분은 부에노스아이레스와 몬테비데오 사이의 강화조약을 중재한다는 것이었으나, 실제 이유는 로사스의 보호무역제도가 유럽 국가의 교역에 장애가 되었기 때문이다-옮긴이.]

이렇게 평원의 삶은 가우초에게 지성의 자질은 전무한 채 신체적인 자질들만 발달시켰다. 가우초 도덕의 특성은 장애물이나 자연의 힘에 맞서 승리하는 습성에서 비롯된다. 그는 강하고 거만하며 에너지가 넘친다. 교육이 없어도–교육이 필요하지도 않거니와–의식주의 수단이 없어도 궁핍과 결핍 속에서도 행복하다. 더 큰 쾌락을 맛본 적 없는 이에게, 더 높은 욕망을 가져본 적 없는 이에게 행복은 그런 것들이 아니기 때문이다. 그래서 이렇게 이완된 사회에서 도덕적·지적 교육이 불가능하고 무용하여 야만이 깊이 뿌리를 내린다 하더라도, 한편으로는 그 사회의 매력이 사라지지 않고 지속되는 것이다. 가우초는 일을 하지 않는다. 식량과 의복이 집에 마련되어 있기 때문이다. 혹 농장을 소유하고 있다면 가축이 식량과 옷을 주고, 아무것도 소유하지 못했다면 주인이나 친척이 제공해준다. 가축에 쏟아야 할 관심은 소몰이와 쾌락적인 말달리기가 전부다. 경매 철은 흥분에 들떠 맞이한다. 농부의 수확기처럼 축제이기 때문이다. 경매장은 일백 킬로미터 근방에 사는 사람이 모두 모여드는 곳이다. 믿기 어려울 정도로 놀라운 오랏줄 던지는 솜씨를 뽐내는 곳이기도 하다.

가우초는 제일 좋은 말을 타고 느리고 진중한 걸음으로 경매장에 도착한 뒤 멀찍이 멈춰 선다. 그리고는 말 목덜미 위에 두 다리를 올려놓은 채 경매장 광경을 즐긴다. 흥이 나면 천천히 말에서 내린다. 그리고는 오랏줄을 펼쳐 사십 보쯤 떨어진 거리에서 번개 같은 속도로 지나가는 황소에게 집어던진다. 오랏줄은 과녁으로 삼았던 발톱을 제대로 잡아챈다. 그리고 다시 태연히 밧줄을 되감는다.

9. 아메리카 언중을 위한 스페인어 문법 서문

안드레스 베요

안드레스 베요(Andrés Bello, 1781~1865)는 19세기 라틴아메리카의 대표적인 인문학자로, 역사, 법, 행정, 철학, 과학, 외교, 시, 정치, 교육 등 인문사회과학 분야의 전 영역에 걸쳐 백과사전적인 지식을 자랑했으나 무엇보다도 언어학에서 뛰어난 업적을 남겼다.

베네수엘라의 카라카스에서 태어난 베요는 한동안 시몬 볼리바르(Simón Bolívar)를 가르쳤으며, 1810년 이후에는 독립운동에 참여하여 1810년부터 1829년까지 외교관 신분으로 런던에서 거주했다.

1829년 신생국 칠레의 초청을 받은 베요는 솔가하여 칠레의 산티아고에 정착했다. 이곳에서 베요는 상원의원, 교수, 언론인으로 일하면서 민법의 초안을 마련했다. 이 민법은 라틴아메리카 각국의 민법에 많은 영향을 끼쳤다. 교육에도 관심이 많은 베요는 1842년에 개교한 칠레대학교(Universidad de Chile) 설립에 크게 기여했으며, 칠레대학교 초대 총장에 취임하여 20년 동안 봉직했다.

라틴아메리카 독립 이후 지식인들은 정치적 독립뿐만 아니라 문화적으로도 스페인으로부터 독립해야 완전한 독립을 이룩하는 것이라고 여겼다. 이런 정체성 추구의 맥락에서 지식인들은 라틴아메리카에서 사용하는 스페인어는 과거 식민지 본국이던 스페인에서 사용하는 스페인어와 다르고 또 마땅히 달라야 한다고 주장하기 시작했는데, 이에 대한 하나의 대답이 바로 안드레스 베요가 1847년에 출판한 『아메리카 언중을 위한 스페인어 문법(Gramática de la lengua castellana destinada al uso de los americanos)』이다. 베요에 따르면, 라틴아메리카에서 사용하는 스페인어는 스페인어와 차이가 있다는 점을 인정하고, 이를 문법적으로 수용해야 한다고 주장한다. 그러나 라틴아메리카 각국이 독자적인 스페인어를 사용한다면, 머지않아 의사소통에 지장을 초래할 수 있기 때문에 라틴아메리카 대륙 전체의 스페인어를 하나로 통일할 필요가 있다고 역설한다.

참고문헌

1. Bello, Andrés. 1995. *Gramática de la lengua castellana destinada al uso de los americanos*. Caracas: La Casa de Bello. pp. 5-13.

나는 이 책에서 통상적인 해설이나 용어에서 벗어나고 싶지는 않았지만, 더 완벽하고 정확하게 스페인어를 사용할 수 있도록 몇 가지 사항을 짚어 보았다. 그러면서 내가 시도한 개정이 변덕스럽다고 평가하거나 새로운 이론을 만들어 보려는 과도한 바람이라 치부하는 독자들도 있을 터이다. 그러나 설명을 들으면 적어도 내 주장이 오랜 검토 끝에 나온 것임을 알 수 있을 것이다. 그러나 교육을 많이 받은 사람들 위에 여전히 군림하고 있는 정말로 비우호적인 편견이 있다. 문법이 올바른 언어 사용을 위한 규칙을 충실하게 제시하기만 하면 부적절한 정의, 잘못된 분류, 틀린 개념쯤은 별 상관없다고 여기는 편견이다. 그렇지만 나는 이 두 가지가 양립할 수 없다고 생각한다. 언어의 사용은 정확함과 충실함만으로 설명되지 않는다. 언어 사용을 지배하는 진정한 원리원칙이 하나하나 분석되고 명확해져야 제대로 설명된다. 모든 교육에는 치밀한 논리가 필수적인 것이다. 또한 언어를 이해하고자 하는 첫 시도에서 가장 중요한 것은 단순히 몇 개의 어휘로 우쭐거리는 습관을 들이면 안 된다는 점이다.

한 민족의 말은 인위적인 기호 체계이기 때문에, 동일 계통의 언어라도 다른 민족의 말 체계와는 여러 측면에서 상이하다. 다시 말해 각 언어에는 고유의 이론과 문법이 있다. 그러므로 잘 정리되어 있든 말든 다른 언어의 원리, 용어, 유추를 다른 언어에 무분별하게 적용해서는 안 된다. 이디오마(idioma)[1]라는 단어 자체가 각 언어가 고유의 성질과 특색, 어투를 갖고 있음을 말해주고 있다. 문법학자가 모국어를 설명하면서, 다른 언어와의 공통분모를 밝혀내는 데 국한하거나, 중요하고 근본적인 차이가 있는 두 언어 사이에 유사성이 있다고 가정해버리는 것은 임무를 잘못 수행하는 것이다. 보편 문법과 개별 언어의 문법은 별개의 것이다. 두 언어를 비교하는 것과 한 언어를 그 자체로서 설명하는 것은 별개의 일이다. 예컨대 스페인어의 동사활용을 다룬다면 어떻게 해야 하는가? 마치 세상에 스페인어만 존재한다는 듯이 각 동사변화의 형태를 나열하고, 그 각각의 형태가 내포한 의미와 사용법을 일일이 설명하는 것이 필요하다. 이는 모국어 한 가지의 규칙에만 노출될 수밖에 없는 어린아이가 처한 상황과 같다. 이것이 내가 취하려는 관점이고, 내 연구에 대해 판단을 구하고자 하는 지성인들에게 호소하고자 하는 관점이고, 또한 그들도 특히 라틴어의 기억을 떨쳐내고 취해 주기를 바라는 관점이다.

유럽의 다른 나라와 마찬가지로 스페인에서도 로마인의 언어와 문학을 과도하게 예찬했기에 거의 모든 지적 생산물에 라틴어의 영향이 남아 있다. 이는 문예부흥기의 정신에 자연스러운 경향이었다. 이교의 신화는 시인에게 이미지와 상징을 지속적으로 제공했고, 키케로 시대의 웅변술은 우아함을 추구하는

---

1 [원주] 그리스어로 고유성, 본질, 특질을 의미한다.

작가에게 규범이 되었다. 따라서 우리 로망스어[2] 문법 용어와 규범이 라틴어에서 나왔다는 것이 그리 이상한 일도 아니다.

라틴어가 문법학자에게 이상적이었던 것처럼 만일 당시의 상황이 그리스어에게 특권을 부여했더라면 우리는 여섯 개가 아니라 다섯 개의 어미변화형을 쓰게 되었을 것이요, 수동태 뿐 아니라 중동태[3]도 구사하게 되었을 것이며, 그리스어의 과거형이나 미래완료형이 스페인어 동사변화형에서 누락되지도 않았을 것이다.[4]

물론 사고(思考)의 기호는 일정한 일반 법칙에 의거한다. 사고 자체를 구속하는 이 일반 법칙이 모든 언어를 관장하고, 나아가 보편문법을 형성한다. 그러나 만일 주어와 속사(屬辭)로 구성된 문장에서 추론적 용해과정이 배제된다면 어떻겠는가. 사물을 직접 표현하기 위한 명사가 배제된다거나 속사에 해당하는 동사가 배제된다면 어떻겠는가. 또 명사와 동사를 수식하고 한정하기 위한 다른 단어, 다시 말해 실제적인 사물과 지적인 사물, 그리고 그 사물에게 우리가 인식하거나 상상하는 모든 속성을 모두 규정할 수 있도록 하기 위해 존재하는 단어가 배제된다면 말이다. 우리가 언어의 이런 근본 골격을 배제한다면, 어떤 언어에든 적용되는 보편법칙으로 인식해야만 할 문법은 없다고 본다. 물론 문장 구성요소의 수는 라틴어나 로망스어보다 많을 수도 있고 적을 수도 있다. 동사가 성변화를 가질 수도 있고 명사가 시제를 가질 수도 있다. 주어와 동사의 성수일치보다 더 자연스러운 것이 어디 있겠는가? 그런데 사실 그리스

---

2 라틴어에서 파생된 포르투갈어, 스페인어, 프랑스어, 이탈리아어, 루마니아어 등을 통칭하여 로망스어 또는 로망스제어라고 부른다.

3 중동태란 행위자가 그 자신에 대해 어떤 행동을 하도록 시키는 서술 형태를 말한다.

4 [원주] 라틴어주의자들의 어미변화는 옛 거장과 닮아 보이려고 모델에게 그림 속 인물의 옛날 의상을 입히는 요즘 화가의 행위를 연상시킨다.

어에서 중성명사의 복수형과 동사의 단수형 어미를 호응시키는 것은 허용될 뿐만 아니라 일반적이다. 그리고 이성적으로 생각하면 이중부정은 필연적으로 서로의 부정성을 깨뜨린다. 이는 구어에서도 거의 언제나 일어나는 현상이다. 그렇다고는 하나 스페인어에서는 이중부정이 강한 긍정을 의미하지 않는 상황이 끊임없이 존재한다. 그러므로 우리는 생각을 우발적인 단어로 가벼이 옮겨서는 안 된다. 언어가 사유를 충실히 반영한다고 추측하는 것은 적지 않은 철학적 오류를 낳았다. 이러한 과장된 추측으로 인해 문법연구는 상반된 두 길로 빠지게 되었다. 어떤 사람들은 사본을 원본이라고 주장했고, 또 어떤 사람들은 원본을 사본이라고 주장했다. 언어에는 일반적으로 생각하는 것보다 훨씬 많은 관습과 자의성이 있다. 머릿속 생각을 표현하는 수단으로서의 언어는 믿음이나 변덕스런 상상력, 수많은 자유연상 작용으로 인해 생각한 것과 엄청나게 차이가 날 수밖에 없다. 그리고 이 차이는 공동의 기원에서 멀어질수록 더욱 더 커지게 된다.

이 문법서에서 새로워 보이는 점에 대한 반론을 경청할 용의가 있다. 비록 자세히 살펴보면 새로워 보이는 것이 실제로 새로운 것이 아니라 그저 복구된 것이라는 걸 알게 되겠지만 말이다. 예를 들어, 내가 어미변화에 부여한 개념은 사실 오래된 것이고 소박한 수준의 것이다. 그리고 동사원형에 명사의 속성이 있다는 주장은 프리스키아누스[5]의 문법서가 완벽하게 설명한 것을 발전시켰을 뿐이다. 프리스키아누스는 "동사원형은 명사의 힘을 가진다. 그래서 '읽을거리는 좋은 것이다'라는 표현처럼 '읽는 것은 좋은 것이다'라고 표현할 수 있다"고

5 프리스키아누스(Priscianus Caesariensis, 512~560)는 총 18권으로 된 라틴어문법서 『문법의 기초(Institutiones grammaticae)』를 교육 목적으로 저술하였다. 그의 문법은 실제로 사용되는 언어에 대한 것이라기보다 고전문학에 사용된 라틴어의 훌륭한 형태를 보존하고 교육하기 위한 것이었다. 이는 중세를 거치며 표준 라틴어 문법서가 되었다.

말했다. 그러나 일련의 권위에 의거해 내 의견을 피력하고 싶지는 않다. 언어를 다루면서 내가 유일하게 받아들이는 것은 언어 바로 그 자체이기 때문이다. 나는 언어가 지속적으로 결합시키는 것을 분리할 권한도, 언어가 구별하고자 하는 것을 동일시할 권한도 없다. 나는 다른 언어와의 유사성은 일종의 부차적인 증거로 볼 뿐이다. 실제 사용되는 언어 용법만 수용하여 더하지도 빼지도 않고 실제 용례에 입각해 설명할 것이다.

그것이 바로 나의 이론이다. 이를 뒷받침하기 위해 이용한 참고 자료 중에서 스페인 한림원에서 출판한 서적과 비센테 살바[6]의 문법서를 특별히 언급해야겠다. 특히 비센테 살바의 문법서는 가장 풍부한 스페인어 용법을 담고 있어서, 우리 모국어를 정확하게 말하고 쓰길 원하는 사람들은 반드시 읽고 참조해야만 하는 책이다. 그리고 박학다재한 후안 안토니오 푸익블랑쉬가 『소론』[7]에서 다룬 문헌학적 문제는 내게 큰 도움이 되었다. 또한 가르세스[8]를 잊어서는 안 될 것이다. 가르세의 책은 스페인 전성기의 어휘와 문장을 적절한 예와 함께 다룬 용어사전으로 간주되기도 하지만, 오늘날 그 책을 다룬다고 경멸할 일은 아니라고 생각한다.

살바의 연구만큼 중요한 작업이 있는 상황에서 내가 유일하게 아쉬워하

---

6 비센테 살바(Vicente Salvá Pérez, 1786~1849)는 스페인의 문법학자이자 인문학자이다. 살바의 『스페인어 문법(Gramática de la lengua castellana)』(1827)은 안드레스 베요의 이 책, 즉 『아메리카 언중을 위한 스페인어 문법(Gramática de la lengua castellana destinada al uso de los americanos)』과 함께 19세기 대표적인 문법서로 꼽힌다.

7 후안 안토니오 푸익블랑쉬(Juan Antonio Puigblanch, 1775~1840)는 스페인의 문헌학자이다. 『소론(Opúsculo)』(1828)은 그의 철학적이고 인문학적인 사유를 엿볼 수 있는 짧은 글로 구성되어 있다. 런던에서 스페인어를 가르치던 시절 안드레스 베요와 친분을 맺었다.

8 그레고리오 가르세스(Gregorio Garcés, 1733~1805)는 『스페인어의 힘과 우아함의 근거(Fundamento del vigor y elegancia de la lengua castellana)』(1791)를 통해 스페인 황금세기 고전 작품에 사용된 언어를 연구하고, 이를 통해 스페인어의 문법체계를 마련하고자 했다.

는 점은, 라틴어 전통에서 자유로우며, 어형변화의 생성과 용법 및 문장 구조에 있어서의 언어체계를 보여줄 이론이었다. 그러나 내가 이론이라고 말할 때 형이상학적 공리를 의미한다고 생각지는 말았으면 한다. 살바는, 자신이 언급하고 있는 어느 작가의 경우처럼, 사용되지 않는 용법을 정당화시키려는 이념적 추상화를 타당하게 비판했다. 나 역시 이념적 추상화를 피하고자 한다. 실제 용법과 배치될 때는 물론이고 단순히 언어의 본질에 대한 추상화라 할지라도 피할 것이다. 그래서 나는 문법 원리란 가장 포괄적이고 간결한 공식에 의거한 언어 사용으로 이해할 것이다. 언어 사용을 실제적이고 참된 방향으로 인도하지 않는 지적(知的) 행위에 근거하여 공식을 수립하는 것은 문법이 저지르지 말아야 할 사치이다. 그러나 이렇게 실제적이고 참된 방향으로 언어 사용을 인도하는 지적 행위, 다시 말해, 단어의 어미변화와 조합이 지닌 정확한 가치를 파악하는 것이 연구목적으로 필요하다. 그런 목표를 묵살해버리는 문법은 자기 임무를 온전히 수행하지 못하는 것이다. 사전이 어근의 의미를 설명해주는 것이라면, 문법은 어미변화와 말의 조합의 가치를 밝히는 것이다. 이때 자연적이고 본원적인 가치는 물론이거니와, 언어의 일반적인 사용에 해당되기만 한다면, 부차적이고 은유적인 가치도 밝혀내어야 한다. 이것은 문법적 공리가 포함시켜야 할 부분인 동시에 그 공리를 제한하는 경계선이다. 내가 그 경계선을 넘은 적이 있다면, 그것은 어떤 학설의 이념적 근거를 논한다거나 문법적 우발성이 흥미로운 정신 작용을 반영한다는 점을 밝히는 등의 과정에서 저지른 매우 가벼운 수준의 탐색이다. 그러니 아주 드물게 발생하는 이 위반을 두고 적절치 못하다고 평가하는 것은 지나치게 가혹한 처사라고 본다.

어떤 이들은 이 문법서가 어렵고 명확하지 않다며 비판했다. 그러나 이 문법서를 채택한 산티아고의 교육기관에서는, 다른 문법 규칙에 함몰되어 내 문법서를 소홀히 여기거나 자신의 언어에 친숙해지기를 경멸하는 사람들이 내 문법서를 통해 최초의 문법적 개념을 얻는 학생들보다 더 어려움을 겪을 것이라고 예견했다.

한편, 말과 글을 올바로 구사할 정도까지의 언어 공부가 쉬운 일이라고 생각하는 경향도 대단히 일반적이다. 문법에는 젊은이들의 이해력으로는 접근하기 어려운 점이 많이 있다. 그래서 나는 두 과정으로 나누어 고찰하는 것이 좋겠다고 판단했다. 첫 번째 과정에서는 범위를 좁혀 더 쉽고 더 불가피한 개념을 설명하는 데 한정했고, 두 번째 과정에서는 범위를 확대하여 보다 숙련된 이해력이 요구되는 부분을 설명했다. 나는 그 두 과정을 다양한 형태로 설명했고, 두 과정을 하나의 논문에서 요약하는 방식을 취했다. 이는 반복을 피할 뿐 아니라, 필요한 경우 첫 번째 과정을 담당하는 교사가 두 번째 과정을 염두에 두고 설명할 수 있도록 해주기 위해서다. 게다가, 나는 그런 설명이 초보자에게 완전히 무용한 것은 아니라고 생각한다. 왜냐하면 책장을 넘길수록 점차 어려움도 소멸될 것이기 때문이다. 그러므로 학생의 능력과 관심사에 따라서 뒤쪽 과정의 단원에서 적절해 보이는 단원을 모두 초급과정에서 덧붙여 가르치는 것도 교사의 재량에 달려 있다. 각 페이지 하단의 각주에서는 아메리카인의 구어에서 나타나는 잘못된 용례에 주목하여 사람들이 악습을 깨달아 피할 수 있도록 하고, 다른 한편 타 언어에 대한 지식을 요하는 몇 가지 문법이론들을 주의 깊게 설명하였다. 끝으로, 책 마지막 부분의 미주를 통해 기존 지식이 있는 독자를 충족시키기 위한 논쟁적인 점도 다루고자 했다. 가끔은 예시가 지나칠 정도로 많아 보일 것이다. 그러나 나는 신뢰할 수 있는 작가의 표현과 새로 등장한 해로운 표현이 대립될 때, 상충되는 의견이 논쟁을 펼칠 때, 혹은 지금껏 주목받지 못했다고 여겨지는 언어적 행위를 설명할 때만 예시를 제시했다.

또한 나는 현재 통용되는 언어에서 사라져버린 특정 형식이나 말투가 한 나라의 문법에서 간과되어서는 안 된다고 생각했다. 시인도 산문작가도 여전히 그 형식이나 말투에 의지하고 있기 때문이기도 하고, 그 옛 형식에 대한 지식이야말로 지난 시대에 호평 받은 스페인어 작품을 제대로 이해하는 데 필요하기 때문이다. 일군의 학자가 옛 형식을 부적절하게 사용한 예도 밝히고, 그 용례에 대해 설명하려던 또 다른 학자의 잘못된 개념도 밝히는 것이 옳다. 만일 내가 오류를 저지른 것이라면 이는 나보다 더 능력 있는 사람이 나와 똑같은 작업을 훨씬 수월하게 할 수 있도록 하는 데 자극이 될 것이다.

나는 스페인인을 위해 이 책을 쓰려는 뜻은 없다. 내 가르침은 형제인 아메리카인을 위해서이다. 우리 선조의 언어를 최대한 순수하게 보존하는 것은 중요한 일이라고 생각한다. 스페인어가 두 대륙에 흩어져 있는 스페인 기원의 여러 국가 사이의 의사소통을 위한 천부적인 도구이자 형제애의 매개물이기 때문이다. 그렇다고 내가 언어 순혈주의라는 미신을 감히 제언하는 것이 아니다. 모든 학문과 예술의 경이로운 진보, 지적인 문화의 보급, 정치 혁명들이 새로운 사상을 표현하기 위해 나날이 새로운 기호를 요구한다. 그리고 이제는 고어나 외국어로부터 새로운 어휘를 도입한다고 해서 부정적으로 생각하는 사람도 없다. 명백하게 불필요한 경우이거나, 글 쓰는 사람이 오염과 악취미로 글을 치장하는 경우를 발견한다면 모를까. 이보다 더한 악습도 있다. 모든 언어가 대체로 어휘마다 뜻이 여럿이기 마련인데, 기존의 단어와 표현에 새로운 의미를 부여하여 의미 다양성을 증폭시키는 일이다. 심지어 많이 사용되는 표현일수록 이런 일이 심해서, 필연적으로 한정된 수의 기호로 거의 무한대의 개념을 포괄해야 한다. 하지만 만일 저지하지 않으면, 공통의 언어를 가지고 있다는 더할 나위 없는 장점을 박탈해 갈 최악의 일은 바로 신조어의 생성이다. 신조어는 아메리카에서 쓴 글에서 범람하여 흙탕물을 이루고, 나아가 언어구조 자체를 변질시킴으로써 스페인어를 불규칙하고 방탕하고 야만적인 수많은 방언으로 만들고 있다. 이 미래의 언어들의 맹아가 장기적인 형성 과정을 거쳐, 라틴어가 오염되던 암울한 시대의 유럽에서 일어났던 일을 아메리카에서 재생산하게 될 것이다. 그렇게 되면 칠레, 페루, 부에노스아이레스[9], 멕시코는 각자의 언어를 사용하게 될 것이다. 즉 아메리카는 스페인, 이탈리아, 프랑스처럼 여러 언어를 사용하게 될 것이다. 이들 나라는 특정 지방 언어가 우위를 점하고 있지만 다른 지방어도 공존하고 있어서 지식의 보급, 법 집행, 국가 행정, 국가 통합에 걸림돌이 되고 있다. 언어는 살아있는 육체와 같다. 언어의 생명력은 구성 요소의 지속적인 동질성에 달려 있는 것이 아니라 그 요소가 수행하는 기능의 일관성에 달려 있고, 그 기능에서 비롯된 다른 언어들과 분명히 구별되는 고유의 형식과 본질에 있는 것이다.

내가 위험성을 과장하든 아니든 그것이야말로, 내 능력을 뛰어넘는 수많은 양상에도 불구하고, 이 문법서를 집필하게 만든 주요 계기였다. 이 책을 주의 깊게 읽음으로써 나를 영광스럽게 해줄 지적인 독자는 내가 자유분방한 우리말에서 올바른 용법의 경계선을 그려보고자 얼마나 신경을 썼는지 알 수 있을 것이다. 이를 위해 오늘날 일반화된 오염을 지적하고, 어느 정도의 유사함 때문에 무분별하게 모방하지만 사실 스페인어와 외국어의 구조 사이에 존재하는 본질적인 차이를 밝혔다.

그러나 스페인어의 보존을 제안한다고 해서 내가 아메리카인 고유의 것은 모두 나쁘고 불순하다고 여겨 폐기하려 한다고 생각하지는 말았으면 한다. 오늘날 스페인에서는 고어가 되었지만 이스파노아메리카에서는 전통적으로 남아 있는 순수한 표현이 있다. 왜 그런 표현을 금지해야 하는가? 만일 어떤 동사의 변화형이 아메리카인의 일반적인 언어 관습과 더 유사하다면 스페인에서 지배적이던 변화형을 우리가 더 선호해야 할 이유가 무엇이겠는가?[10] 만일 우리가 스페인어가 인정하는 통상적인 파생어 규칙에 따라 스페인어 어근에서 새로운

---

9 베요가 이 글이 쓴 무렵 아르헨티나는 내전 중이었으므로 '아르헨티나' 대신 도시이자 지역 명칭인 '부에노스아이레스'라고 표기했을 것으로 추측한다.

10 라플라타 강 지역에서 2인칭 단수 주격으로 tú 대신 vos를 쓰는 현상, 즉 보세오(voseo) 현상 등을 예로 들 수 있다.

단어를 만들었다면, 그리고 그 수가 지속적으로 증가되어왔고 지금도 증가하고 있다면, 우리가 그런 단어를 사용하는 것이 부끄러울 까닭이 있겠는가? 언어의 우연한 분화가 교육받은 사람의 일관성 있고 진정성 있는 지지를 받는다면, 칠레와 베네수엘라도 아라곤과 안달루시아[11]만큼 그런 분화를 용인할 수 있는 권리가 있다. 오늘날 호평 받는 스페인 작가의 작품에 여전히 산재해 있는 프랑스어식 표현과 비교하면, 아메리카 스페인어의 이러한 분화현상은 언어의 순수성이나 올바른 사용에 훨씬 작은 흠이다.

나는 내 연구의 원칙과 계획, 그리고 목적을 분명히 알고 있다. 또한 선행 연구에 큰 은혜를 입었다는 점도 당연히 인정한다. 나는 아무도 개척하지 않은 길을 제시해 보고자 했다. 물론 보편성의 논리를 정확하게 추론하기 위해 필요한 사항을 다 지적하지는 못했을 것이다. 그래서 내가 새로 제시한 것의 일부만 받아들여지더라도, 그리고 가장 빛나지는 않아도 가장 필요한 언어 교육의 개선에 기여할 수 있다면 내 열망은 충족된 셈이다.

---

11 아라곤(Aragón)과 안달루시아(Andalucía)는 스페인의 지방명이다.

10. 아메리카 둘러보기

후안 몬탈보

후안 몬탈보(Juan Montalvo, 1832~1889)는 에콰도르 출신의 문필가로 한때는 '아메리카의 세르반테스'라는 별명을 얻었다. 에콰도르의 수도 키토에 위치한 중앙대학교에서 학업을 마친 몬탈보는 1857년 이탈리아 공사관으로 임명되었다. 유럽에서 프랑스, 이탈리아, 스페인을 둘러본 몬탈보는 1859년 외교관직을 사임하고 귀국하여 본격적으로 문필 활동을 시작했다.

1866년에는 잡지 《세계시민주의자(El Cosmopolita)》를 창간했다. 이 간행물은 정치, 사회, 문화 등에 관한 글을 모아서 부정기적으로 간행했다는 점에서는 잡지라고 할 수 있으나, 필진은 몬탈보 한 사람이었으므로 요즘의 시각으로 보면 단행본에 가깝다. 아무튼 《세계시민주의자》 제1호에 "우리는 이 간행물을 세계시민주의자라고 명명하고 모든 국가의 시민, 세계의 시민이 되고자 한다"고 선언했다.

그러나 몬탈보는 근본적으로 자유주의자로, 모든 억압, 압제, 폭정에 반대했다. 나아가 야만, 광신, 무지, 착취에 반대하고 문명, 즉 발전을 옹호했다. 이런 신념에 따라 몬탈보는 1869년 에콰도르의 독재자 가브리엘 가르시아 모레노(Gabriel García Moreno)가 집권하자 반대 투쟁을 벌이다가 해외로 망명했다. 그리고 1875년 가르시아 모레노가 암살당하자 귀국했지만 이듬해인 1876년 에콰도르 실권을 장악한 이그나시오 데 베인테미야(Ignacio de Veintemilla) 장군은 몬탈보를 파나마로 추방했다. 다시 망명길에 올라 이국을 전전하던 몬탈보는 1886년부터 파리에서 잡지 《관객(El espectador)》을 발간했으며, 폐렴에 걸려 이국에서 생을 마쳤다. 작품으로는 『카틸리나 탄핵(Las Catilinarias)』(1880), 『일곱 가지 논제(Siete tratados)』(1882) 등이 있다.

여기에 소개한 「아메리카 둘러보기(Ojeada sobre América)」는 1866년 5월에 발간된 《세계시민주의자》 제2권에 수록된 글이다.

참고문헌

1. Montalvo, Juan. 1923. "Ojeada sobre América". En *El cosmopolita*. París: Casa Editorial Garnier Hermanos. pp. 93-108.
2. René Pérez, Galo. 2002. *Un escritor entre la gloria y las borrascas: vida de Juan Montalvo*. Quito, Ecuador: Comisión Nacional Permanente de Conmemoraciones Cívicas.

철학자들은 이성의 법칙을 벗어난 영역에서나 발생할 법한 일로 하나의 원리를 만들어 인류에게 매우 섬뜩한 결론을 이끌어내기도 하고, 거룩하신 주님에 대한 믿음이 약한 인간은 잔혹한 심판을 받는다는 궤변을 공리로 내세우기도 한다. 그러나 인간이 피 웅덩이 속에서 허우적대고 불길에 타며, 섭리를 저주할 수밖에 없는 세상을 하나님이 창조할리야 만무하다. 아무튼 사방에서 끊임없이 벌어지는 살상행위를 목격한 철학자들은 전쟁이 자연권(自然權)이고, 우리의 삶은 안전지대가 아니라 동족의 죽음 위에 놓여있다고 결론짓는다. 카인에서 시작하여 오늘날까지 우리 인간은 서로를 죽이고 있는데, 여기서 인간사회가 탄생했다는 것이다. 시작부터 서로 죽였다. 가정이 피로 물들고, 최초의 가족도 이 엄혹한 법칙의 무게를 견뎌내야 했다. 형제가 있었다. 형이 동생을 죽였다. "카인아, 네 동생에게 무슨 짓을 했느냐?" "제가 아우를 지키는 사람입니까?" 하느님에게 버림받은 카인은 이렇게 거만하게 대답함으로써 그렇게 쉽게 그런 행동을 하는 것이 마치 자신의 권리라고 생각하고 있음을 보여주었다. 이리하여 가족은 피로 물들었다. 부족이 형성되자 다른 부족과 전쟁을 일으켰다. 야곱의 자식들은 평화를 사랑하는 후손을 남기지 못했으니, 야곱이 저주한 아들과 축복한 아들은 적이 되어 죽도록 서로 미워하고 잔혹한 전쟁을 치렀다. 이스라엘의 후손과 아말렉의 후손[1]은 같은 하늘 아래서 살 수가 없다. 그들에게는 우주가 너무나 좁기 때문에 한쪽이 다른 쪽을 섬멸해서 광대한 세상을 독차지하려고 한다.

그렇다면 무지몽매한 야만인은 누가 가르쳐주지도 않았는데 어떻게 전쟁에 필요한 무기를 알았을까? 사실 야만인은 아주 무지한데도 다른 사람을 죽일 수 있다는 사실을 알았다. 생활에 필요한 도구는 부족한데도 무기는 넘쳐났다. 무기를 만들 줄도 알고, 능수능란하게 다룰 줄도 알았다. 야만적인 에스키모는 휴런족[2]을 추격하고, 휴런족은 이로쾨족을, 이로쾨족은 나체스족을 추격했다. 이리하여 밀림이 우거진 신세계에서는 무기 부딪히는 소리와 거대한 고독 속에서 죽어가는 사람들의 비명소리로 가득했다.

국가가 형성되자 처음부터 서로 공격했다. 서로 치고 박고 싸우며 상대방을 파괴했다. 하느님의 민족도 처량한 포로 신세가 되어 바빌로니아로 끌려가지 않았던가? 캄비세스[3]는 수백만의 병력을 이끌고 사막으로 나아갔다. 그리고

1 구약성서(출애굽기 17:8)에 등장하는 고대 민족으로, 이스라엘 민족을 핍박했다.

2 휴런(huron), 이로과(iroquois), 나체스(natchez)는 미국 동부에 살던 원주민 종족이다.

3 캄비세스 2세는 BC 525년에 이집트를 정복한 페르시아국의 왕이다.

말살시킬 민족을 찾아 물도 없이, 안내자도 없이 헤매고 다녔다. 세미라미스[4]는 왕국의 신민을 모두 동원했다. 그리고 말살시킬 민족을 찾아 물도, 안내자도 없이 헤매고 다녔다. 키루스[5]는 세계의 절반을 동원했다. 그리고 말살시킬 민족을 찾아 물도, 안내자도 없이 헤매고 다녔다. 이런 말살자는 모두 말살되었고, 이런 정복자는 모두 정복되었다. 피에 취한 자는 피를 마신다. "네가 원하던 피로 배를 채워라". 이처럼 인간은 서로가 서로를 죽인다는 자연법을 실행에 옮겼고, 대지는 텅 비게 되었다.

카르타고인은 로마인을 묵과할 수 없었고, 로마인은 카르타고인을 묵과할 수 없었다. 무어인은 스페인인을 죽이고, 스페인인은 무어인을 죽였다. 투르크인은 프랑크인을 증오했고, 프랑크인은 투르크인을 혐오했다. 인종이 다르고 종교가 다르면 전쟁은 영원히 계속된다. 무슨 말이 더 필요하겠는가? 고도로 문명화된 민족은, 비록 지성은 하늘을 찌르고 행동은 도덕성이 넘칠지라도, 전쟁만은 결코 포기하지 않는다. 저들의 가슴에서는 야욕이 불타고 있으며, 시기심 많은 저들의 심장에서는 살상의 욕망이 고동치고 있다. 흔히 유럽을 가리켜 불모지라고 말하지만 사실은 과장이다. 유럽이라는 땅은 인간의 피와 해골로 비옥해지고, 생기를 되찾는다. 유럽에서는 모든 게 전쟁터요, 두개골로 쌓은 피라미드이며, 군주와 혁명 때문에 희생된 사람들의 추모비다. 모라[6]와 워털루,

---

4 세미라미스는 아시리아의 전설적인 여왕(재위: 기원전 811~기원전 806)이다.

5 키루스는 바빌론을 정복한 파사 제국의 초대 왕(재위: 기원전 546~기원전 529)이다.

6 스위스의 모라(Morat, 현재 지명은 뮈르텐)는 1476년 부르고뉴공작이 스위스연방과 전투를 벌인 곳이다. 벨기에 남동부 워털루(Waterloo)에서는 1815년 나폴레옹의 프랑스군과 영국, 네델란드, 프로이센 연합군이 전투를 벌였다. 이 전투에서 패배한 나폴레옹은 세인트헬레나섬으로 유배되었다.

로크루아[7]와 마렝고, 라스 나바스 데 톨로사[8]와 라로셸은 여행객의 발길이 머무는 곳이다.

크림전쟁에서 죽지 않고 살아나온 사람이 얼마나 많으며, 솔페리노 전투[9]에서 죽지 않고 살아나온 사람도 얼마나 많은가? 그러면 하느님이시여, 악마들의 연회장인 전쟁터에서 얼마나 많은 사람이 죽어야 합니까? 여기 이 신대륙에서, 이 신세계에서는 유사 이래 가장 극악무도한 범죄행위가 벌어지고 있다.

주지하듯이, 위대한 국가가 지금은 막강한 두 세력으로 분열되었다. 어제의 형제가 오늘은 적이 되었다. 머리부터 발끝까지 무장을 하고, 칼을 휘두르며 상대편을 위협한다. 이 얼마나 소름끼치는 장면인가? 핏발 선 눈, 치켜 올라간 눈썹, 상대방을 위협하는 저 표정에서 번뜩이는 것이 증오와 원한과 분노가 아니라면 도대체 무엇이란 말인가? 드디어 때가 되었다. 분출하는 피로 인해 불어난 강물은 포효하며 내달리고, 총탄은 도시를 파괴하며, 갖은 형태의 죽음이 아메리카인을 집어삼키고 있다. 국가의 절반이 멸망했다. 그러나 승리자는 없다. 굴복당한 사람들이 암살자가 되어 계속 살인을 하기 때문이다. 누구를 죽이냐고? 노예를 해방시키고 법치를 옹호하는 국민의 아버지를 죽인다.

한 걸음 나아가 멕시코를 보라. 긴 망토를 두르고 술에 취한 채 불행한 공화국 전역에서 고함을 지르며 광란의 춤을 추는 죽음이 보인다. 멕시코인은 조

---

7 프랑스 로크루아(Rocroi)에서는 1643년 스페인군과 프랑스군이 전투를 벌였다. 이탈리아 알렉산드리아 근처의 마렝고(Marengo) 평원에서는 1800년 프랑스의 나폴레옹군대와 오스트리아군 사이에 전투가 있었다.

8 라스 나바스 데 톨로사(Las Navas de Tolosa)는 1512년 스페인에서 아랍세력과 기독교세력이 전투를 벌인 곳이다. 라로셸(La Rochelle)에서는 1627년부터 1628년까지 프랑스의 루이 13세 군대와 라로셸의 위그노 사이에 전투가 있었다.

9 1859년 이탈리아 북부의 솔페리노(Solferino)에서 프랑스와 사르디니아 연합군이 벌인 전투이다. 앙리 뒤낭은 이 전투를 목격한 후에 적십자회를 창설했다.

국을 수호하기 위해 목숨을 거는데, 프랑스인은 조국에 새로운 노예를 공급하기 위해 목숨을 건다. 도미니카공화국인은 조국을 수호하기 위해 목숨을 거는데, 스페인인은 조국에 새로운 노예를 공급하기 위해 목숨을 건다. 그러나 모두가 죽는다. 서로 죽고 죽이는 자연법을 실행한 것이다.

라플라타강[10] 역시, 말없이 바다로 떠내려가는 시체 때문에 핏빛으로 물들고 있다. 자력으로 살상행위를 할 만한 힘이 없는 국가는 동맹을 맺고 연합군을 편성했다. 강자는 수적으로 소수인 약자를 멸절시키고도 세상이 떠나갈 듯한 환호성을 올리고 사은찬미가(Te Deum)를 부르며 불꽃놀이로 밤하늘을 수놓는다. 브라질, 우루과이, 부에노스아이레스는 한 패가 되어, 용맹한 파라과이를 까닭 없이 창으로 겨누고, 말도 안 되는 안전보장을 요구하고 있다. 이웃을 핍박하고, 저항하지 못하게 억누르고, 사람을 해칠수록 자기들에게 이익이 될 것이라는 막연한 생각에 그런 짓을 벌이는 것이다. 선의, 체면 등 무엇이나 거기에 포함될 수 있다. 그러나 선인(善人), 문명인, 기독교인은 브라질이 인신매매를 하는 노예상이라는 사실만으로도 파라과이 편에 서고, 이성의 편에 설 것이다. 하느님이여, 저 잔인한 인간들로부터 우리를 지켜주소서! 저들은 기니만(灣), 즉 황금해안으로 배를 보내, 거기서 바늘, 유리구슬, 장신구를 주고 저들과 같이 생긴 인간을 소유한 주인이 되고, 저들과 동등한 인간을 억압하는 지배자가 되며, 불쌍한 사람들을 괴롭히는 폭군이 된다. 저들에게 이성이란 없다. 왜냐하면 이성이란 곧 하느님이나 마찬가지인데, 하느님은 타인의 자유를 담보로 추잡하게 돈벌이를 하는, 악명 높은 노예매매를 책망하기 때문이다. 아무튼 물 대신 피가 흐르는 파라나강과 라플라타강은 요란한 물소리를 내며

---

10 라플라타강은 파라과이의 파라나강과 우루과이의 우르과이강이 합류하여 대서양으로 흘러든다. 라플라타강은 이 강과 인접한 아르헨티나와 우루과이를 가리키는 말로도 사용한다.

격렬하게 굽이쳐 바다를 핏빛으로 물들이고 있다.

팜파스 지역으로 건너가 보자. 사람이 살지 않는 오지라고 해서 죽음으로부터 자유로운 곳은 아니다. 거친 가우초가 준마를 타고 쏜살같이 여행자를 뒤쫓아 가서 죽이기 때문이다. 칠레를 보라. 오래전부터 끔찍한 전쟁에 시달리고 있다. 적군의 손아귀에서 칠레는 피로 물들었고, 오만한 스페인인은 침탈당한 국가의 신전에서 펄럭이는 깃발을 바라보고 있다. 바로 이것이 정당한 전쟁, 불가피한 전쟁의 사례이다. 강대국 우방이 갑자기 들이닥쳐, 불의의 깃발을 치켜들고 배상금을 요구하고, 약소국이라고 능멸한다. 이처럼 약소국을 송두리째 부정하더라도 용기만 있으면 저항할 방법은 얼마든지 있다. 사실 오래된 국가와의 전쟁은 만만하지 않다. 정복에 이골이 나 있고, 국력도 강대할 뿐만 아니라 최근의 승리로 사기가 오른 탓이다. 신생공화국은 영토도 작고 물질적인 자원도 부족하기 때문에 싸움에서 훌륭한 성과를 내지 못할 수도 있지만 정신력은 강인하다. 나그네가 강도를 만나면 금화를 지켜내지 못하지만, 겁탈자는 연약한 처녀를 굴복시킬 수 없다. 처녀는 명예를 지키기 위해 죽을힘을 다해 싸우기 때문이다. 이와 마찬가지로 이 전쟁은 명예를 위한 싸움이다. 빼앗길지도 모르는 자유를 수호하려는 투쟁이다. 정의의 편에 선 칠레는 강력하고, 대담하고, 두려운 나라가 되어, 분란만 일으키는 이 늙은 스페인인을 기어이 결딴내고 말 것이다. 저들은 불의하지만, 칠레는 정당하다. 칠레가 치르는 전쟁은 국제법이 권장하고 허용하고 인정하는 전쟁, 정당하고 명예로운 전쟁이다. "부득이한 전쟁은 정당하다. 무기 이외는 다른 수단이 없는 사람이 무기를 사용한 것은 정당하다."[11]

---

11 리비우스(기원전 59~기원후 17)의 『로마사(Ab Urbe Condita)』에서 인용한 구절("Justum est bellum quibus necessarium et pia arma quibus nulla nisi in armis relinquitur spes.")이다.

페루 상황도 마찬가지다. 칠레를 침범한 적군이 페루도 침범했다. 평화는 어디에 있을까? 이 신성한 존재는 도대체 어느 구석에 틀어박혀 있다는 말인가? 평화는 성령처럼 어느 운 좋은 인간에게 불현듯 임재했다가 부지불식간에 하늘로 되돌아가는 불꽃이다. 평화는 소크라테스의 다이몬 같고, 누마[12] 왕이 자주 만난 님프 에게리아 같으며, 목신(牧神) 판의 천성 같다. 평화여, 하느님의 어린 양이자 천상의 비둘기인 평화여, 지금 어디에 있느냐? 아시아에는 없다. 일본이 유럽인의 목을 잘랐기 때문이다. 아프리카에도 없다. 유럽인이 아프리카인의 목을 잘랐기 때문이다. 유럽에도 없다. 러시아인이 폴란드인의 목을 잘랐기 때문이다. 아메리카에도 없다. 아메리카인들끼리 서로 목을 잘랐기 때문이다. 평화는, 5백년마다 태어나서 미지의 세계로 돌아가는 불사조, 죽을 때 단 한 마리의 후손을 남기는 불사조다. 몰약과 말향(抹香)이 불사조의 화염 속에서 타오른다. 그러나 우리는 감미롭고 또 강렬한 향기를 맡을 수 없다. 불사조여, 지금 어디로 돌아가고 있느냐? 행복한 아라비아의 푸른 목장을 지나가고 있느냐? 아니면 사하라 사막의 거대한 오아시스를 찾아가고 있느냐? 그도 아니면 피렌체의 보볼리 정원(Giardino di Boboli)에서 향기에 취해 평화롭게 지저귀고 있느냐? 네가 유럽 그 어딘가에 있다면 아메리카에는 없구나. 이 불행한 아메리카에는 한 번도 온 적이 없구나. 미국, 멕시코, 아르헨티나, 칠레, 페루, 볼리비아, 콜롬비아는 전쟁 중이다. 전쟁 말이다, 전쟁!

베네수엘라는 전쟁 중이다. 그렇다! 베네수엘라는 전화에 휩싸여 있다. 끝이 안 보이는 전쟁, 닥치는 대로 파괴하는 전쟁, 구역질나는 전쟁을 하고 있다.

12 누마 폼필리우스(Numa Pompilius, 기원전 753~673)는 고대 로마의 왕으로, 전설에 따르면 밤마다 님프 에게리아(Egeria)를 만나서 통치 전반에 대한 조언을 들었다고 한다.

혁명으로 생긴 희생자만 3만 명이다.[13] 3만 명의 생목숨이 희생되었기에, 어머니는 아들 생각에, 아내는 남편 생각에, 딸은 아버지 생각에 말없이 눈물만 흘리고 있다. 용기와 지성, 고매한 정신을 지닌 위대한 국민인데, 참담한 일이 터지는 바람에 무수한 사람이 목숨을 잃은 것이다. 이 얼마나 불행한 일이냐! 맛있는 과일이 풍성하게 열리는 나무가 많기로 유명한 베네수엘라는 사상이면 사상, 산업이면 산업, 물질적 진보면 물질적 진보에서 라틴아메리카의 최고가 되길 바랐다. 어떻게 이런 생각을 할 수 있었을까? 시몬 볼리바르의 조국, 베네수엘라는 위대한 인물이 될 씨앗을 가슴에 품고 있기에 당연히 수크레,[14] 괄,[15] 베요 같은 걸출한 인물이 많이 태어난다. 이들은 어릴 적부터 특출하기에 조만간 장대한 뜻을 펼치고, 걸출한 업적을 남길 수 있었을 텐데, 전쟁 중에 태어난 바람에 비뚤어진 길로 접어들고 말았다. 비록 독립영웅의 후손이라고는 하나 최고위직 인사와 마찬가지로 서로 죽이고 해치는 데 골몰하는 동안 평범한 사람보다 못난 사람이 되어버렸다. 이 모두가 전쟁 탓이다. 베네수엘라에서는 모두가 피를 흘리고 있다.

그러면 콜롬비아는 어떤가? 가엾은 콜롬비아! 어찌하여 같은 국민을 밥 먹듯이 죽이는가? 들리는 말에 의하면, 최근 몇 년 동안[16] 2만5천이나 되는 목숨

---

13 1859년부터 1863년까지 베네수엘라의 보수파와 자유파 사이에 벌어진 연방전쟁(Guerra Federal 또는 5년 전쟁)을 가리킨다.

14 안토니오 호세 데 수크레(Antonio José de Sucre, 1795~1830)는 시몬 볼리바르와 함께 라틴아메리카 독립 전쟁에서 활약한 장군이다.

15 마누엘 괄(Manuel Gual, 1759~1800)은 베네수엘라의 군인이자 정치가로 1797년 스페인 식민 세력을 몰아내기 위해 반란을 일으켰다.

16 19세기 콜롬비아는 보수파와 자유파가 끊임없이 내전을 일으켰다. 특히 1860년에서 1862년까지 지속된 내전에서는 보수파의 훌리오 아르볼레다(Julio Arboleda, 1817~1862)와 자유파의 토마스 시프리아노 데 모스케라(Tomás Cipriano de Mosquera, 1798~1878)가 쟁투를 벌였다.

이 전쟁터와 형장에서 희생되었다고 한다. 매사가 이런 식이니, 이 불행한 남아메리카는 장차 어떻게 되려는지 모를 일이다. 사람 없는 땅에 사람을 이주시킨 까닭은 그 땅을 문명화된 대지와 평원으로 바꾸고자 함이었다. 그런데 혁명으로 갈수록 인구가 감소하고 있다. 인구 감소와 빈번한 학살은 야만을 불러올 뿐이다. 콜롬비아인의 기질은 아주 진득하다고 진지하게 얘기하는 사람도 있다. 몸에서는 고귀한 피가 끓고 있으며, 대업에 투신할 자세가 되어 있다는 것이다. 내 생각이나, "콜롬비아인은 프랑스인 같은 데가 있다"는 세간의 평이 더 정확하다. 활기차고 들떠있고 불같고, 위험한 짓을 하면서도 체면을 한껏 차리는 기질 말이다. 이것이 일반적인 콜롬비아 국민의 기질이다. 이런 일반적인 기질이 훌륭한 것이라면, 어느 철학자가 지적했듯이, 예외적인 경우에 신경 쓸 필요가 있을까? 그러나 다음 사례에는 적합한 말 같지 않다. 최근 몇몇 콜롬비아인이 나를 모욕했다. 나는 그 누구도 편들지 않으며, 또 편파적으로 흐르지도 않는다고 말이다. 자고로 문인이라면 앞길을 가로막을 정도의 장애물이 아니라고 할지라도 꼼꼼하게 살펴보지 말고 멀찌감치 피해가야만 하며, 스스로 공산주의자나 보수주의자, 모스케라파나 아르볼레다파, 민족주의자나 사대주의자라고 밝혀서는 안 된다는 뜻인데, 사실 이는 비열한 충고다. 진실을 말하는 사람과 상종도 하지 말라는 것이며, 나를 헐뜯는 사람은 내 얘기를 하지 말라는 것이다. 그러나 내가 알기로, 디오게네스는 사람들이 바보라고 놀리고, 뒤꽁무니를 따라다니며 킁킁 냄새를 맡아도 화를 내지 않았다. "디오게네스여, 사람들이 당신을 비웃습니다." 그러자 디오게네스는 "저를 놀린다고 생각하지는 않습니다."라고 대답했다. 키케로의 말처럼, 선한 사람은 모욕을 당해도 모욕이라고 여기지 않는다.

누에바그라나다인[17]은 조금만 사고의 고삐를 늦추거나 말해야 할 때 침묵하고 있으면 훌륭한 특성은 전혀 쓸모가 없어지니, 이 얼마나 애석한 일인가! 누에바그라나다인에게 무언가 부족한 게 있으니, 바로 올바른 판단력이다. 대부분의 누에바그라나다인은 안절부절 못하고, 불가능한 것을 열망하며, 발전했음에도 불구하고 더욱 발전하려고 안달이다. 나머지 누에바그라나다인은 신념 때문인지 아니면 일부러 그러는 것인지 모르겠으나 미동조차 하지 않는다. 이 때문에 강경파와 온건파, 급진 진보파와 온건 진보파, 샤토브리앙파와 지롱드파 사이에 끊임없는 충돌이 일어난다. 나는 온건이 해답이라고 생각한다. 그리고 "느린 걸음이 잰 걸음"이라는 속담을 소크라테스 말에 버금가는 진리로 여긴다. 이성, 양식, 철학 등 모든 것과 충돌하는, 저렇게 열광적인 진보는 칭송할 가치가 없다. 그러나 한 걸음도 내딛지 않으려는 무사안일 정신, 좋든 나쁘든 무조건 기존의 것을 고수하려는 태도, 한번 추락하면 다시 일어설 생각도 하지 않고 주저앉아버리는 자포자기는 더욱 나쁘다.

우리도 자신도 잘 모르는 것을 좇아 맹목적으로 돌진한다면, 베르길리우스의 『아이네이스』에서 보듯이, 어디를 밟는지도 모르면서 무턱대고 오디세우스 부하를 쫓아가는 키클롭스처럼 헛발을 디딜 위험이 있다. 가장 안전한 걸음은 안정적이고 굳건하면서 동시에 온건한 걸음이다. 그래야 호흡이 흐트러지지 않고 조만간 목적지에 도달할 수 있다. 말에 박차를 가하면 30분 만에 10~15킬로미터를 주파할지도 모르겠으나 이미 힘이 빠져버린 말은 입에 거품을 물고 헐떡거리다 나자빠져 반나절동안 꼼짝도 하지 않는다. 말고삐를 적당히 조이고 평소 걸음으로 간다면 목적지에 도착해서도 여전히 팔팔하고 기운이 넘칠 것이다. 누에바그라나다인 가운데 어떤 사람은 전속력으로 질주하기를 원하고, 어떤 사람은 거북이처럼 느리게 전진하기를 바라기 때문에 서로 만나면 충돌을 피하기 어렵고, 이마에 상처까지 생기게 된다. 이래서 전쟁이 일어나고, 자연의

---

17 누에바그라나다인이란 현재의 콜롬비아인을 가리킨다. 콜롬비아는 식민지 시대에는 누에바그라나다 부왕령이었으며, 독립 후 1831년부터 1858년까지는 누에바그라나다공화국이었다.

축복을 받은 나라에 피가 마를 날이 없는 것이다.

남아메리카에서 평화를 누리는 공화국이 있을까? 서글픈 일이나 진실을 말하면, 단 한 나라도 없다. 눈 씻고 찾아봐도 없다. 베네수엘라도 혁명이고, 콜롬비아도 혁명이고, 페루도 혁명이다. 볼리비아는 연일 혁명이다. 리나레스,[18] 아차, 벨수, 멜가레호, 아르게다스가 매일같이 혁명을 일으키고 있으니, 이 광란의 아그라만테[19] 땅에는 자유나 조국과는 전혀 무관한 일로 형제들끼리 피를 보고야마는 야욕의 무질서를 바로잡을 현명한 소브리노 왕은 존재하지 않는다. 라틴아메리카에서 자유와 조국은 늑대가 뒤집어쓴 양의 가죽이다. 조국을 들먹이는 자는 국민을 배신하고 나라를 유럽에 팔아넘긴 매국노들뿐이다. 이들은 이익이 있을 때는 아메리카인이나, 내일은 프랑스인이나 스페인인으로 변신하여 아메리카의 요란한 선동가들을 적대시하거나 멕시코 제국을 감찰할 것이다. 이는 우리를 우롱하는 짓이다! 야비한 욕망의 놀음이다! 인간의 악을 부추기는 부정한 정치개입이다!

중앙아메리카도 피로 얼룩진 무대이다. 야만적인 권력자 라파엘 카레라[20]이 가짜 성(聖) 막시미누스가 과테말라, 엘살바도르 등 중앙아메리카 공화국을 유린했다. 폭정을 일삼고, 닥치는 대로 훼손했다. 이 잔인한 원주민이 장기간 통치할 때 전쟁과 처형은 하루일과나 다름없었다. 이제 카레라는 죽었으나

---

18 리나레스(Linares), 아차(Achá), 벨수(Bélsu), 멜가레호(Melgarejo)는 모두 19세기 후반의 볼리비아 대통령 성이다.

19 아그라만테(Agramante)는 아리오스토의 서사시 『광란의 오를란도(Orlando furioso)』에 등장하는 폭군으로 현명한 왕 소브리노(Sobrino)와 대조되는 인물이다. 세르반테스도 『돈키호테』 1권 45장에서 이 이야기를 하고 있다.

20 라파엘 카레라(Rafael Carrera, 1814~1865)는 과테말라 토호 출신의 종신 대통령으로, 19세기 중앙아메리카의 대표적인 보수파이다. 과테말라인의 종교적 열정을 이용하여 프란시스코 모라산(Francisco Morazán)의 중미연방(Federación Centroamericana)을 분열시켰다.

교수대는 제자리에 서 있다. 아니 갈수록 여러 도시에서 위용을 자랑하고 있다. 그러면 바리오스[21]의 경우는 누차에 걸친 언질도 있었고, 국민들의 동정심도 있었으며, 법률도 있었으니까 죽이지 않았을까? 그렇지 않다. 바리오스는 중앙아메리카에서 자유파, 아메리카주의, 진보를 상징하는 인물이었기 때문에 죽여버렸다. 폭군은 여전히 암흑 속에서 통치하고 있다. 지금도 사람들은 피를 흘리고 있으니, 산다는 게 불행이다.

에콰도르는 평화롭게 보인다. 아, 불행한 평화여! 수치스럽고 비참한 평화여! 에콰도르의 평화란 감옥의 평화다. 이 감옥에서는 강제 동원된 원주민이 십장의 채찍 밑에서 신음하고 있다. 이런 평화는 납골당으로 직행할 수형자의 평화요, 노역장의 평화이다. 무거운 침묵이요, 숨죽인 통곡이다. 낙담이요, 불행이요, 공포요, 굴종인 것이다. 나포(Napo) 지방으로 추방된 사람들은 평화롭다. 산 디에고 묘지에 매장된 주검은 평화롭다. 나는 이런 평화보다는 차라리 전쟁이 더 낫다고 생각한다. 힘겨운 노동, 불행과 한판 전쟁을 벌이는 편이 더 낫다. 카르타고인 전쟁, 무어인 전쟁, 유대인 전쟁을 비롯하여 그 어떤 전쟁, 그 어떤 죽음도 이런 평화보다는 낫다. 죽어야만 노예상태에서 해방되고, 공포에서 벗어나고, 쉴 수가 있기 때문이다. 그래야 하느님의 품안에서 쉴 수 있고, 이 세상의 참담한 삶과 불행을 잊을 수 있기 때문이다.

폭군의 하수인이 말하는 평화란 무엇일까? 두 번에 걸친 누에바그라나다와의 전쟁, 무수한 희생자, 도망, 불명예, 수치. 이것을 평화라고 하는가? 피비린내 나는 음모 진압, 감방과 교수대에서 죽어나간 수많은 사람. 이것을 평화라고 하는가? 이것은 악마의 평화다. 그러니 너희의 평화를 가지고 지옥으로 꺼져라!

---

21 후스토 루피노 바리오스(Justo Rufino Barrios, 1835~1885)는 과테말라의 정치인으로, 1873년부터 1885년까지 대통령을 역임했다.

여길 보라, 아메리카인이여! 아메리카의 실상을 보라! 이쪽 끝에서 저쪽 끝까지 대륙을 둘러보라. 내 눈에는 문명국임을 내세우는 국가에서 벌어지는 전쟁밖에 보이지 않는다. 파타고니아와 폴리네시아의 야만인이 우리보다 더 행복하지 않을까? 그럴 것 같지는 않다. 전쟁을 하고 있을지도 모른다. 사파로족[22]은 히바로족과 영원히 전쟁하고, 히바로족은 카넬로족과, 카넬로족은 무르가족과 영원히 전쟁을 한다. 이렇게 문명인과 야만인 모두 서로를 죽이는 자연법을 실행에 옮긴다.

내가 지금까지 아메리카를 암담하고 불쾌하게 묘사한 것은 아메리카 대륙을 욕되게 하려는 의도가 아니다. 단지 아메리카를 이야기하고 싶어서 이야기했을 뿐이다. 유럽은 더 이상 행복하지 않으며, 불행과 재난에 대해서도 우리를 탓할 하등의 이유도 없다. 사실, 아메리카의 일부 국가는 현재 평화를 누리고 있다. 하지만 이런 걸 평화라고 할 수 있을까? 전쟁 채비를 갖춘 절반의 국가가 나머지 국가의 평화를 유지하고 있다. 육십만 병사가 필요한 국가가 평화를 향유할 수 있을까? 이 강제적인 균형은 어딘가 위태롭다. 전쟁은 바깥으로 뛰쳐나가고 싶어서 천둥처럼 포효하며 피 묻은 횃불을 뒤흔들고 있다. 유럽의 평화는 예수 그리스도가 말한 평화가 아니다. 유럽의 평화란, 프랑스와 영국 간의 평화다. 상호 불신과 공포와 위협으로 유지되는 평화다. 한쪽은 세계를 지배하고 남을 정도의 군사력을 보유하고 있다. 이것이 유럽인이 믿는 평화다. 다른 한쪽은 바다로 나아가 세계 곳곳의 해협을 장악하고 중요한 요새는 모두 점령하고 있다. 이것이 유럽인이 믿는 평화다. 주아브 병사,[23] 경기병,

---

22 사파로(Sápara 또는 Zápara로 표기한다), 히바로(Jíbaro), 카넬로(Canelo), 무르가(Murga)는 에콰도르의 아마존강 상류에 거주하는 원주민 종족명이다.

23 주아브 병사(zouave)는 1830년대 알제리인을 주축으로 편성한 프랑스 군대이다.

'뱅센의 사냥꾼'[24]이 프랑스의 평화요, 전함, 지브롤터, 말타가 영국의 평화다. 창과 대포로 유지되는 이런 평화는 비천하고 쓸모없는 평화다. 러시아는 폴란드를 매질하고, 목을 조르고, 시베리아 벌판으로 내쫓는데, 이것이 유럽의 평화다. 오스만터키는 몬테네그로인을 아무런 제재 없이 사형하고, 추방하고 말살하는 것이 유럽의 평화다. 프러시아는 신성한 권리를 내세워 덴마크를 억압하고 공국을 해체한다. 스페인의 초라한 왕 페르난도 7세와 같은 프러시아의 빌헬름 황제, 스페인의 무서운 재상 알바 공작과 같은 비스마르크가 존재하는 것이 유럽의 평화다. 오스트리아가 베네치아를 쇠사슬로 꽁꽁 묶어 웅덩이 속에 집어넣고, 더러운 혓바닥을 억지로 집어넣는 것이 유럽의 평화다. 아, 아메리카 평화와 다를 바 없는 유럽의 평화여!

이런 평화 뒤에는 전쟁이 도사리고 있다. 지금도 생생한 전의를 불태우는 전쟁, 자연법처럼 확실한 전쟁은 언제나 인류사회를 위협하고 있다. 그렇다고 할지라도 나는 이런 자연법을 결코 믿지 않겠다. 모든 자연법은 정의롭고 온화하며, 반드시 관철된다. 그렇기에 자연법이란 결국 하느님의 법이고, 그렇기에 선하고 자애롭다. 인간은 자연법을 어기고 악용하며, 부여받은 적도 없는 권리를 내세워 인간에게 총을 쏜다. 그러면 노예는 자애(慈愛)에서 비롯된 것이 아니었단 말인가? 고대법에 따르면 승자는 패자를 죽일 권리와 심지어 고문할 권리까지 있었는데, 승자는 패자를 죽이는 대신 사슬을 채우고 노예로 삼았다. 이것이 자애로운 인간의 모습이다. 채권자도 지불능력이 없는 채무자의 생사여탈권을 쥐고 있었다. 사악한 본능이 발동하면 채권자를 죽일 수도, 능지처참할 수도 있었는데, 야만적인 본능을 발휘하는 대신 채권자의 목숨을 살려주고 노

---

24 '뱅센의 사냥꾼'은 벨기에 태생의 프랑스 화가 알프레드 스티븐스(Alfred Stevens)의 1855년 유화 작품명이다. 스티븐스은 이 그림에서 경찰에 붙잡혀 수용소로 끌려가는 부랑자 모자를 묘사했다.

예로 삼기도 했다. 이것이 자애로운 인간의 모습이다. 이처럼 노예제는, 『법의 정신』의 저자 몽테스키외가 생각한 것처럼, 자애에서 탄생했다. 그러나 이런 주장에는 곧 반론이 따를 것이다.

사실 이런 논리를 따라가면, 노예제라는 최악의 학대, 가장 흉악한 관습, 어리석은 인간의 범죄가 하느님이 권고한 행위 즉 신학적인 덕목에서 비롯됐다는 결론에 이르게 된다. 우리가 죽일 수도 있는 사람을 살려줄 때 선이 빛을 발할지도 모른다. 그러나 누가 우리에게 그런 권리를 부여했는가? 공평하신 하느님인가? 아니면, 의롭지 못한 인간인가? 그것은 바로 영악한 승자가 하늘도 인정하지 않는 구역질나는 법을 무고한 패자에게 부과한 것이 아니던가? 아무리 노력해도 빚을 갚을 능력이 없는 자는 육신의 살점으로 채무를 변제할 수 있기에, 불쌍한 인간의 뼈를 으스러뜨리고 살점을 발라내어 잘게 다져도 된다는 법을 로마인은 자애라고 생각한 게 틀림없다.

노예의 기원이 자애라면, 전쟁도 자연권에 속하지 않을까? 짐승은 서로 잡아먹는데, 이는 복수나 미래에 대한 두려움 때문이 아니라 단지 타고난 본능, 즉 어쩔 수 없는 육신의 요구 때문이다. 그러기에 호랑이는 노루를 쫓고, 늑대는 양을 쫓으며, 매는 비둘기를 쫓는다. 사자에서 개미에 이르기까지, 독수리에서 벌에 이르기까지 제각기 희생물이 있다. 이처럼 하위 종을 잡아먹고 살기에, 짐승에게 죽음은 생명이고, 전쟁은 먹이를 장만하는 노동이다. 인간은 어떤가? 지상의 여러 곳에서 인간이 인간을 잡아먹는 광경이 눈에 보이지 않는가? 어떤 곳에서는 노인이 자식의 축제 음식이 되기도 하며, 어떤 곳에서는 야만인이 외국인에게 입맛을 다시며 굶주린 이빨을 드러내기도 하며, 또 다른 곳에서는 패자의 수족을 식량으로 삼고자 이웃 부족끼리 싸우기도 한다. 따라서 짐승들 사이의 전쟁만큼이나 이성적인 인간들 사이의 전쟁 또한 자연스러운 것이다.

아, 하느님 맙소사! 절대 그렇지 않다. 이성이 없는 존재는 이성이 있는 존재와 너무나 다르다. 비록 호랑이가 노루를 잡아먹으나 호랑이는 호랑이를 잡아먹지 않고, 곰은 곰을 잡아먹지 않으며, 까마귀는 까마귀를 잡아먹지는 않는다. 오로지 인간만이 인간을 잡아먹는다. 그러기에 인간은 금수보다 못하다.

이것은 자유의지의 남용일 뿐, 그 이상도 그 이하도 아니다. 우리가 해야 할 것과 하지 말아야할 것이 얼마나 많은가? 우리 일상사에서 '지고의 입법자' 하느님이 금지한 행위가 얼마나 많은가? 입에 담지 말아야할 비열하고 음탕한 언어 또한 얼마나 많은가? 한번 간통한 사람은 다음번에는 당연하다는 듯이 간통을 저지르며, 한번 도둑질한 사람도 마찬가지로 당연하다는 듯이 또 도둑질한다. 한 번 "하느님은 없다!"고 교만하게 말하고 나면, 그 사람에게 하느님은 존재하지 않게 된다. 이는 결과를 원인으로 착각한 것으로, 중대한 오류를 초래하는 잘못된 추론이며, 불경한 자가 전투에 대비해 시도 때도 없이 꺼내어 단련하는 무기와도 같다. 한 번 살인한 사람은 몇 번이고 살인을 할 수 있으며, 나중에는 당연하다는 듯이 살인한다. 당연하다는 듯이 살인을 하다가 이윽고 하느님이 살인을 허락하고 명령한 것처럼 살인하며, 끝내는 하느님이…… 하느님이여, 무신론자의 광기를 멈추게 하소서! 신성모독의 고리를 끊으시고, 여기 손을 얹어 진실을 보여주소서! 우리는 도둑질하듯이 살인하며, 거짓말하듯이 살인하며, 질투하듯이 살인한다. 이 모두는 자연법 위반이다. 정의의 편도 아니고 스스로 방어할 이유도 없는데 전쟁을 벌이는 것은 범죄행위다. 전쟁이 자연법이라는 논리, 그리고 잔인한 열정을 가진 창조주에게 책임을 전가하는 논리는 로마 황제 카라칼라의 연쇄삼단논법일 뿐이다.

> 나에게 아무것도 바라지 않는 자는 나를 신뢰하지 않는다. 나를 신뢰하지 않는 자는 나를 의심한다. 나를 의심하는 자는 나를 두려워하고 증오한다. 나를 두려워하고 증오하는 자는 내가 죽기를 바란다. 내가 죽기를 바라는 자는 음모를 꾸민다. 음모를 꾸미는 자는 죽어야 한다.

이런 결론에는 이성이 작용한 흔적조차 없다. 논리의 명쾌함은 간데없고, 인간의 고귀한 특성을 망쳐버리는 야만적인 폐단만이 엿보인다. 거짓말하지 말아야 하는데도 거짓말을 한다. 태초부터 거짓말을 했다. 탐욕하지 말아야 하는데도 항상 탐욕을 부린다. 마찬가지로 살인하지 말아야 하는데도 살인하고, 살인했고, 또 세상의 종말까지 살인할 것이다. 이유는 플라톤이 말했듯이, 신이 자신의 모든 능력을 부여한 '천재'를 우리에게 보내지 않는 이상, 인간의 관습이 고쳐지리라고 기대할 수 없기 때문이다.

논리 이외에 다른 요소도 있다. 논리보다 훨씬 중요한 이런 요소를 통해서 우리는 전쟁이 자연권에 속하지 않는다고 깨닫게 된다. 만약 전쟁이 자연권에 속한다면 구세주는 평화를 설파하지 않았을 것이고, 모욕을 인내하고, 용서하라고 가르치지도 않았을 것이다. 모욕은 개인 간의 관계에서뿐만 아니라 국제 관계에서도 전쟁의 동기가 되기 때문에 "전시태세를 갖춰라, 전쟁을 피하지 마라, 적에게 복수하라"고 말했을지도 모를 일이다. 전쟁은 자연권이 아니라 인간적인 권리이고, 그렇기 때문에 그릇된 것이며, 사악한 것이다. 전쟁은 왕이 국민에게 지운 멍에요, 불의한 폭군 때문에 시달리는 국민의 슬픈 운명이다. 따라서 제아무리 반론을 편다고 할지라도 나는 그 기괴한 권리에 편승하지 않을 것이다. 파스칼의 명언처럼, 사람의 마음속에는 인간의 이성과는 다른 독특한 이성이 있기 때문이다. 이런 마음속의 이성은 동족의 피를 흘리면서까지 억지로 내 요구를 관철시키지 말아야 한다고 일깨워 준다. 권력을 위해 칼을 휘두르는 것이 얼마나 야만스럽고 잔인한지 일깨워 준다. 무력으로 도시를 점령하고 죄가 있건 없건 간에 남녀노소를 가리지 않고 목을 베는 것은 인간답지 못한 행위라고 일깨워준다. 계략과 술수로 힘없는 국민을 욕보이고, 견디기 힘든 일을 강제하고, 이를 거부하면 총알 세례를 퍼붓는 것이 부당하고 잔혹한 짓이라고 일깨워준다. 자연법은 이를 용납하지 않는다. 악마의 사주일 뿐이다. 예수 그리스도는 보살펴주는 이도 있었고, 무수히 많은 동지도 있었으니, 이를테면 군대를 가진 셈이다. 그러나 우리는 예수 그리스도가 그런 힘을 사용하는 것을 본 적이 없다. 유대인을 상대로 전투를 벌였던가? 아니면, 로마인을 상대로 전투를 벌였던가? 오히려 자기 때문에 벌어진 단 한 번의 유혈극조차 용납하지 않고, 제자가 칼로 잘라버린 말고의 귀를 다시 붙여주었다.[25] 이는 전쟁을 부추기는 행동이 아니라 전쟁을 용납하지 않는 행동이다. 예수 그리스도가 자연법의 어느 한 가지라도 용납하지 않은 적이 있던가?

25 요한복음 18장 10절의 이야기이다.

11. 통치는 식민이다

후안 바우티스타 알베르디

후안 바우티스타 알베르디(Juan Bautista Alberdi, 1810~1884)는 19세기 아르헨티나 최고의 지성인 가운데 한 사람이다. 아르헨티나는 식민 통치의 전통도 미약했고, 애초부터 원주민도 적었기 때문에 여타의 라틴아메리카 신생국보다 한결 자유롭게 미래의 국가를 기획할 수 있었다. 소위 '37세대'라고 부르는 젊은 지식인들—후안 바우티스타 알베르디, 도밍고 파우스티노 사르미엔토, 에스테반 에체베리아(Esteban Echeverría), 후안 마리아 구티에레스(Juan María Gutiérrez)—은 아르헨티나 후진성의 근원을 후진 스페인의 식민지 지배에서 찾았으며, 프랑스, 영국과 같은 선진 유럽을 본받아 문명, 즉 근대화를 추구해야 국가의 미래가 있다고 주장했다.

그러나 이 시기에 정권을 장악한 후안 마누엘 데 로사스(Juan Manuel de Rosas)는 근대화보다는 전통을 수호하였고, 정치적 반대파를 체포, 구금, 고문, 암살, 추방하였기에 알베르디, 사르미엔토 등 대부분의 지식인은 해외로 망명하지 않을 수 없었다. 알베르디는 우루과이를 거쳐 프랑스로 건너가 몽테스키외의 『법의 정신』을 연구하고, 로사스가 퇴진한 1852년에 아르헨티나로 돌아와서 『아르헨티나 공화국 정치 기구의 출발점과 기초(Bases para la organización política de la República Argentina)』를 출판했다. 입헌주의에 기초하여 근대 국가를 어떻게 구성할 것인가를 논한 이 책은 출판하자마자 호평을 받았으며, 1853년 아르헨티나 헌법의 초석이 되었다.

이 책이 대중에게도 널리 회자된 이유는 간결하고 압축적인 명제 '통치는 식민이다(Gobernar es poblar)' 때문이었다. 당시 아르헨티나는 땅은 넓고 인구는 적었다. 특히 로사스가 퇴진한 이후 권력을 장악한 근대화론자들은 부에노스아이레스 주변의 광활한 팜파지대를 '황무지'나 다를 바가 없다고 인식했으며, 국가 발전을 위해서는 이를 효율적으로 개발할 필요성을 절감하고 있었다. 이런 아르헨티나 특유의 시대적 요청에 부응한 명제가 바로 '통치는 식민이다'였다.

1852년 책에서 이 명제는 '이민을 장려해야 한다'는 뜻이었다. 그런데 여기에 번역한 1873년 해설 글에서 알베르디는 사르미엔토와 마찬가지로 당대를 풍미하던 인종주의를 유감없이 발휘하고 있다. 이민은 오로지 문명화된 유럽인에게만 허용해야 한다고 주장한 것이다. 미개한 아시아인과 아프리카인은 물론이고 스페인인과 같은 후진국 유럽인, 프랑스와 같은 선진국이라고 할지라도 저열한 하층민을 받아들이면, 배울 것이 없기 때문에 발전은커녕 퇴보하게 된다는 것이 그 이유이다.

이러한 '백인화(blanquemiento)' 논리는 아르헨티나뿐만 아니라 쿠바, 베네수엘라로 확산되어 20세기 초까지 유럽인의 이민만을 받아들였다. 그러나 좋은 의미든 나쁜 의미든 라틴아메리카에서 백인화에 성공한 나라는 이탈리아 이민자를 대거 받아들인 아르헨티나뿐이었다.

참고문헌

1. Alberdi, Juan Bautista. 1915. *Bases y puntos de partida para la organización política de la República argentina*. Buenos Aires: La cultura argentina. pp.13-24.

시간이 갈수록 졸저 『아르헨티나 공화국 정치 기구의 출발점과 기초』의 핵심 명제인 '통치는 식민이다'[1]를 언급하고 있어서 부득이 설명을 추가해야겠다. 그럼으로써 내 명제와 무관하거나 정반대되는 의미, 특히 남아메리카 인구와 관련된 오용에 대해 나는 아무런 책임도 없다는 점을 밝히고자 한다.

통치는 식민이다. 식민은 교육이고, 개선이고, 문명이고, 부이고, 미국처럼 자발적이고 신속하게 강국이 될 수 있다는 의미에서 그렇다.

그러나 식민을 통한 문명은 문명화된 인구로 성취해야 한다. 우리 아메리카를 자유와 산업으로 교육하려면, 미국이 그랬듯이, 자유와 산업의 선진국인 유럽 인구로 식민할 필요가 있다. 미국은 비천하고 천박한 이민자를 자유로운 시민으로 만들고도 남았다. 자유의 실천이라는 자연스럽고도 단순한 압력 덕분이었다. 미국에서는 국법만큼이나 강력하고 포괄적인 이런 압력 이외의 다른 방법은 생각할 수도 없다.

그러나 아메리카에서 통용되는 자유는 겉보기보다 훨씬 유럽적이고 외국적이다. 미국은, 3개국으로 형성된 연합왕국[2] 즉 잉글랜드, 아일랜드, 스코틀랜드의 전통을 이어받고 있다. 미국의 자유 시민은 자유 영국, 자유 스위스, 자유 벨기에, 자유 네덜란드, 엄격하고 근면한 독일의 자유 신민이 변한 것이다. 6백만 인구로 출범한 미국 공화국은 이후 자유롭고 문명화된 유럽 이민자로 인구가 증가했는데, 만약 이들이 중국인이나 인도인이나 아프리카인이나 터키인이었다면, 지금과 같은 자유인의 국가가 되었을까? 제아무리 좋은 땅이라고 할지

---

1 이 글에서 식민(植民)은 población의 번역어이며, 문자 그대로 '어떤 곳에 사람이 살게 하다'는 뜻이다. 식민의 반대말, 즉 '어떤 곳에서 사람을 떠나게 하다'는 뜻의 despoblación은 철민(撤民)이라는 신조어로 옮긴다.

2 연합왕국(United Kingdom)은 영국을 의미한다.

라도 자기 힘만으로는 독맥(毒麥)[3]을 밀로 변화시키지 못한다. 나쁜 밀에서 좋은 밀이 나올 수 있지만, 보리가 밀이 될 수는 없다. 통치는 식민이다. 그러나 망각하지 말아야 할 일은, 식민은 해로울 수도 있고, 야만적일 수도 있고, 노예적일 수도 있다. 어떤 인구가 식민되느냐에 따라서 문명화는커녕 퇴보하게 되고 가난하게 되고 부패하게 된다. 만약 이럴 경우, 통치는 철민(撤民)[4]이라고 주장한들 누가 이상하게 여기겠는가?

그러나 외국인이 제아무리 나쁘더라도 배제해서는 안 된다는 점을 망각해서는 안 된다. 나쁜 사람을 배제할 권리를 인정하면, 좋은 사람도 배제하게 된다.

이입민[5]은 자유를 누리지만, 언론출판의 자유와 마찬가지로, 방종은 법의 제재를 받는다.

외국인도 외국인 나름이라는 사실을 한시라도 잊어서는 안 된다. 유럽이 지구상에서 가장 문명화된 땅이지만, 이런 유럽에도, 수도라는 눈부신 심장부에도 남아메리카 전체보다 더 많은 수백만의 야만인이 있다.

문명화된 것은 기원으로 보면 모두 유럽적인 것이지만, 유럽적인 것이 모두 문명화된 것은 아니다. 따라서 팜파[6]나 차코의 소떼보다 자유나 산업에 더 무지한 유럽인으로 채워진 신국가라는 가설도 가능하다.

자발적인 이입민이 가장 좋다. 그러나 사람들이 자발적으로 이민 오는 나라는

---

3 보리나 밀과 유사하지만 씨앗에 독이 있는 잡초이다. 독보리라고 부르기도 한다.

4 식민(poblar)의 반대말인 despoblar는 철민(撤民)으로 번역한다.

5 이민이라는 단어는 이민을 가는 경우에도 사용하고, 이민을 오는 경우에도 사용하기에 간혹 의미가 불명확할 때가 있다. 여기에서 의미를 분명하게 드러낼 필요가 있을 경우에는 명사 inmigración을 이입민(移入民) 또는 이입(移入)으로 옮긴다.

6 팜파(Pampa)는 부에노스아이레스 주변 지역, 차코(Chaco)는 아르헨티나 북부 지역을 가리킨다.

풍요롭거나 안전하거나 자유로운 나라이다. 자발적인 이입민도 처음에는 인위적인 이입민에서 시작한다. 미국도 그러하였다. 미국은 원래부터 이입민에게 매력적이었다. 남아메리카는 좋든 나쁘든 스페인 정부가 식민하였다. 다시 말해서, 인위적이었다. 이에 반해서, 영국인은 자발적으로 아메리카 식민지로 이주하였다. 그리하여 식민지에서도 영어를 사용하고, 자유를 실현하고, 인간을 인간으로 존중하는 관례를 확립했다. 독일인 가운데서도 개신교를 믿고, 근면하고, 휴식과 가정생활과 사회종교적인 자유를 사랑하는 사람들이 자발적으로 개신교를 믿는 아메리카로 이주하여 묵묵히 일함으로써 결과적으로 자유롭고 안전한 나라를 만들었다. 그러나 이런 유럽인은 특별하고 예외적인 우대 정책이 없으면, 자발적으로 남아메리카로 이주하지 않는다.

북유럽인은 자발적으로 북아메리카로 건너왔다. 북유럽과 북아메리카는 자유의 세계, 산업의 세계라는 점에서 유사하다. 남아메리카는 인위적인 유인책을 마련하지 않으면, 자유, 평화, 산업을 교육할 만한 역량 있는 이주민이 들어오리라는 환상은 단념해야 한다.

자발적으로 남아메리카로 건너온 이주민은 하나같이 필요 없는 사람들뿐이다. 잡초처럼 제 스스로 건너온 사람들이다. 이런 사람들이 들어오지 않아야 아메리카는 안전할 수 있다. 유럽 문명이 찌꺼기로 여겨 추방한 사람들이기 때문이다.

식민의 비결은 영토 내에 인구를 분산하는 기술에 있다. 이입민은 항구 주변에 정착하는 경향이 있다. 항구는 긴 항해의 끝에 도착한 곳이고, 또 고임금을 받고 즐거운 생활을 할 수 있는 곳이다. 그러나 국가 입장에서 보면, 이입민이 항구에서 버는 만큼 손해이다. 해안의 인구를 분산시키려면 항구를 늘리는 수밖에 없다. 농업과 농업 관련 산업이 있는 내륙에 식민하려면 아메리카는, 눈부신 유럽 도시의 찌꺼기가 아니라(병사로도 쓸모가 없는 사람들이다) 유럽의 농민을 배에 태워야 한다.

⚜⚜⚜

필자는 무슨 근거로 남아메리카에서 통치는 식민이라고 말했을까? 어떤 의미에서 이 말이 논박의 여지가 없는 진실이라고 주장했을까? 반복하지만, 그 이유는 식민이 훈련이고, 교육이고, 도덕이고, 인종 개선이기 때문이다. 식민이 국가를 부유하게 만들고, 문명화하기 때문이다. 또 국력강화이고, 자유의 공고화이기 때문이다. 이는 이입민이 본국의 통치 관습, 통치 수단, 지성을 제공함으로 가능한 일이다.

모든 인구가 이런 결과를 산출하지 못하기에 다 같은 인구가 아니라는 사실을 충분히 알 수 있다.

식민이 부를 창출하려면, 산업을 잘 아는 사람들을 식민해야 한다. 부를 창출하는 생산 노동에 익숙한 사람들을 식민해야 한다. 식민이 문명이 되려면, 문명화된 사람, 바꿔 말해서 문명화된 유럽인을 식민해야 한다. 이런 이유로 나는 정부가 유럽 이입민을 장려해야 한다는 규정을 헌법 조항에 삽입하자고 주장한 것이다.

그러나 아시아의 중국인과 인도인, 아프리카의 흑인을 식민한다면, 그때는 식민이 문명이 아니라 몽매(蒙昧)가 된다.

유럽의 근면한 인구를 식민하는 대신에 수준 낮고 뒤떨어진 유럽의 인간쓰레기를 식민하면, 이런 식민은 국가를 망치고, 부패시키고, 타락시키고, 해치는 일이 된다.

유럽도 유럽 나름이라는 사실을 잊어서는 안 된다. 유럽 이입민의 장려를 강제하는 조항을 헌법에 삽입해야만 한다. 남아메리카 국가는 유럽에서 건너온 사람들을 식민할 때만이 파멸을 모면할 수 있을 것이다.

이런 의미에서, 칠레의 에가냐[7], 아르헨티나의 로사스[8], 파라과이의 프란시아[9]가 유럽 이입민이 초래할 결과를 두려워한 이유를 이해할 수 있다. 그 당시에 최상의 유럽 국가에서 건너온 사람들은 정착국에서 귀화를 서두르지 않았다. 가장 후진적이고 절망적인 식민지 지배의 잔재가 남아있었기 때문이다. 그 당시 아메리카는 유럽의 배설물 창고였다. 그 당시 낙후된 유럽의 침입 때문에 아메리카 최상의 사람들이 경악했다는 사실은 놀라운 일이 아니다.

그 당시의 유럽이 지금이라고 해서 완전히 지난 과거가 되지는 않았다. 교양 있고, 자유롭고, 부유하고, 문명화된 유럽과 함께 무지하고, 해롭고, 뒤쳐지고, 부패한 유럽이 있다. 가장 거대하고 눈부신 유럽의 수도가 그러하듯이, 유럽에도 양면이 모두 있다는 사실은 의심할 여지가 없다.

런던과 파리의 하층민이 사는 곳을 살펴보면, 파타고니아와 차코보다 더 야만적이다.

통치는 식민을 잘 하는 것이다. 그러나 식민은 과학이다. 이 과학은 바로 정치경제다. 인구를 부의 수단, 번영의 요소로 간주하는 것이다. 식민 기술의 요체는 인구 분산의 기술이다. 지나친 인구증가는 종종 식민과 상치된다. 국가의 인구를 감소시키고 괴멸시키는 일이다.[10]

그러나 인구 분산의 자연법칙에 어긋나는 규제와 인위적인 수단을 동원해서는 안 된다. 이런 규제와 수단을 통해서 인구 분산의 자연법칙이 작동하도록

---

7 마리아노 에가냐(Mariano Egaña, 1793~1846)는 칠레의 변호사이자 헌법학자이다. 1833년 칠레 헌법을 기초했다.

8 후안 마누엘 데 로사스(Juan Manuel de Rosas, 1793~1877)는 아르헨티나의 군인이자 독재자이다. 1835년부터 1852년까지 집권하는 동안 정적을 고문하고 암살했다. 정치경제적으로는 대외 개방이나 근대화보다는 전통적인 자국 산업을 보호하려고 노력하였다. 후안 바우티스타 알베르디, 후안 도밍고 사르미엔토 등 젊은 지식인들은 로사스의 정치를 야만으로 평했다.

9 호세 가스파르 데 프란시아(José Gaspar de Francia, 1766~1840)는 파라과이의 독재자이다. 흔히 프란시아 박사라고 부른다. 철저한 쇄국정책을 실시하여 내국인의 출국은 물론 외국인의 방문조차 허용하지 않았다.

10 급격한 인구증가는 기아와 전염병을 초래한다는 뜻이다.

하여야 한다.

임금(즉, 빵, 가정, 생활)으로 봐서 주민이 다른 곳을 선호할 정도가 되면, 법률로 이런 임금을 주는 산업체를 다른 곳으로 이전할 수 있다. 예를 들어, 법률상 라플라타강 지역에서는 도살장, 염장공장, 가죽공장을 운영할 수 있는데, 부에노스아이레스 항구를 엔세나다[11]로 이전하면, 공장과 주민 또한 엔세나다로 옮겨간다. 이것이 자발적인 이주를 통한 인구 분산 방안이다. 주거지 문제와 관련해서도 집중의 해소라는 의미에서 인구 분산은 법률의 힘으로 더욱 용이하게 된다.

문명의 발전, 특히 사회적 교류의 증가에서 유럽과 아메리카라는 두 세계의 상호작용은 매우 흥미롭다.

여러 가지가 뒤섞여서 투명도가 상이한 두 물이 위에 언급한 현상을 명확하게 보여줄 것이다. 맑고 투명한 물 1톤을 혼탁한 물 1톤에 붓는다면, 혼탁한 물은 조금 맑아지고, 깨끗한 물은 조금 흐려지는 것이 자연의 이치이다.

이러한 물의 작용은 두 세계의 인구에도 똑같이 작용한다. 유럽 이입민은 아메리카 인구와 뒤섞임으로써 바람직한 변화를 야기할 수 있다. 그러나 유럽 이입민은 아메리카 주민의 영향으로 바람직하지 못하게 변한다는 대가를 치러야 한다. 아메리카로 건너오는 유럽인은 문명의 징표를 유럽에 남겨두고, 문명화가 덜 된 대륙의 징표를 지니게 된다.

이렇게 유럽은 아메리카에서 문명화를 행한다. 그리고 아메리카는 유럽에

11 엔세나다(Ensenada)는 부에노스아이레스 인근에 위치한 항구이다.

서 이와 정반대의 작용을 한다.

인간에게 발생하는 이런 일은 동물에게도 발생한다. 주지하듯이, 유럽에서 가져온 가축은 아메리카에서 원시적이고 야만적인 성질과 모습을 되찾았다.

이러한 양방향의 해류는 날마다 더욱 강력해지고 활성화되어 일종의 소용돌이를 형성하고 있다. 이 소용돌이에서 근대 민주주의는 휘돌고 있다. 결코 일방통행이 아니다.

예전의 신세계는 불모지[12]여서 후진적이고 반동적이었다. 예를 들어, 정치에서 아메리카의 연방제는 중세 유럽의 봉건제에 다름 아니다. 대표적인 예는 중앙집권제에서 후퇴하여 중세의 낡아빠진 탈중앙집권제로 나아가고 있는 것이다.

그러나 생명력과 완벽성은 모든 인종, 즉 모든 인류의 갈래에 부여된 자질이므로, 이러한 탈중앙집권화 경향은 결국에는 전 인류에게 가장 바람직한 길 앞에 굴복하리라는 점은 의심할 여지가 없다.

⚜⚜⚜

아메리카가 불모지라는 조건 때문에 후진적인 모습을 보이고 있다면, 동일한 이유로 모종의 장점 때문에 인류 발전에 기여하리라는 점도 분명하다.

따라서 유럽의 열등한 사람들, 즉 범죄자, 무지렁이, 타락자라고 할지라도 아메리카로 들어온 사람들은 변하고 또 개선될 것이다. 아메리카의 풍부한 물산을 이용할 수 있고, 합리적이고 자유로운 사람들에게 부여된 선한 본능에 적합한 삶을 영위할 수 있기 때문이다.

---

12 아르헨티나 사람들은 인적이 드문 팜파지대를 가리켜 불모지(desierto)라고 부른다.

⚜⚜⚜

내가 졸저 『아르헨티나 공화국 정치 기구의 출발점과 기초』에서 밝혔듯이, 우리 남아메리카인은 진보를 가로막는 거대한 적, 즉 불모지, 물질적 낙후, 거칠고 원시적인 자연을 물리칠 수 있는 인간형이 되어야 한다.

여기에 바로 우리 남아메리카인이 주적(主敵)을 물리칠 수 있는 무기를 찾아야 하는 무기고가 있다.

그렇게 하지 않고 인간을 파괴적인 전쟁 기계로 만들면 야만이 승리한다. 이와 반대로 기계를 노동하고, 직조하고, 운송하고, 항해하고, 방어하고, 공격하고, 계몽하고, 관개하고, 극과 극에 있더라도 나란히 있는 것처럼 소통하는 인간으로 만들면 문명이 승리한다. 물질에 대한 문명의 승리이며, 희생도 눈물도 없는 승리이다. 패자는 바로 막대한 권력을 가진 귀족이기 때문이다. 그리고 귀족은 인간의 위대한 재능을 존경한다는 표시로 우아하게 무릎을 꿇는 것처럼 보이기 때문이다.

카를 5세[13]가 제아무리 광대한 땅을 지배했다고 한들 근대 산업의 지배 영역은 해가 지지 않고, 열대도 온대도 없으며, 북극도 남극도 없다고 자랑할 것이다. 섭리의 조력자인 인간 재능은 러시아를 상하(常夏)의 나라로 만들고, 에콰도르를 동장군의 나라로 만들 것이다. 색깔, 얼음, 증기, 공기, 가스, 상수도, 전기는 인간이 굴복시키고 지배하고 있기 때문에 오늘날에는 인간의 노예가 되었다. 지상의 모든 영역에서 인간에게 왕좌를 내주는 데 기여하고 있다. 인간은 모든 부분에서 창조의 군주가 되고 있다.

---

13 신성로마제국의 카를 5세(1500~1558)는 친가와 외가에서 십수 곳의 왕국, 공국, 식민지를 물려받아 프랑스, 영국, 포르투갈을 제외한 서유럽 전역과 아메리카대륙 및 필리핀까지 지배했다.

⚜⚜⚜

자유는 우리 의지가 원하는 바를 행할 수도 있고 행하지 않을 수도 있는 능력, 힘, 권력이다. 인간의 권력과 힘은 인간의 육체적이고 동물적인 능력보다는 지적이고 정신적인 능력에 달려 있기 때문에 자유를 신장하고 확장하는 수단은 곧 자유의 조건을 확장하고 일반화하는 것이다. 다시 말해서, 교육, 산업, 부, 능력, 결국 자유라고 부르는 힘이다.

이러한 조건을 마련하는 데 칼은 중요하다. 병사는 자유를 형성하는 데 적합하다. 총을 만드는 데는 도덕론자가 적합하듯이.

⚜⚜⚜

부는 노동에서 나온다고 말할 때의 노동은 인간의 노동이다. 따라서 노동은 인간의 부와 관계가 있다.

바꿔 말해서, 부는 인간이 만든다.

면화, 비단, 사탕수수가 나는 땅이 있다고 말하는 것은 증기기관이 동력을 만들고, 풍차가 밀가루를 빻으며, 베틀이 직물을 짠다고 말하는 것이나 마찬가지다.

어떤 기계도 조작하는 사람이 없으면 아무것도 만들지 못한다. 기계는 인간이 생산에 사용하는 도구이다. 땅은 인간이라는 유일한 생산자가 손에 쥔 쟁기와 다를 바가 없는 기계이다. 인간은 도구로 사용하는 토양의 비옥도에 비례하여 생산하는 것이 아니다. 생산할 때 토양의 저항에 비례하여 생산한다.

척박한 토양은 부유한 인간을 만든다. 척박한 토양은 인간의 노동을 자극하여 나중에는 비옥한 토양이 되기 때문이다. 노동하지 않아도 생산하는 토양은 노동할 줄 모르는 인간만 만든다. 이런 인간은 굶어죽지는 않지만 결코 부자가 되지는 못한다. 토양의 기생충이고, 식물처럼 살아간다. 식물 같은 삶은 당연히 인간다운 삶은 아니다. 인간다운 인간은 부를 생산하고 창조하는 사람이다.

어떤 지역의 자발적이고 자연적인 부는 영리한 주민이 간직해야만 하는 장애물이다. 토양의 동냥을 얻어먹는 모든 주민은 일생을 거지로 사는 주민일 것이다. 시혜자나 은인이 토양이나 인간일지라도 거지는 거지다.

대지는 부의 어머니요, 인간은 부의 아버지다. 대지에서 부는 저절로 생겨나지 않는다. 인간이 대지를 비옥하게 만들지 않으면 부는 생겨나지 않는다. 노동이란 비옥하게 만드는 것이다. 노동은 삶이며, 기쁨이며, 행복이다. 징벌이 아니다. 인간이 이마에 땀을 흘려야 살게끔 태어난 것이 진리라면, 그 땀이 인간을 건강하게 만든다는 것 역시 진리이다. 땀 흘리는 것은 기쁜 일이다. 노동은 고통이라기보다는 기쁨이다. 노동은 인간이 솜씨를 발휘하여 창조하는 것이고, 생산하는 것이고, 증식하는 것이다. 인간의 고결한 본성에서 보면 이보다 더 기쁘고 흐뭇한 일은 없다.

외국의 부를 도입할 때 가장 유용하고 바람직한 형태는 지적하고 근면한 인구를 들여오는 것이다. 이러한 이입민(移入民)이 없으면, 그 땅의 보석은 몇 세기를 지나도 땅속에 묻혀 있게 될 것이다. 기후, 강수량, 기온, 강, 산, 평야, 식물, 동물 등 장점을 두루 갖춘 대지 역시 몇 세기를 지나도 여전히 차코처럼, 모하스(Mojas)처럼, 리페스(Lipes)처럼, 파타고니아처럼 불모의 땅으로 남을 것이다.

1879년 파리에서

후안 바우티스타 알베르디

12. 아메리카의 날

에우헤니오 마리아 데 오스토스

에우헤니오 마리아 데 오스토스(Eugenio María de Hostos, 1839~1903)는 푸에르토리코 출신의 문인이자 교육자이다. 아메리카 대륙 전역을 돌아다니며 카리브해 국가와 라틴아메리카 국가의 통합을 주장했기 때문에 '아메리카의 시민'이라는 별명을 얻었다.

오스토스가 태어났을 때 푸에르토리코는 스페인의 식민지였다. 라틴아메리카 대륙의 여러 국가는 물론이고 아이티와 도미니카공화국은 이미 독립을 쟁취했으나 푸에르토리코와 쿠바는 여전히 식민지로 남아 있었다. 스페인에서 대학교육을 받는 동안 자유주의 사상에 경도된 오스토스는 푸에르토리코의 독립을 주장하기 시작했다.

귀국길에 미국에 들른 오스토스는 쿠바의 독립운동가를 만나서 조국뿐만 아니라 쿠바의 독립의 필요성에 공감하고, 독립 후에는 푸에르토리코, 쿠바, 도미니카공화국으로 앤틸리스제도연방(Confederación Antillana)을 창설해야 한다고 확신하게 되었다.

그러나 푸에르토리코 사람들은 스페인의 식민지에서 독립해야 한다는 데는 동의했으나 독립국가 건설이나 안틸리스제도연방 창설보다는 미국에 편입되기를 원했다. 이에 오스토스는 조국 푸에르토리코와 쿠바의 독립 당위성을 역설하기 위해 베네수엘라, 콜롬비아, 파나마, 페루, 칠레, 아르헨티나, 브라질을 순례하였다.

1898년 미서전쟁이 발발하였을 때는 미국으로 건너가 '푸에르토리코 애국자 연맹'을 결성하고 대통령으로 선임되었다. 오스토스는 푸에르토리코의 운명은 선거로 결정하자고 미국에 제의했으나 받아들여지지 않자 도미니카공화국에 머물면서 교육에 마지막 정열을 쏟았다.

여기에 소개한 「아메리카의 날(El día de América)」은 오스토스가 1883년에 쓴 글이다. '아메리카의 날'이란 1492년 10월 12일 콜럼버스가 아메리카에 도착한 날을 가리킨다. 오스토스는 이 기념일의 의미를 문명사의 관점에서 접근한다. 1492년에 콜럼버스가 대서양 길을 열었다면, 그로부터 약 400년이 지난 19세기 말에 이 날의 의미는 "여러 인종이 동일한 문명으로 융합"하여 스페인을 포함하여 카리브해제도의 푸에르토리코, 쿠바, 도미니카공화국 및 라틴아메리카 대륙의 신생국이 하나의 연방을 구성하는 데 있다고 주장한다. 오스토스의 주장에 논리적인 비약이 없지는 않지만, 19세기말 일단의 라틴아메리카 지식인이 공유하던 일종의 유토피아적 사고를 가늠할 수 있는 기회이다.

참고문헌

1. De Hostos, Eugenio María. 1978. *El día de América*. México, D.F.: Universidad Nacional Autónoma de México.

오늘 10월 12일은 신대륙의 생일이다.

1492년 10월 12일, 문명사와 서양 인류사에 신세계가 탄생한 이래 오늘까지 수많은 세월이 흘렀다.

저 불확실한 밤 시간에, 이 날에서 저 날로 바뀐다는 점을 상징하기 때문에 비상한 사건이 일어나기에 적합한 밤 시간에 콜럼버스는 확신에 찬 눈으로 어둠 속에서 빛을 보았다. 다른 사람들의 불신이라는 고독 속에서도 콜럼버스가 이미 논리적으로 예상하던 빛이었다. 그 빛은 한 가지 사실을 확인해주었다. 콜럼버스가 무조건 지지하던 과학적 사실, 즉 '지구는 둥글다'는 것이다.

이런 과학적 신념이 없었더라면 제네바 출신의 항해사 콜럼버스는 겁나는 항해에 나서지도 않았을 것이며, 항해의 종착점에 도착하지도 못했을 것이다. 항해는 당초 예상보다 훨씬 길었다. 세계에 대한 신학적 관념, 다시 말해서 콜럼버스를 자극하고 지탱하고 인도한 긍정적인 관념보다 월등하게 먼 항해였다.

그렇다. 지구는 실제로 둥글었다. 그래서 콜럼버스는 생각지도 못한 곳에 도착했다. 지구는 둥글기 때문에 동쪽에서 출발하여 서쪽으로 가면 콜럼버스가 찾던 동양에 도착할 터였다. 콜럼버스의 계산은 정확했다. 출발점과 도착점 사이에 낯선 대륙이 없었더라면, 틀림없이 인도에 도착했을 것이다. 그러나 콜럼버스와 우주지학자[1]는 지구의 반경을 실제보다 삼분의 일이나 적다고 믿었지만, 계산 실수로 빠트린 공간에 대륙이 들어갈 수 있었기 때문에 아메리카는 제자리에 있었고, 동양으로 가려는 콜럼버스의 항해를 방해했다.

이렇게 콜럼버스는 과학적 진실을 믿은 덕분에 두 가지 중요한 사실의 발견자가 되었다. 하나는 지구의 실제 반경의 발견자요, 다른 하나는 새 세계의 발견자이다. 새 세계는 수많은 진실을 외치도록 부름 받았고, 수많은 새로운 것을 마련하도록 부름 받았고, 수많은 과학으로 물질세계를 개량하도록 부름 받았고, 수많은 의식으로 정치적·사회적 세계를 변화시키도록 부름 받았다.

후일, 유럽의 그 나라[2]가 신대륙 발견 기념일을 전유하여 국민적 필요와 자만심을 부추기고 자랑했을 때, 요란스러운 선전가의 세계에서 항상 그렇듯이 사후(死後)에, 때늦게 칭찬이 쏟아짐으로써 한 사람의 희생은 역사에서 보상을

---

1 우주지(宇宙誌)학자란 지구를 포함하여 우주에 대한 지도를 작성하던 사람을 일컫는다.

2 '유럽의 그 나라'는 스페인을 가리킨다.

받았는데, 그 당시에는 콜럼버스가 하지 않은 일도 콜럼버스가 한 것으로 여길 정도였다. 오늘날 콜럼버스가 얼마나 위대한 일을 했는지 생각해보면 너끈히 짐작할 수 있는 일이다. 진리에 근거하여 우리에게 새 세계를 갖다 준 사람이 바로 콜럼버스이다. 아메리카의 발견은 진리 덕분이라고 판단하기 때문에 거대한 우리 조국을 위해 삶을 바친 사람에게 보답하고자 우리는 탄생 기념일을 경축하고자 한다.

I

우선 신대륙 역사의 목차를 살펴보면 저 진리를 상이하게 적용한 결과 삶의 차이가 생겼다는 사실을 알 수 있다. 이는 신대륙의 두 부분[3]이 지리적이고 역사적으로 상이하게 형성, 발전, 존속하고 있다는 점에서 드러난다.

한쪽은 유럽보다 훨씬 올바르게 통치권을 행사할 수 있는 도시적·지역적인 체제를 채택했고, 다른 쪽은유럽에서 수입한 정치적·행정적 실책에 시달리고 있다. 한쪽은 지속적으로 자유롭게 판단한 결과 가톨릭교도는 매릴랜드[4]에 피난하여 자유를 얻었고, 뉴잉글랜드의 청교도에 불만인 사람들은 로드아일랜드에 정착함으로써 시간적·정신적 세계의 분리가 이루어졌다. 반면에 다른 쪽은 종교적·철학적 반동에 매우 수동적으로 굴복했기 때문에 종교재판을 행한 것도 놀라운 일이 못 된다. 한쪽은 발전을 방해하는 결속을 끊자마자 대의제

---

3 미국과 라틴아메리카를 가리킨다.

4 매릴랜드(Maryland)는 미국 동부 대서양 연안의 주이며, 로드아일랜드(Rhode Island)는 북동부의 작은 주이다.

민주주의의 세계적인 주인공이 되었고, 인간이 성취할 수 있는 가장 고상한 정치 개념과 가장 강력한 사법체제의 세계적인 주인공이 되었다. 다른 한쪽은 무능한 식민본국에서 독립하였으나 여전히 식민통치의 잔재를 청산하지 못하고 있으며, 프랑스혁명과 미국혁명[5]의 나쁜 점만 동시적으로 또는 번갈아 수용함으로써 정치적 난맥상을 드러내고 있다. 한쪽은 발전이 의무이고 책임이라고 생각하였기에 장래를 내다보고 배타주의를 배척하고, 식민지 시대부터 전통적으로 내려오던 법률, 제도, 관습, 양식을 버렸으며, 연방제를 선택하여 세상에서 가장 광대하고, 활기차고, 조직적이고, 유기적인 국가 통합을 이룩했다. 다른 한쪽은 3세기도 넘게 옥죄던 전통적인 통합을 깨뜨렸지만, 유일하고 다양한 동시에 국가적이고 지역적인 기초를 마련하여 단일한 국가를 형성하는 대신에 힘없는 작은 국가를 여럿 만들었다. 이런 소국의 형성은 기원으로 보거나 집단적 생존의 필요성으로 보거나 이미 예정된 것이었다. 수많은 정치사회적 변동에도 불구하고 애초부터 균형과 안정의 기초를 마련하기는 어려웠다.

II

행위, 발전, 성격의 차이가 아메리카대륙 두 부분의 고유한 삶에서 분명히 드러남에도 불구하고, 양자는 신세계 발견으로 인류가 누리고 있는 가장 중요한 혜택을 공히 누리고 있다. 문명이 지금까지 이룩한 여러 변화가 이 새 세계의 탄생에서 유래하기 때문이다.

이 기념일은 1492년 이래 시작된 거대한 집단적 삶의 잘못을 준엄하게 지적

---

5 미국독립을 가리킨다.

하는 기회일 수도 있으나 달리 생각하면 콜럼버스가 발견한 우리 대륙이 인류의 정신적이고 물리적인 발전에 기여한 바를 소소한 즐거움으로 열거할 수 있는 기회이기도 하다.

이렇게 함으로써 우리는 의식의 분석을 끝내고, 아메리카대륙의 모든 경축일과 이 기념일을 경축해야 할 것이다.

III

발견자 콜럼버스가 "불길한"[6] 대서양으로 모험을 떠날 때, 이 문명의 길을 오가는 사람은 없었다. 자연의 계획에서 모든 대양이 그러하듯이, 대서양이 바로 문명의 힘이었는데, 인류는 아직 이 문명의 힘을 이용할 줄 몰랐던 것이다. 콜럼버스가 대서양을 주파하자마자 대서양은 문명의 요소가 되었다. 아메리카대륙이 인류 역사에 제공한 여러 가지 위대한 혜택 가운데 으뜸이 바로 대서양 항해라는 문명의 요소이며, 인류에게는 첫 순간부터 물질적 힘의 증대에 맞먹는 것이었다.

나침판도 광범위하게 사용하기 시작했다. 그때까지는 중국인이 소소한 항해에서 사용했고, 지중해를 오가는 선원들이 시험적으로 사용했을 뿐이다. 원거리 항해에서 나침판의 사용은 본질적으로 자북의 발견에 맞먹는다. 지구가 타원형이라는 사실과 실제 반경의 확인은, 신대륙이 인류 역사에 등장함으로써 과학에게 베푼 즉각적인 혜택이다. 여러 가지 진리가 물질적인 차원은 물론이고 지적인 차원에서 야기한 갖가지 결과는 아메리카 덕분에 인류가 누리고

6 콜럼버스의 시대의 사람들은 대서양을 "불길한 바다"라고 불렀다.

있는 실질적인 혜택이다.

정서적인 면에서 고상한 발전은 아메리카 덕분이라고 할 수 없으나 경이로운 분량의 시적이고 미학적인 소재는 신세계 덕분이다. 앤틸리스제도[7]에서는 무구한 인종이 바로 그 무구함 때문에 희생되었고, 멕시코에서는 매우 용감하기 때문에 관용을 베푼[8] 인종이 지적인 문명을 수호하다가 사라졌다. 마음씨가 고운 인종은 지금도 울고 있다. 그렇지만 페루와 볼리비아의 안데스 고원지대에서 케추아인과 아이마라인은 잉카의 통솔 아래 놀라운 문명을 이룩했고, 원주민의 원형(原型)인 고귀한 아라우코인은 낯선 인간, 제도, 관습, 통치에 저항함으로써 영웅적 서사시의 주인공이 되었을 뿐만 아니라 공격과 방어의 수단과 방법을 신속히 수용하여 불가침의 독립을 유지했다.[9]

유럽의 예술은 아직도 낡은 형식을 다루고, 협소한 양식을 다루고 있으나 묘사적이고 주관적인 서정시의 요소는 선사시대에, 발견시대에, 정복시대에, 식민지 시대에, 독립 시대에, 다양한 인종에, 다양한 인간에, 새 것과 옛 것의 혼합에, 새 것에 의한 옛 것의 변용에, 무대를 압도하는 장엄함에, 배우의 참신한 정신에 깃들어 있다. 사회적이거나 가족적인 드라마의 요소, 이야기적이거나 철학적인 서사시의 요소는 개별 장르의 심오한 작가들이 통합하고 취합함으로써 세계의 즐거운 경탄을 자아내고 또 미래 인류에게는 흥겨운 즐거움을 선사하는 완벽한 시를 지을 것이다. 완벽한 시인 이유는 형식의 모든 다양성과 장르의 모든 다양성을 포괄할 뿐만 아니라 작품에서 다루고 변형하는 소재가

7 카리브해제도 또는 서인도제도라고 부르기도 한다.

8 멕시코 고원지대에 살던 아스테카인은 제국으로 들어온 코르테스 일행을 환대했다.

9 칠레 남부의 아라우카니아(Araucanía) 지역에 사는 아라우코인(식민지 시대의 정복자들이 혼동하여 붙인 명칭으로, 바른 명칭은 마푸체인이다)은 스페인 식민지 시대는 물론이고 19세기 중반까지 독립을 유지했다.

매우 인간적이고 또 매우 보편적이기 때문이다.

토착민[10], 정복자, 아프리카인이라는 세 인종의 모체가 자신의 피로 아메리카대륙을 적셨으며, 이 대륙에서 힘겨운 삶의 투쟁을 벌여왔고, 지금도 벌이고 있다. 인류의 다른 두 갈래인 인도인과 중국인은 뒤섞여 사는 우리 삶에 참여하지 않았는데, 이제는 인도의 파리아(쿨리)와 재산을 빼앗긴 중국인들이 안타깝게도 우리 대륙에서 살려고 건너오고 있다. 토착민의 고통은 이루 말할 수 없다. 앤틸리스제도에서는 멸절당했다. 캐나다의 설원과 미국 극서부의 평원에서 시작하여 아마존의 무인지경과 파타고니아의 팜파에 이르기까지 아메리카 대륙에서는 멸절당하고, 천대받고, 학대받고 있다. 북아메리카에서는 새로운 문명을 일구고, 중앙아메리카와 남아메리카에서는 과거의 병폐에 시달리고 있는 문명화된 인종은 좌불안석이다. 에티오피아 인종[11]의 고통은 끝이 없다. 노예의 쇠사슬과 채찍질 밑에서 신음하고 있을 뿐만 아니라 자기들로서는 이해할 수 없는 문명을 지탱하는 도구 취급을 받고 있다. 파리아와 중국인은 쉼 없는 노동에 시달리고, 값싼 임금에 개미 근성을 발휘하도록 끊임없이 핍박당하고 있다. 따라서 이런 인종들은 진정한 시인의 영혼 말고는 그 어떤 것도 바랄 수 없게 되었다. 설움 속에서 아메리카에 순응하게 된 저 인류의 갖가지 한탄으로 가장 아름답고, 가장 심오하고, 가장 합리적이고, 가장 인간적인 서정시를 만들어낼 것이다.

유럽 극작가는 유럽인의 악습을 비판하거나 형법 조항을 언급함으로써 심금을 울리고 있다. 그러나 중국, 그리스, 로마, 스페인, 프랑스, 영국, 덴마크의 위대한 희극 시인의 입에서 나온 그 어떤 극작품보다 훨씬 설득력 있고, 납득

---

10 토착민(autóctono)이란 아메리카 원주민(indio)을 가리킨다.

11 에티오피아 인종이란 19세기에 주로 사용하던 말로 아프리카의 흑인을 가리킨다.

할 수 있고, 본보기가 되는 극작품이 아메리카대륙에서 탄생하리라. 참으로 객관적인 시인이 등장하여 아메리카대륙의 갖은 사회 현실을 정확하게 재현한다면, 참으로 고매하고 주관적인 시인이 등장하여 등장인물을 통해 자기의 의식을 무대에 올린다면, 아이스킬로스나 셰익스피어의 극작품보다 훨씬 애절하고 비통한 극작품이 탄생하리라.

헬레니즘 인종이 경험한 사건이 호메로스와 호메로스의 후예가 노래한 서사시의 동기였다는 점은 의심할 여지가 없다. 로마의 서사시 시인이 노래한 국민적 원형이 위대했다는 점은 의심할 여지가 없다. 단테가 『신곡』에서 중세 이탈리아의 안쓰러운 사건을 노래했을 때 한 시대 전체를 통괄하는 서사시적 사고를 표출했다는 점은 의심할 여지가 없다. 선과 악을 대변하는 두 인물의 투쟁은 매우 숭고한 서사시적 개념이었으며, 매우 숭고한 맹인이 『실락원』이라는 형태를 부여했다는 점은 의심할 여지가 없다. 클로프슈토크[12]가 기독교 작품을 구상하고 성공적으로 마무리 지었을 때 서구 사회의 변화를 가장 적절한 형태의 서사시로 다루었다는 점은 의심할 여지가 없다. 두 편의 극시(劇詩), 즉 가장 아름다운 괴테의 극시[13]와 가장 서사시적인 바이런의 극시는 시대마다 개인이 경험하는 서시사적 고뇌와 일치한다는 점은 의심할 여지가 없다. 리비아사막의 불타는 고독 속에서 우뚝 솟아난 쿠푸왕의 피라미드마냥 저 장엄한 구성의 라마야나[14]와 저 웅장하고 복잡한 마하바라타가 모든 시 위에 우뚝 솟아

---

12 프리드리히 고트리프 클로프슈토크(Friedrich Gottlieb Klopstock, 1724~1803)는 독일 시인으로, 대표적인 작품은 서사시 『메시아』이다. 이 작품은 밀턴의 『실락원』에서 영감을 얻었다고 한다.

13 괴테의 극시는 『파우스트』를 가리키고, 바이런의 극시는 『맨프레드(Manfred)』를 가리킨다.

14 라마야나 고대 인도의 서사시이다. 뒤이어 언급하고 있는 마하바라타 역시 고대 인도의 서사시이다.

있다는 점은 의심할 여지가 없다. 그러나 언젠가는 신대륙 발견, 아메리카 독립, 전 인류가 아메리카에서 영위하는 삶, 보편적인 문명에 대한 아메리카인의 꿈은 세계문학사에서 유럽과 아시아의 서사시 시인이 이용한 모든 소재를 능가하는 서사시 요소가 될 것이다. 신대륙의 삶은 훨씬 더 인간적이고, 훨씬 방대하고, 훨씬 완전하기 때문이다.

아직은 아메리카 시의 배아는 완전히 싹을 틔우지 못하고 있다. 에레디아[15], 베요, 마타는 당대의 유럽인 못지않게 묘사시를 완벽하게 이해하고 있었다. 롱펠로[16], 기도 스파노, 페레스는 서정시 영감의 진정한 원천으로 뛰어들어 아메리카 대륙이나 자기 고향에서 사는 인류가족(familia humana)의 갖가지 고통을 애달프게 그려냈다. 올메도[17]는 서사시에서 아메리카를 의인화하였다. 에르시야[18], 선한 에르시야, 이베리아반도인의 성격의 장점을 잘 의인화한 에르시야는 서사시 『아라우카나』에서 가장 정의로운 서사시 개념을 구현하였다. 이 작품을 창작한 목적 가운데 하나는 인류 가족의 신격화가 아니라 정의를 옥좌에 앉히려는 것이었다.

---

15 호세 마리아 에레디아(José María Heredia, 1803~1839)는 쿠바의 낭만주의 시인이다. 안드레스 베요(Andrés Bello, 1781~1865)는 베네수엘라 출신의 시인이자 학자이자 정치가이다. 기예르모 마타(Guillermo Matta, 1829~1899)는 칠레의 낭만주의 시인이다.

16 헨리 워즈워스 롱펠로(Henry Wadsworth Longfellow, 1807~1882)는 미국의 시인이며, 「인생찬가」로 유명하다. 카를로스 기도 이 스파노(Carlos Guido y Spano, 1827~1918)는 칠레의 낭만주의 시인이다. 호세 호아킨 페레스(José Joaquín Pérez, 1845~1900)는 도미니카공화국의 시인으로, 인디헤니스모(indigenismo) 문학을 천착했다.

17 호세 호아킨 데 올메도(José Joaquín de Olmedo, 1780~1847)는 에콰도르의 독립운동에 참여한 인사이자 시인이다. 「후닌 전투의 승리. 볼리바르 찬가(La victoria de Junín. Canto a Bolívar)」(1826) 등의 작품을 남겼다.

18 알론소 데 에르시야(Alonso de Ercilla, 1533~1594)는 스페인 군인이자 시인으로, 칠레에서 아라우코(현재의 마푸체)과 벌인 전투를 서사시 『아라우카나(La Araucana)』에서 노래했다.

IV

신세계는 시적이고 미학적인 소재의 원천일 뿐, 미술에 대한 기여는 세계적인 찬탄을 자아낼 만큼 영향력이 아직은 크지 않다. 아울러 동력기관에 증기기관을 적용한 서비스 제공, 사상과 감정의 소통에 전기를 적용한 서비스 제공, 일상적인 삶 전반에 과학을 적용한 서비스 제공도 아직은 미진하다. 이러한 물질적 서비스가 지적이고 정신적인 기여보다 더 평가받는 것은 당연하다.

그렇지만 이해할 수 없는 일은 신대륙이 인류 미래에 제공할 두 가지 큰 혜택을 일반적으로 높이 평가하지 않는다는 점이다.

상호보완적인 성격의 이 두 가지 혜택은 인간이 추구하는 목표와 정확히 일치하고, 인간 본성의 세속적인 성향과도 일치하므로 아메리카를 지구 중력의 중심이 되게 할 것이고, 모든 문명의 기초가 되게 할 것이며, 미래 인류의 공통된 품이 되게 할 것이다.

이 두 가지 혜택이 태평양의 발견이고, 연방의 발견이다.

태평양의 발견은 생명의 상징과도 같았다. 연방은 그 상징의 유기적 표현과도 같았다. 태평양의 길은 아메리카 이상의 길이었다. 즉, 여러 인종이 동일한 문명으로 융합하는 길이었다. 연방은 신세계 이상의 목표였다. 즉 모든 국가의 통합이었다.

아무튼 10월 12일은 이런 이상을 기념하는 날이다.

제3부 원주민 문제

13. 촐로

에우헤니오 마리아 데 오스토스

푸에리토리코 출신의 에우헤니오 마리아 데 오스토스(Eugenio María de Hostos, 1839~1903)는 문인이자 교육자이다. 에스파냐에서 대학 교육을 받는 동안 자유주의에 경도된 오스토스는 조국 푸에르토리코와 쿠바의 독립을 주장했다.

글 제목 촐로(cholo)는 안데스 지역에서 사용하는 말로, 백인과 원주민 사이에 태어난 혼혈을 가리킨다. 멕시코의 메스티소와 동일한 의미이다. 현대에 들어와서는 생물학적 용법에 문화적 용법이 추가되었다. 다시 말해서, 피가 섞이지 않았더라도 서구의 문화를 받아들인 원주민을 가리켜 촐로라고 부른다. 이 경우에 속하는 예가 2000년대 초반에 페루 대통령을 지낸 알레한드로 톨레도(Alejandro Toledo)이다.

오스토는 1870년 12월 23일자 페루의 리마에서 발간하는 신문 《사회(La Soiedad)》에 이 글을 게재했다.

참고문헌

1. Hostos, Eugenio María de. 1995. “El cholo”. En *Los rostros del camino.* San Juan: Instituto de Cultura Puertorriqueña. pp. 183-186.

신세계는 모든 인종을 융합해야만 하고, 또 융합하고 있는 용광로이다.

지난한 작업이고, 과정도 느리지만, 분명히 끝은 있다.

인종을 융합하는 일은 영혼, 성격, 소질, 적성을 융합하는 일이다. 따라서 완성하는 일이다. 완성하는 일은 개선하는 일이다.

인종을 다루는 과학인 민족학은 두 진영으로 나뉜다. 하나는 비관주의자요, 다른 하나는 낙관주의자이다. 언제나 그렇듯이, 비관주의자는 전통주의자이요, 권위주의자이요, 진보의 청교도이다. 낙관주의자는 합리주의자이요, 자유주의자요, 진보의 신봉자이다.

비관주의 민족학자는 인종을 융합하는 일은 타락시키는 일이라고 주장한다. 인종의 융합은 곧 인종의 타락이라는 것이다. 나쁜 요소가 융합된다고 얘기한다.

낙관주의 민족학자는 인종의 융합이 진보라고 확신한다. 좋은 요소가 융합된다고 장담한다.

산출 결과는 눈에 띄게 좋았다.

이 인간은 두 인종의 산물로, 교배의 전형이고, 혼합의 모범이라는 점은 의심할 여지가 없었다.

이 인간을 산출한 두 인종은 어디에 있었던가?

나는 얼굴의 영혼, 즉 눈을 들여다본다. 어리둥절해서 어쩔 줄 모르는 이 인간의 검은 눈은 원주민과 백인에게 공통적인 것이다. 그러나 눈이 얼굴의 영혼이고, 영혼이 개인의 표현이라면, 이 인간의 눈에는(이베리아반도 사람처럼 검다고 속으로 말했다) 뭔가 다른 점이 있어야만 한다. 다른 점이 있었다. 우수에 친 시선이었다. 원시인의 몽롱한 삶 같고, 정복당한 사람의 생각 같고, 과거의 영광을 서러워하는 민족의 감성 같은 이런 시선은 원주민의 생생한 징표였다. 저 모르게 원주민의 절망적인 역사를 이야기하는 시신이었다. 원주민은 눈에 살아 있었다.

비관주의자는 자의적인 사실에 근거하여 주장을 펼친다. 사회적·정치적 상황을 배제한다. 물질적·정신적·지적 영향을 고려하지 않는다. 그리고 별다른 숙고도 하지 않고, 이렇게 외친다. "메스티소는 어디에 있든지 간에 육체적으로나 정신적으로 나약하다."

합리주의자는 논리적으로 주장을 펼친다. 우발적인 요소는 지양하고, 배경에 주목하며, 사회적·정치적·경제적·정신적 영향과 관련지어 심사숙고한 다음에 이렇게 얘기한다. "메스티소는 지금은 아니더라도 언젠가는 두 인종의 정신적·육체적 힘의 집합체가 될 것이다."

아메리카의 미래는 인종의 융합에 달려 있다. 문명의 미래도 교배에 달려 있다. 메스티소는 진보의 희망이다.

처음 본 순간에 나는 애틋한 심정으로 쳐다보았다. 모든 일이 잘되기를 바라는, 그런 마음이었다.

산악지방에서 갓 나온 촐로는 처음 본 것이다.

산악지방에서 볼 수 있는 수많은 사람과 같은 사람이었다. 평범한 키, 강인한 근육, 발달된 두개골, 넓은 이마, 새까만 눈, 튀어나온 광대뼈, 매부리코, 큰 입, 숱 많은 머리칼, 빈약한 수염, 구릿빛 피부, 오만한 것 같으면서도 겸손한 태도. 전반적으로 활달했고, 아름답지는 않았지만 건강했다.

촐로의 이마는 두 인종 중 어느 것이 우세할까? 유럽 인종이다.

원주민의 안면각은 그보다 훨씬 예각이고, 전두동은 조금 더 좁고, 관자놀이는 조금 더 꺼졌다.[1]

원주민의 특징은 광대뼈에서 나타난다. 코는 유럽인 코다. 피부색으로 보면

---

1 안면각, 전두동(前頭洞), 관자놀이의 꺼짐과 같은 골상학으로 인종을 구별하려는 시도는 19세기에 유행한 체질인류학의 영향이다. 현재는 인종차별을 뒷받침하기 위한 사이비 과학이라고 비판을 받고 있다.

아메리카 인종이다. 두개골의 생김새는 코카서스인이다.

촐로는 불안한 상태였다.

나는 모든 사회 현안에서 정의가 승리하기를 바란다. 신대륙에서는 정의가 승리했다고 생각하지 않는다. 원주민은 정복으로 굴복당하고, 식민통치로 비천해지고, 독립으로 방치되었다. 이런 원주민이 갱생해야 정의가 승리한다. 원주민의 갱생은, 인종이 융합하여 정복자의 지성, 피정복자의 감수성, 선을 추구하고 악을 멀리하는, 정복자와 피정복자의 의지를 가진 인종이 나오지 않는 한 불가능하게 보인다. 위대한 지성과 위대한 감수성은 유럽 인종과 아메리카 인종의 특성이 확실하게 융합될 때만이 가능하다.

나에게 촐로는 그저 한 인간이 아니다. 인종의 전형도 아니요, 모범도 아니다. 촐로는 이 모든 것이다. 게다가 미래의 사회문제이다.

촐로의 생물학적 특징을 지배하는 것은 원주민이다(이 고귀한 인종의 위대한 정신은 정복자에게 시달려도 굽힐 줄 몰랐으며, 식민통치에 억눌려도 굴복할 줄 몰랐다). 반면에, 지적 능력은 유럽 인종에게 물려받았다. 따라서 언젠가는 페루 사회에 유용하고, 적극적이고, 지적인 구성원이 될 것이다. 두 인종의 요소가 섞인 중간 인종으로서 촐로는 두 인종을 끌어들여 융합을 더욱 촉진할 것이다. 또 중간 인종으로서 촐로는 원주민처럼 악을 멀리하고, 백인처럼 매우 지적이며, 두 인종을 닮아 때로는 경박하고, 때로는 우수에 차 있으며, 두 인종처럼 환상과 감정에 이끌려 예술적이고, 두 인종처럼 전투적이고 독립심이 강하므로 인류 진보의 대열에 동참할 것이다. 그리고 두 인종 가운데 어느 한 인종이 저지르는 잘못은 원천적으로 교정할 것이다.

그때 촐로는 정당한 전쟁을 수행하고도 남겠지만 전쟁의 도구가 되지는 않을 것이며, 단순하겠지만 무지와 천진의 노예가 되지는 않을 것이다.

그때 촐로는 짐승 같은 대접은 받지 않을 것이다. 인간의 자식이므로 송아지보다는 존중받을 것이다.

그러기 위해서는 무엇을 해야만 하는가?

언제나처럼 자연을 따르자.

자연은 이런저런 방법과 이런저런 비율로 생물학적·도덕적·정신적 특성을 혼합한다. 그래서 혼합된 인종은 두 인종의 장점만 갖추게 된다. 그러나 이 혼합 인종의 성격과 외모는 상당한 변화를 겪게 될 것이다.

교육하는 일, 교육을 통해 장점을 계발하는 일, 자연의 노고를 지원하는 일, 이 사회의 민중이라는 차후 목표를 준비하는 일, 이것이 해야 할 일이다.

아직은 성취하지 못한 일이다.

14. 원주민

후안 몬탈보

후안 몬탈보(Juan Montalvo, 1832~1889)는 에콰도르 출신의 문필가이다. 에콰도르의 독재자로부터 추방당해서 라틴아메리카와 유럽에서 망명생활을 하면서도 부단히 글을 집필하여 자신의 사상을 알리려고 노력했다. 몬탈보는 자유주의에 입각하여 억압과 독재를 반대했으며, 노동을 신성하게 여기고, 사회적 불평등을 시정해야 한다고 역설했다.

아래의 글 「인디오(Indios)」는 만년에 파리에서 발간한 잡지 《관객(El Espectador)》에 수록된 글이다.

참고문헌

1. Montalvo, Juan. 1888. "Indios". En *El Espectador*. Tomo 3. Paris: Librería Franco-hispano-americana. pp. 205-208.
2. René Pérez, Galo. 2002. *Un escritor entre la gloria y las borrascas: vida de Juan Montalvo*. Quito, Ecuador: Comisión Nacional Permanente de Conmemoraciones Cívicas.

이스파노아메리카 사람들이 지금도 원주민을 어떻게 대우하고 있는지를 솔직하게 말하려고 했다면 이런 글을 쓰지 않았을 것이다. 원주민은 법적으로 자유롭다. 그런데 어떻게 이를 부정한다는 말인가? 원주민은 착취당하는 노예다. 관습이 그렇다. 원주민은 당나귀처럼 멍청하고, 처음 소유한 사람의 것이다.

전에도 얘기한 바처럼, 병사가 원주민을 선택한 이유는 병영을 쓸고, 오물을 치우기 위해서다. 시장이 원주민을 선택한 이유는 20레과[1] 떨어진 곳에 편지를 보내기 위해서다. 신부가 원주민을 선택한 이유는 축제 때 성자를 어깨에 메고 행진하기 위해서다. 신부의 식복사가 원주민을 선택한 이유는 강에서 물을 길어오기 위해서다.

그래도 몽둥이로 때리지 않는다면 모두 헛짓이다. 그래야 기억하고, 돌아와서 또 맞는다. 원주민은 돌아온다. 이것이 원주민의 생활이다. 채찍을 맞으면 땅바닥에서 벌벌 떨면서 벌주는 사람에게 감사하다고 말한다. "주인님에게 하느님의 축복을 있기를 바랍니다." 그와 동시에 주인은 엉덩이를 후려친다. "이 바보, 멍청아!"

내가 펜으로 눈물을 흘리게 만들 수 있다면, '원주민'이라는 제목의 책을 써서 온 세상 사람들을 눈물짓게 만들 것이다. 아니다. 우리가 비참하게 만든 것은 아니다. 정신적으로 피폐하게 만들고, 하느님에서 버림받고, 불운에 시달리게 만든 것은 아니다.

스페인인이 우리에게 그런 원주민을 남겨주었다. 세월이 흘러도 여전히 똑같고, 또 똑같을 것이다. 러시아의 차르는 농노제를 폐지했다.[2] 그러나 언제쯤

1 1레과(legua)는 4,180미터이다.

2 1861년 3월 3일 러시아 황제 알렉산드르 2세는 농노해방령을 공포했다.

에나 해방된 농노 가운데 푸시킨 같은 사람, 고르차코프[3] 같은 사람, 투르게네프 같은 사람, 톨스토이 같은 사람이 나올까?

지난 300년 동안 억압받고 사람대접 못 받던 인종은 자신을 되찾고, 하느님과 정의 앞에서 평등하다는 권리를 인식하기까지 80년이 걸렸다. 정신적 자유야말로 진정한 자유이고, 풍요로운 자유이다.

흑인에게 '너는 자유다'라고 말하면서도 여전히 매매하고, 원주민에게 '너는 자유다'라고 말하면서도 여전히 억압하는데, 이는 하늘을 조롱하고 땅을 조롱하는 일이다. 이런 폭압적인 치욕을 행하는 데는 모두가 일심동체이다. 백인은 부끄러운 줄도 모르고 물라토나 촐로와 협력해서 사악하고 야만적인 짓을 저지른다.

---

3 고르차코프(1798~1883)는 러시아의 외무대신이다.

15. 정복

후스토 시에라

후스토 시에라(Justo Sierra, 1848~1912)는 멕시코의 저술가이자 언론인이자 시인이고 정치가이다. 유카탄반도의 캄페체에서 태어난 후스토 시에라는 1861년 멕시코시티로 이사했다. 이 무렵 멕시코는 자유파와 보수파가 '개혁 전쟁'이라는 이름의 내전을 벌이고 있었다. 자유파는 베니토 후아레스 대통령을 지지했고, 보수파는 군대의 지원을 등에 업고 또 다른 대통령을 선임하고, 정권을 유지하기 위해 프랑스군을 끌어들였다. 때마침 멕시코시티로 이사한 청년 후스토 시에라는 이 광경을 목격하고 애국적 열정에 불탔으며, 평생토록 정치적 자유파의 편에 섰다.

사상적으로 후스토 시에라는 당시 유행하던 실증주의의 영향을 받았다. 멕시코의 여느 실증주의자와 마찬가지로 후스토 시에라에게 가장 중요한 것은 정신적 해방이었다. 독립을 성취했다고는 하나 아직도 멕시코 사회에는 식민지 지배 시대의 예속상태를 벗어나지 못했다고 진단했다. 이에 대한 처방으로 후스토 시에라는 무엇보다도 교육을 강조했다. 후스토 시에라가 저술한 십 수 권의 멕시코 역사책도 초중등학교 교육용이었다. 아울러 멕시코국립대학교(UNAM) 설립에도 앞장 서 '아메리카의 교사'라는 별명을 얻었다.

대표적인 저서로는 『멕시코 국민의 정치적 진화(Evolución Política del Pueblo Mexicano)』(1900−1902), 『멕시코 사회의 진화(México: su evolución social)』(1902), 『베니토 후아레스의 업적과 시대(Juárez: su obra y su tiempo)』(1905) 등이 있다.

참고문헌

1. Sierra, Justo. 1900. “La conquista”, En *México: su evolución social.* Tomo I. Barcelona: Tipolitografía de Salvat e hijo. pp. 64-72.

멕시코 역사에서 ‘정복’이라 함은 스페인인이 메시카인의 제국[1]과 싸우던 16세기 초를 말한다. 하지만 사실 정복은 더 오래 계속되었다. 식민화와 평정이 미완으로 남았음을 고려하면, 정복의 기간은 16세기 전체로도 부족하다. 하지만 코르테스의 행적이 정복의 근간이 된다는 점만은 분명하다. 모험심에 찬 원정대장이 권력 수임이나 합법적인 권한도 없이 대담하게 정복 사업을 성공시키자, 나머지는 그 연장선상에서 이루어졌다. 따라서 정복이라는 명명은 적절한 근거를 갖는다 하겠다.

수 세기에 걸친 전투와 모험으로 다져진 스페인인의 기질 기저에는 엄청난 에너지가 축적되어 있었지만, 농업이나 산업과 같은 그만그만한 이익을 낳는 노동으로는 투여되지 않았다. 그렇게 투자되던 노력이 활용되지 못하는 상태에서 어마어마한 잉여량으로 남아있었던 셈인데, 하느님과 검(劍)의 도움으로 위험을 헤쳐 가던 모험에 뒤따르는 상상 초월의 것에 대한 매력, 즉 투쟁의 승리자에게 수여하는 놀라운 포상이 사라져버렸기 때문이었다. 무한한 열망으로 전리

1 코르테스가 정복한 멕시코의 원주민의 원래 이름은 메시카(Mexica)이다.

품을 챙겼지만 영웅적이던 그들은 지속적인 서사시 속에서 살아왔으며 기적이 간단없이 이어지리라는 믿음에 길들여진 사람들이었다. 이사벨 여왕과 페르난도 왕의 강력한 지휘로 형성된 안정과 강철 같은 질서에 그라나다가 편입된 직후 스페인에 살고 있던 그들은 콜럼버스의 발견 소식을 십자가를 향한 자신들의 노고에 대해 하느님이 주신 선물, 즉 모든 것이 충족될 수 있는 장을 열어젖힘으로써 스페인의 경이로운 운명 행로를 지시해주는 지고의 기적으로 받아들였다. 재물에 대한 갈증, 모험에 대한 열정, 미지와 경이에 대한 무한한 열망은 그들의 오랜 꿈의 지평을 거대하고 가늠하기 어려울 정도로 넓혀주었다.[2] 16세기 스페인의 인간 전형은, 세르반테스의 분석에서는 돈키호테와 산초라는 두 요소로 분할되었지만, 교만하면서도 숭고한 모험가의 최상급 기질 속에서 재구성되었다. 그 같은 상황의 충돌 속에서 그들은 해적이 될 수도 왕국의 창건자가 될 수도 있었다. 골드러시 시기 캘리포니아로 몰려든 사람들의 황금에 대한 열병이나 오늘날 클론다이크강[3]에서의 채금만으로도 장차 아메리카 정복자가 될 자들의 마음가짐이 어떠했을지 추측할 수 있게 한다.

카리브제도에서 원주민을 붙잡아 페르난디나(쿠바)섬이나 에스파뇰라(산토도밍고)섬에서 노예로 팔던 무장원정대에서 페르난데스 데 코르도바(Fernández de Córdoba)의 원정대가 탄생했다. 물론 그 원정은 당대의 가장 대담한 항해사 중 한 명인 안톤 데 알라미노스(Antón de Alaminos)가 제안했는데, 그가 앤틸리스 제도에 온 것은 새파란 청년 시절 콜럼버스의 두 번째 항해를 통해서였고,

---

2 스페인은 1492년 1월, 카톨릭 양왕(Reyes Católicos)의 지휘 하에 이슬람 세력의 마지막 점령지인 그라나다를 함락함으로써 700년에 걸친 국토수복운동(Reconquista)를 완결 지었다. 그리고 그 해 10월 콜럼버스가 아메리카에 도착했다.

3 클론다이크(Klondike)강은 캐나다 북서부의 유콩강의 지류로서 1896년 8월에 사금이 발견되면서 골드러시를 몰고 왔던 지역이다.

1512년에는 폰세 데 레온(Ponce de León)이 이끄는 원정대에 참가해서 플로리다 해변을 따라 젊음의 샘을 찾아다녔다. 안톤 데 알라미노스에 따르면, 에르난데스 데 코르도바 제독이 멕시코만 접경지역에 풍요롭고 기름진 땅이 있을 것이라고 예감하고 그 땅을 찾아 원정대를 준비했다고 한다. 원정은 유카탄반도의 해안, 라 말라 펠레아[4]에서 끝나고 만다. 한 연대기작가에 따르면, 그곳은 원정대가 괴멸된 곳인 동시에 그 해변에서 조난되었던 두 명의 스페인 사람 중 한 명이 조직한 저항을 진압했던 곳인데, 그는 희생제의의 칼을 피하기 위해 원주민에게 물건을 바치고, 극진히 섬겨야 했다고 한다.[5]

카를로스 1세가 페르난디나섬의 통치자로 임명한 디에고 벨라스케스[6]가 그 원정 기획의 핵심 인물이었는데, 엄청난 야욕의 소유자로서 대범하고 사교적이었으며 충직한 사람이었다. 멕시코를 점령하기 위해 16세기 초반부터 그 세

---

4 1517년 스페인 정복자 에르난데스 데 코르도바(Gonzalo Fernández de Córdoba) 원정대는 멕시코만을 탐험하던 중 풍랑과 식수 문제로 유카탄반도의 어느 해안에 정박했다가 원주민의 공격을 받았다. 이 전투로 인해 100여명에 이르던 원정대의 절반 이상이 사망했으며 생존자 대부분이 부상을 입었다. 스페인인은 그 해안을 라 말라 펠레아(La Mala Pelea)라 일컬었는데 '형편없는 전투'라는 뜻이다. 현재 멕시코 캄페체(Campeche)주의 해안도시 참포톤(Champotón)에 해당한다.

5 1511년 페드로 데 발디비아(Pedro de Valdivia)가 이끈 원정대에 참여했다가 유카탄반도 해안에서 조난된 헤로니모 데 아길라르(Gerónimo de Aguilar, 1489~1531)와 곤살로 게레로(Gonzalo Guerrero, ?~1536)를 말한다. 두 사람은 마야인의 노예가 되었다가 마야 문화를 수용함으로써 생존할 수 있었다. 헤로니모는 1519년 에르난 코르테스의 통역관이 되어 정복사업에 참여했다. 그러나 마야인과 결혼하여 세 자녀를 두고 있던 곤살로는 마야인의 편에 서서 스페인 정복군에 대항해 싸웠다.

6 디에고 벨라스케스(Diego Velázquez, 1465~1524)는 초대 쿠바 총독이었다. 1517년 에르난데스 데 코르도바의 원정과 1518년 후안 데 그리할바(Juan de Grijalva), 페드로 데 알바라도(Pedro de Alvarado)의 원정을 후원했다. 1518년 에르난 코르테스와 멕시코 원정을 기획하던 중 불화가 생겨 코르테스가 출발한 직후, 판필로 데 나르바에스(Pánfilo de Narváez) 원정대를 보내지만 코르테스 원정대에 패배하고 만다.

기 중반까지 스페인이 구상한 모든 기획은 쿠바에서 조직되었지만, 코르테스의 원정만 유일하게 성과를 낳았다. 페르난데스 데 코르도바의 원정대에 뒤이어 후안 데 그리할바의 원정대가 출정했다. 벨라스케스의 목적은 육지를 찾아내는 것과 '교환', 다시 말해 싸구려 물건과 금은보석을 맞바꾸는 것이었다. 후안 데 그리할바의 원정대는 멕시코만의 남쪽 해변을 오가면서 현재의 베라크루스 해안과 강을 발견했다. 그리하여 타바스코 주의 강에는 자신의 이름을 명칭으로 붙였으며 베라크루스에는 그의 수호성자인 산 후안 데 울루아(San Juan de Ulúa)의 이름이 영원히 남게 되었다. 또한 그 지역의 아름다운 강은 아직도 알바라도라는 한 원정대원의 이름으로 불리고 있다. 그리할바가 얼마 안 되는 금과 경이로운 땅에 대한 소식을 갖고 귀환하자, 에르난 코르테스 주변에 몰려든 모험가들의 상상은 격렬하게 타올랐다. 그리할바의 귀환에 앞서 벨라스케스가 에르난 코르테스에게 새로운 결정적 원정의 임무를 맡겨둔 상태였기 때문이었다. 시스네로스(Francisco Jiménez de Cisneros) 추기경에게 원정 허락 여부를 결정하는 전권을 부여받은 히에로니무스 수도회 수도사들이 채 도착하기도 전에 원정대는 이미 구성되어 있었다. 새로 임명된 제독의 욕심은 다른 동료들과 다르지 않았으나, 그 야망만은 어느 누구보다 원대했다. 그 기질과 지략 역시 야망만큼이나 대단했다. 벨라스케스는 자신의 대리인이 무슨 짓이라도 할 수 있는 인물이라는 사실을 알게 되었고, 오로지 모험만을 위해 살아가고 있다는 듯, 당시까지의 자기 삶이 소소한 모험의 연속이었다는 코르테스의 그럴싸한 언변과 고상한 우단 속에 칼이 숨어 있음을 감지했다. 이에 벨라스케스는 코르테스의 지휘권을 박탈하려고 했다. 하지만 그럴 수 있었음에도 불구하고 실행하지 못했다. 코르테스의 기만함과 탁월한 문제 해결 능력 앞에 어찌할 바를 몰랐던 것이다. 코르테스는 해적처럼 행동하면서, 대(大)앤틸리스 제도의 해안에서, 자신이 구상 중이던 웅대한 사업을 벌여나가기 위해 필요한 모든 것을 장악했다. 코르테스가 자석 같은 힘으로 벨라스케스를 끌어들였던 것도 바로 그 때문이었다. 그는 조금씩 재주를 드러내며 사업에 발맞춰 성장해갔다.

코르테스는 오직 대담성과 신념만을 가지고 항해에 나섰다. 그에게 대담함은 곧 신념이었으며 신념을 위해 대담하게 행동했다. 신념이 너무도 확고하여 생명을 무릅쓰고 도망칠 뻔했다. 그는 알라미노스(Alaminos)의 안내를 받으며, 콘스탄틴 깃발을 단 기함을 이끌고 유카탄반도의 섬을 향해 항해했다. 유카탄반도에 인접한 코수멜(Cozumel)섬에 도착한 그는 마야 신전의 십자가 위에 그리스도의 십자가[7]를 꽂았고, 예전에 조난당한 스페인인 중 한 명을 통역으로 얻게 되었다. 그리할바강 어귀에서 짧은 전투를 치른 후, 타바스코(Tabasco)에서 마리나(Marina)라는 원주민 여자를 얻었다. 과거 지향적인 아스테카 숭배자들은 배신자라고 칭했지만, 아스테카인들은 거의 신처럼 숭배하며 말린체, 정복의 혀, 통역자라고 칭하던 원주민 여자였다.[8]

그리할바가 발견한 산 후안(San Juan)섬 주변의 뜨겁고도 불결한 모래 해변에서 코르테스는 엄청난 일을 시작했다. 그는 무엇을 해야 할지 바로 알아챘다. 해안가 촌락을 따라 불안하게 진행된 원정은 코르테스에 대한 풍문을 증폭시켰으며, 메시카인 또는 쿨루아인(culhua)−해안지역에선 그렇게 불렀다−의 황제에게 알려지게 되었다. 황제 목테수마는 멕시코만에서 스페인인이 출현했다는 첫 보고를 받았을 때부터 신들과 예언자들을 찾아갔다. 그리할바 원정대

7 우연의 일치로 마야인들도 신과의 소통을 위해 고유의 십자가를 사용하였다.

8 말린체(Malinche)혹은 말린친(Malintzin, 1502~1539)이라고 한다. 귀족 출신이었으나 부족 간 전쟁으로 노예로 전락했던 인물로서 모어인 나우아틀어와 마야어를 알았던 그녀는 코르테스의 정부(情婦)이자 통역이 되어 정복 사업에 결정적인 역할을 했다.

는 분명 예언이 실현되는 사건이었다. 케찰코아틀(Quetzalcóatl)이 약속대로 자신의 왕국을 선포하러 온 것이었다. 목테수마는 도주하고자 했으나, 사제들이 막아섰다. 그리할바 원정대가 사라짐으로써 안정을 되찾은 목테수마는 환희와 기쁨에 젖어 명령을 내리고 폭정을 자행했으며 두려움에 빼앗겼던 신성한 권세를 회복하고자 했다. 귀족과 평민, 동맹 부족, 공물을 바치던 자들은 전에 없이 강한 압제를 받았다. 스페인인이 다시 나타났고, 다시 망연자실한 목테수마는 테노츠티틀란(Tenochtitlán)으로 향한 여정을 시작하려는 코르테스의 시도 앞에 안달하며 사절단, 선물(이방인들의 탐욕을 자극했다), 회유, 간청, 거부의 뜻을 거듭 보냈다. 목테수마는 주술사와 마법사를 보내 십자가를 앞세우고 오는 자들, 성스러운 제단에 인간을 재물로 바치는 것에 장차 반대할 스페인인들을 몰아내 없애버리고자 했다. 그러나 스페인인들은 신이었다. 천둥과 번개를 다루며, 자신들은 타지 않으면서도 피의 제단에 있던 고유의 신들을 박살냈기 때문이었다. 스페인인들은 황금, 황금, 황금을 요구했고, 그들의 출현만으로도 제국의 해안지대에 살던 모든 부족민이 굴복했다. 목테수마 황제는, 이미 죽어버린 신들이 구렁텅이 속으로 자신을 끌어들이고 있는 듯한 느낌이었다. 목테수마는 케찰코아틀, 즉 그리스도 앞의 패자였다.[9]

코르테스는 아주 신속하게 그 상황에 종지부를 찍었다. 코르테스는 아스테카 제국의 역사와 정세는 물론 그들이 지닌 자원과 황제의 공포심도 알고 있었다. 코르테스는 목테수마의 적들과 관계를 맺기 시작했는데, 그들과 유대를 긴밀히 유지하면서 황제는 천하무적이라는 그들의 우려를 잠재우고자 했다. 탐험과

9 지금으로부터 100년도 더 전에 쓴 이 글은 구어체적 특징을 보여준다. 따라서 '정복'이 시간 순으로 언급되는 것이 아니라 연관되는 사건이 있으면 시간순서와는 무관하게 이야기가 전개되고 있다. 이어지는 부분은 코르테스가 목테수마를 만나기 전의 상황이다.

교환을 위한 원정은 지배와 정복을 위한 원정으로 변질되었다. 아마도 역사상 그런 조건에서 그 같은 시도가 이루어진 경우는 없었을 것이다.

이미 불법화된 코르테스의 권력은 어쨌든 바닥을 드러내고 있었다. 한 줌밖에 안 되는 군대의 대다수를 이루는 벨라스케스 추종자들이 명령을 거부하며 원정대를 쿠바로 귀환시키려고 했다. 다들 동요하고 있었다. 이에 코르테스는 결단을 내렸다. 해안에 상륙하기로 결정하고 행정체제를 갖추었다. 그 첫 번째가 베라크루스(Veracruz)였다. 정치생명과 관련된 본질적이고 초보적인 일련의 형식은 코르테스의 개인에게 합법성을 부여했다.[10] 그는 자신을 최고 재판관이자 스페인 황실 군대의 총사령관으로 임명하도록 만들고, 또한 군주의 명을 받아 움직이는 인물로 만들었다. 간교함과 엄격함과 관대함을 총동원한 코르테스는 그렇게 해서 저마다 지휘관 자격이 있다고 믿고 있던 원정대를 장악하였다. 풍랑에 난파될 뻔한 배를 과감하게 침몰시켜버리고는 혹시 새로운 배를 건조할 때 사용할 수 있는 자재만 남겨두었다. 그런 다음 자신의 실험 실행에 적합한 장소로 옮겨가서 조직을 강화했다. 이미 스페인과 소통을 끊어버린 코르테스는 오직 자신의 기지와 노력에만 의지했다. 모든 합법적 형식을 빌려 목테수마의 통치 조직을 자신의 새로운 주인[11] 카를로스 국왕에게 복종하도록 굴복시키려는 의지로 코르테스는 막무가내로 동부 산악[12]을 오르기 시작했다. 목테

10 코르테스는 벨리스케스 총독의 명령 없이 출항했기 때문에 이미 불법을 저지른 셈이다. 그런데 원정대마저 반란을 일으킬 조짐을 보이자, 자신의 법률적 지식을 이용해 상륙지에 자치정부를 출범시키려는 목적으로 시의회를 구성한 다음, 의회에서 수장으로 선출되었다. 이로써 코르테스는 자신에게 합법적인 신분을 부여했다.

11 이 시기 이전까지 코르테스는 어쨌든 벨라스케스 총독의 명령을 받는 처지였고, 따라서 상관은 벨라스케스였다. 그런데 벨라스케스가 내린 지위를 내놓고는 본인이 만든 자치정부 시의회가 내린 총독 직을 받아들인 이후, 코르테스는 어쨌든 합법적으로 왕 직속 신분으로 변했다.

12 멕시코 동쪽에 있는 시에라 마드레 오리엔탈 산맥(Sierra Madre Oriental)을 가리킨다.

수마를 만나러 가는 참이었다.

이 흥미진진한 서사적 여정에 대해 구체적으로 언급하진 않겠다. 그 여정에서 생긴 일화는 너무나도 잘 알려져 있기 때문이다. 그 중 가장 주목할 만한 일은 틀라스칼라(Tlaxcala)와 동맹을 맺은 사건으로, 그들은 테노츠티틀란을 증오해서 스스로 스페인의 백성임을 자처하고 나섰다. 메시카 전사들이 밀집되어 있을수록 더 크고 효과적인 무기의 우위에도 불구하고, 스페인 군을 두터운 인간성벽으로 에워 싸준 틀라스칼라의 도움이 아니었다면 스페인 군은 전투나 인신공희의 제단에서 사라졌을 것이다.

테노츠티틀란에 도착했을 때, 그리하여 황제의 저항, 나아가 혹시 있을지도 모를 위협적이고 적대적인 군중의 엄청난 저항을 무력화시켜야 했을 때, 코르테스는 사원과 호수로 이뤄진 거대한 도시의 인질이 된 듯 했다. 그러나 경이로운 대담성으로 그 절망적인 상황을 역전시키기로 마음먹은 코르테스는 목테수마를 생포했다. 황제이자 신인 목테수마가 코르테스의 부적이자 방패가 되었다. 메시카인은 주인 잃은 옥좌에 조국의 신성한 존재[13]가 앉은 것으로 여겼다.

⚜⚜⚜

신실한 연대기 기록자들의 언급이 착오가 아니라면, 스페인인들은 보물의 한복판에 머물러 있었다. 그 보물을 본 자들은 엄청난 재물에 경이로워 했으며, 탐욕이 동해 엄청난 재물을 차지했다. 군주 중의 군주인 아사야카틀(Axayácatl)의 깃털, 다채로운 색상의 망토, 보석, 금은 장식물 등 어마어마한 양의 보물을 획득했다. 이를 시작으로 정복은 더욱 확대되었고 공물은 쌓여갔다.

---

13 케찰코아틀을 의미한다.

스페인인들은 엄청난 유혹 앞에 누구도 정복 사업에 두려움을 느끼지 않았으며, 다들 과감하게 그 일을 수행했다. 포로가 된 목테수마는 기품이 넘쳤고, 스페인인들은 통상적인 원칙대로 그를 관대하게 대했다. 목테수마 또한 온갖 일로 스페인인들에게 기쁨을 제공했으며, 마침내는 스페인 국왕의 신하임을 엄숙하게 인정하기에 이르렀다. 단 한 가지만은 결코 양보하지 않았는데, 바로 종교 문제였다. 올메도(Bartoloméde Olmedo) 신부의 설교는 물론이고, 신학자와 시인과 학사의 면모를 지닌 코르테스의 이야기도 들었지만, 온건하고 소심한 자들 특유의 완고한 침묵으로 맞섰다.

코르테스의 관심이 테노츠티틀란에만 집중되었던 것은 아니었다. 그는 틀라스칼라 및 해안과의 연락을 지속적으로 유지했다. 셈포알라(Cempoala)에서와 마찬가지로 가끔씩 공포 분위기를 조성할 목적으로 무력시위를 벌이는 시스템을 유지했다. 가령 코르테스는 멕시코시티로 가는 길에 촐룰라(Cholula)에서 끔찍한 학살을 명하고 냉혹하게 바라보았다. 또 궁전 겸 병영 앞에 모인 테노츠티틀란 주민들 앞에서는 침략자에게 반기를 든 몇몇 틀라토아니, 즉 지배자를 화형에 처해버렸다.[14]

코르테스는 불안했다. 그는 왕자들의 반란 시도를 감지했다. 완벽한 지휘체계를 갖추고 있던 메시카 군대는 그들의 수장을 칭하는 틀라코츠쿠카틀(Tlacochcucatl)직에 있다가 잠시 포로가 되었던 쿠이틀라우악[15]의 지휘 아래 최후

---

14 틀라토아니(tlatoani)는 '위대한 연설자'라는 의미로 지배자, 특히 황제를 가리킨다. 화형 이야기는 다음 단락의 내용과 연결 되는데, 다음 단락에 나오는 내용이 시간적으로는 앞선다. 아래에도 나오지만 이해를 돕기 위해 시간 순으로 정리해보면, 반란의 기운이 감지되는 가운데, 나르바에스의 도착 소식을 들은 코르테스가 그를 막기 위해 서둘러 떠난 사이, 전권을 부여받은 알바라도는 아스테카의 귀족을 무차별 살해한다. 이로써 스페인인들과 아스테카인들 간의 표면적인 평화관계가 깨지고 본격적인 무력 대결이 시작된다.

15 쿠이틀라우악(Cuitláhuac, 1476~1520), 목테수마의 동생으로 그를 이어 1520년 테노츠티틀란

의 일전을 준비하고 있었다. 제국의 신하인 각 지방의 지배자와 피지배자들에게 사방팔방으로 밀사를 파견했다. 테노츠티틀란의 경쟁도시이자 정복, 병합된 지 얼마 되지 않은 틀라텔롤코[16]에서 매주 서는 장에 원주민이 모여들었고, 들끓는 군중의 눈은 증오와 위협의 기운으로 이글거렸으며, 지휘관의 전투 개시 명령만을 기다리고 있었다. 그런 상황 속에서도 코르테스는 인신공희를 치르던 대신전으로 갔다. 그리고 대담하게도 그곳에 안치된 우상들을 내던져버렸다. 그러자 형언할 수 없는 복수의 열망이 원주민의 심장에서 용솟음쳤다. 원주민이 밀물처럼 궁전으로 몰려들었는데, 그곳은 정복자들이 아사야카틀의 보물을 나눠가졌던 곳이다. 당시 코르테스는 더 많은 것을 바라는 군인들 사이에 심각한 불만이나 소요가 없지 않은 상황에서도 앞날을 약속함으로써 그들을 달랜 바 있었다.

그 즈음, 벨라스케스가 보낸 스페인 함대가 베라크루스에 도착했다. 코르테스에게 정복사업으로 목숨을 잃고 싶지 않다면 정복을 포기해야 할 것이라고 충고한 바 있던 목테수마가 코르테스에게 그 소식을 알렸다. 코르테스는 벨라스케스의 파병 부대를 향해 용감히 출정했고 능숙히 처리했다. 목숨을 잃기 일보 직전까지 갔던 파병 대장 나르바에스는 군대를 다 잃고 말았다.

코르테스는 의기양양 테노츠티틀란으로 돌아왔다. 그러나 분노와 흥분에 휩싸인 도시민 전체가 스페인군을 포위하고 있었다. 코르테스가 지휘권을 맡겼던

을 통치했다. 1520년 6월 30일 스페인군을 몰아내는 데 성공하지만 천연두에 걸려 재임 80일 만에 사망한다.

16 틀라텔롤코(Tlatelolco)는 테노츠티틀란과 인접한 도시로, 메소아메리카의 모든 생산물이 거래되던 거대한 시장이 열렸다. 1521년 8월 13일 정복자들과 메시카인의 최후의 전투가 있었던 곳이기도 하다. 베르날 디아스 델 카스티요(Bernal Díaz del Castillo)는 연대기 『누에바에스파냐 정복의 진상(Verdadera historia de la conquista de la Nueva España)』에서 시체를 밟지 않고는 그곳을 지날 수 없었다고 하면서 그 날 사망한 메시카인이 4만 명에 이른다고 기록했다.

알바라도가 재물을 탈취하기 위해 무모하게도 종교 축제 중 상당수의 귀족을 살해했고, 이에 온 도시민이 일치단결하여 들고 일어선 것이었다. 코르테스는 포로로 잡고 있던 황제에게 중재를 요청했으나 허사였다. 왕자 중 한 명인 젊은 콰우테목[17]이 목테수마가 황제인줄 모르고 그에게 상처를 입힌 상태였던 것이다. 코르테스는 도망칠 수밖에 없었다. 군인들은 황금을 챙겼고, 목테수마는 살해됐다. 정복자들은 틀라스칼라 인들의 보호 속에 야음을 틈타 도주했다. 메시카인들은 틀라코판[18]의 도로에서 스페인인을 공격해 일부를 살해하고 목매달고 인신공희로 바쳤다. 나머지는 '슬픈 밤'[19]의 무시무시한 그림자 속으로 도망쳤다.

우이칠로포츠틀리[20]는 복수를 하고 있었다. 재정비된 사원의 새 제단 위에는 그의 명예를 위한 피가 다시 흘렀다. 스페인인 포로는 모두 희생제물이 되었다. 아우이초틀[21]의 아들로 새로이 제사장에 오른 콰우테목은 신전의 정화를 지휘했다. 물론 '슬픈 밤' 전투의 진정한 수장이던 용맹한 쿠이틀라우악에게는 왕관이 돌아갔다. 테노츠티틀란의 적들은 모두 소탕되었다. 최고 재판관으로 황제에 버금가는 권력자인 시우아코아틀[22]을 필두로 침략자편에 섰던 사람들은 모두 처형되었다. 수도는 재정비되고, 방어체제가 구축되었으며, 제국의 모든 수비대가 증강되었다. 코르테스가 바다로 도주하면서 지나간 지역은 더

---

17 콰우테목(Cuauhtémoc, 1502~1525), 목테수마의 조카로서 쿠이틀라우악의 뒤를 이어 1520년에서 1521년까지 테노츠티틀란을 통치했으나 코르테스에게 붙잡혀 처형되었다.

18 틀라코판(Tlacopan)은 테스코코(Texcoco) 호수의 서쪽에 위치한 도시이다.

19 1520년 6월 30일 밤에 패배한 스페인 군대가 도주한 사건이다. 코르테스가 슬피 울었다하여 '슬픈 밤(La Noche Triste)'이라고 한다. 저자는 여기서 스페인 측 시각을 드러내고 있다.

20 우이칠로포츠틀리(Huitzilopochtli)는 메시카인이 숭배하던 전쟁의 신이자 태양신이다.

21 아우이초틀(Ahuitzotl)은 아스테카의 제8대 왕이다.

22 시우아코아틀(cihuacóatl)은 입헌군주제의 수상에 해당하는 관직명이다.

욱 그러했다. 동맹과 최고의 방어진 구축을 위해 독립 제후와 예속 제후들에게 사절이 파견되었다. 하지만 피지배자들이 콜루아인이라고 부르던 메시카인은 절망적인 일과 싸워야 했다. 바로 천연두였다. 카리브제도에서 유카탄반도로 전파된 천연두가 나르바에스 군인들에 의해 베라크루스 해안으로 유입되어 급속히 번지면서 항체가 있던 스페인 사람을 제외한 원주민에게 엄청난 속도로 전염되었다. 용맹하고 노련한 메시카 최고의 전사들, 그리고 황제마저 쓰러지고 말았다. 한 주술사가 성스러운 질병이라 칭하고 또 그렇게 믿던 그 병은 코르테스에게 승리의 길을 준비해주었다.

에르난 코르테스는 틀라스칼라인과 동맹을 굳건히 유지했다. 코르테스는 감언이설과 더불어 그들에게 절대적인 자유를 부여, 아직 굴복하지 않은 지역을 약탈해도 좋다고 했으며, 포로의 인육을 먹어도 좋다고 허락했다. 스페인인이 그 지역에 세운 두 번째 도시인 테페아카의 세구라 데 라 프론테라를 기점으로 코르테스는 방대한 영역을 침략했다. 그 결과 엄청난 전리품을 얻을 수 있었는데, 특히 포로가 많았다. 포로는 노예가 됨으로써 잡아먹히는 것을 면할 수 있었다. 코르테스는 카리브해 섬들에 머물던 스페인인들의 지배적 견해를 받아들였다. 스페인인에게 원주민은 짐승에 지나지 않았으며, 식인 풍습을 지닌 모든 원주민은 쇠로 낙인을 찍고 노예로 삼았다. 이 일은 수천 번 되풀이되었다. 운 좋게도, 코르테스는 상실한 것의 상당 부분을 회복할 수 있었다. 나르바에스의 요청에 따라 벨라스케스는 쿠바에서 배를 보냈고, 프란시스코 데 가라이는 파누코 지역을 손에 넣기 위해 직권을 행사하여 산토도밍고에서 계속 원정대를 파견했다. 모두들 베라크루스에 입항했고 결국 코르테스의 수중에 들어갔다. 코르테스는 테노츠티틀란을 되찾기로 결심했다. 먼저 호수부터 장악했는데 배, 특히 테스코코(Texcoco)에서 조립한 그 유명한 쌍돛대범선(bergantín) 덕분이었다.[23] 그리고는 국왕에게 코르테스 자신이 이룬 성과 일부[24]와 염두에 두고 있는 일을 알리며 새로이 발견한 그 땅을 과거 그리할바 원정대원이 붙인 이름인 누에바에스파냐[25]로 명명해 줄 것을 요청했다.

무훈과 정치력을 배가시킨 코르테스는 수많은 복속 원주민 부족 앞에서 군주이자 최고 통수권자 행세를 하기에 이르렀다. 코르테스는 메시카인을 반란자로 간주했는데, 이는 반란 전 목테수마가 카를로스 1세에게 자기 제국의 충성을 맹세했기 때문이었다. 그 불가사의한 모험가에게는 잘 어울리는 경쟁자가 있었다. 바로 쿨루아인의 새 황제 콰우테목으로 아메리카 역사상 가장 탁월한 서사적 인물이었다. 코르테스 자신과, 더 없이 길고 흥미진진한 연대기[26]를 남긴 베르날 디아스 델 카스티요가 아스테카 수도 포위전과 관련된 사건들을 기록에 남겼다. 황제의 군사들은 치열하게 싸우면서 천천히 집결했다. 계속 늘어만 가는 스페인 동맹군과의 끝없는 전투로 수가 급격히 감소되었어도 늘 공세를 취하고 나날이 용기를 더해 저항을 했다. 그러나 그 사이 전염병이 수장들을 덮치면서 황제군의 전력은 심각하게 약화되었다. 스페인인은 쿨루아인의 고을과 이들에게 우호적인 고을을 불태우고 파괴했다. 스페인인의 관심은 온통 전리품에 집중되어 있어서 황금은 모조리 챙기고 노예로 삼을만한 사람은 모두 포로로 붙들어 낙인을 찍었다. 그렇게 쌍돛대범선은 계곡과 호수를 점령해 갔다. 테노츠티틀란으로 이어지는 통행로 어귀가 무너진 순간 테노츠티틀란의

23 유명하다'는 의미는 코르테스가 그 배를 다른 곳에서 건조한 다음 분해해서 원주민 8천 명을 동원 험준한 육로를 통해 테노츠티틀란으로 옮긴 다음 재조립했기 때문이다. 더구나 테스코코라는 마을에서 재조립한 배를 호수에 띄울 수 있도록 호수까지 운하를 파고 호수 밑바닥을 준설했다. 한 마디로 가히 상상하기 어려운 일, 차라리 엽기적인 일을 벌인 것이었다.

24 '일부'라는 말을 쓴 것은 코르테스가 자신에게 유리한 일만 과장해서 전했기 때문이다. 코르테스는 놀라운 언변과 상황 판단력을 가졌던 인물로, 필요에 따라서 협박, 감언이설, 매수, 보상 약속 등 모든 수단을 동원했던 것으로 알려져 있다.

25 누에바에스파냐(Nueva España)는 '새로운 스페인'이라는 뜻이다.

26 베르날 디아스 델 카스티요의 『누에바에스파냐 정복의 진상』을 가리킨다.

운명은 초읽기에 들어갔다.

코르테스는 테노츠티틀란의 방어에 대해 극찬을 아끼지 않았다. 코르테스는 스페인 황제에게 보낸 보고서에서 이렇게 밝히고 있다.

> 나는 이 도시민들이 거세게 저항했다는 사실을, 역사상 유례없는 결사항전의 의지를 가지고 있었다는 사실을 똑똑히 보았다. 도대체 그들에게 무슨 수를 써야 우리에게 닥친 수많은 위험과 난관에서 벗어날 수 있을지, 또 그들과 세상에서 가장 아름다운 그 도시를 파괴하지 않을 수 있을지 알 수 없었다.

점령이 진행되면서 테노츠티틀란은 폐허로 변해갔다. 병과 기근, 피로로 쇠약해진 그들이 원한 것은 오로지 죽음뿐이었다. 최후의 전투에서는 전통 칼인 마카우이틀[27]을 휘두를 힘, 방패를 들고 있을 힘조차 남아있지 않았다. 도시에 있던 수없이 많은 수로와 도랑이 시체와 온갖 잔해로 넘쳐났다. 부서진 신전 위로, 조각이 새겨진 돌과 깨진 신상들 위로 수천의 포위군이 진군했다. 피와 죽음의 냄새는 치치메카인[28]의 땅과 할리스코의 인접지에 있던 짐승 떼를 불러들였다. 녀석들은 독수리들의 경이로운 고민에 동참했다. 신들은 침묵하고 죽어 갔다. 패배가 확실해지자, 사람들은 자식이 노예가 되는 꼴을 보느니 차라리 제 손으로 죽이기에 이르렀다. 그리고는 마지막 맥박이 다할 때까지 절망적으로 싸웠다. 가련한 테노츠티틀란이여! 역사가 멈춰 그대들을 탄복해 바라본다면, 그대들이 고통과 애국심으로 정화시킨 이 땅의 자식들인 우리가 이루지

---

27 마카우이틀(macahuitl)은 길고 납작하게 깎은 나무 양쪽에 날카로운 돌조각을 박아서 만든 칼이다.

28 치치메카(chichimeca)는 현재의 멕시코 북부 지역에서 수렵과 채집을 하던 유목민을 지칭한다.

못할 일이 어디 있으랴? 그대들이 죽었기에, 조국은 부활할 수 있었노라. 그대들을 이긴 승자들의 바로 그 후손이 조국을 예비했노라. 그대들의 피와 승리자들의 피, 두 영웅적인 피에서 유랑 부족이던 그대들의 이름을 자랑스럽게 선택한 국가가 다시 탄생했고, 후손된 도리를 다하기 위해 그대들에게는 태초의 신탁이던 독수리를 영원한 자유의 표식으로 새겨 넣었노라.[29]

틀라텔롤코는 정복되고 파괴되었다. 저항의 기질과 영혼을 지닌 콰우테목이 붙잡혀 사슬에 묶임으로써 모든 게 끝났다. 이로써 정복 사업은 종지부를 찍었다. 나머지 모든 것은 코르테스의 유례없는 정복의 뒷마무리에 지나지 않을 것이다.

우리 멕시코인은 두 민족, 두 인종의 자손이다. 우리는 정복에서 태어났으며 우리의 뿌리는 토착민이 살았던 이 땅에도 그리고 스페인 땅에도 뻗어있다. 이 사실이 모든 우리 역사를 관통하고 있다. 다시 말해, 우리의 혼은 거기에서 비롯되었다.

---

29 '멕시코'라는 국명은 '메시카'라는 말에서 유래했고, 멕시코 국기에는 메시카인이 신성시하던 독수리가 새겨져있다.

16. 고무 채취자

에우클리지스 다 쿠냐

에우클리지스 다 쿠냐(Euclides da Cunha, 1866~1909)는 브라질의 언론인이자 사회학자이자 엔지니어이다. 리우 데 자네이로주(州)의 시골에서 태어난 다 쿠냐는 리우 데 자이네루의 공과대학에 입학했으나 집안 형편상 학비가 무료인 프라이아 베르멜랴 군사학교로 편입했다. 생도 시절 국왕의 폐위를 주장하다가 퇴학당한 후에는 상파울루에서 신문기자로 활동했다. 1889년 브라질에 공화정이 들어서자 다 쿠냐는 1891년 군사학교에 재입학했다. 졸업 후에는 군과 관련이 있는 브라질 중앙 철도회사에서 토목기사로 일했다.

1897년 다 쿠냐는 카누두스 반란을 취재하여 일간지《우 에스타두 데 상파울루(O Estado de São Paulo)》에 기사를 송고하고, 1902년에는 수집한 자료를 정리하여 대표작『오지의 반란(Os Sertões)』을 출판했다. 이 작품으로 명성은 얻은 다 쿠냐는 이듬해 '브라질 역사 및 지리학회'와 '브라질 문학 아카데미'의 회원이 되었다. 1905년부터는 '알투푸루스 국경문제 위원회'에서 일하면서 아마존 지역을 연구했는데, 1909년 개인사로 비극적인 죽음을 맞이했다.

학창시절 실증주의의 영향을 받은 다 쿠냐는 인간이 처한 자연환경이 인간생활에 절대적인 영향을 미친다는 확신 아래 브라질의 속살을 객관적으로 파악하는 데 주력했다. 이러한 경향은 아마존 지역을 다룬 유고작『역사의 경계(À Margem da História)』(1909년)에 수록된「고무채취자(Os Caucheiros)」에서 브라질 원주민과 페루에서 월경한 원주민을 날카롭게 비교 서술한 데서도 유감없이 드러나고 있다.

참고문헌

1. Da Cunha, Euclides. 1967. "Os Caucheiros". En *À Margem da História*. São Paulo: Editôra Lello Brasileira. pp. 57-71.
2. Da Cunha, Euclides. 2006. *The Amazon: Land without History*. Translated by Ronald W. Sousa. Oxford and New York: Oxford University Press. pp. 44-56.

우카얄리강 동쪽 지대이자 자바리강, 주루아강, 푸루스강의 발원지인 구릉지대[1]에 약 50년 전 새로운 사회가 출현했다. 그 사회는 소리 소문 없이 형성되었고, 질식할 것만 같은 밀림에 오랫동안 파묻혀 있었다. 그래서 파라주(州)[2]의 극소수 상인들만 알고 있을 뿐이다. 이들은 1862년부터 멀리 각처에서 파라로 왔으며, 고무 유액의 경쟁품인 취색 고무판에 대한 산업적인 요구가 생기면서 출현하게 되었다.

그 고무판은 탄성 고무였다.[3] 고무 채취자를 뜻하는 카우쉐이루(caucheiro)

---

1 이 지대는 페루와 브라질에 걸쳐 있다. 가령 우카얄리강은 페루에 속하며 나머지 세 강은 페루에서 발원하지만 주로 브라질 영토를 흐른다. 그래서 우카얄리(Ucayali)는 스페인어를 기준으로, 자바리(Javari), 주루아(Juruá), 푸루스(Purus) 강들은 포르투갈어를 기준으로 국문 표기를 했다. 앞으로 나오는 인명, 지명 등도 같은 기준을 적용한다.

2 파라(Pará)는 브라질 아마존 지역에 위치한 주 이름이다.

3 고무를 예전처럼 액체 상태로 채취하지 않고 판 모양으로 응고시킨 탄성 고무를 생산하게 된 일을 가리킨다.

가 내륙의 이 모험가들에게 붙은 이름이었다. 그들은 그 미지의 구석구석을 대담하게 정복해나갔다.

고무 채취자들은 서쪽에서 안데스를 가로질러 왔다. 황량한 태평양 연안에서 안데스 산맥의 냉랭한 고원에 이르기까지 이 땅의 온갖 기후를 견뎌내면서. 고무 채취자들과 그들의 고향 사이에는 6천 미터 이상의 산들과 기나긴 협곡이라는 두 개의 장벽이 있었다. 또 고무 채취자들 앞에는 북동쪽으로 장장 수천 킬로미터에 걸쳐 아마존 저지대가 놓여있는데, 그 광대함을 가늠할 언덕하나 없이 드넓은 대서양으로 감쪽같이 사라져갔다.

고무 채취자들처럼 그렇게 하찮은 배우들을 위해 그토록 위압적인 무대가 만들어진 적은 결코 없었다.

탐사자들이 눈에 띄지 않게 깨알처럼 흩어져 오랜 세월 방랑하게 된 것은 당연한 일이었다. 그들은 그 아스라한 숲의 영원한 어스름을 가는 동안, 엄청난 거리(距離)와 야생의 수풀보다 훨씬 더 심각한 어려움들이 자신들의 조심스런 행보를 뒤쫓고 방해하는 것을 느꼈다.

브라질과 페루의 국경이 아직 점선으로만 그려져 있던 그 지역에는 우루밤바강의 최북단 지류이자 마드레데디오스강의 마지막 지류인 푸루스강과 주루아강의 원류가 사방으로 흐르고 있었다. 이 지역은 아메리카에서 미지의 지역이다. 예외적인 자연 조건 때문만은 아니다. 그 조건은 1844년 카스텔노[4]가 극복한 바 있다. 그보다는 춘초족으로 통칭되면서 용감무쌍한 개척자들에게도 가장 큰 두려움의 대상인 이 지역 부족들의 무시무시한 명성 때문이다.

그 부족들을 다 거명할 필요는 없으리라. 카쇼에이라 초입까지 푸루스강을 거슬러 올라가면서 이따금 희귀한 파우마리족을 보게 된다 해도 이들이 한때

4 카스텔노 백작(Comte de Castelnau, 1810~1880)은 이 지역을 탐험한 프랑스의 자연학자이다.

그 유역의 주인이었다는 사실에 거의 생각이 미치지 않는다. 더 상류 쪽은 평화로운 이푸리나족이 주인이었고, 야쿠부터는 종족의 쇠락이 마비된 의식구조에 너무 많이 투영되어 있어서 이제는 사실상 애늙은이로 태어나는 셈인 투쿠나족이 주인이었다는 생각도 하지 못할 것이다. 강 상류에 이르러 독특한 숲속 거주민들을 우연히 만나면 크게 놀랄 것이다. 풍습과 기원이 다른 이들이 어우러져 강요된 동거를 하고 있기 때문이다. 고무 채취자들의 일터에서 고무를 모으는 양순한 아마우아카족, 쿠란하강 발원지의 주인인 불굴의 코로나우아족, 거무칙칙한 나무수지로 물들인 번뜩이는 치아로 미소를 띠면 형용하기 힘든 침울한 위협이 얼굴에 어리는 구리 빛 피부의 피로족, 파치테아에 있는 예수회 미션의 후예들에게 200년간 잠식을 당해 멸족 위기에 놓인 수염 기른 카쉬부족, 두개골을 변형시키고 가슴팍에 붉은색, 푸른색으로 무시무시한 줄을 그어 놓은 코니보족, 세테보족과 시피보족과 이우리마우아족, 흉물스런 몰골 때문에 아마존 지역의 초기 지도 제작자들이 꾸며낸 이야기 속 거인이 연상되는, 마누 일대의 건장한 마쉬코족, 특히 명성과 용맹함에서 이 모든 부족을 능가하는 우루밤바 일대의 호전적인 캄파족...

그렇게 한정된 지역에 다양한 부족이 살다 보니 그들을 억누르는 기묘한 억압이 발생하였다. 그곳이 거의 최후의 보루이기 때문에 그들이 모여 살게 된 것은 필연이다. 비록 극성기의 일화들은 역사 속으로 사라졌지만, 예수회의 마이나스족 포교에서 현대의 탐험에 이르는 오랜 침투가 그들을 그곳으로 몰아넣었다.

우리는 오늘날 침투의 마지막 국면과 맞닥뜨리고 있고, 막이 내리기 직전이라는 사실에 그저 놀라서 바라볼 뿐이다.

문명은 무자비한 라이플총으로 야만스럽게 무장하고 그곳의 원주민을 완벽하게 에워싸 버렸다. 페루인은 아마존 서쪽과 남쪽에서, 브라질인은 북동부 전역에서, 볼리비아인은 마드레데리오스강이 흐르는 계곡을 가로질러 남동부 지역에서 그들을 압박하고 있는 것이다.

그리고 총칼로 무장한 고무 수집자들이 불길한 포교의 선두 주자로 밀림에 출현해, 그 머나먼 오지를 훑고 다니며 남아메리카의 가장 흥미로운 토착민들을 몰살시키고 있다.

⚜⚜⚜

이 역사적인 사절단이 원주민들을 덮치게 된 것은 고무나무의 골골함 때문이다. 고무 수집자들은 전투, 파괴, 방랑, 격동의 삶을 맹세한 유목민이 될 수밖에 없었다. 그들이 몹시 탐내는 고무를 제공해 주는 파나마고무나무가 파라고무나무처럼 생생한 고무액을 주기적으로 생성하지 못해서 안정적인 채집이 불가능하기 때문이다. 파나마고무나무는 대단히 예민해서 나무에 상처를 내면 죽어버리거나 오랫동안 골골하여 쓸모가 없다. 그래서 고무 채취자들은 최대한 이익을 내려고 나무를 아예 베어낸다. 그들은 고무나무를 뿌리에서 나무 꼭대기까지 톱으로 뭉텅뭉텅 자른 뒤에 땅바닥에 펼쳐둔다. 그리고 일주일 뒤, 몸통의 직사각형 절단면에서 값나가는 고무판을 얻는다. 그리고 나무껍질과 절단면 주변, 또 땅바닥에 아무렇게나 뿌려져 있는 나머지는 모아서 하등품 고무를 만든다.

이처럼 작업 과정은 원시적이면서 신속하다. 최고로 울창한 고무나무 군락도 금방 끝장을 낸다. 파나마고무나무는 아마존 전체에 골고루 퍼져 있지 않고 군데군데 군락을 이루고 있다. 심지어 군락 사이가 아주 멀리 떨어져 있는 경우도 있어서 채취자는 장소를 옮겨 다닌다. 그리고 나무 사냥꾼의 그 마구잡이 삶이 요구하는 모든 행동이 거의 변함없이 되풀이된다.

이는 고무 채취자에게는 필연적인 성공조건이다. 그들은 야생 속으로 대담하게 뛰어들고, 계속 옮겨 다니면서 스스로 고립되고, 한 번 지나간 길을 다시는 가지 않는다. 이름 없는 사람이 될 운명의 그들은 길도 나 있지 않은 생판 처음인 지역에 익숙해진다. 그들은 새로운 지역에 이르러 잠시 머물다가 다시 그곳을 떠나 길을 갈 뿐이지 특정 지역을 정말로 힘들여 정복하는 법이 없다.

고무 채취자들은 고무나무 군락을 만나면 그 가장자리에 브라질야자수로 첫 번째 오두막을 세운 뒤 주 업무에 착수한다. 그들의 주요 연장은 덤불에서 적과 맞닥뜨릴 때를 대비해 일부러 짧게 만든 라이플총인 윈체스터 카빈총, 덩굴을 쳐내는 날카로운 낫, 숲속 미로에서 길을 가리켜주는 휴대용 나침반이다. 고무 채취자들은 이 물건들을 들고 일대를 주의 깊게 조사한다. 싸워서 몰살시키거나 노예로 삼을 야만인들을 찾고 있는 중이다. 그런 작전을 통해서 비로소 새로운 작업장의 확고한 안전과 노동력을 얻을 수 있기 때문이다.

이 필수적이고 대담한 예비 작업을 감행할 때의 인원은 아주 적다. 그저 대여섯 명이 흩어져 숲속으로 뛰어들 뿐이다. 그들은 야생과의 살벌한 세비야식 결투에 요구되는 신중함과 책략을 발휘하면서 전진한다. 모든 지역을 조사하고, 의심이 가는 곳이 있으면 이 잡듯이 뒤진다. 머릿속에 지형적 특징을 철저히 기록하고 엄청나게 많은 표식을 암기한다. 눈과 귀를 동원해 숲속의 순간순간과 대기 중의 희미한 소리를 포착한다.

어떤 이는 영영 돌아오지 못하고, 또 어떤 이들은 소득 없는 수색을 마치고 별 탈 없이 캠프로 돌아온다. 그러나 누군가는 고된 수색 끝에 멀리 보이는 풍경을 포착한다. 나뭇잎 사이로 미개인들의 오두막이 처음으로 흐릿하게 보이는 것이다. 그는 고함을 지르고 즉시 돌아가 동료들에게 발견에 대해 이야기하고 싶지만 겨우 참는다. 그는 비상한 영악함을 십분 발휘한다. 낮은 포복으로 위험을 방지하면서 아직 낌새를 채지 못한 적에게 최대한 접근한다. 그의 이 행동에는 가슴 뭉클한 영웅적인 면모가 있다. 열여덟 발이 장전된 라이플총 한 자루를 달랑 들고 야만인들을 향해 가는 절대고독의 순간이기 때문이다.

구불구불 느릿느릿 한참 포복을 하는 동안 그는 자연의 온갖 특성을 활용한다. 나무 몸통 뒤에 숨고, 길게 뻗은 뿌리들 틈으로 길을 뚫고, 썩은 나뭇가지더미 위를 소리 없이 미끄러지고, 빽빽이 들어선 광엽식물 헬리코니아 한가운데를 살금살금 파고든다. 은밀하고 숨 막히는 침투 끝에 마침내 그는 거의 촌락 바로 옆까지 다가가 노련하지 못한 적을 관찰하고 말을 엿듣는다. 원주민들은 자신들을 염탐하고, 머릿수를 헤아리고, 행동거지를 관찰하고, 방어 상태를 진단하는 사악한 문명인의 존재를 알아차리지 못한다. 세세한 정찰을 마친 그는 돌아와, 기다리던 동료들에게 '정복'에 필요한 모든 정보를 제공한다.

'정복'은 그 옛날의 약탈자 피사로[5] 원정대를 상기시키는 용어이다. 그러나 고무 채취자들은 초보적인 외교 효과가 소진되기 전에는 무기로 정복을 수행하지는 않는다. 초보적인 외교란 장차 미개인들이 갈망하게 될 선물을 통한 외교이다. 나는 한번은 어느 고무 채취자에게 다음과 같은 과정을 들었다. "옷, 라이플총, 낫 등등의 선물로 그들을 오두막에 데려오되, 일을 강요하지는 않는다. 자기 마을로 돌려보내 고무 채취자들이 어떻게 대했는지 동료들에게 말하게 한다. 일을 시킨 것이 아니라 선물에 대한 답례로 자유의지로 조금만 일 해달라고 부탁했다고 말하도록..."

그러나 이 평화로운 방법은 보통 잘 듣지 않는다. 통상적인 관례는 총탄으로 인정사정없는 사냥을 하는 것이다. 거기에는 영웅적인 측면이 있다. 하찮을 정도로 소수의 무리가 다수를 사냥한다. 고무 채취자들은 속사포 같은 사격과 안면몰수라는 변치 않는 전술을 구사한다. 승리의 보증수표이기 때문이다. 오지에서 벌어진 소규모 전투는 헤아릴 수 없이 많다. 그곳에서는 잘 무장된 소수가 모든 부족을 제어한다. 이들은 고무 채취자들의 무자비한 무기에, 그리고 카빈총을 연발로 난사하는 안면몰수에 한꺼번에 희생된다.

---

5 프란시스코 피사로(Francisco Pizarro, 1471~1541)는 잉카를 정복한 스페인 정복자이다.

한 가지 예만 들어보자. 1892년 카를로스 피츠카랄드는 우카얄리강에서 출발하여 훗날 그의 이름을 따르게 된 협곡의 수로를 따라 마드레데리오스강 상류에 도달했다. 그는 그곳을 지배하고 있던 불굴의 마쉬코족에게 승리할 최선의 방법을 찾으려 했다. 피츠카랄드는 그전에 정복한 피로족 중에서 영리하고 충성스러운 통역을 한 사람 데려왔다. 그래서 쿠라카(curaca), 즉 미개인의 추장과 만나 대화를 나누는 데 아무런 어려움이 없었다. 협상은 순식간에 끝났고 흥미진진했다.

그 저명한 탐험가는 가지고 온 장비와, 예전에 복종시킨 부족들로 별의별 얼굴이 뒤섞여 있는 소부대를 '이교도' 추장에게 소개했다. 피해가 막심한 전쟁보다는 자신의 제휴 제안이 이득이 되리라는 점을 보여주고자 한 것이다. 추장은 별다른 대답 없이 그저 피츠카랄드가 지니고 있는 '화살'에 대해 물었다. 그러자 피츠카랄드는 미소를 띠며 추장에게 탄창을 건넸다. 미개인은 작은 총알이 장전된 탄창을 자세히 살펴보았다. 추장은 총알을 자기 가슴팍에 세게 눌러 상처를 내려고 했다. 그게 되지 않자 자신의 화살을 하나 빼들더니 다른 쪽 팔을 찔러 살에 박히게 했다. 추장은 고통은 안중에도 없이 그제야 미소를 지으면서 피가 솟구치는 것을 자랑스럽게 지켜보았다. 그리고는 아무 말 없이, 놀란 탐험가에게 등을 돌리고 우월감에 사로잡혀 마을로 돌아갔다. 그 우월감은 이내 말짱 헛것이 되었다. 삼십분 후, 그 완강하고 천진난만한 추장을 비롯해 거의 백 명에 달하는 마쉬코족은 벌집이 되어 강변에 나뒹굴었다. 그곳 지명인 플라야마쉬코소는 오늘날까지도 그 피비린내 나는 일화를 상기시킨다.

이 이야기는 야생의 땅이 어떻게 예속시키는지를 보여준 일화이다. 고무 채취자들이 정찰을 마치고 나면 반경 십여 킬로미터 안의 토착민들은 죽거나 노예가 된다. 그리고 고무 채취자들은 엄청난 속도로 미친 듯이 일을 한다. 몇 달 안 가 다른 오두막이 최초의 오두막 주변에 우후죽순처럼 생겨난다. 홀로 덩그러니 있던 오두막은 커다란 가옥으로 변하거나 그 자리에 떠들썩한 부두가 들어서고, 때로는 거주 구역이 커져서 푸루스강 강변의 코카마나 쿠란하처럼 정착촌을 이룬다. 야생의 땅에 진보의 신기루가 홀연히 발하는 것이다. 그러나 그런 정착촌은 떠오르고 발전하다가 십년 이내에 최후를 맞이한다. 고무 채취자들은 마지막 고무나무를 베어 쓰러뜨릴 때까지만 그곳에 머물 뿐이다. 와서 파괴하고 떠난다. 보통 그들은 길들여진 원주민들이 가꾸는 카사바나 바나나 경작지 외에는 토지에 대해서 아무 것도 묻지 않는다. 고무 투기꾼들이 세운 맨 마지막 오두막 너머, 알투푸루스[6]에서 볼 수 있는 영세한 규모의 유일한 농경은 정착을 한 캄파족의 면화 농사이다. 캄파족은 이곳에서도 선천적인 독자성을 드러낸다. 면화를 따고, 소모(梳毛)를 하고, 실을 잣고, 길쌈을 하고, 어깨에서 발끝까지 이르는 조잡한 토가[7] 모양의 의복인 쿠쉬마스에 물을 들인다. 그곳에 갑자기 출현한 문명의 이방인들 틈에서 이 독특한 야만인들만이 평화로운 문화생활을 한다. 이방인들은 사람과 나무를 살상하고, 이들을 멸족시키는데 걸리는 시간만큼만 머무르다가, 다른 곳으로 옮겨가 또다시 똑같은 손상을 입히고, 파괴적인 파도처럼 휩쓸고 지나가며, 더 야생적인 야생만 남길 뿐이다. 차이는 뚜렷하다. 칭고레알레스의 캄파족 정착촌에서 마누엘우르바노강 어귀의 페루 영토 삼보야코로 가다보면, 여행자의 처음 생각처럼 가장 원시적인 인간 발전 단계에서 가장 발달된 상태로 여행하는 것이 아니다. 여행자는 대단히 놀라게 된다. 그는 공공연한 야만에서 일종의 절름발이 문명으로 여행하는 셈이다. 절름발이 문명은 진보를 실현했다지만, 오히려 공공연한 야만의 온갖 표식이 첨예하게 두드러진다.

여행자가 페루의 정착촌에 접근하면, 부산스럽고 시끌벅적한 광경에 몇 시간

---

6 푸루스강 상류 지역이라는 뜻이다.

7 토가는 로마인이 입던 길고 헐렁한 겉옷이다.

만에 매혹된다. 일반 소도시처럼 길을 따라 정렬되어 있는 주요 건물과 주변의 집들은 늘, 강물이 내려다보이는 특별히 선택된 장소에 지어져 있다. 아마존 지역에서는 신이 내린 나무로 간주되는 브라질야자수 잎과 나무로 만든 집들이지만 보통 이층이고, 선이 우아하고 탁 트인 베란다가 달려 있어서 고무 채취자들의 낮은 오두막의 슬픈 외관과는 정반대 풍모를 띤다.

강변에서 계곡 맨 위까지 조성된 널찍한 계단식 대지에는 힘깨나 쓰는 하역 인부들이 고무판을 짊어진 채 활기차고 신속하게 강변으로 줄줄이 달려 내려간다. 의욕적인 관리자들이 일층 문에서 튀어나와 물자가 가득한 창고 쪽으로 혹은 도끼와 낫을 손보느라 망치를 모루에 내려치는 소리가 땅땅 울려 퍼지는 천막 쪽으로 내달린다.

날렵한 카누가 들어찬 아래쪽 부두에는 아랫도리만 가린 토착민들의 옷이 산들바람에 나부끼고, 수로 안내인과 뱃사공의 왁자지껄 소리가 들린다. 고무로 만든 카누가 강물에 퍼져 나가면서 "선도자들을 선도하는 상품"의 "움직이는 길"을 만들어간다. 그리고 부두에서 계곡 위까지 구불구불 이어지는 행렬은, 이키토스[8]에서 온 우아한 혼혈 여인들의 빨간 치마와 하얀 블라우스가 축제일의 깃발들처럼 뒤섞이며 전진한다.

여행자는 이 활기찬 사람들 속을 지나가게 되고 놀라운 일들이 계속 이어진다. 그는 어느 집 정면 베란다로 오른다. 그 집 주요부와 통하는 베란다이다. 튼튼한 굽이 달린 밀림용 부츠를 위풍당당하게 신고 있는 명랑하고 건장한 고무남작[9]이 문을 활짝 열어 제치며 여행자를 호들갑스럽게 환대한다. 이제 마법

8 이키토스(Iquitos)는 페루 북동부 아마존 지대의 중심 도시로 뒤에 나오는 로레토(Loreto)주의 주도이다.

9 고무남작(男爵)이란 고무로 부를 축적한 사람을 가리키는 비유적인 표현이다.

이 완결된 것이다. 여행자는 시간 감각을 상실하고, 그 머나먼 플랜테이션까지 인적 드문 강들을 따라 장장 수천 킬로미터 길을 왔다는 사실도 잊어버린다. 무심코, 어느 해안도시의 사업장에 있는 것이려니 한다. 착각에서 깨어나게 해 줄 게 아무 것도 없다. 안방과 접해 있는 베란다 안쪽의 긴 소나무 카운터 위로는 상품이 가득한 선반들이 있다. 들어서는 여행자에게 인사만 하고 이내 경사진 책상에 몸을 기울이고 서류를 들여다보는 최고 회계 직원의 명을 부지런한 하인들이 따른다. 전통적인 치차[10] 대신 여행자에게 제공된 맥주 잔, 그날 날짜를 제대로 가리키고 있는 벽에 걸린 예술적인 달력, 마나우스[11]와 리마에서 가져온 신문, 드문 일이기는 하지만 유명 테너의 유명 아리아를 야생의 땅 한복판에서 줄기차게 흘리고 있는 우아하고 세련된 곡선의 축음기까지…

⚜⚜⚜

그러나 그 모든 외견상의 놀라움은, 기품 있는 주인이 감추고 싶은 것을 보게 되면서 사라져버리고, 곧이어 통렬한 환멸이 방문자를 엄습한다. 더 나은 삶을 위한 주인장의 궁리는 고작 10여 제곱킬로미터 밖에 되지 않는 작은 땅 조각, 배후에 바싹 붙어 위협을 가하는 숲과 강으로 치닫는 가파른 계곡 사이에 끼여 있는 그 작은 땅 조각을 넘어서지 못한다. 그 허위적인 무대 바깥에는 우리 시대에는 거의 상상할 수 없는 사실적인 드라마가 펼쳐진다.

부유한 고무 상인 아래로는 부를 찾아 떠나온 이키토스의 혼혈인들부터

---

10 치차(chicha)는 옥수수로 빚은 술이다.

11 마나우스(Manaus)는 브라질 아마존 내륙의 최대 도시이다.

안데스에서 데려온 의기소침한 케추아인[12]에 이르기까지 비참한 계층이 있고, 이루 말할 수 없이 많은 부류의 피착취자들이 있다. 그들을 만나려면 길도 없는 어두컴컴한 숲속을 지나 외딴 거처로 가야만 한다. 그들은 뜻밖의 수렵물 획득으로 생존을 보장해주는, 그래서 떼려야 뗄 수 없는 라이플총만 달랑 가지고 철저히 고립되어 일한다. 그곳에서 오랜 세월 얻는 것도 없이 노예처럼 일하고, 병마에 쓰러지고, 해충에게 당하고, 철저한 방치 속에 사라져버린다. 존재조차 모를 수도 있을 사백 명의 사람들이 협곡을 통해 흩어져 나가 있다가 이따금 자신들을 노예로 삼은 냉혹한 남작의 초가 성채에 나타난다. '정복자'는 그들을 감시하지는 않는다. 도망치지 않으리라는 것을 알고 있는 것이다. 그의 전 영토인 반경 30킬로미터 바깥으로는 다른 이교도들이 득실대서 통과가 불가능하다. 야생의 상태가 효과적인 영구 감시인이 되어 고무 채취자들을 남작의 노예로 묶어 놓고 있는 것이다. 야만인들의 천진난만한 미개함을 절묘하게 등쳐먹는 남작에게 붙들린 자존심 강한 캄파족조차도 이제는 남작을 떠나가지 않는다. 자신들의 일시적인 복종을 결코 용서하지 않는 야생의 형제들이 두렵기 때문이다.

이리하여, 십년 전 리마나 아레키파[13]에 있을 때만 해도 최고로 사람들을 점잖게 대하던 이 행복한 모험가는 사회생활에 끝없이 요구되는 교정 압력에서 완전히 자유로워졌다고 느낀다. 온갖 종류의 변덕과 범죄에도 별 탈 없으리라고 느끼는 순간 그는 무제한의 지배권을 얻은 느낌을 받고, 그 결과 단숨에 가장 원시적인 미개인으로 전락한다. 좋은 환경에 태어나 습득한 우수한 자질을

---

12 케추아(quechua)는 안데스 지역에 사는 원주민 종족이다. 이 사람들이 사용하는 언어는 케추아어라고 부른다.

13 아레키파(Arequipa)는 페루의 도시명이다.

눈 깜빡할 사이에 상실하는 것이다.

사실 고무남작은 역사상 처음 등장한 인물형이다. 그는 무엇보다도 도덕률 폐기론자이고 역설적인 인물이다. 정교하기 그지없는 민속지적 도표에도 그의 자리는 없다. 고무남작은 언뜻 보아서는 무시무시한 오지에 살다보니 야만인이 되어버린 문명인의 통상적인 사례로 보인다. 오지에 살다보니 우월적 특성이 원시적인 활동 양식으로 변해버린 그런 사례로. 하지만 이는 착각이다. 그는 정반대인 문명과 야만을 결합하여 정의 가능하고 지속적으로 유지되는 새로운 혼종적 행동양식을 만들어낸 것이 아니다. 두 요소를 융합시킨 것이 아니라 그저 함께 모아놓았을 따름이다. 야만인을 무찌르려고 야만인이 되려는 사람의 정신병적 흉내 내기이다. 남작은 상황에 따라 신사였다가 미개인이었다 한다. 야생의 삶에 맞춰 특별히 정립된 행실과는 별도로, 자신이 받았던 최고의 도덕교육을 고스란히 유지하려는 자의 기묘한 이중성이 혼합적 존재인 고무남작의 행동거지 하나하나에 나타난다. 때로는 수천 콩투[14]가 넘는 빚을 이키토스나 마나우스의 수출업자들에게 탄복할 만큼 정직하게 꼬박꼬박 갚는 바로 그 사람이 저질 고무 몇 킬로그램을 빼앗으려고 자신을 위해 일하는 가련한 인부들을 주저 없이 속인다. 페루인들 스스로가 털어놓듯이 이런 종류의 일은 흔하다. 강변에 거주하는 이들이 가장 많이 찾는 상품들을 싣고 카누 한 척이 이키토스를 떠난다. 카누는 우카얄리강의 이교도 혹은 혼혈인들의 오두막에 다다른다. 고무 상인은 성큼 뭍에 뛰어 올라 그곳 주인과 다음과 같은 천편일률적인 대화를 시작한다.

14 콩투(conto)는 이 글을 쓸 당시의 브라질 화폐 단위이다.

– 고무 있소?

– 네. 하지만 상인 아무개 씨 것입니다. 넉 달 전 받은 물건들 때문에 제가 빚이 있거든요. 제가 알기로는 그 양반 배가 며칠 내에 고무를 수거하러 올 것이라서...

– 바보 같은 소리!

고무 상인이 대답을 하면서 태연하게 거짓말을 덧붙인다.

– 아무개는 고무 수거를 위해 배를 보낼 수 없소. 배가 망가졌으니...

미개인이 답한다.

– 상관없습니다. 저는 약속을 지킬 거고 그 양반 지시를 기다릴 겁니다.

문명인이 집요하게 말한다.

– 그러면 당신에게 손해요. 아무개는 25파운드 당 12솔[15] 이상 주지 않겠지만 나는 지금 당장 16솔을 내줄 텐데...

기대하지 않았던 이윤이 탐난 인부가 이에 굴한다. 고무 상인은 인부의 망설임을 노련하게 이용한다.

– 내 배로 갑시다. 좋은 술을 대접할 테니...

그들은 배로 간다. 얼마 안 가 술에 취한 인부는 모아 놓은 고무 중 최상품을 최하 가격에 넘겨주게 될 것이다.

고무 상인은 가끔 최고로 부드러운 태도에서 최고로 난폭한 태도로 돌변한다. 만면에 미소를 띠우며 배를 멈추었다가도, 고분고분하지 않은 혼혈인에게는 무자비한 침착함을 유지하면서 소리를 지르고 칼을 휘두르며 살육한다. 야만성은 고무 상인이 그때그때 썼다 벗었다 하는 가면이다.

---

15 솔(sol)은 당시 페루 화폐 단위이다.

고무 상인은 우리의 선구자인 반데이란치[16]와는 비교할 수 없는 유형이다. 가령 안토니우 하포수(Antônio Rapôso)는 남아메리카의 모든 정복자들 중에서 단연 돋보인다. 그의 영웅적 자질은 난폭하고, 집념이 강하고, 빈틈없고, 두 마음을 먹지 않고, 가식이 없다는 점에 있다. 그는 선천적인 자유분방함으로 우직하고 꾸준하고 고집스럽게 전진한다. 그가 수백 개 부족을 벌벌 떨게 하고 파괴하면서 강과 들과 늪과 수렁과 사막과 산과 눈 덮인 고원과 황량한 바닷가를 지나 상파울루에서 태평양까지 8,500킬로미터를 주파한 일은 영웅서사시에 필적하는 엄청난 무훈이다. 그런데 그 개인적인 대담한 행위 속에는 한 시대의 모든 행위가 절묘하게 집약되어 있다. 반데이란치는 난폭하고 냉혹하지만 논리적인 인물이다. 그는 야생의 삶에 있어서는 초인이었던 것이다.

고무남작의 우아한 난폭함, 피비린내 나는 정중함, 초라한 영웅적 자질은 짜증스러울 정도로 부조리하다. 그는 문명의 난쟁이이다. 이러한 자기모순이 이해는 간다. 보통 그 모험가는 그 땅에 갈 때 부자가 되고, 최대한 빨리 고향에 돌아가고, 한 사회의 물질적인 무게마저 감당하지 못할 만큼 우울한 늪지대에서 도망칠 궁리만 한다. 그의 신경질적이고 조급한 행동을 늘 따라다니는 것은 거대한 도시의 광경이다. 언젠가 검은 황금인 고무를 파운드화로 바꾼 뒤에 대도시에서 떵떵거리고 살고 싶은 것이다. 그는 크나큰 행복을 안겨줄 재산을 모아 반드시 돌아오리라 마음먹고 떠나온 고향을 치명적으로 그리워하면서 숲으로 뛰어들고, 미개인들을 제거하거나 예속시키고, 말라리아와 피곤한 삶을 견뎌내고, 사년, 오년, 육년을 미친 듯이 활동하고, 몇 백 솔을 모으고, 갑자기 사라진다.

---

16 반데이란치(bandeirante)는 원래 17세기에 남아메리카 내륙으로 진출하여 주로 노예사냥에 종사한 이를 가리킨다. 그러나 이들의 활동으로 브라질 영토가 세 배로 팽창하면서 브라질 건국의 아버지로 숭상되기도 한다.

고무남작은 파리에 출현한다. 그리고 극장과 살롱의 요란한 광채, 6개월간의 들뜬 삶을 경험한다. 완벽한 의복과 매너로 자신의 직업적 유목 생활에 대해서는 터럭만큼도 티를 내지 않으면서. 그는 우아하게 파산으로 치닫고 난 뒤 다시 밀림으로 돌아온다. 고무남작은 예전의 일을 다시 한다. 또다시 사년에서 육년을 힘들게 일하고, 이내 다시 한몫 챙기고, 다시금 대양을 훌쩍 뛰어넘고, 그리고 쉽게 재산을 탕진하고 이를 벌충하고자 안달을 내며 십중팔구 돌아온다. 그는 이렇게 휘황찬란한 거리와 적막한 숲을 분주히 오락가락한다. 이와 관련된 가장 흥미로운 이야기들은 마나우스의 유명한 고무남작들 이야기에서 두드러진다.

이 오락가락 삶 속에서 고무남작이 이 땅에 하는 일, 그가 철저히 파괴하고 증오할 뿐인 이 땅에 하는 모든 일은 일시적이다. 오년만 버티려고 열흘 만에 짓는 집에서부터 가끔 몇 년씩 유지되는 절친한 사이라도 단 하루 만에 폐기해 버리는 인간관계에 이르기까지. 특히 인간관계에서 고무남작의 독보적인 변덕이 두드러진다. 우리는 쿠란하에서 어느 고무남작에게 부인에 대해 물어본 적이 있다. 그 고무남작은 그곳에서 정말 매력적인 아마우아카 여인과 결혼한 바 있고, 그녀는 모범적인 부인으로 십년 간 남편을 받들었다. 그런데 고무남작은 다소 빈정대면서 대꾸하는 것이었다. "그 여자 파치테아에서 선물로 받은 거요." 선물이라, 예기치 않은 일이 일어나면 거리낌 없이 먼저 포기할 하찮은 물건이라는 뜻 아닌가.

그 고무 상인은 리마나 이키토스에서는 온화하고 금욕적인 아주 훌륭한 부르주아 모델일 수도 있었다. 그러나 그 황폐한 마을에 기거를 하게 되면서 색만 밝히게 되었고, 코로나우아스족과 전투까지 벌이고 획득한 암사슴 눈매의 메르세데스와 야성적이고 사색적인 큰 눈을 한 100솔짜리 파쿤다가 포함되어 있는 자신의 악명 높은 하렘에 친구들과 뜨내기 이방인들을 끌어들이고 있다. 그리고 처벌도 받지 않고 아무런 두려움도 없이 그 범죄적 거래에 대해 웃으며 떠들어댄다.

그곳에는 법이 없다. 팔에 낀 라이플총에 저마다 형법 법전을 새겨 넣고 다니고, 자기 생각에 정당하다 싶으면 정의를 집행한다. 이의를 제기하는 사람도 없다. 1905년 7월 어느 날, 브라질인들과 페루인들로 구성된 위원회는 푸루스강 마지막 고무 채취 지점에 다다랐을 때, 참혹하게 절단된 벌거벗은 몸뚱어리가 왼쪽 강변 공터에 버려져 있는 것을 보았다. 아마우아카족 시체였다. 보복 살인이었다는 애매모호한 설명을 나중에 들었다. 그 사건에 대한 후속 조치는 전혀 없었다. 그곳을 거쳐 가되 완전히 정착하는 법이 없고, 폐가를 남겨두어 오히려 그곳을 더 을씨년스럽게 만들어놓고 떠나버리는 그런 사람들이 들쑤셔 놓은 그 지역에서는 시시하고 하찮은 일이니...

인부들의 초라한 오두막에서 한때 귀족풍이었던 고무 채취자들의 거주 구역에 이르기까지 여러 가지 유형의 서글픈 모습을 하고 있는 알투푸루스에서는 그런 참혹한 일들이 굽이굽이마다 발견된다.

샴보야코로 거슬러 올라가는 짧은 여정에서 돌아오는 길에 특히 우리에게 강렬한 인상을 준 것이 있었다.

그곳은 일급 거점이었다. 우리는 상륙하여 그곳을 조사하고, 거의 발 디딜 곳 없는 제방을 어렵게 기어올라, 꼭대기에서 수풀이 우거져버린 옛길을 발견했다. 우리는 떠난 사람들이 남긴 쓰레기 더미, 항아리, 혐오스러운 잡동사니, 연장 잔해들이 빽빽이 침투한 덤불에 뒤덮여있는 테라스에 도달했다. 입구가 반쯤 내려앉고, 지붕이 붕괴되고, 벽이 기울어진 본채는 여기저기 헤집고 들어온 나무덩굴로 겨우 지탱되고 있는 듯했다. 나무덩굴이 천장을 뚫고 들어가 위태로운 들보와 도리를 칭칭 감은 뒤 전선처럼 지척의 나무들 쪽으로 뻗어나가

본채와 나무들을 쌍둥이 건물로 삼음으로써 완전 붕괴를 막고 있었다. 나란히 서 있는 작은 건물들도 방글거리는 꽃들이 활짝 피어난 덩굴로 뒤덮여 있었고, 원래의 영토를 탈환하고 있는 숲의 집요한 압박에 조금씩 사라져가는 중이었다.

그러나 그 한탄스러운 폐허를 수관(樹冠)과 축제의 화관으로 뒤덮고 있는 식물들의 장엄한 복원 작업을 감상할 시간은 별로 없었다. 그 버려진 장소를 사람들이 완전히 떠난 것은 아니었다.

보존 상태가 더 나은 한 오두막에서 최후의 주민이 우리를 기다리고 있었다. 피로족인지 아마우아카족인지 캄파족인지 출신을 분간하기는 불가능했다. 그의 혐오스러운 모습은 인간으로서의 특징을 변질시켰다. 말라리아로 부풀어 오른 그의 기형적인 몸통은 야윈 팔과 뼈만 앙상하고 무용지물이 된 다리와 대조되어 괴물 태아 같았던 것이다.

한쪽 구석에 웅크리고 있던 그는 우리를 무감각하게 쳐다보았다. 한쪽 옆에는 그가 가진 것 전부가 있었다. 초록색 바나나 한 다발이었다.

상황이 상황인지라 잔인한 유추를 하게 되었는데, 말로 형용하기 힘든 그 자는 사람이라기보다는 수액 채취자들이 깜빡하고 그곳에 던져둔 고무공 같았다. 그는 우리의 질문에 들릴 듯 말 듯한 울부짖음으로, 전혀 알아먹을 수 없는 언어로 대답했다. 마침내 그가 힘겹게 한 팔을 들어 천천히 앞으로 뻗었다. 그 모든 숲과 강을 넘어 오랫동안 쫓아온 무언가를 가리키듯 했고, 그러고 난 후 엄청 무거운 것을 들어 올린 뒤처럼 팔을 털썩 내려놓으며 불분명하게 말했다.

– 친구들.

우리는 깨달았다. 그 바쁜 고무 채취기에 친구들, 동료들, 동업자들이 그를 절대 고독 속에 버려두고 다른 곳으로 떠났다는 사실을.

그가 배운 스페인어 단어 중에서 그 말이 유일하게 남긴 말이었다. 그리고 그 가련한 자는 애처롭게 갈망하는 표정으로 그 단어를 중얼거리며 저주를 퍼붓고 있었다. 그러나 그자는 모르고 있었다. 씁쓸하기 이를 데 없는 아이러니이지만, 여전히 파괴적인 일상사를 수행하고 있었을 그 무법자 모험가들, 카빈총 총알을 퍼붓고 낫을 휘둘러대면서 자신들의 꼬인 행보를 위해서 또 미지의 장소를 찾기 위해서 새로운 길을 내고 있었을 그 모험가들이 이곳에 남긴 것과 똑같은 것을 그곳에도 남기리라는 사실을, 폐허의 건설자답게 건물들의 붕괴와 희생된 토착민의 가련한 모습 속에 자신들의 요란한 투쟁의 유일한 결실을 또다시 남기리라는 사실을.

제4부 라틴아메리카와 미국

17. 우리 아메리카

호세 마르티

호세 마르티(José Martí, 1853~1895)는 쿠바의 시인이자 독립운동가이다. 쿠바의 아바나에서 태어난 마르티는 일찍부터 독립운동에 동조하여, 1869년 신문 《자유조국(La Patria Libre)》을 발행했다. 동료의 밀고로 체포된 마르티는 6년형을 선고받았으나 몇 달 후에 석방되었다. 이후 마르티는 망명자 신분으로 스페인, 멕시코, 과테말라, 베네수엘라, 미국을 전전했다.

망명생활을 하면서도 마르티는 시작에 힘을 쏟아 1882년에는 시집 『이스마엘리요(Ismaelillo)』를 출판하고, 1891년에는 『소박한 시(Versos sencillos)』를 출판했다. 우리가 잘 아는 쿠바 노래 〈관타나메라(Guantanamera)〉도 마르티의 시에 곡을 붙인 것이다.

1892년 미국에서 쿠바혁명당을 결성한 마르티는 쿠바에서 무장 투쟁을 전개하기로 결심하고, 1895년 4월 11일 일단의 무장 세력과 함께 쿠바에 상륙했다. 그러나 그해 5월 19일 쿠바 남동쪽의 도스 리오스(Dos Ríos)에서 스페인군과 총격전을 벌이던 중 사망했다.

마르티의 죽음과 함께 다시 한 번 쿠바 전역에서 독립전쟁의 불길이 번졌다. 이 투쟁은 1898년 미서전쟁으로 막을 내렸다. 쿠바는 명목상 독립했으나 1903년 플랫수정안에서 보듯이 실질적으로는 미국의 속국이나 다름없었다.

「우리 아메리카(Nuestra América)」는 호세 마르티의 산문 가운데 가장 유명한 글로, 시적인 표현이 두드러진다. 1891년 1월 10일 뉴욕에서 발행하는 잡지

《뉴욕 레비스타 일루스트라다(La Revista Ilustrada de Nueva York)》에 처음 발표한 이 글은 그해 1월 30일 멕시코 일간지 《자유당(El Partido Liberal)》에 다시 게재되었다.

이 글에서 마르티는 무엇보다도 라틴아메리카 국민의 자긍심을 강조하고 단결을 호소한다. 이런 바탕 위에서 "호랑이"인 스페인 식민지배 세력과 "내부의 호랑이"인 스페인 추종 세력을 축출하고, 라틴아메리카 고유의 특성에 기초한 국민국가를 수립하여야 한다고 역설한다. 그리고 글 마지막 분분에서 마르티는 예언자처럼 "외부의 호랑이"인 미국의 제국주의 야욕을 경계하지 않으면 안 된다고 목소리를 높인다. 1898년 미서전쟁으로 미국은 쿠바와 푸에르토리코를 차지하고, 20세기 내내 비합법적인 방법으로 라틴아메리카 각국의 내정에 간섭했다는 점을 기억하면 마르티의 예언은 현실이 되었다. 그러나 이 글을 발표한 1891년 당시 쿠바의 독립 세력 입장에서 모면, 아직 스페인 식민지라는 굴레도 벗어나지 못했는데, 장차 벌어질 미국의 침탈 야욕까지 경계하기란 불가능한 일이었다.

참고문헌

1. Martí, José. 2005. *Nuestra América*. Caracas: Biblioteca Ayacucho. pp. 31-39.
2. Martí, José. 2002. *Nuestra América*. Edición crítica, edited by Cintio Vitier. Guadalajara, Mexico: Universidad de Guadalajara.

우쭐대기 좋아하는 시골사람은 자기 마을이 세상의 전부인 줄 안다. 자기가 이장 노릇을 할 수 있고, 애인을 빼앗아간 연적은 얼굴을 못 들고 다니게 만들 수 있으며, 돈 궤짝에 돈이 쌓이기만 하면 세상이 잘 돌아간다고 여긴다.

7레과 크기의 장화[1]를 신은 거인들에게 짓밟힐 수도 있다는 사실도 모르고, 세상을 집어삼키려고 혜성들이 고요한 대기를 가르며 하늘에서 전투를 벌이는 있다는 사실도 모른다. 아메리카는 시골티를 벗고 각성해야 한다. 지금은 머리에 수건을 덮고 잘 때가 아니라 후안 데 카스테야노스[2]의 장부들처럼 베갯머리에 무기를 두고 잘 때이다. 그 어떤 무기도 격퇴할 수 있는 판단력이라는 무기를 말이다. 사상으로 구축한 진지는 돌로 만든 진지보다 더 가치가 있다.

사상의 구름을 가르면서 나아갈 수 있는 뱃머리는 없다. 세상에서 적시에 불타오르는 강력한 사상은 최후의 심판 때 휘날리는 신비로운 깃발과도 같아서 철갑 함대라도 저지할 수 있다. 아직 서로 알지 못하는 민족은 조속히 서로에 대해 알아야 하고, 함께 싸우러 나가야 한다. 욕심 많은 형제처럼 서로 땅을 차지하려고 주먹다짐을 하는 사람이든, 저택을 부러워하는 판잣집 사람이든 손에 손을 잡고 하나가 되어야 한다. 범죄 전통의 비호 아래 동족의 피가 묻은 칼로 패배한 형제의 땅, 잘못한 것 이상의 벌을 받고 있는 형제의 땅을 잠식한 사람들아, 도둑 민족이라는 소리를 듣지 않으려면 어서 형제에게 땅을 돌려주어라. 명예로운 사람은 명예의 빚을 돈으로 받지 않는 법이거늘 수없이 뺨을 때리고 돈까지 받아내서야 되겠는가. 이제 우리는 우듬지에 꽃을 주렁주렁 매단 채 변덕스러운 햇살의 애무를 받을 때는 살랑거리고, 폭풍우에 난타당할 때는 허공에서 갈피를 잡지 못하고 나부끼는 나뭇잎 같은 민족으로 살아갈 수는 없다. 나무들이여, 7레과 크기의 장화를 신은 거인들이 지나가지 못하도록

1 1레과(legua)는 약 4,180미터이다. 샤를 페로(Charles Perrault)의 동화 「엄지동자」에 나오는 거인의 장화를 가리킨다.

2 후안 데 카스테야노스(Juan de Castellanos, 1522~1607)는 초기 아메리카 정복자였으나 이후 신부가 되었다. 『인디아스의 저명한 장부들에 대한 비가(Elegías de varones ilustres de Indias)』라는 역사시를 남겼다.

촘촘히 늘어서자! 오와 열을 맞춰 일사불란하게 행군할 시간이니, 안데스산맥에 뿌리박고 있는 은처럼 견고한 대오를 형성하여 나아가자.

오로지 칠삭둥이만 용기가 부족하다. 자기 땅에 믿음이 없는 자가 바로 칠삭둥이이다. 자기가 용기가 없다고 다른 사람도 용기가 없다고 생각하기 때문이다. 병약한 팔, 손톱을 칠하고 팔찌를 찬 팔, 마드리드 사람이나 파리 사람의 팔로는 나무에 올라가기 어려운데, 너무 높아 올라갈 수 없다고 투덜댄다. 자기를 길러준 조국의 뼈를 갉는 저런 해충은 배에 태워야 한다. 파리 사람이라면 아이스크림을 먹으러 토르토니 카페로 가고, 마드리드 사람이라면 가로등이 환히 빛나는 프라도 거리로 가거라. 목수의 아들이면서도 아버지가 목수라고 부끄러워하는 자식들! 아메리카에 태어났으면서도 원주민 앞치마를 두르고 있다는 이유로 키워준 어머니를 창피하게 여기고, 아픈 어머니를 외면하고 병상에 홀로 버려두는 후레자식들! 대체 누가 진정한 자식인가? 어머니 곁에서 병구완하는 자식인가? 아니면, 사람들 눈에 띄지 않는 곳에서는 어머니를 부려먹고, 썩어문드러진 땅에서 어머니에게 빌붙어 넥타이를 맨 버러지로 살면서도 자기를 품어준 가슴을 욕하고 종이로 만든 연미복 등판에 배신자라는 광고판을 붙이고 다니는 자식인가? 원주민과 함께 구원 받아야 하는 우리 아메리카, 점점 나아지고 있는 우리 아메리카에 살고 있는 이런 한심한 작자들! 원주민을 피구덩이에서 죽게 만든 미국군에게 총을 달라고 하는 배은망덕한 자들! 사람이면서 사람다운 일을 하지 않는 나약한 인간들! 미국 영토를 일궈낸 워싱턴 장군이 영국인들의 공격을 받았을 때 영국인과 함께 살겠다고 나서던가? 프랑스혁명 때 춤추고, 몸치장하고, 'r'발음을 빼고 말하던 앵크와야블[3]처럼 외국에서

3 앵크와야블(incroyable)은 프랑스혁명기 총재정부시대(1795-1799)에 'r'발음을 빼고 말하고, 옷차림과 유행에 민감하던 젊은 귀족 남성을 가리킨다. 말끝마다 "믿을 수 없는데(C'est incroyable)"를 연발해서 이런 별명이 붙었다.

명예를 땅바닥에 흘리고 다니는 사람들!

오랜 고통에 시달린, 우리 아메리카의 여러 공화국보다 더 자랑스러운 조국이 또 어디 있으랴? 말 없는 원주민 대중 사이에서 세워진 공화국이요, 책과 성체행렬용 촛대[4]가 요란스럽게 싸우는 와중에 사도 100인의 피투성이 팔뚝위에 세워진 공화국이다. 그토록 분열된 상황에서 그토록 짧은 시간에 그토록 선진적이고 탄탄한 나라를 세운 경우는 역사에서 좀처럼 찾아보기 힘들다. 오만한 사람은 글재주가 있고 언변이 화려하기 때문에 이 땅이 자기를 위한 연단이거니 여긴다. 또 전인미답의 밀림 때문에 유명한 토호[5]처럼 페르시아 조랑말을 몰고 샴페인을 터뜨리면서 여행하기 곤란하다는 이유를 들어 조국이 무능하고 구제불능이라고 비난한다. 그러나 신생국은 무능하지 않다. 적합한 형식과 꼭 필요한 위엄을 갖추려는 것뿐이다. 무능한 국가는 미국에서 4세기 동안[6] 아무런 제약 없이 시행된 법이나 19세기 동안이나 지속된 프랑스 군주제에서 물려받은 법으로, 유별하게 폭력적인 방법으로 형성된 국민을 통치하려는 국가이다. 해밀턴의 법안[7]으로 야네로[8]의 망아지 조련을 멈추게 할 수 없다. 시에예스[9]의 말

4 축제 때 행렬의 맨 앞에서 사람들이 들고 행진하는 긴 촛대를 가리킨다.

5 토호(gamonal)는 카시케와 마찬가지로 지방에서 군사력을 바탕으로 강력한 영향력을 행사하는 인물을 일컫는다.

6 마르티는 콜럼버스의 신대륙 도착을 기점으로 계산하여 400년이라고 얘기하는데, 이는 과장법이다.

7 알렉산더 해밀턴(Alexander Hamilton, 1757~1804)은 미국의 초대 재무장관으로, 국가재정신용(public credit)법, 국립은행법을 통과시켰고, 수입관세를 부과하자는 산업진흥법안을 마련했으나 부결되었다.

8 야네로(llanero)는 베네수엘라의 대평원 야노(llano)의 카우보이를 의미한다.

9 에마뉘엘 조제프 시에예스(Emmanuel-Joseph Sieyès, 1748~1836)는 프랑스혁명의 영웅으로, 『제3신분이란 무엇인가?(Qu'est-ce que le tiers état?』(1789)의 저자이다. 국민주권 개념을 발전시키고 대의민주주의 제도를 주장했다.

한마디로 원주민의 굳어버린 피를 흐르게 할 수는 없다. 훌륭한 통치를 하려면 해당 지역의 현실을 잘 살펴야 한다. 아메리카의 훌륭한 통치자는 독일인이나 프랑스인을 다스리는 방법을 잘 아는 사람이 아니다. 자기 나라가 어떤 요소로 이루어졌으며, 자기 나라 고유의 제도와 방법을 이용해서 이 모든 요소를 어떻게 이끌어갈지 잘 아는 사람이다. 그래야만 각자는 자신을 알고 행동하며, 자연이 그 나라의 모든 사람에게 선사한 풍요를 향유할 수 있는 바람직한 상태에 도달할 수 있다. 그래야만 국민은 피와 땀으로 나라를 풍요롭게 일구고 목숨을 바쳐 수호하게 된다. 통치는 자기나라에서 생겨나야 한다. 통치 정신은 자기나라 정신이어야 한다. 통치 형태는 자기나라 헌법에 맞아야 한다. 통치란 자기나라에 고유한 요소들의 균형일 뿐이다.

그래서 아메리카에서는 수입된 책이 자연인[10]에게 패퇴하였다. 자연인이 인위적인 식자층을 물리쳤다. 토착 메스티소가 이국취향의 크리오요를 물리쳤다. 문명과 야만의 싸움이 아니라[11] 그릇된 학식과 자연의 싸움이 있을 뿐이다. 자연인은 선하며, 뛰어난 지성을 존중하고 또 상찬한다. 그러나 겸손을 악용하거나 사람을 무시하면 용납하지 않는다. 그렇게 행동하는 사람이 있다면, 자연인은 완력을 사용해서라도 자존심에 상처를 입힌 사람이나 피해를 끼친 사람에게서 사죄를 받아내고야 만다. 아메리카의 폭군은 경멸의 대상이던 이 자연적 요소에 순응함으로써 권좌에 올랐고, 이를 배반한 순간 모두 몰락했다. 아메리카 공화국은 무능한 폭군을 몰아냄으로써 자기나라의 진정한 요소가 무엇인지 알게 되었고, 그런 요소로 정부 형태를 구성하고 다스리게 되었다. 이렇게 새

---

10 여기서 자연인(hombre natural)은 혈통, 사고, 지식 등의 면에서 라틴아메리카의 토박이라는 뜻으로 '인위적인 식자층'과 대립된다.

11 마르티는 사르미엔토의 문명과 야만 도식을 비판하고 있다.

시대를 맞이한 국민에게 통치자란 '창조자'를 의미한다.

교양인과 무식쟁이로 구성된 국가에서는 무식쟁이가 통치하게 된다. 모든 문제를 주먹으로 해결하려고 덤벼드는 무식쟁이의 성향 때문이다. 그런 나라에서 교양인은 통치술을 배울 수 없다. 무식한 대중은 게으르고, 지적인 일에 겁을 내고, 통치만 잘하기를 바란다. 그러나 정부가 비위에 거슬린다 싶으면 정부를 뒤흔들고 자기들이 직접 나서서 통치한다.[12] 아메리카에는 국민의 고유한 특성을 분석한 통치술의 기초를 가르치는 대학교도 없는 실정인데, 어떻게 대학에서 통치자가 배출될 수 있겠는가? 젊은이들은 양키의 안경이나 프랑스의 안경을 낀 채 어림짐작으로 세상에 나와서 제대로 알지도 못하는 국민을 다스리겠다고 설친다. 정치의 기본도 모르는 이런 사람들은 정치에 입문하지 못하도록 막아야 한다. 각종 경연대회의 상은 최고의 송가(頌歌)보다는 자기 나라의 구성요소에 대한 최고의 연구가 차지해야 한다. 신문, 강단, 학술단체는 각국의 실제 요소를 연구하도록 장려해야 한다. 단도직입적으로 말해서, 실제 요소를 파악하는 것만으로도 충분하다. 의도적이든 망각 탓이든 간에 진실의 편에 서지 않은 사람은 결국 진실 때문에 몰락할 것이다. 진실을 외면하는 동안 진실은 더욱 커져 진실 없이 세워진 것을 무너뜨릴 것이기 때문이다. 구성요소를 알고 문제를 풀면 모르고 푸는 것보다 훨씬 수월하다. 힘세고 분개한 자연인이 찾아와 책에서만 얘기하는 정의를 무너뜨릴 것이다. 그 정의가 각국의 현실에 맞지 않기 때문이다. 앎이 곧 문제 해결이다. 자기나라를 알고, 아는 바에 따라 통치하는 것이 폭압정치에서 해방되는 유일한 방법이다. 유럽의 대학교는 아메리카의 대학교를 본받아야 한다. 그리스의 집정관은 가르치지 않더라도 잉카제국부터 현재까지 라틴아메리카의 역사는 상세하게 가르쳐야 한다. 우리 것이

12 19세기 전형적인 토호의 정치행태이다.

아닌 그리스보다는 우리의 그리스가 더 낫다. 우리에게는 우리의 그리스가 필요하다. 민족주의 정치인이 외국지향의 정치인을 대체해야 한다. 우리 아메리카의 공화국에 세계를 접목시켜야 한다. 그렇더라도 대목(臺木)은 우리 것이어야 한다. 패배한 현학자는 입을 다물고 잠자코 있으라. 고통 받고 있는 우리 아메리카 공화국보다 더 큰 긍지를 느낄 수 있는 조국은 없기 때문이다.

우리는 발에 묵주를 차고, 백인의 머리에 원주민과 크리오요가 혼합된 몸으로 용감무쌍하게 아메리카에 태어났다. 우리는 성모의 깃발을 들고[13] 자유를 정복하러 나섰다. 멕시코에서는 사제 한 사람[14], 부관 몇 사람, 여성 한 사람이 원주민의 어깨 위에 공화국을 세웠다. 스페인 참사회원[15]은 사제의 망토를 입고 소수의 훌륭한 학생들에게 프랑스의 자유사상을 가르쳤고, 이들은 스페인 장군[16]의 지휘 아래 중앙아메리카에서 스페인에 대항하여 반란을 일으켰다. 비록 왕정 시절의 군복을 입고 태양 휘장을 가슴에 달고 있었으나 북쪽에서는 베네수엘라 사람들이 봉기하고 남쪽에서는 아르헨티나 사람들이 봉기했다. 두 명의 영웅이 맞부딪쳐 아메리카대륙이 요동칠 뻔했는데, 이 영웅 못지않게 위대한 저 영웅이 말머리를 돌렸다.[17] 평화 시에는 영웅적 행위를 찾아보기 어렵다.

---

13 1810년 9월 16일 멕시코의 미겔 이달고(Miguel Hidalgo, 1778~1850) 신부는 과달루페 성모 깃발을 들고 독립운동에 나섰다.

14 사제는 미겔 이달고 신부, 부관은 이그나시오 아옌데(Ignacio Allende, 1769~1811), 후안 알다마(Juan Aldama, 1774~1811), 마리아노 데 아발로소(Mariano de Abasolo, 1783~1816)를 가리킨다. 그리고 여성 한 명은 호세파 오르티스 데 도밍게스(Josefa Ortíz de Domínguez, 1773~1829)를 가리킨다.

15 엘살바도르의 독립선언을 추동한 스페인 자유주의 사상가 호세 마리아 카스티요(José María Castillo, 1785~1848)를 가리킨다.

16 가비노 가인사(Gabino Gaínza, 1753~1829는 아메리카에서 스페인의 관리로 근무하다가 1821년에 과테말라에서 중앙아메리카의 독립을 선언하였다.

17 파나마 운하 이남의 독립운동을 이끈 인물로는 호세 데 산 마르틴(José de San Martín,

전시보다 빛나지 않기 때문이다. 또 합리적으로 생각하는 것보다 명예롭게 죽는 게 더 쉽고, 한 마음으로 고양된 감정을 통치하는 것이 전쟁 후에 표출되는 갖가지 거만하고 이국적이고 야심만만한 생각을 통솔하는 것보다 더 쉬운 법이다. 역사적인 전투에서 패배한 권력자들은 아직도 고양이과[18] 특유의 조심성으로 영향력을 발휘하고 있다. 그리하여 맨발에 파리의 연미복을 걸치고 있어서 어설프기 짝이 없는 우리 메스티소 아메리카[19]의 여러 지역에서 자유와 이성을 지속적으로 실천함으로써 통치의 활력을 얻은 국민이 깃발을 게양한 건물을 침식하고 있다. 식민지의 계급 구조는 공화국의 민주주의 제도에 저항했다. 나비넥타이를 맨 수도(首都)는 승마 부츠를 신고 다닐 수 있는 들판을 현관에 남겨놓았다. 책에만 의존하던 해방자들은, 선각자의 목소리에 깨어난 이 땅의 영혼 덕분에 독립을 쟁취할 수 있었으므로 이 땅의 영혼에 의거하여, 도외시하거나 배척하는 법 없이, 통치해야 된다는 사실을 이해하지 못했다. 그리하여 아메리카는 신음하기 시작했다. 전제적이고 사악한 식민지배자가 물려준 상반되고 상충되는 요소를 조정하다보니 피로가 누적되었고, 아메리카 각지의 현실과 맞지 않음에도 불구하고 수입된 사상과 정부 형태를 추종하다보니 합리적인 정부의 출현이 지연될 수밖에 없었던 것이다. 3세기에 걸친 식민통치 기간 내내 이성을 행사할 수 있는 권리를 누리지 못한 아메리카 대륙에 어느 날 갑자기

1778~1850)과 볼리비아라는 국명의 기원이 된 시몬 볼리바르(Simón Bolívar, 1783~1830)가 있었다. 아르헨티나 출신의 산 마르틴은 칠레, 페루, 아르헨티나의 독립에 공을 세운 인물이고, 베네수엘라 출신의 볼리바르는 베네수엘라, 볼리비아, 페루, 콜롬비아, 에콰도르 등을 해방시켰다. "이 영웅 못지않게 위대한 저 영웅이 말머리를 돌렸다"는 말은 1822년 7월 에콰도르 과야킬 회동에서 산 마르틴이 볼리바르에게 독립운동 지휘권을 양보하고 고국 아르헨티나로 돌아간 일을 가리킨다.

18 마르티는 스페인 식민지배 세력과 그 추종자를 '호랑이'라고 표현한다.

19 메스티소 아메리카란 라틴아메리카를 의미한다.

이성에 바탕을 둔 정부가 들어섰다. 무지한 사람들의 도움으로 식민지에서 해방되었음에도 불구하고 이 사람들의 목소리에는 귀를 막은 것이다. 게다가 이 이성은 소수가 대학 강단에서 다수의 시골 이성에 강요하던 이성이 아니라 모든 사안에 관한 모두의 이성이어야 했다. 독립에서 중요한 문제는 통치 형태의 변화가 아니라 정신의 변화인 것이다.

압제자들의 이해관계 및 지배 행태와 정반대되는 체제를 확립하려면 피압제자들과 함께 대의명분을 마련해야 했다. 총구의 섬광에 놀라 달아난 호랑이는 밤이 되면 먹잇감이 있는 곳으로 되돌아오는 법이다. 언젠가 이 호랑이는 눈에서 불을 뿜으며 발톱을 드러낸 채 죽겠지만, 벨벳 위를 걷듯 소리도 내지 않고 살금살금 다가오기 때문에 먹잇감이 잠에서 깨어날 때면 이미 덮친 후이다. 식민지배의 유습은 공화국에 잔존하고 있다. 우리 아메리카는 심각한 잘못(각국 수도의 오만, 멸시 당하던 농민에 대한 맹목적 승리, 외국에서 무분별하게 수입한 사상과 제도, 원주민에 대한 부당하고 몰지각한 경멸)에서 탈피하고 있는데, 이는 월등한 장점을 가진 공화국이 유혈을 감수하고라도 식민지배의 유습을 척결한 덕분이다. 호랑이는 나무 뒤에서, 길거리 모퉁이에서 몸을 웅크리고 기다리고 있다. 그러나 얼마 후에는 눈에서 불을 뿜으며 발톱을 드러낸 채 죽을 것이다.

그러나 아르헨티나인 리바다비아[20]가 예고했듯이 "이들 국가는 살아남을 것이다." 리바다비아의 유일한 잘못은 조야한 시대에 어울리지 않게 세련되었다는 것이다. 마체테는 비단 칼집에 어울리지 않는다. 창으로 얻은 나라에서 창

---

20 베르나르디노 데 라 리바다비아(Bernardino de la Rivadavia, 1780~1845)는 아르헨티나 최초의 대통령으로, 강력한 중앙집권화를 꾀했으나 연방주의자의 반발로 취임 이듬해 사임하였다.

을 버릴 수는 없다. 이투르비데[21]의 사례에서 보듯이, 사람들이 분노하면 의회의 정문 앞에 모여서 "금발을 황제로 옹립하라"라고 요구하기 때문이다. 아무튼 이들 국가는 살아남을 것인데, 그 이유인즉슨 자연의 평온한 조화 덕분에 빛의 대륙에 온건한 정신이 감돌고 있고, 또 유럽에서 발흥한 비판적 독서의 영향으로 예전에 아메리카에서 만연한 어림짐작 독서와 공상적 사회주의 독서에서 벗어나고 있기 때문이다. 지금 이 시각 아메리카에서는 현실적인 인간이 탄생하고 있다.

우리는 운동선수의 가슴, 겉멋 든 사람의 손, 아이의 이마를 가진 환영이었다. 우리는 영국의 바지, 파리의 조끼, 미국의 폴로 코트, 스페인 투우사의 모자를 쓴 가면이었다. 원주민은 입을 다물고 우리 주위를 배회하다가 산꼭대기로 올라가서 자녀에게 세례를 주었다. 감시받던 흑인은 한밤중에 파도와 맹수들 사이에서 홀로, 아무도 모르게 심중에 묻어둔 노래를 불렀다. 창조자인 농부는 자신의 피조물, 즉 경멸스런 도시에 대한 분노에 사로잡혀 들끓고 있었다. 아메리카의 각국은 원주민처럼 머리띠를 동여매고 짚신을 신은 채로 세상에 나타났는데, 그런 나라에서 우리는 견장이고 예복이었다. 아메리카 각국의 건국자와 같은 대범함과 너그러운 마음으로 예복과 원주민의 머리띠를 결합시키고, 원주민을 자유롭게 풀어주고, 능력 있는 흑인에게 자리를 마련해주고, 자유를 위해 봉기해서 승리한 사람들의 몸에 딱 맞는 자유를 부여하는 것이 현명한 처사였을 것이다. 그러나 우리에게 남은 것은 판관, 장군, 식자(識者), 성직자였다. 천사처럼 순수한 우리 청춘은 마치 문어 다리에서 빠져나오

21 아구스틴 데 이투르비데(Agustrn de lturbide, 1783~1824)는 스페인군 장군이었으나 멕시코에서 독립운동이 시작되지 본국에 반기를 들었다. 입헌공화정을 추구하던 사람들이 1822년 멕시코의 초대 황제로 추대했다.

려고 안간힘을 쓰듯이 하늘로 치솟았으나 구름 왕관이라는 헛된 영예만 얻고 땅으로 추락했다. 본능에 이끌린 자연인 민족은 승리에 눈이 멀어 황금지팡이를 부숴버렸다. 유럽의 서적도 양키의 서적도 이스파노아메리카의 수수께끼를 푸는 열쇠가 되지 못했다. 그러자 증오가 활개를 치고, 각국은 해를 거듭할수록 쇠락했다. 책에 맞선 창의 저항, 성체행렬용 촛대에 맞선 이성의 저항, 농촌에 맞선 도시의 저항, 도시계급의 분열로 이제는 불가능해진 제국에 맞선 광포하거나 아니면 무기력한 자연적 국가의 저항과 같은 불필요한 증오에 염증이 나자 우리는 저도 모르게 사랑하기 시작했다. 국민들은 일어서서 인사를 나눈다. "우리는 어떤 사람들입니까?"라고 서로 묻고, 또 서로가 어떤 사람인지 얘기를 나눈다. 이제 코히마르[22]에서 어떤 문제가 생긴다고 단치히[23]에서 해결책을 구하지는 않으리라. 여전히 프랑스제 프록코트를 입고 있지만 생각은 아메리카다워지기 시작한다. 아메리카의 젊은이들은 소매를 걷어붙이고 반죽[24]에 손을 넣어 땀이라는 효모로 발효를 시킨다. 아메리카가 지나치게 모방하고 있다는 사실도 알고 있으며, 진정한 구원은 창조에 있다는 사실도 알고 있다. 창조는 이 세대의 암구호다. 바나나로 빚은 술은 시큼한 맛이 나겠지만, 그래도 우리의 술이다! 이 세대는 정부 형태가 그 나라의 자연적 요소와 어울려야 한다는 사실을 이해하고 있다. 고매한 사상이 형식의 오류에 빠지지 않으려면 형식의 상대성을 인정해야 하고, 자유가 실천 가능해지려면 진실하고 완전해야 하며, 공화

---

22 코히마르(Cojímar)는 쿠바의 수도 아바나에서 동쪽으로 10 km 정도 거리에 있는 작은 어촌 마을이다. 나중에 헤밍웨이의 소설 『노인과 바다』의 배경이 되기도 했다.

23 단치히(Danzig)는 발트해 연안에 있는 항구도시이다. 현재는 폴란드 영토이며, 지명은 그단스크로 바뀌었다.

24 스페인어 'masa'는 반죽과 대중이라는 뜻이 있다. 여기서 마르티는 이중의 의미로 이 단어를 사용하고 있다.

국이 모든 사람을 포용하여 함께 나아가지 않으면 망하리라는 사실도 이해하고 있다. 내부의 호랑이도 균열이 생긴 곳으로 들어오고, 외부의 호랑이도 마찬가지로 균열이 생긴 곳으로 들어온다. 진군할 때 장군은 기마병의 속도를 보병의 속도에 맞춘다. 보병이 뒤쳐지도록 내버려두면 기마병은 적에게 포위된다. 군사 전략과 정치는 다르지 않다. 아메리카 국민은 서로 비판하면서 살아야 한다. 비판해야 건강해지기 때문이다. 그렇지만 하나의 가슴과 하나의 정신으로 비판해야 한다. 몸을 낮춰 불쌍한 사람들을 안아서 들어 올리자! 뜨거운 심장으로 응고된 아메리카를 녹이자! 조국의 자연적인 피가 혈관을 타고 흐르면서 고동치도록 만들자! 이 나라 저 나라에서 아메리카의 새 인간이 두 발로 우뚝 서서 노동하는 사람의 기쁜 눈으로 서로 나눈다. 자연을 직접 연구한 정치가가 생겨난다. 책을 읽되 이제는 모방하는 대신에 응용한다. 경제학자는 문제의 근원을 연구한다. 연설가는 간결하게 말하기 시작한다. 극작가는 토착 인물을 무대에 올린다. 학술단체는 실천 가능한 주제를 토론한다. 시는 소리야[25] 풍의 너저분한 머리칼을 잘라내고 영광의 나무에 빨간 조끼[26]를 걸어놓는다. 눈부시게 정제된 산문은 사상을 담아낸다. 원주민 공화국에서 통치자는 원주민 언어를 배운다.[27]

아메리카는 모든 위험에서 벗어나고 있다. 몇몇 공화국 위에서는 아직도 문어가 잠을 자고 있다. 그러나 어떤 공화국은 균형의 법칙에 좇아, 잃어버린 몇

---

25 스페인의 낭만주의 시인 호세 소리야(José Zorrilla, 1817~1893)는 갖가지 수사법을 동원하여 장중한 문체를 구사했다.

26 프랑스의 낭만주의 시인 테오필 고티에(Théophile Gautier, 1811~1872)는 1830년 2월 25일 빅토르 위고의 『에르나니』 공연 때 빨간 조끼에 노란 장갑을 끼고 나타나 화제가 됐다.

27 멕시코 최초의 원주민 출신 대통령 베니토 후아레스(Benito Juárez, 1806~1872)를 염두에 둔 구절이다.

세기를 회복하고자 바다를 향해 당당하면서도 바쁜 걸음으로 나아간다. 또 어떤 공화국은 베니토 후아레스가 노새가 끄는 마차[28]를 타고 다녔다는 사실을 망각한 채, 바람처럼 빠른 마차를 타고, 비누거품으로 마부의 때깔을 낸다. 이런 일은 유해한 사치이자 자유의 적으로, 경박한 사람을 타락시키고, 외국에 문호를 개방하는 것이다. 어떤 공화국은 독립을 위협 받자 불굴의 정신으로 강인한 기질을 단련하고 있다. 또 어떤 공화국은 이웃 나라와 탐욕의 전쟁을 수행하느라 언젠가는 공화국을 집어삼킬지도 모르는 군대를 양성하고 있다. 그러나 우리 아메리카는 어쩌면 또 다른 위험에 직면하고 있는지도 모른다. 그 위험은 내부에서 연유하는 것이 아니라 아메리카 대륙의 두 인자 사이의 기원, 방법, 이해관계의 차이에서 연유한다. 이제 머지않아 우리 아메리카를 잘 알지도 못하면서 무시하는, 야심만만하고 강력한 국민이 긴밀한 관계를 구축하자고 요구하며 접근해올 것이다. 엽총과 법으로 일어선 강건한 국민은 오로지 강건한 국민만 사랑하는 법이다. 미국은 가장 순수한 피가 득세하면 무법천지와 야욕의 시대로 진입하지 않을 수 있다. 그렇지만 보복을 좋아하는 천박한 대중, 정복의 전통, 사욕을 챙기는 교활한 토호가 득세하면 그런 시대로 거침없이 뛰어들 텐데, 사소한 일에도 잘 놀라는 사람의 눈으로 보아도 아직은 임박하지 않았다. 만약 그런 때가 닥치면, 신중하고 의연한 자긍심으로 미국의 야욕에 맞서거나 모면할 기회는 없을 것이다. 미국은 전 세계 민족이 주시하고 있기 때문에 공화국으로서 체면을 지키고 있으므로 우리 아메리카는 유치한 도발이나 노골적인 오만이나 골육상쟁으로 빌미를 제공해서는 안 된다. 우리 아메리카의 당면 과제는, 우리가 어떻게 한마음 한뜻으로 숨 막히는 과거를 신속하게 청산

28 마차(coche)라고 옮긴 단어는 자동차를 의미하기도 한다.

했으면서도 유습과 싸우느라 흘린 생산적인 피와 전 주인이 구멍 낸 혈관에서 흘러나온 피를 손에 묻혔을 뿐이라는 사실을 보여주는 일이다.

인종에 대한 증오는 없다. 인종이 없기 때문이다. 저열한 사상가, 책상물림 사상가는 책에만 존재하는 인종을 짜깁기해서 과장한다. 정직한 여행자와 진실한 관찰자가 자연 상태에서 인종을 찾아보지만 허사일 뿐이다. 오로지 의기양양한 사랑과 격정적인 욕망에서 인간의 보편적인 동질성이 부각될 뿐이다. 생김새와 피부색이 각양각색이더라도 신체에 깃든 영혼은 언제나 동일하다. 인종 간의 대립과 증오를 조장하고 선동하는 사람은 반인륜적 범죄를 저지르는 것이다. 그러나 여러 민족이 뒤섞이거나 다양한 민족이 지근거리에서 살다보면 유별나고 역동적인 특성(허황된 탐욕에서 국외로 팽창하여 영토를 획득하려는 생각과 성향)이 형성되는데, 이러한 특성은 평소에는 국가적 관심사라는 잠재적 형태를 띠고 있다가 내부적으로 혼란한 시기, 즉 그동안 누적된 국가의 성격이 분출되는 시기에는 이웃 약소국에 대한 심각한 위협으로 변질된다. 그리하여 강대국은 약소국을 곧 멸망할 열등한 국가라고 선언하는 것이다. 생각에서 행동이 나온다. 우리는 시골사람의 반감에 사로잡혀 아메리카대륙의 백인 국민을 타고난 악종으로 간주해서는 안 된다. 우리와 다른 언어를 사용하고, 우리와 다른 방식으로 가정을 생각하며, 우리와 다른 정치적 오점이 있기는 하지만, 이 모두는 단순히 우리와 다를 뿐이다. 저들은 성격이 성마르고 피부색이 구릿빛인 사람을 좋아하지 않는다. 또 현재 조금 우월한 위치를 점하고 있기 때문에 역사적으로 큰 혜택을 누리지 못했으면서도 영웅적인 무대에서 올라와 공화국의 길을 가고 있는 사람들을 기특하게 바라보지 않는다. 그렇지만 우리는 명백한 문제점을 숨겨서는 안 된다. 그런 문제점은 적절한 연구를 행하고 대륙의 영혼이 조용히 그리고 시급히 단합하면 해결이 가능하며, 추후 수세기 동안 평화를 누릴 수 있다. 이미 한목소리로 부르는 찬가가 울려 퍼진다! 현 세대는 근면한 우리 아메리카를 짊어진 채 숭고한 선조가 닦아놓은 길을 가고 있다. 위대한 세미[29]가 콘도르의 등에 올라앉아, 리오브라보강[30]에서 마젤란해협까지, 대륙의 낭만적인 국가와 바다의 고통 받고 있는 섬[31]에 새로운 아메리카의 씨앗을 퍼뜨렸다!

---

29 세미(Semí 또는 Cemi)는 카리브해의 원주민이 숭배하던 조상신이다.

30 미국과 멕시코의 국경을 흐르는 강으로, 미국에서는 리오그란데라고 부른다. 호세 마르티가 말하는 '우리 아메리카'는 이 강 남쪽을 가리킨다.

31 '대륙'은 현재의 라틴아메리카 대륙을, '고통 받고 있는 섬'은 스페인의 식민지 지배를 받고 있던 쿠바 등의 카리브해의 섬을 말한다.

18. 칼리반의 승리

루벤 다리오

루벤 다리오(Rubén Darío, 1867~1916)는 19세기 말에서 20세기 초까지 스페인과 라틴아메리카를 대표하는 시인이다. 니카라과에서 출생하였으나 일찍부터 시재(詩才)를 인정받아 라틴아메리카 전역을 주유하였고, 모데르니스모(Modernismo)라는 혁신적인 시운동을 주창하여 당대의 라틴아메리카 시인뿐만 아니라 스페인 시인에게도 많은 영향을 주었다.

시인 루벤 다리오가 라틴아메리카 현실에 적극적으로 관심을 표명하게 된 계기는 1898년 미서전쟁(Spanish–American War)이었다. 이 전쟁은 1898년 2월 15일 쿠바의 아바나항에 정박한 미국 전함 메인(Maine)호가 의문의 폭발로 침몰하자 미국이 스페인에 선전포고를 함으로써 시작되었다. 당시 스페인의 식민지이던 쿠바에서는 독립전쟁이 한창이었는데, 미국이 느닷없이 개입하여 쿠바를 포함하여 푸에르토리코, 괌, 필리핀을 실질적인 속국으로 만들어버렸다. 이러한 미국의 신식민주의 팽창정책을 라틴아메리카 전역에 대한 실질적인 위협으로 간주한 라틴아메리카 모데르니스모 문인들은 문필의 힘에 의지하여 '라틴 세계의 단합'을 주장했는데, 그 효시가 된 글 가운데 하나가 바로 1989년 5월 2일 부에노스아이레스의 일간지 《엘 티엠포(El Tiempo)》에 루벤 다리오가 게재한 「칼리반의 승리(El triunfo de Calibán)」이다.

루벤 다리오는 이 글에서 라틴문화와 앵글로색슨 문화를 대립되는 문화로 설정하고, 미국을 셰익스피어의 작품 『폭풍우』에 등장하는 야만적인 캘리번에 비유한다. 다시 말해서, 미국 문화는 캘리번과 마찬가지로 오로지 물질주의만 좇고 이상이 결여된 반면에 라틴 문화에 속하는 스페인 문화는 이상을 추구하고 고결하다고 정의하며, 이러한 스페인 문화를 물려받은 라틴아메리카 또한 문화적으로는 미국보다 훨씬 우월하다고 주장한다. 이러한 루벤 다리오의 문화 분석은 1900년에 출판된 호세 엔리케 로도(José Enrique Rodó)의 『아리엘(Ariel)』로 이어진다.

참고문헌

1. Darío, Rubén. 1938. "El triunfo de Calibán". *Escritos ineditos.* Recogidos de periódicos de Buenos Aires y Anotados por E. K. Mapes. New York: Instituto de las Españas en los Estados Unidos. pp. 160-162.
2. Darío, Rubén. 1998. "El triunfo de Calibán". Edicion y notas de Carlos Jáuregui. *Revista Iberoamericana.* 184-185. pp. 441-455.
3. Jáuregui, Carlos. 1998. "Calibán, icono del 98: A propósito de un artículo de Rubén Darío". *Revista Iberoamericana.* Vol. LXIV, Nums. 184-185, Julio-Diciembre. pp. 441-449.

싫다, 은이빨을 가진 그 버펄로들 편에 설 수는 없다. 그러고 싶지도 않다. 그들은 나의 적이며 라틴 혈통을 증오하는 야만인들이다. 그러기에 오늘날 고귀한 사람들은 누구나 치를 떤다. 혈관에 늑대의 피가 조금이라도 흐르는 고결한 사람들은[1] 모두 항거한다.

나는 위압적인 철과 돌의 도시들에서 양키들을 보았으며, 그들 틈바구니에서 살았던 시간들은 막연한 불안과 고뇌의 연속이었다. 마치 커다란 산이 위에서 짓누르는 듯했고, 흉포한 대장장이들이자 날고기를 먹고 마스토돈[2]의 집에서 거주하는 키클롭스[3]들의 나라에서 숨쉬는 듯한 느낌이었다. 얼굴이 불그스레하고 뚱뚱하며 야비한 그들은 짐승처럼 서로 밀치고 서로 부딪치며 달러를 사냥하기 위해 거리를 헤맨다. 이 칼리반들의 이상은 주식시장과 공장에 둘러싸여 있다. 그들은 끊임없이 먹어치우고, 계산기를 두드리고, 위스키를 마시며 백만장자가 된다. 〈홈, 스위트 홈(Home, Sweet Home)〉을 노래하지만 그들에게 집은 예금계좌와 밴조[4], 흑인 남자 그리고 파이프일 뿐이다. 일체의 이상주의를 적대시하는 그들은 성마른 진보 안에서 영원히 팽창을 욕망하는 거울이다. 그러나 에머슨[5]은 칼라일의 달과 같은 존재로 높이 평가받는다. 그리고 손도끼로 쪼아 시를 지은 그들의 휘트먼은 엉클 샘[6] 풍의 서민적인 예언자다. 또 그들의 에드거 앨런 포, 고통과 알코올에 취한 가련한 백조인 그들의 위대한 포는 결코 그가 이해받지 못할 땅에서 자신의 꿈에 목숨을 바친 순교자였다. 러니어[7]의 경우에는, 그의 이름에서 빛을 발하는 한 방울의 라틴 혈통 덕분에 개신교 목사들과 해적 떼와 카우보이들을 위한 시인으로 전락할 위험에서 벗어날 수 있었다.

---

1 로마의 창건자인 로물루스와 레무스 쌍둥이 형제가 늑대의 젖을 먹고 자랐다는 전설을 암시하며, 여기서는 앵글로색슨족과 대비되는 라틴족을 지칭한다.

2 마스토돈(mastodon)은 코끼리를 닮은 동물이다. 북아메리카에 살던 마스토돈은 약 1만 년 전에 인간의 사냥으로 멸종되었다고 한다.

3 키클롭스는 그리스 신화에 등장하는 애꾸눈의 거인이다.

4 벤조는 흑인이 사용하는 기타 비슷한 현악기다.

5 랠프 월도 에머슨(Ralph Waldo Emerson, 1803~1882)은 미국의 시인이자 수필가이다. 영국의 토머스 칼라일(Thomas Carlyle, 1795~1881)의 『의상철학』, 『영웅숭배론』을 읽고 감명을 받아 교분을 나누었다. '칼라일의 달'이란 '미국의 칼라일' 정도의 뜻이다.

6 엉클 샘(Uncle Sam)은 미국을 의인화한 캐릭터이다. 보통은 백발에 턱수염을 기르고 성조기를 연상시키는 복장을 한 나이든 남자로 그린다.

언제나 그들은 말한다. "우리 것이 세상에서 제일 크다!"라고. 정말로 그곳에서 우리는 거인국[8]에 왔다고 느낀다. 그들은 나이아가라 폭포와 브루클린 브리지, 자유의 여신상, 20층 높이의 성냥곽들, 다이너마이트포, 밴더빌트[9], 굴드[10] 그리고 신문들과 통조림 깡통을 가지고 있다. 그들은 우뚝 솟은 높이에서-우리가 그들의 어깨 높이밖에 되지 않을 정도로 신장이 월등히 크다-비프스테이크를 게걸스럽게 먹지도 않고 '올 라이트(all right)'라고 말하지도 않는 우리를 열등한 존재인 양 내려다본다. 파리는 이 거구의 야만적인 아이들을 위한 기뇰[11]이다. 그들은 향락을 즐기고 달러를 뿌리러 그곳에 간다. 그들끼리는 즐거움조차 거칠고, 그들의 여자들은 눈부시게 아름다워도 탄성고무로 만들어졌기 때문이다.

벼락부자가 지체 높은 가문의 신사들을 모방하듯이 그들은 "그런데, 영어는 하십니까?"라고 거드름을 피며 영국인들을 흉내 낸다.

그들은 모든 신들을 위한 사원을 가지고 있지만 어떤 신도 믿지 않는다. 그들의 위인들의 이름은 에디슨이 아니면 린치[12], 먼로[13], 빅토르 위고의 『끔찍한 해(L'année terrible)』(1872)에서 대면할 수 있는 그랜트[14]이다. 예술과 과학에서, 그들은 거대한 붉은 고릴라들처럼 닥치는 대로 모방하고 모든 것을 비틀

7 시드니 러니어(Sidney Lanier, 1842~1881)는 19세기 후반 미국 남부를 대표하는 시인으로 바이런에게서 영감을 얻었으며 음악적인 미를 추구하고 상업주의를 비판하였다.

8 스위프트의 『걸리버 여행기(Gulliver's Travels)』에 나오는 거인국을 말한다.

9 밴더빌트(Vanderbilt)는 캘리포니아에 위치한 과거의 금광도시이다.

10 제이 굴드(Jay Gould, 1836~1892)는 19세기 미국의 철도회사 경영자, 금융업자, 주식투자가이다. 1869년 금(金) 투자로, 이른바 '암흑의 금요일'로 일컫는 공황의 원인을 제공하여 기소되기도 했다.

11 기뇰Guignol)은 손에 인형을 끼워 조종하는 프랑스의 전통적인 인형이다. 손가락 인형이라고도 부른다.

어 변형시킨다. 그러나 억겁 세월의 바람도 그 거대한 야수를 품위 있게 만들지는 못할 것이다.

싫다, 그들 편에 설 수는 없다. 나는 칼리반의 승리를 옹호할 수 없다.

어느 날 밤 자유로우면서도 엄숙한 집회에서[15] 3인의 우리 라틴족 대표자가 고귀한 스페인, 오늘날 기진맥진한 스페인이 양키들에 의해 침략당한 것을 성토하였을 때 내 영혼이 기쁨으로 충만했던 이유는 바로 이것이다.

이들 중 한 사람은 아르헨티나인인 로케 사엔스 페냐[16]였다. 범미주회의(凡美洲會議)[17]에서 그의 목소리는 먼로의 과시적 슬랭[18]과 달리 대륙의 장대함을 보여주는 고결한 어조를 띠었고, 바로 그들의 앞마당에서 미국인들에게

---

12 C. W. 린치(C. W. Lynch, 1736~1796)는 미국 독립 혁명기에 반혁명 분자를 즉결 재판으로 처형한 버지니아 주의 치안 판사이다. 흔히 정당한 법적 절차에 의하지 않고 잔인한 폭력을 가하는 것을 가리키는 말로 쓰인다.

13 제임스 먼로(James Monroe, 1758~1831)는 미국의 제5대 대통령으로 자신의 이름을 딴 먼로독트린을 주창하였다. 유럽과 아메리카는 상호 내정문제에 간섭하지 말자는 이 먼로독트린은 1898년 미서전쟁을 기점으로 아메리카에서 미국의 팽창주의 정책을 정당화하는 근거로 이용되었다.

14 율리시스 심프슨 그랜트(Ulysses Simpson Grant, 1822~1885). 미국의 제18대 대통령으로 독불전쟁 당시 독일을 지지하여 1877년 프랑스 방문 시에 빅토르 위고의 비판을 받았다. 다리오는 시집 『삶과 희망의 노래(Cantos de vida y esperanza)』(1905)에 실린 「루스벨트에게(A Roosevelt)」에서 이와 관련해 이렇게 노래하고 있다. "이미 위고가 그랜트에게 말했네. 별들은 당신들의 것이라고."

15 미서전쟁이 진행 중이던 1898년 5월 2일 부에노스아이레스의 '라 빅토리아(La Victoria)' 극장에서 열린 강연회를 가리킨다. 이 강연회는 부에노스아이레스의 '스페인 클럽' 주최로 미국의 침략전쟁을 규탄했다. 연사로 나선 사람은 아르헨티나인 로케 사엔스 페냐, 프랑스 출신 폴 그루삭, 이탈리아 출신 호세 타르나시(José Tarnassi) 3인이었다.

16 로케 사엔스 페냐(Roque Sáenz Peña, 1851~1914)는 아르헨티나의 대통령을 역임(1910-1914)한 정치가이다. 아르헨티나 대표로 1890년 제1차 범미주회의에 참석한 사엔스 페냐는 먼로독트린에 대한 반대의사를 표명하기 위해 '아메리카인을 위한 아메리카'라는 먼로독트린의 슬로건을 '인류를 위한 아메리카'라고 바꿔 얘기했다.

우리의 공화국들에는 야만인의 탐욕스러운 입을 밤새워 감시하는 존재들이 있음을 분명하게 보여주었다.

사엔스 페냐는 그날 밤 스페인에 대해 감동적으로 말했고, 청중들은 워싱턴에서의 그의 승리를 떠올리지 않을 수 없었다. 그는 틀림없이 그런 품격 있는 웅변으로 정치 사기꾼 블레인에게 일격을 가했을 것이다! 블레인과 그의 모든 면화 재배자들과 베이컨 생산자들, 철도 건설자들에게!

라 빅토리아 극장에서 있었던 강연에서 사엔스 페냐는 또 한 번 정중한 신사이자 정치가였다. 그는 평소에 누누이 말해왔던 바를 되풀이했다. 그는 텍사스를 집어삼킨 뒤에도 여전히 아가리를 벌리고 있는 보아 뱀의 위험성을 경고했고, 앵글로색슨족의 탐욕과 양키들이 보여준 엄청난 식욕, 미 정권의 정치적 오명에 대해, 그리고 독기 오른 보아 뱀의 다음 공격을 대비하는 것이 라틴아메리카 국민들에게 얼마나 유용하고 또 얼마나 절실한가에 대해 역설했다.

단 한 사람만이 이 문제에 있어 사엔스 페냐만큼 끈질기고 선견지명이 있었다. 그 사람은 다름 아닌–기묘한 시간의 아이러니여!–자유 쿠바의 아버지 호세 마르티[19]다. 마르티는 자기 혈통의 국민들에게 약탈자들을 경계하라고, 범미주회의의 음모에 현혹되지 말고 오히려 양키 나라 장사꾼들의 속임수와 함정에

---

17 제1차 범미주회의(International Conference of American States)를 가리킨다. 미국 국무장관 제임스 블레인(James G. Blaine, 1830~1893)이 기획한 이 회의는 1889년 10월부터 4월까지 미국 워싱턴에서 개최되었다. 총 14개국이 참가한 이 회의에서는 먼로독트린을 기본 이념으로 삼아 미주공화국연맹(International Union of American Republics)을 창설하였다. 1948년에 미주기구(Organization of American States)로 개칭하여 현재에 이르고 있다.

18 다리오는 '아메리카인을 위한 아메리카'라는 먼로독트린의 슬로건을 슬랭(slang)이라고 비꼬고 있다.

19 호세 마르티(José Martí, 1853~1895)는 쿠바의 작가이자 혁명가이자 사상가로 쿠바인은 '사도', '독립의 아버지'로 추앙한다.

서 눈을 떼지 말라고 끊임없이 설파했다. 오늘날 곤경에 처한 진주[20]를 돕는다는 구실을 내세워 괴물이 그곳의 진주조개 따위를 닥치는 대로 집어삼키는 것을 본다면 마르티는 뭐라고 말할까?

나는 앞서 언급한 강연회에서 정치가가 정중한 신사와 짝을 이루고 있다고 말했다. 사엔스 페냐가 그 두 가지를 겸비했다는 것을 그의 전 생애가 잘 보여준다. 양키들의 전리품 자루에 떨어진, 세상에서 가장 고결한 나라를 지키기 위해, 다이너마이트로 무장하고 기계공의 작업복을 걸친 골리앗과의 결투를 받아들이는 맨손의 기사를 지키기 위해 그런 인물이 나타나야만 했다.

폴 그루삭[21]은 프랑스를 대표했다. 그 고명한 은자(隱者)가 자신이 칩거하던 책의 동굴과 학자적 고립을 떨치고 나와 역시 불의와 힘의 물리적 승리에 항거하는 모습을 지켜보는 것은 신명나는 광경이었다. 위대한 작가가 뛰어난 연설가인 경우는 드물지만, 그루삭의 강연은 청중을 사로잡았고 특히 행사에 참석했던 지식인들을 열광시켰다. 그루삭의 모든 글이 그렇듯 높은 문학적 품격을 지닌 그루삭의 강연은 정의를 지지하는 고귀하고 힘찬 예술이었다. 청중은 그루삭이 이렇게 말하는 것을 들었을 것이다. "뭐라고요? 이 사람이 사람을 산 채로 집어삼키는 괴물입니까? 이 사람이 먹이를 난도질하는 도살자입니까? 이 사람이 잔혹한 총수라도 됩니까?"

양키와 그들의 외래문화, 그들의 문명, 그들의 본능, 그들의 성향과 기질, 그리고 그들의 위험성을 비판하고 있는, 농축되고 옹골진 금속성의 그루삭의

---

20 쿠바는 흔히 '카리브의 진주'라고 부른다.

21 폴 그루삭(Paul Groussac, 1848~1929)은 프랑스에서 이민 온 아르헨티나의 작가이자 문학평론가로, 45년간 아르헨티나 국립도서관장직을 역임했다.

최신작[22]을 읽은 사람들은 라마르세예즈[23]가 연주된 뒤에 이어진 강연을 듣고도 놀라지 않았을 것이다. 그렇다. 프랑스는 스페인 편입에 틀림없었다. 격정적인 프랑스의 종달새는 라틴 혈맥 중에서 가장 고명한 줄기의 하나를 찍는 도끼를 저주하지 않을 수 없었다. 그루삭이 감격하여 "위풍당당한 스페인 만세!"라고 외쳤을 때, 스페인 혈통 사람들의 가슴에서 "프랑스 만세!"라는 응답이 그토록 절절하게 한 목소리로 솟아나온 적은 결코 없었다.

이탈리아 대표로는 타르나시[24] 박사가 나섰다. 타르나시는 만초니[25]의 장렬하고 열정적이며 이탈리아적인 소리로, 라티움[26] 혈통에 대한 맹세를 표현했다. 먼 옛날의 어머니 로마가 타르나시의 안에서 말했고, 타르나시를 통해 로마의 12음절 시행들이 대담하고 호전적으로 울려 퍼졌다. 그리고 거대한 청중은 이 불타는 트럼펫 합주(squillo di tromba)에 전율했다.

라틴 종족의 위대한 세 나라를 대표하는 3인의 강연을 들은 우리 모두는 이러한 성토가 얼마나 정당한지, 이러한 태도가 얼마나 절실하게 필요한지 생각하고 느꼈으며, 또 당장 떨치고 일어나 일하고 투쟁해야 한다는 것을 분명하게 확인했다. 라틴동맹은 더 이상 유토피아 왕국의 파타 모르가나[27]가 아니기

---

22 189년에 출판된 폴 그루삭의 『라플라타에서 나이아가라까지(De la Plata al Niágara)』(1897)를 가리킨다.

23 프랑스의 국가(國歌)이다.

24 호세 타르나시(José Tarnassi, 1863~1906)는 이탈리아 태생의 아르헨티나인으로, 부에노스아이레스 대학교에서 라틴어를 가르쳤다.

25 알레산드로 만초니(Alessandro Manzoni, 1785~1873)는 이탈리아의 소설가이자 극작가로, 강한 애국심과 기독교 정신을 통합한 작품을 썼다.

26 라티움(Latium)은 고대 로마가 있던 곳의 지명이다.

27 파타 모르가나(Fata Morgana)는 지평선에서 나타나는 신기루를 말하며, 아서 왕의 이부(異父) 누이로 마력의 소유자인 파타 모르가나의 이름에서 따왔다.

때문이다. 다른 종족의 정책과 이권이 고개를 쳐드는 순간이 오면, 우리 민중들은 하나 된 피의 물결과 하나 된 영혼의 물결을 느낄 것이다. 영국인들이 그들의 오랜 원한과 과거의 분쟁에 대한 기억을 영국은행 금고에 고이 모셔놓은 채, 미국의 승리를 얼마나 기뻐하는지 보이지 않는가? 영국 배가 유니언잭을 나부끼며 옆을 지나갈 때 민주주의를 신봉하는 평민 양키들이 만세삼창을 부르며 〈신이시여 여왕을 구하소서(God save the Queen)〉[28]를 노래하는 것을 보지 못하는가? 그들은 한통속으로 "미국과 영국이 세상의 주인 되는 날이 오리라"고 생각한다.

그것이 바로 육신과 영혼이 합쳐지듯, 시련의 순간에, 우리 종족도 하나로 굳게 뭉쳐야 하는 이유다. 우리는 감정적인 종족이다. 그러나 우리는 또한 힘의 지배자이기도 했다. 태양은 우리를 버리지 않았고 르네상스는 뿌리 깊은 나무인 우리의 것이다.

멕시코부터 티에라 델 푸에고[29]에 이르기까지 오래된 씨앗이 뿌려지고 생명의 수액을 타고 우리 종족의 위대한 미래가 다시 한 번 뻗어가기 시작하는 광대한 대륙이 있다. 유럽으로부터, 세계로부터, 우리의 밀림이 활기를 띠도록 도와줄 세계주의의 거대한 바람이 불어온다. 그러나 미국은 아직도 철도의 촉수와 무쇠팔을 뻗치고 탐욕스러운 아가리를 벌린다. 중앙아메리카의 그 가난한 공화국들이 맞서 싸워야 할 상대는 이제 해적 워커[30]가 아니라 니카라과에서 운하를 파는 양키들일 것이다. 아직도 영토의 일부가 잘려나간 아픔을 잊지

---

28 영국의 국가(國歌)의 가사이다.

29 티에라 델 푸에고(Tierra del Fuego)는 아메리카대륙 최남단에 위치한 섬이다.

30 윌리엄 워커(William Walker, 1824~1860)는 19세기 중엽 몇몇 라틴아메리카 국가들의 정복을 시도했던 테네시 출신의 해적으로 1856년 무력으로 니카라과 대통령에 오르기도 했다.

못하는 멕시코[31]는 경계를 늦추지 않고 있다. 콜롬비아의 지협[32]은 미국의 석탄과 철로 넘친다. 베네수엘라는 양키들이 먼로독트린 따위를 통해 빅토리아 여왕의 병사들이 니카라과의 코린토 항을 점령하는 것을 가능하게 했다는 것을 깨닫지 못한 채, 먼로독트린과 최근의 비상사태에서 영국에 일어난 일에 현혹되고 있다. 페루에서는 미국의 승리에 찬동하는 시위가 있었다. 또 유감스럽게도 브라질은 엉클 샘의 호혜주의 정책에 부쩍 관심을 보여 왔다.

지도적 사상가들이 미래의 위험을 경고하고 미국의 탐욕이 백일하에 드러난 마당에, 우리가 할 수 있는 유일한 것은 방어를 준비하는 것이다.

그러나 혹자는 이렇게 말한다. "양키들이 더 강하다는 걸 모르나? 우리는 대국에 먹히거나 짓밟혀 궤멸될 운명이라는 것을 알지 못한단 말인가? 자네는 그들의 우월성을 인정하지 않나?" 물론 인정한다. 내 어찌 매머드의 등짝 형상을 한 거대한 산을 보지 못할 수 있겠는가? 그러나 다윈과 스펜서가 뭐라고 지껄이든, 나는 거대한 야수가 내 두개골을 빠개도록 바위 위에 순순히 머리를 올려놓지는 않을 것이다.

베헤모스[33]는 거대하다. 그러나 나는 자발적으로 그 거대한 발밑에 몸을 바치지는 않을 것이다. 설령 베헤모스에게 붙잡힌다 해도, 최소한 나의 혀는 마지막 생명의 호흡으로 끝내 최후의 저주를 퍼부을 것이다. 그리고 그 많은 몽상가들과 꿈을 공유했든, 아니면 그 숱한 순교자들과 영웅적 행위를 함께 했든 나는 언제나 자유 쿠바를 지지한 사람이지만, 그러나 폭력과 힘과 불의를 앞세운 난폭한 적에 침략당한 스페인을 바라보는 순간 나는 스페인의 친구다.

---

31 1848년 멕시코와 미국 간에 체결된 과달루페이달고(Guadalupe Hidalgo)조약에 따라 지금의 미국 남서부 지역이 미국 영토로 편입된 사실을 말한다.

32 콜롬비아지협은 현재의 파나마지협을 가리킨다. 이 글을 쓸 당시 파나마는 콜롬비아 영토였다.

33 베헤모스는 성서의 욥기(40:15–24)에 등장하는 큰 짐승이다.

"그런데 당신은 언제나 스페인을 공격하지 않았는가?" 결코 그렇지 않다. 스페인은 종교적 광신자도, 경직된 현학자도 아니요, 또 자신이 알지 못하는 아메리카를 멸시하는 서툰 선생도 아니다. 내가 옹호하는 스페인은 고결함과 이상, 숭고함의 스페인이다. 그 이름은 세르반테스, 케베도[34], 공고라[35], 그라시안[36], 벨라스케스다. 그 이름은 엘시드, 로욜라[37], 이사벨[38]이다. 그 이름은 로마의 딸, 프랑스의 자매, 아메리카의 어머니다.

미란다[39]는 언제나 아리엘을 택할 것이다! 미란다는 영혼의 은사(恩賜)다. 산더미처럼 쌓인 돌과 철과 황금 그리고 베이컨을 준다 해도 나는 결코 나의 라틴 영혼을 칼리반에게 팔지 않을 것이다.

---

34 프란시스코 데 케베도(Francisco de Quevedo, 1580~1645)는 스페인 바로크 시대의 작가로 풍자시인으로 명성을 얻었다.

35 루이스 데 공고라(Luis de Góngora, 1561~1627)는 스페인의 바로크 시인으로 교양주의(culteranismo) 또는 공고리스모(gongorismo)라 불리는 난해한 작시법으로 유명하다.

36 발타사르 그라시안(Baltásar Gracián, 1601~1658)은 주로 교훈적이고 철학적인 산문을 썼던 스페인 황금세기 작가이다.

37 이그나시오 데 로욜라(Ignacio de Loyola, 1491~1556)는 스페인 수사로, 예수회를 창립했다.

38 콜럼버스의 신대륙 항해를 지원한 스페인의 가톨릭 양왕(Reyes Católicos) 가운데 한 사람인 이사벨 여왕(1451~1504)을 가리킨다.

39 셰익스피어의 『폭풍우(The Tempest)』에 등장하는 프로스페로의 딸로 세속에 물들지 않은 이상적인 여인으로 그려진다.

19. 아리엘

호세 엔리케 로도

호세 엔리케 로도(José Enrique Rodo, 1871~1917)는 우루과이 출신의 사상가이자 정치가이자 언론인이다. 우루과이 상류층 집안에서 태어난 로도는 어릴 때부터 뛰어난 재능으로 주목을 받았다. 1898년에는 대학교를 졸업하기도 전에 몬테비데오 대학교 문학 교수로 임명되었다. 1900년에 발표한 『아리엘(Ariel)』로 라틴아메리카 전역에서 문명을 얻은 로도는 이후 정계에 진출하여 국회의원을 역임했다. 그러나 정신 질환을 앓은 뒤에는 극심한 염세주의에 빠졌고, 끝내는 이탈리아 팔레르모의 어느 호텔에서 쓸쓸히 생을 마감했다.

로도는 『아리엘』에서 세익스피어의 『폭풍우』에 등장하는 공기의 요정 아리엘을 이상주의의 상징으로, 칼리반을 물질주의와 실용주의의 상징으로 설정한다. 그리고 이상주의를 추구하는 스페인 문화와이를 이어받은 라틴아메리카 문화는 고귀하고 고상한 반면에, 물질주의와 실용주의를 추구하는 미국 문화는 천박한 감각주의에 빠졌다고 비판한다.

이러한 로도의 공식은 당시 라틴아메리카 전역의 대다수 지식인을 사로잡았다. 급속한 근대화, 대규모 유럽 이민자의 유입, 미국의 제국주의적 팽창과 위협이라는 국내외의 변화하는 현실에 능동적이고 효과적으로 대응할 수 없었던 지식인들에게 로도의 공식과 장중한 문체는 일종의 안식처를 제공했기 때문이다.

여기에 소개한 번역은 『아리엘』의 제6장이다.

참고문헌

1. Rodó, José Enrique. 1976. *Ariel. Motivos de Proteo.* Caracas: Biblioteca Ayacucho. pp 33-48.

인간의 숙명으로 받아들여진 실용주의와, 사회적 생산법칙으로서 우중(愚衆)평등주의는 긴밀하게 짝을 이루어, 유럽에서 흔히 '아메리카니즘' 정신이라고 부르는 것을 구성한다. 저기 북미에서 번영과 권능을 한껏 뽐내고 있는 강력하고 생산적인 민주주의 상을 염두에 두지 않고서는 실용주의적이고 평등주의적인 실천이나 사회성을 생각할 수도 없고, 이 개념들과 상반되는 개념을 비교한다는 것도 불가능하다. 북미의 민주주의는 사상의 지도와 제도의 효율성을 증대시키는 눈부신 전례를 보여주고 있다. 영국의 정신이 실용주의와 동의어라면, 미국은 그 존재 자체가 실용주의의 구현이라고 할 수 있을 것이다. 실용주의라는 복음은 물질적 기적이라는 은총을 통해 세계 곳곳으로 퍼져나간다. 이스파노아메리카[1]도 실용주의의 복음과 관련해서 전적으로 이교도 지역이라고 말할 수는 없다. 강력한 미연방의 영향력이 우리의 정신까지 정복하고 나섰다. 미국의 강력함과 위대함에 대한 경탄이 우리 지도층은 물론이고, 미국하면 떠오르는 승자 이미지에 매료된 일반 대중들까지 사로잡은 듯하다. 경탄은 곧 모방의 의지로 바뀌게 마련이다. 심리학자의 입장에서 보면 경탄과 신뢰는

1 이스파노아메리카(Hispanoamérica)는 라틴아메리카에서 스페인어를 사용하는 국가를 아울러 일컫는 말이다. '스페인어권 아메리카'라고 번역하기도 한다.

모방의 소극적인 방식이다. 월터 배젓(Walter Bagehot)은 "인간 모럴의 본성인 모방 성향은 정신세계의 깊은 곳, 믿음에 자리한다."고 언급하였다. 통상적으로 생각해도 경탄과 모방의 연관성을 쉽게 이해할 수 있다. 우리는 보다 우월한 것, 훌륭한 것을 모방하기 마련이다. 정복에 따른 강제가 아니라 스스로의 의지로 '탈라틴화'된 아메리카를 꿈꾸는 비전이 바로 그 경우이다. 이 비전은 미국이라는 전형과 유사한 이미지를 추구한다. 진정으로 우리의 미래를 염려하는 많은 이들조차 이런 꿈을 꾸고 있다. 또한 이 비전은 그들이 기쁨을 안고 매 걸음마다 가장 유사한 시사점들을 형성해갈 수 있도록 영감을 주고, 개혁과 혁신을 향한 지속적인 목표의 표명이 되기도 한다. 우리는 미국병(nordomanía)을 앓고 있다. 이에 관해 이성적으로나 감성적으로 감내할 수 있는 한계점을 지적할 필요가 있다.

한계점이라고 해서 절대적인 부정의 의미를 부여하고자 하는 것이 아니다. 나는 강자로부터 영감을 얻고, 일깨움이나 가르침을 받을 수 있다는 것을 잘 알고 있다. 국가의 기틀을 다져나가고 있는 민족이라면 외국의 사례를 눈여겨 보면서 도움이 될 만한 유용한 점들을 검토하는 과정이 굉장히 생산적이라는 사실을 모르는 것이 아니다. 항구적인 교육을 통해 문명의 새로운 요구와 삶의 새로운 기회에 부합하는 인간 사회의 면모를 개선해 갈 수 있다는 사실을 잘 알고 있다. 그리고 혁신의 영향과 과거 유산 및 관습의 힘 등을 통해 균형을 유지해야 할 것이다. 그러나 나는 민족의 본성-각각의 '개별적인' 특성-까지 바꾸어가며 외국식 모델을 따름으로써, 무엇과도 바꿀 수 없는 우리 정신의 정수를 강제로 희생하면서 얻을 수 있을 영광이 무엇일지 모르겠다. 또한 인위적이고 즉흥적인 모방의 방식으로 가능하리라는 순진한 믿음만 가지고 영광을 이룰 수도 없다. 쥘 미슐레(Jules Michelet)는 자생적이고 자연스럽게 형성된 한 사회의 모습을 다른 사회에 그저 그대로 옮기기만 하면 된다는 생각은 경솔하다고 했다. 이는 간단한 이식의 과정으로 죽은 식물을 살아있는 조직에 접합해서 회생시킬 수 있다는 논리와 다를 바 없다는 것이다. 역사적이고 본질적으로 전혀 다른 기반을 가진 사회들 사이에서 단순한 모방이 무슨 의미가 있겠는가. 문학이나 예술에서처럼 사회구조 역시 무분별한 모방은 지양해야 할 뿐 아니라 경솔한 시도는 원본의 형태를 흐트러뜨릴 수도 있다. 다른 국가의 본질, 정신의 살아있는 힘을 그대로 재현해서 타문화의 성공과 번영의 비밀까지 밝혀냈다고 생각하는 사람들의 속임수는 스승의 재능을 자기 것으로 만들었다는 환상에 빠진 순진한 견습생을 떠올리게 한다. 견습생은 스승의 스타일이나 방식을 따라하는 것만으로 스승의 모든 것을 배웠다고 생각한다. 마찬가지로 우리는 다른 국가의 제도나 관습의 겉모습을 따라하고 있을 뿐인데 마치 그 사회가 이룩한 성공까지 거머쥔 것처럼 여긴다.

이와 같은 헛수고의 저변에는 나로서는 뭐라고 표현해야 좋을지 모를 저열함이 있다. 우월한 자, 강자, 승리자, 가진 자에 대한 흉내는 정치적 속물주의라고 할 수 있다. 새커리(William M. Thackeray)는 자신의 책에서 속물을 영원한 풍자의 대상으로 삼았다. 이러한 비굴한 자기포기로 사회 고위층의 변덕과 사치를 의미 없이 모방함으로써 자연으로도 재물로도 되살려낼 수 없는 사회적 활력이 소진되어 버린다. '내적인' 독립성을—개성의 독립성, 기준의 독립성—수호하는 것은 자기존중의 근간이다. 윤리학 책에는 키케로의 도덕률이 자주 등장한다. 그에 따르면 각자 경쟁적으로 개인의 특징적 고유성을 지키고 유지하는 것은 인간이 지켜야 할 도리 중 하나이다. 개인의 고유성이란 선(善)을 거스르지 않는다면 자연의 근본적인 추동력을 존중하면서 그것이 무엇이 됐건 그 사람을 구별하고 규정짓는 고유한 특성을 형성한다. 자연은 다양한 경로로 스스로의 은총을 나누며 세계의 질서와 조화를 이루었다. 내가 보기에 이 도덕률은 개인보다는 공동체, 인간 사회의 특질에 적용했을 때 더 진가를 발휘할 수 있을 것 같다. 어쩌면 너희는 존속의 여부, 총체성으로 현재 우리사회조직을 위해 애써야 한다는 특정한 인지 같은 것이 존재하지 않는다는 소리를 듣게 될 것이다. 아니면 우리 공동체의 본질에서 '개별성'의 온전한 윤곽이 부재하는 것일지도 모르겠다. 그러나 차별화되고 독립적인 각자의 개별성 대신 우리 라틴아메리카인은 하나의 인종적 유산을 물려받았다. 이는 지켜나가야 할 위대한 인종적 전통이자,[2] 우리의 명예가 미래에도 계속될 것을 믿게 해주고, 그리하여 역사라는 불멸의 페이지와 우리를 이어줄 신성한 연결고리이다. 라틴아메리카 형성 과정에서 세계주의(cosmopolitismo)는 거부할 수 없는 필요성이었다. 세계주의는 과거에 대한 정절을 배제하는 것이 아니다. 또한 미래의 궁극적인 아메리카인을 구성할 요소들을 재편하기 위해 인종의 특성이 지녀야 할 강력한 지도력과 조형성을 배제하지 않는다.

인류 역사상 가장 풍요롭고 화려했던 시기나 위대한 발전이 이루어진 시대에는 삶에 대한 관심과 자극을 유지하는 두 가지 서로 다른 힘의 대립에 바탕을 둔 추동력이 공존했고, 그 덕분에 풍요와 발전의 성과가 있었다는 사실이 확인된다. 그러나 이 같은 대립이 야기하는 충돌들은 사회가 완전히 하나가 되어 평정을 이루면서 사라지게 된다. 아테네와 스파르타라는 양극의 경우도 가장 뛰어나고 문명화된 인종의 기질을 중심축으로 삼았다. 아메리카는 우리의 역사적 현실이 될 이 구조의 독특한 이중성을, 일정한 시간 동안 날아간 만큼의 영토를 받기 위해 지구의 양극에서 동시에 하늘로 날아 오른 두 독수리의 고전적인 신화를 지켜나가야 한다. 기발함과 경쟁을 바탕으로 한 차이는 연대감을 해치는 것이 아니라 여러 가지 면에서 사회적 연대의 조정을 용인한다. 어떤 고차원적인 화합이 먼 미래에서 온 형태로 오늘날에 나타날 수 있다면 그것은 한 인종에서 다른 인종으로 전해지는 종류의, 타르드(Gabriel Tarde)가 말하

2 로도가 말하는 인종은 백인, 흑인과 같은 생물학적 차이가 아니라 앵글로색슨, 라틴 등 문화의 차이로 분류한 것이다.

는 '일방적인 모방'이 아니라 두 문화의 영예 위에 세워진 조화와 상호작용에 기인한 것이 되리라.

한편, 몇몇 사람이 우리의 유일하고 절대적인 모델로 제시하고 있는 미국 문명에 대한 신중한 연구를 살펴보면, 모든 고유성을 포기하는 치욕과 부적절함을 감수하자는 논리만큼이나 강력한 다른 논리가 존재한다. 우리에게 미국 문명에 대한 우상 숭배적 신성화를 강요하려는 열망을 완화시킬 만한 논리이다. 이제 내가 오늘의 연설 주제와 직접적으로 관련하여 모방 정신에 대해 논할 때가 되었다.

모든 진지한 미국 진단은 거만한 맞수를 대할 때처럼 격식을 갖춘 기사도적인 인사를 건네는 것으로 시작해야 한다. 나의 정신은 격식을 차릴 준비가 되어있다. 상대의 단점을 알지 못하는 것은 장점을 부정하는 것만큼 분별없는 일이다. 자유의 '선천적인 경험'과 함께 태어난–보들레르가 다른 상황에서 사용한 역설을 차용하자면–미국인들은 자신들의 기원에 충실했고, 사회조직의 기본 원칙들을 산술적 진보의 정확성과 안정성으로 발전시켰다. 그들의 역사는 다양한 자질과 가치를 배제하는 대신 논리의 지적 아름다움이 지닌 통일성을 성취했다. 미국인들의 발자취는 인권 관련 연표에서 빠지지 않고 등장할 것이다. 실험적 시도와 유토피아적 상상을 통해 자유가 불멸의 조형물이자 살아있는 현실이 되도록 함으로써 최초로 근대적 자유 개념을 제시했기 때문이다. 공화국의 확고한 권위가 국가 전역에 퍼져나갈 수 있다는 것도 직접 보여주었다. 또한 연방제를 통해 소집단의 평화와 안녕이 어떻게 큰 집단의 권력과 영광에 융화될 수 있는지–토크빌의 흡족해하는 표현을 빌자면–계시해 주었다. 미국인들의 업적 중 몇 가지는 너무도 대담무쌍한 일이라 세계의 업적이라 부를 만하다. 노동의 힘과 위대함을 전적으로–우리 문명의 도덕적 아름다움을 두드러지게 하며–드러나게 만든 영광은 그들의 것이었다. 고대에는 비천한 노예제에 맡겨버렸던 그 축복받은 힘은 오늘날에는 노동의 본질적 가치의 자각을 통해 우리 인간의 존엄성에 대한 최고의 표현으로 생각하게 되었다. 강하고 끈질기며 게으름을 수치로 여기는 그들은 이제 신화 속 헤라클레스의 기둥을 작업장의 기계공과 들판에 나선 농부에게 맡겼다. 그리고 대장장이의 가죽앞치마를 둘러줌으로써 인간의 재능에 예기치 않은 새로운 아름다움을 선사했다. 초기 청교도들이 황무지를 개척한 것처럼 그들은 삶을 정복해나가고 있다. 미국인은 스스로를 운명의 주체로 만들어주는 인간 개개인의 에너지를 지속적으로 경배하며, 사회란 로빈슨 크루소와도 같은 개인들의 총합으로 여긴다. 스스로 돕는 행위를 통해 개성을 강화시킨 후에 조직이 견고한 사회라는 필라멘트를 만들어내게 된다. 미국이라는 광대한 제국의 가장 존경스러운 수완은 이렇듯 개인주의를 희생하지 않고 사회를 구성해낼 줄 알았다는 점이다. 연구, 자선, 산업이라는 명분 아래 미국인들은 각 개인의 역량을 모아 놀라운 성과를 이루어냈다. 그 과정에서 개인의 독자성이 온전히 유지된다고 보았다. 늘 깨어있고 지칠 줄 모르는 호기심은 미국적 본능이다. 그들에게는 계몽을 향한 갈망이 있다. 승리와 생산성에 대한 편집광적 집착으로 국민교육에 대한 끊임없는 애정을 보인다. 학교를 번영의 중심축으로 어린이의 영혼을 가장 귀중한 가치로 만들었다. 미국 문화는 섬세함이나 정신적인 것과는 거리가 멀어도 눈앞의 목표를 실질적으로 달성하는 데 뛰어난 효력을 보여준다. 보편의 진리로서 과학을 연구하기보다 실질적인 적용의 용례들을 통해 과학을 놀라운 마법으로 만들고 실용성이라는 면에서 과학의 비중을 키워왔다. 그들은 증기기관이나 전기 발전기처럼 인류라는 알라딘에게 봉사할 마법의 램프보다 100배나 더 월등한, 보이지 않는 1조의 노예를 선사했다. 미국의 위대함과 힘의 성장은 앞으로도 계속 놀라움의 대상이 될 것이다. 미국은 특출한 임기응변으로 시간을 재촉하는 박차를 발명해냈다. 절대적인 고독 속에서 어느 날 갑자기, 그들의 강력한 의지로 인류의 지난 업적과 맞먹는 문화적 총체를 빚어냈다. 청교도적 자유라는 빛은 과거로부터 지금까지 이어져 자애의 온기와 합쳐졌다. 그들의 강인한 손은 공장과 학교 옆에 성전(聖殿)을 건립했고, 그곳에서 수많은 자유로운 의식이 기도를 통해 발산되었다. 그들은 모든 관념의 난파선으로부터 가장 고귀한 이념을 구해낼 줄 알았다. 섬세하고 깊이 있는 영성주의로 무장하지는 않을지라도 종교적 전통은 지켜나가고 있다. 실용주의가 만연한 가운데 도덕성의 고삐를 단단히 쥐고 있으려는 의지를 보여준다. 문명화된 삶의 세련됨 속에서도 일종의 강건한 원시성을 간직할 줄도 안다. 그들은 건강, 재능, 힘을 이교도처럼 숭배한다. 근육 속에서 의지의 값진 기구를 다져나간다. 인간의 모든 행위의 기운을 기르려는 그칠 줄 모르는 영감에 의무감을 느낀 그들은 자유로운 인간의 심장을 위해 건장한 운동선수의 상체를 이상으로 삼는다. 문명의 조화, 적절한 문화적 움직임에서 낙관, 자신감, 믿음이라는 미국의 특징, 끈질기고 원대한 희망을 암시하면서 사람들의 심장을 미래로 향하게 만드는 특징이 발생한다. 『더욱 더 높이』와 『인생찬가』 같은[3] 시집을 통해 미국 시인들은 모든 씁쓸함에 특효약인 향유를 보여주었다.

미국의 위대함은 이렇게 그 문명의 본질적 불균형과 기저에 깔려 있는 폭력적인 역사를 경계하는 사람들조차 압도한다. 나도 그들을 사랑하지는 않지만 존경하는 것을 여러분이 깨닫고 있을 것이다. 무엇보다 '원하는 것'에 관한 그들의 대단한 능력 때문에 그렇다. 미국인들이 제도화시킨-샤슬(Philarète Chasles)이 자기 조상에 관해 이야기한 것처럼- '의지와 노동의 학교' 앞에서 고개가 절로 숙여진다.

'태초에 행동이 있었다.' 미국의 미래의 역사가들은 저 유명한 『파우스트(Faust)』의 구절을 인용하며 아직도 끝나지 않았을 그들의 창세기를 시작할 수 있을 것이다. 미국의 기질은 역동적인 사람들의 세계, '움직이는 힘'으로 정의될

3 둘 다 롱펠로(Henry Wadsworth Longfellow, 1807~1882)의 시이다.

수 있다. 무엇보다도 미국은 능력, 열정, 행동에 대한 축복받은 소명의식을 지녔다. 의지는 단단한 돌에 미국 국민을 조각하는 끌이다. 미국적 본질이라는 부조(浮彫)는 의지의 힘을 독창성과 대담성이라는 두 가지 방식으로 드러낸다. 미국의 역사는 남성적 행동성의 분출로 점철되어있다. 미국의 대표적인 인간형은 니체의 초인 개념과 같이 '나는 원한다(Yo quiero)'형이다. 천박함에서 미국을 구원할 무언가가 존재한다면 그것은 사욕과 물질주의조차 서사적 위대함이라는 영기(靈氣)를 부여받을 수 있도록 하며 성취에 이르게 하는 힘의 비범한 과시일 것이다. 시카고와 미니애폴리스의 투기자들에 대해 폴 부르제(Paul Bourget)가 이야기한 바 있다. 영웅적인 전사들처럼 공격과 방어에 임하는 그들의 태도가 위대한 황제[4]의 베테랑 병사와 비견된다고. 이러한 에너지는 그들의 문명에서 다양하고 예외적으로 보이는 것들에서도 나타난다. 에드가 앨런 포가 미국인답지 않은 반항적이고 비정상적인 개성을 지녔다는 사실은 아무도 부정하지 못할 것이다. 유별난 그의 영혼은 미국적 정서와는 동화될 수 없는 특별함의 전형이다. 사람들 사이에서 괜히 무한고독의 감정으로 발버둥친 것이 아니다. 그럼에도 불구하고—보들레르가 깊이 있게 지적한 것처럼—포의 작품에 등장하는 주인공들은 근본적으로 초인적인 기질, 길들여지지 않는 반항적 의지를 지니고 있다. 포의 인물들 중에서 가장 신비롭고 찬미할 만한 리지아[5]를 그가 구상하였을 때, 포는 죽음에 맞서는 의지와 승리의 찬가를 그녀의 두 눈에 불멸의 빛으로 형상화하였다.

강력한 국가로서 미국의 창대한 기질을 진심으로 인정했으니 나는 평가를 공평하게 마저 할 권리가 있다고 생각한다. 흥미진진한 문제가 거론되어야만

---

4 나폴레옹을 지칭한다.

5 리지아(Ligeia)는 에드가 앨런 포가 1838년에 발표한 단편 「리지아」에 등장하는 여주인공이다.

한다. 저 사회는 정신의 명문화된 요구를, 우리 문명의 도덕적 지적 존엄성을 충족시키는 이성적인 행위의 이념을 실현하는가, 아니면 적어도 실현시키고자 하는가? 미국 문명에서 과연 우리가 염원하는 '완벽한 도시'에 가장 근접한 모습이 있다고 할 수 있는가? 삶의 역동성과 강렬함을 100배나 증가시키는 듯한 그 들뜬 조바심은 그럴 만한 목표이고 정당한 자극일까?

뉴욕의 한 연회에서 아메리카의 민주주의를 진심으로 찬양하면서 허버트 스펜서는 끝없는 노동 욕구와 온갖 물질적인 팽창에 대한 집념으로 표현되는 바로 그 넘치는 조바심이 미국인들의 삶에서 근본적인 특징이라고 지적했다. 스펜서는 이어서, 실용성이라는 즉각적인 목적에 종속된 활동들이 압도적으로 많다는 사실에서 용납이 되는 존재(existencia tolerable)라는 개념이 드러난다고 말했다. 이 개념은 의심할 나위 없이 문명의 잠정성과 문화의 초기 단계를 보여주는 징후이며, 실용적 노동이 최고의 인생 목표로 변질되려는 경향 때문에 이제는 시급히 바로잡을 필요가 있다는 것이 스펜서의 의견이었다. 실용적 노동은 존재의 총체적이고 조화로운 발현을 가능케 해줄 요소들을 축적하는 것 이상의 의미는 없다. 스펜서는 미국인들에게 휴식과 놀이의 복음을 전하는 것이 필요하다고 덧붙였다. 스펜서가 말하는 휴식과 놀이의 가장 고귀한 의미가 고대의 도덕가들이 귀히 여기던 '여가ocio'의 의미가 같다고 일단 가정하자. 그리고 미국의 그 일벌레들에게 가르침을 주어야 할 휴식과 놀이의 복음에 의거하여 실용성이라는 즉각적 목표에 대한 모든 관념적 고찰, 시간의 모든 비영리적 사용, 명상의 모든 목적을 짚어볼 것이다.

파스칼이 오직 안락함을 위한 안락함의 열렬한 추구를 거론하면서 지적한 그 악순환에 미국인들의 삶은 실제로 빠져들었다. 미국의 번영은 너무나 대단해서 인간의 운명이라는 개념조차 아랑곳하지 않는다. 강렬한 의지와 모든 물질적 영역에서의 전대미문의 승리라는 엄청난 업적, 덕분에 미국 문명은 전체적으로 불충분과 공허라는 독특한 인상을 자아낸다. 기독교 정신과 고전 정신이라는 권위가 주도한 3,000년 진화의 역사에 의거하여 미국 문명의 지도 원리가 무엇인지, 그 관념적 기저가 무엇인지, 그 대단한 대중을 움직이는 실질적인 이해관계에 대한 노심초사 뒤에 있는 목적이 무엇인지 묻는다면, 물질적 승리에 대한 동일하고 절대적인 관심만 또다시 발견할 뿐일 것이다. 방향을 잡아줄 깊이 있는 전통이 없는 고아인 미국인들은 과거의 영감이 넘치는 이상을 미래를 위한 고귀하고 이타적인 비전으로 대체하는 법을 알지 못했다. 그들은 오직 눈앞의 현실을 위해 살며, 자신들의 모든 행위를 개인적·집단적 안락이라는 이기주의에 종속시킨다. 그들의 부와 권력의 총합은 『거짓말(Mensonges)』의 작가인 폴 부르제가 작중 인물 중 하나인 노르베르트 후작의 지성에 대해 말한 것처럼 불을 피울 방법이 없는 장작더미나 마찬가지이다. 연소할 물질이 쌓여있지만 열정적이고 살아있는 이상의 불씨를 일으킬 불꽃이 없다. 고차원의 동기부여가 결여되어 있어서 국가적인 이기주의조차 불길을 일으킬 수 없다. 설령 고대 로마 삶의 산문적 경직성을 변화시키고 위대하게 만든 배타주의와 인종적 자부심이 있다 하더라도, 국제적인 혼란과[6] 곡해된 민주주의의 원자주의가 진정한 국가의식의 형성을 막고 있는 나라에서는 이상(理想)과 미의 징후조차 있을 수 없다.

메트로폴리의 비범한 실증주의는 해방된 아메리카의 자식들에게 전해지면서, 모든 이상적 요소가 걸러져버렸다. 그리하여, 격하게 과장하고 빈정거리는 와중에, 영국 실증주의로 치부되기도 한다. 하지만 영국정신은 실용주의의 거친 껍질과 상업적 무관심과 청교도적 엄격성 아래 천성적인 시적 기질과 그윽한 감성의 샘을 숨기고 있다. 텐[7]이 느끼기에 이 감성의 샘은, 비록 정복욕과

---

6 국제적 혼란(confusión cosmopolita)은 미국이 다민족 사회인 것을 지칭한다.

7 이폴리트 텐(Hippolyte Taine, 1828~1893)은 프랑스의 문학비평가이다. 1863년에 출판한

장사꾼 습성 때문에 변질되었다고는 하나, 게르만의 피를 받은 영국인의 원시적인 본질이 비범한 감성이라는 것을 보여준다. 섬세한 손길로 모세가 바위를 내려치자 흘러나온 맑은 물처럼 영국의 바위를 내려쳤을 때 그 한가운데에서 솟아오른 귀족적인 시적 본능을 미국의 정신은 유산으로 물려받지 못했다. 영국은 상류 사회 안에-정치적 권리라는 면에서 시대착오적이고 부당할지라도-영리주의적 환경과 침입자의 글에 대응할 함락 불가능한 높은 능보를 보유하고 있다. 이 능보는 너무나 높아 범접할 수 없었기에 텐이 확언하기를, 그리스의 도시국가시절부터의 인류 역사에서 인간의 고귀한 감수성을 함양하고 고양시는 데 적합한 더 좋은 예가 없었다. 아메리카의 민주주의 환경에서는 욱일승천하는 천박한 정신이 넘지 못할 굴곡이란 없다. 그래서 그 천박함이 무한한 팜파로 평탄하게 퍼져나간다.

미국이라는 거대한 국가는 감수성, 지성, 풍습 모든 영역에서 철저하게 우둔한 선택을 한다. 물질적 행위와 정치적 삶을 기계적으로 영위할 뿐만 아니라 이 상주의의 영역에 속하는 모든 영역에서는 대단히 무질서하다. 가장 외적인 것에서부터 가장 본질적이고 내적인 것에 이르기까지 이 우둔함의 예를 찾는 것은 쉬운 일이다. 미국인들은 부(富)를 탕진하면서-아르파공[8]의 탐욕도 그에 미치지 못한다고들 말한다-극도의 화려함에서 만족과 허영을 얻었다. 그러나 타고난 심미안을 얻는 데는 실패했다. 그런 상황에서 진정한 예술은 개인적인 반항의 차원이 아니면 존재할 수 없었다. 에머슨이나 포와 같은 예술가는 지진으로 살던 곳에서 쫓겨난 동물의 예처럼 보인다. 폴 부르제는 『바다 저편(Outre-mer)』

『영국문학사(Histoire de la littérature anglaise)』 서설에서 인종, 환경, 시대라는 문학비평 기준을 제시한 것으로 유명하다.

8 아르파공은 몰리에르의 희곡 『수전노(L'Avare ou l'École du mensonge)』의 주인공이다.

에서, 부(富)의 추파를 받아온 미국인들의 입술에서 '예술'이라는 단어가 얼마나 힘차고 엄숙하게 진동하는지에 대해 이야기한다. 또한 인간의 온갖 우아한 수사를 동원하여 예술 작품에 월계관을 씌우고자 하는 그 강건하고 완벽한 자립영웅들(héroes del self-help)에 대해서도 이야기한다. 그러나 미국인들은 자신들이 힘주어 거론하는 그 신성한 행위를 단지 그들의 공격적인 호기심을 만족시키는 새로운 모티프나 허영의 전리품처럼 인식할 뿐이다. 그들은 예술의 무관심성[9]에 대해 알지 못한다. 섬세한 미적 감각 함양을 위해 아낌없이 부를 쏟아 붓는데도 불구하고, 미국 도시들을 우쭐거리게 만드는 각종 전시회와 수많은 훌륭한 박물관에도 불구하고, 수많은 광장에 대리석과 청동 동상이 산을 이루는데도 불구하고 그들은 예술을 모른다. 만약 언젠가 미적 취향을 미국의 이름으로 특징지을 일이 있다면, 그것은 예술 자체를 부정하는 함의를 지닌 이름일 수밖에 없으리라. 예술효과를 억지로 내는 야만성, 모든 부드러움과 세련됨에 대한 안목 부족, 사이비 위대함에 대한 숭배, 분주한 삶의 조급함과는 공존 불가능한 고귀한 평온함을 배제하는 '선정주의'일 뿐이다.

미에 대한 이상주의는 금욕적인 청교도의 후손을 사로잡지 못한다. 진정성 역시 마찬가지다. 미국인들은 눈앞의 목적이나 결과물을 낼 수 없는 모든 종류의 사상적 고민을 허황되고 비생산적인 것으로 평가절하 한다. 그들은 과학을 진실에 대한 이타적인 열망에서 연구하지 않는다. 그 자체로서 소중히 여겨 연구한 경우도 없었다. 연구는 단지 실용적인 적용에 앞선 절차일 뿐이라고 여긴다. 대중교육 보급을 위한 미국인들의 찬란한 노력은 기초 지식을 다수에게 알리려는 고귀한 목적을 지니고 있다. 그러나 교육의 양적 성장 외에는 별 관심

9 무관심성(desinteresado)은 이마누엘 칸트의 미학 용어이다. 예술 작품을 감상할 때 작품의 이외의 지적 도덕적 전제를 개입하지 말고 작품 자체의 미를 기준으로 판단해야 된다는 뜻이다.

이 없는 것 같다. 전반적인 우매함을 극복하려는 상향평준화 노력에 도움이 될 선택과 고양에 관심을 기울이는 징후가 없다. 무지에 대한 미국인들의 투쟁 결과 고급문화가 깊은 나락으로 빠져들고 보편적인 반쪽문화가 탄생했다. 그 거창한 민주주의 사회에서, 극단적인 무지의 감소에 비례하여 높은 수준의 지혜와 천재성도 줄어들었다. 이는 그들의 사상사가 독창성과 재기를 잃어 왔음을 말해준다. 독립에서 국가기반을 형성하는 시기로 이어지면서 수많은 저명인사의 이름들이 등장하여 그들의 사상과 민중의 의지를 대변한다. 반세기가 지나 토크빌은 "신들이 떠난다"라고 말하고 있다. 그렇지만 토크빌이 그의 걸작을 저술할 때도 금세기의 지성사에서 보편성의 위대함을 보여주는 일군의 그룹은 아직 '청교도의 도시', 박학한 전통의 도시로부터 나오고 있었다. 하지만 과연 누가 채닝[10], 에머슨, 포의 유산을 이었는가? 평준화가 스스로 파국을 재촉하며 그나마 남아있는 지성의 씨를 말리고 있다. 미국인들의 책은 전 세계가 인정할 만한 높은 경지에 날아오른 지 이미 오래다. 문학에서 오늘날 미국적 취향의 대표적인 예는 지난 날 『연방주의자』[11]라는 책을 낳은 저널리즘을 떠올리는 회색빛의 신문 지면이다!

도덕적인 면에서 실용주의의 기계적인 밀어붙이기는 강력한 종교전통이라는 제동장치로 조율할 수 있었다. 그렇다고 해서 미국인들이 정말로 비세속적으로 행동했다고 믿으면 곤란하다. 영국 신앙심의 극단적인 파생물인 미국

10 윌리엄 앨러리 채닝(William Ellery Channing, 1780~1842)은 미국의 유니테리언(Unitarian) 목사이자 에머슨이 주창한 초절주의(Transcendentalism) 운동의 지도자이다.

11 『연방주의자(The Federalist)』는 미국의 독립 이후 중앙정부권한의 실질적인 강화를 골자로 하는 새 헌법의 비준을 위해 알렉산더 해밀턴(Alexander Hamilton), 제임스 매디슨(James Madison), 존 제이(John Jay)가 뉴욕의 한 신문에 푸블리우스(Publius)라는 필명으로 기고한 85편의 논설을 묶어 1788년 출간된 책이다.

신앙심은 형법의 보조적인 역할을 할 뿐이다. 스튜어트 밀이 꿈꾸었던 것처럼, 미국인들은 실용주의적 도덕률에 종교적 권위를 부여할 수 있을 날이 오면 기꺼이 자리를 내줄 것이다. 미국적 도덕률의 최고봉은 벤자민 프랭클린의 도덕률이다. 그의 행동 철학은 평범한 정직함과 실용적인 신중함에 기초해 있기 때문에 영웅주의나 신성함은 결코 생겨날 수 없다. 또한 프랭클린의 행동 철학은 그저 보통의 인생항로에서 자신이 살아생전 짚고 다니던 사과나무지팡이 정도의 도움, 오르막길에서 사용하는 가냘픈 지팡이 정도의 도움을 줄 뿐이다. 최고의 봉우리가 그렇다. 그러나 현실을 찾아야 할 곳은 계곡이다. 미국의 도덕률이 프랭클린의 진솔하고 절제된 실용주의보다 더 저급한 수준으로 떨어지지는 않는다 해도, 이런 식의 제한 속에서 교육된 사회는–제국의 몰락과정에서 사탄의 아름다움을 야기하는 거만하고 화려한 퇴폐주의까지는 아니더라도–필경 일종의 핏기 없고 평범한 물질주의에 빠지고, 최종적으로는 도덕적 삶의 모든 지탱축이 조용히 허물어지면서 광채 없는 쇠약한 꿈으로 전락하게 될 것이다. 자기희생이나 덕을 의무의 범주 밖에 두려는 교훈이 지배하는 사회에서는, 현실이 의무의 테두리를 무한정 축소시킬 것이다. 그러나 물질적 번영의 양성소는 오늘날 사람들의 영혼을 사로잡고 있는 이성적 행동이라는 개념의 천박함을 더 멀리가게 만들어 버렸다. 더 노골적인 행동 철학이 프랭클린의 행동 철학 대신 미국적 지혜가 되어버렸다. 대중성(popularidad)과 비판정신, 새로운 도덕률의 명백한 표출인 보통선거가 미국 각지에서 실시된 지 5년이 채 되지 않았다. 『앞으로 나아가라(Pushing to the front)』라는 제목의 박식한 책의 저자[12]는 청교도의 도시 보스턴에서 성공을 삶의 최고의 목표로 여겨야 한다고 엄숙하게 선언하였다. 그의 계시는 가톨릭 신자들에게서도 반향을 일으켰다. 한번은 이

12 [원주] 오리슨 스웨트 마든(Orison Swett Marden), 1894년 작품.

책이 켐피스의『그리스도를 본받아』[13]와 비견될 정도라고 언급하기도 했다!

공공영역 역시 미국 사회의 뼈 속 깊이 내재된 혼란의 씨앗이 낳은 결과로부터 자유로울 수 없다. 그렇게 대단한 분석가가 아니라도 미국의 정치적 관습을 지켜본 사람이라면 여러분들에게 실용적 이득에 대한 강박이 어떻게 점진적으로 사람들의 마음에서 올바른 사리분별의 감각을 약화시키는가를 언급할 것이다. 시민의 가치, 해밀턴의 오랜 덕은 케케묵은 전통 사이에서 하루하루 잊혀져가고 녹슬어가는 강철 잎사귀 신세가 되었다. 돈에 좌지우지되는 모습은 보통선거에서 시작해 제도권의 모든 부문에 퍼졌다. 평범함을 지향하는 정부는 근성과 지성을 예찬하는 경쟁, 효율이라는 면에서 볼 때 근성과 지성을 고양시키는 경쟁을 헛되게 만든다. 우월한 개인에 관한 고귀한 교육적 개념을 조율할 줄 몰랐던 미국 민주주의는 항상, 자유의 최고 미덕을 흠집 낼뿐만 아니라 여론의 이름으로 타인에 대한 존중을 짓밟는 그 가증스러운 숫자놀음을 지향했다. 게다가 오늘날에는 무조건 다수결 원칙에마저 악랄하게 맞서는 엄청난 힘이 고개를 들고 있다. 생산을 독점하고 경제생활을 쥐고 흔드는 강력한 트러스트 멤버들로 대표되는 금권 정치의 영향은 오늘날 이 대단한 국가, 미국의 일면을 보여주는 특징들 중 하나이다. 금권 정치의 형성은 곧 로마제국시대의 말미에 부유하고 거만해진 계급의 등장을 상기시켜준다. 그들은 카이사르 황제의 전횡과 자유의 쇠락을 예견하는 전조였다. (미국 문명의 정수인) 물질적인 성장에만 열중하는 논리는 정치 분야에서도 같은 방식을 강요한다. 행동의 우선순위에서 '삶을 위해 투쟁하는 자'를 먼저 생각한다. 무모하고 교활한 자라 하더라도 그의 노력이 대단히 효율적이면 국가적 기운을 상징하는 최고의 화신

---

13 토마스 아 켐피스(Thomas à Kempis, 1380~1471)가 저술한『그리스도를 본받아(De imitatione Christi)』를 말한다.

이 된다. 에머슨의 '대표자', 이폴리트 텐이 말한 '군림하는 자'가 되는 것이다!

이상을 흐리고 실용주의적 이기주의로 이끈다는 의미에서 정신을 급격하게 망치고 있는 충동은, 놀라운 성장으로 수많은 미국인들과 기업들이 광활한 서부로 나아가도록 한 충동과 같다. 미국이 막 독립했을 때만해도 서부는 수풀이 우거진 미시시피 강 유역의 신비스러운 지역이었다. 바로 이 급조된 서부가 대서양 연안의 오래된 지역들을 제치고 괄목할 만한 성장을 거듭하고 있고, 가까운 미래의 헤게모니를 요구하고 있다. 서부야말로 진행형인 미국의 역사적 진화의 과정에서 오늘날 그들의 전형을 충실하게 보여주는 곳이다. 또한 미국의 기원부터 강력한 민주주의를 이끌어온 정신의 당연한 산물들과 결정적인 결과들이 한 눈에 두드러지게 나타나는 곳으로 위대한 국가의 가까운 미래상을 가늠하도록 하는 출발점을 제시한다. 미셸 슈발리에[14]가 이야기한 이전 세대의 황폐한 종착지의 지배자는 뉴잉글랜드사람과 버지니아사람이라는 대표적인 유형으로 이어졌다. 슈발리에는 반세기 전에 '마지막 온 자들이 언젠가 으뜸가는 자가 될 것이다'라고 말했다. 모든 이상주의적 요소는 깨끗이 비워 버린 실용주의, 보편주의의 모호성, 거짓된 민주주의 계층화는 그 마지막 승리에 도달할 것이다. 미국문명의 모든 고귀한 요소, 역사적 존엄성의 기틀을 마련하고 보편의 기억과 연결시키는 모든 것은—메이플라워호 탑승자들의 짐, 버지니아 귀족들과 뉴잉글랜드의 신사들의 기억, 해방을 향한 입법자들과 시민들의 정신 같은—보스턴과 필라델피아의 사람들이 말하듯이 여전히 '워싱턴 전통의 수호신'을 지켜가고 있는 오래된 지역에 남을 것이다. 지금은 시카고가 대세를 잡으려 하고 있다. 시카고가 자신이 대서양 연안의 도시들보다 우월하다는 믿음

---

14 미셸 슈발리에(Michel Chevalier, 1806~1879)는 프랑스 경제학자로, 사회진보의 핵심으로 산업발전을 옹호했다.

은 이들이 지나치게 수구적이고 유럽적이고 전통적이라는 평가에 기반을 두고 있다. 역사는 제위(帝位)를 경매에 붙여 팔아넘기는 선거 과정을 용납하지 않는다!

미국 문명의 놀라운 실용주의가 더 확고해지고 명백해지고 숨통을 조일수록, 번영에 대한 도취와 함께 그들의 후세에 물질주의를 널리 전하고 로마의 모범을 따르는 숙명에 기여하려는 조바심이 커진다. 오늘날 그들은 세계 문화에서 최고 위치를 차지하고 생각의 방향을 좌우하며 스스로를 문명의 대장장이로 여긴다. 라불라이[15]가 아메리카화된 파리의 한 학교에서 국가수준의 자부심에 비견되는 교육에서 절대적인 우세에 관해 연설한 적이 있다. 그의 논리는 오늘날 애국적인 미국인이라면 모두 절대적인 진실로 받아드릴 만한 이야기다. 유럽에 대한 공공연한 라이벌의식의 기저에는 유럽이 천진난만하다는 경멸이 존재한다. 또한 옛날부터 묘하게도 가르침을 받은 자가 가르침을 준 자를 살해한다는 냉혹한 법칙이 또다시 작동하여 미국인들이 오래지 않아 유럽인들의 정신적 우월성과 영광을 퇴색시켜버릴 숙명을 지니고 있다는 깊은 확신도 그 기저에 존재한다. 미국인들이 가져온 자유와 실용의 진보는 의심할 여지없이 대단한 정도였고 세계적인 업적, '인류의' 업적으로 의미를 인정받아야 하겠지만, 세상의 중심축을 미국의 새로운 국회의사당으로 향하도록 하기에는 충분하지 못하다. 이 사실을 그들에게 납득시키는 것은 불가능하다. 3천 년 전에 은혜 입은 땅이자 문명화의 전진기지였던 지중해 연안에서 유럽계 아리아인이 기쁜 마음으로 고대 그리스의 도시국가들의 화관을 만들어 냈던 그 불굴의 능력으로 이룩해낸 업적은 여전히 진행 중에 있으며 이들의 전통과 가르침은 오늘을 사는

---

15 에두아르 르네 르페브르 드 라불라이(Édouard René Lefèbvre de Laboulaye, 1811~1883)는 프랑스의 법학자이자 노예제 반대 운동가이다.

우리에게도 유효하다. 그것은 워싱턴 더하기 에디슨이라는 공식으로는 대체할 수 없는 총합이다. 미국인들은 그 첫 장을 차지하기 위해 창세기를 검토해보고자 할 것이다! 하지만 그들이 인류의 교육과정에서 상대적으로 미약한 역할에 그칠 수밖에 없다는 점은 차치하고라도, 미국인들의 본성 자체가 자신들이 헤게모니를 잡을 가능성을 박차버리고 있다. 자연은 그들에게 포교의 재능을 주지도 묵시록적 사명을 부과하지도 않았다. 이들에게는 '온화(amabilidad)'-고차원적 의미에서-라는 최고의 재능이 부족하다. 교육에 대한 신의 섭리를 따랐던 다른 국민들은 바로 그 특별한 교감의 힘으로 고전기 그리스의 미를 따르는 자신들의 문화를 이룩할 줄 알았다. 그 미에서 자신들만의 고유한 요소를 인지할 수 있었던 것이다. 미국 문명은 번성할 수 있고, 아이디어와 풍요로운 생산의 면에서 의심할 나위 없이 번성하고 있다. 그들의 문명은 감탄과 놀라움과 존경을 불러일으킬만하다. 그러나 승리감에 차서 뉴욕 항 위로 횃불을 치켜들고 있는 바르톨디의 자유의 여신상을 외국인이 먼 바다에서 보았을 때를 생각해보라. 아테네의 청아한 밤, 아크로폴리스의 황금 창을 멀리서도 식별하게 해주는 찬란한 빛을 보았을 고대 여행자의 심오한 종교적 감정과 같은 감정에 사로잡히지는 못할 것이다.

마치 자신의 문명의 총합이나 모델이 되기라도 하는 양 우리에게 군림하려는 미국 실용주의의 전형적인 본성을 내가 통박한다고 해서, 미국 실용주의의 업적이 '영혼의 영역'이라고 부를 수 있는 것과 완전히 무관하다는 이야기는 아님을 여러분은 알아주었으면 한다. 평형감각을 찾게 해주고 일을 하는 한쪽 팔이 없다면 사색하는 귀한 이마를 받치는 다른 팔이 편할 수 없을 것이다. 어느 정도의 물질적인 여유가 보장되지 않는다면 인간 사회에서 영혼의 제국은 불가능하다. 르낭의 귀족주의적 이상주의는, 금세기의 실용주의적 업적의 의미를 재평가하면서, 인간의 도덕적 관심사와 그 영적인 선택의 미래라는 관점에서 그 사실을 인정하고 있다. "필요에 입각하는 것은 자신을 구원하는 일이다"라고 르낭은 말한다. 먼 옛날 처음으로 다른 종족과 거래를 성사시킨 상인은 단지 상업적인 이익을 기대했겠지만 그 행위는 환산할 수 없는 이상적인 효과도 가져왔다. 지식의 도구를 다양화시키는 데 기여했을 뿐 아니라 각 종족의 풍습을 갈고 닦는 데 일조하였다. 또한 한층 더 성숙한 도덕률을 가능케 하였으리라. 문명의 최고의 이상을 실현시켜준 동일한 힘들이 이따금 출현한다. 폴 드 생 빅토르에 따르면 이탈리아 도시국가에서 무역으로 벌어들인 금은 르네상스 시대의 비용을 감당하였다. 향료와 상아를 가득 싣고 '천일야화'의 세계에서 돌아온 배들은 로렌조 데 메디치가 피렌체의 거상들 사이에서 플라톤의 향연을 다시 벌일 수 있도록 해주었다. 역사는 실용주의적 행위와 이상주의적 행위의 진보가 상호적인 관계에 있음을 보여준다. 이렇게 실용성은 이상을 위한 훌륭한 방패막이가 되기도 한다. 이상은 (직접적으로 실용성을 고려하지 않는다는 조건에서) 종종 실용적인 결과를 가져오기도 한다. 예를 들어 배젓은 원시시대에 하늘에서 일어나는 현상에 관심을 가진 몽상가나 한량들이 −분명히 이들과 같은 시대를 사는 사람들에게는 한심하게 보였을 사람들!− 이 없었다면, 인류가 항해 덕분에 이토록 커다란 혜택을 얻지는 못했으리라고 말한다. 이렇듯 조화의 법칙은 무미건조한 산문의 딱딱한 흙덩이를 만지는 한 쪽 팔을 존중할 것을 가르쳐준다. 미국 실증주의의 업적은 아리엘에게 어떤 감흥도 주지 못할 것이다. 키클롭스들의 나라 미국이 실용적 감각과 기계 발명의 귀재로서 물질적 안락을 위해 정복한 것은 미래에 다른 국민들이나 미국 국민들이 효과적인 선택요소로 삼을 것이다. 정신이 얻은 것 중에서 가장 귀중하고 근본적인 것은−말(言)에 불멸의 날개를 달아주는 알파벳−가나안의 거래소에서 탄생하였고 상업 문명의 발견이었다. 전적으로 상업적 목적으로만 사용했기 때문에, 그들보다 우월한 민족들이 장차 알파벳을 자신들의 가장 순수하고 찬란한 정수를 널리 전할 수단으로 변모시키리라고는 미처 생각하지 못했다. 푸이에의 적절한 비교에 따르면 물질적 자산과 지적·도덕적 자산 사이의 관계는 힘의 균형이라는 문제에 있어서는 새로운 양상을 보여주고 있다. 운동력에서 열을 얻듯이 물질적 우월함에서 정신적 우월함을 얻을 수도 있는 것이다.

그럼에도 불구하고 미국식 삶의 모델은 우리에게 그토록 자명한 관계에 대한 새로운 모범을 제시하지 않는다. 훗날에라도 실현되리라는 예감조차 들게 하지 않는다. 그럼에도 불구하고 언제가 미국 문명이 최고의 자리를 차지하리라고 믿고 있는 것이 우리의 현실이다. 단시간에 여명의 시기로부터 그들을 이끌고 나온 강도 높은 채찍질을 생각하면 거대한 진화를 가능케 할 생명력의 역량은 증명된 바 있다. 그들의 과거와 현재는 단지 약속된 미래의 서문에 불과하고, 미국 문명이 궁극적인 형태에 이르기에는 아직 멀었다. 다양한 종족적 요소의 대량 유입에도 불구하고 미국 문명이 아직껏 일종의 통일성과 훌륭한 기질을 간직할 수 있도록 해준 동화(同化)의 힘은 매일 더 힘겨운 싸움을 이어나가야 할 것이다. 이상을 모두 내쫓은 실용주의에서 연대감을 유지시킬 만큼 강력한 유인책을 찾지 못할 것이다. 고대 노예와 자유로운 개인을 비교한 위대한 사상가라면 게르만족 기원의 강력한 미국 이주자들의 상황을 규정하려고 아마도 유사한 비교를 하게 될 것이다. 미국 중부와 극서부[16]에 정착한 이들은 본성, 사회성, 관습 등의 면에서 독일계의 기질, 더 신중하고 역동적이라서 미국 기질과는 정반대로 간주되어야 할 독일계의 기질을 그대로 지니고 있다. 게다가 지속될 운명을 타고나 전 세계로 확장될 문명, 아시아 제국들처럼 미라가 되어 변화의 능력을 잃지 않을 문명이라면 자신의 기운과 이상을 배타적으로 고집할 수 없다.

우리는 오늘날까지도 의지와 실용만을 내세웠던 저 거대한 사회조직의 정신이 언젠가 지성, 감성, 이상이 되길 기대한다. 결국에는 저 커다란 용광로에

16 극서부(Far West)란 미국 로키 산맥 서쪽의 태평양 연안 일대를 가리킨다.

서 관대하고 조화롭고 엄선된 인간형의 모범이 나타나주길 기대한다. 앞서 내가 언급한 연설에서 스펜서는, 값비싼 재용해 과정이 끝나면 그런 인간형이 주조되리라고 예견한 바 있다. 그러나 우리는 그 모범을 현재의 미국이나 임박한 사회진화 전망에서 찾으려하지 말자. 단지 너무 크고 엉성한 스케치만이 존재하는 문명의 예를 거부하자. 자신의 기질을 완벽하게 펼쳐본 민족들이 스스로의 업적에 영예의 왕관을 씌울 때 발휘하는 평온하고 확고한 태도를–르콩트 드 릴은 「콘도르의 꿈(Le sommeil du condor)」에서 웅장한 문체로 태연자약하게 "드높은 승천, 산맥 정상 저 위로!"라고 결구를 맺은 바 있다–획득하기 전에 미국인은 수많은 교정을 거칠 수밖에 없으리라.

20. 병든 대륙

세사르 수메타

베네수엘라의 카라카스에서 출생한 세사르 수메타(César Zumeta, 1860~1955)는 실증주의에 경도된 문필가이다. 그러나 19세기말 호세 마르티, 엔리케 로도, 마누엘 우가르테(Manuel Ugarte)와 같은 라틴아메리카 지성인이 그러했듯이, 외국의 이론을 무반성적으로 추종하는 대신에 자국의 현실에 눈을 돌렸다. 1883년 수메타는 안토니오 구스만 블랑코(Antonio Guzmán Blanco)의 군사정권에 반대하다가 파리로 추방되었으나 이듬해인 1884년에 귀국했다. 이 해에 다시 호아킨 크레스포(Joaquín Crespo) 군사정권이 들어서자 또 반대 투쟁을 벌이다가 미국으로 망명했다.

1894년부터 1889년까지 미국에서 잡지 《아메리카(América)》의 기자로 활동하던 수메타는 1898년 미서전쟁에서 드러난 미국의 팽창주의 야욕을 목격하고, 새로운 위협으로 등장한 미국을 경계해야 한다는 글을 여러 신문에 기고했다.

1899년 미국 뉴욕에서 소책자로 출판된 이 글 『병든 대륙(El continente enfermo)』에서 수메타는 자본주의의 특성상 산업 국가는 원자재 확보와 상품시장 확대를 위해 타국을 점령할 수밖에 없다면서 독수리 발톱을 드러낸 미국의 침탈로부터 자국을 수호하기 위해서는 무엇보다도 최신 무기와 훈련된 병사로 무장해야 한다고 역설하고 있다.

번역 대본으로 1899년 뉴욕에서 출판된 초판본을 사용했다. 초판본은 제사로 장을 구분하고 있으나 여기에서는 장의 구별이 용이하도록 번호를 붙였다.

참고문헌

1. Zumeta, César. 1899. *El continente enfermo*. Nueva York.

I

> 카리브해의 스페인 식민지 해방은 역사적으로 불가피한 일로, 식민지에서 해방되었으나 위협을 받고 있는 카리브해와 아메리카의 독립을 수호하고, 미공화국의 존엄을 지키는 일이다.
> – 호세 마르티[1]

열대 지방 아메리카 공화국의 독립이 위험한가?

위험하다는 불길한 전조가 있다. 그런데 독립을 위협 받는 국민들이 대재앙에 대비하고 있다는 징후는 보이지 않는다.

역사적으로 보면, 아야쿠초 전투[2]의 승리로 우리 아메리카에 새 시대가

---

1 인용문의 출처는 호세 마르티가 1894년 4월 17일 뉴욕에서 발행하는 신문 조국(Patria)에 게재한 「쿠바혁명당 창당 3주년을 기념하여(혁명 정신과 아메리카에서 쿠바의 책무)」이다.

2 1824년 12월 9일 시몬 볼리바르가 이끄는 독립군은 페루의 아야쿠초(Ayacucho)에서 스페인 세력과 결정적인 전투를 벌였다. 이 전투에서 독립군이 승리함으로써 라틴아메리카는 독립을 쟁취하게 되었다.

열렸는데, 미국이 필리핀 마닐라와 쿠바 산티아고를 점령함으로써[3] 그 시대가 막을 내렸다.

1823년에서 1824년까지 독립군이 결정적인 승리를 거둠으로써 우리 독립은 확실해졌고, 캐닝(Canning)이 영국의 이름으로, 먼로(Monroe)가 미국의 이름으로 선언함으로써 우리 독립은 보장 받았다.

신성동맹은 견제를 받고[4], 이어 유럽은 나폴레옹 퇴진 이후 왕정복고, 국경 조정에 매달리는 한편, 동방문제[5], 이탈리아 통일 문제, 프러시아의 주도권 문제로 야기된 불안정을 극복하기 위해 일련의 협상을 하느라 분주했기 때문에 우리의 독립은 외세 간섭이라는 위험에 직면하지 않았다. 그 사이에 미국은 '정복의 권리'[6] 정당성을 반박했다.[7]

마닐라와 산티아고를 점령한 미국은 1899년 정복의 권리로 필리핀을 소유한다고 선언했다. 이로써 미국은 위대한 도덕적 힘이자 최상의 영예인 민주주의 전통을 사실상 깨뜨리고, 식민지를 지배하려는 열강의 대열에 합류했다.

미국의 민주주의 척도는 유럽의 왕정 척도로 대체되었고, 아메리카의 나머지 국가는 새 질서에서 작동하는 복잡다단한 힘에 휘둘리게 되었다.

근대적 발전의 필요성 때문에 거대 산업 국가는 국력을 유지하기 위해서 산

---

3 1898년 미서전쟁을 가리킨다. 이 때 미국은 스페인의 식민지이던 쿠바와 산티아고, 필리핀의 마닐라 등지에서 스페인 세력과 전투를 벌였다.

4 1815년 러시아는 프로이센 및 오스트리아와 신성동맹을 맺고, 스페인과 아메리카신생국에 간섭하려고 하였으나 영국의 반대로 뜻을 이루지 못하였다.

5 동방문제란 19세기 오스만터키가 지배하던 지역을 차지하기 위해 서구 열강이 경쟁을 벌인 일을 말한다.

6 정복의 권리란 무력으로 점령한 땅에 대한 권리는 정복자에게 있다는 국제법의 원칙을 말한다. 이 원칙은 제2차 세계대전 이후 완전히 폐기되었다.

7 1823년 미국의 먼로 대통령이 발표한 먼로독트린을 의미한다.

업을 먹여 살리는 1차 산품의 생산을 진작하는 동시에 산업 생산물의 교역을 추동할 책무가 있다.

그러므로 생산 능력과 소비 능력은 각국의 문명화 정도에 정비례하며, 더 넓은 시장 확보를 위한 투쟁이라는 근대적 경향을 강화한다. 적어도 이론적으로는 문명화되지 않은 영토를 획득하여 정복지 주민의 문명 수준을 향상시키고 자원을 개발하려고 한다.

바로 이 때문에 아프리카 미개 지역을 분할하고, 아시아의 고대문명 지역을 장악하여 식민지로 삼는 것이다. 단순하게 말해서, 생산물 교역을 촉진하는 정치·금융 시스템을 적용하는 것이다. 미국은 이번에 예속시킨 땅에 대한 영향력의 범위를 확정했는데, 이는 다름이 아니라 미국이 또 하나의 열강으로 등장하여 스페인 식민제국의 상속자라고 선언한 것이다. 푸에르토리코와 필리핀은 정복에서 해방시켰다는 구실이었고, 쿠바는 보호령, 즉 합병한다는 구실이었다.

이미 세계를 분할한 탐욕의 눈길은, 멀홀[8]의 말처럼, "지진과 혁명으로"[9]고통 받고 있는 아메리카로 향하고 있다. 유럽 외교가는 당연히 먼로독트린의 폐지나 개정을 요구해야 했으나 백악관의 제국주의 정책과 타협하고 말았다.

영토 분할을 촉진하는 이런 협상에서 열대 지방 아메리카의 지배를 논할 것이다. 아메리카의 해상 수로, 강상 수로, 유역(流域)이 넓고 처녀지나 다름없는 밀림을 지배하려는 것이다.

---

8 마이클 조지 멀홀(Michael George Mulhall, 1836~1900)은 아일랜드 출신의 문필가이자 언론인으로 1862년 남미 최초로 영자신문사를 공동 설립하고 일간지 《부에노스아이레스 스탠더드(Buenos Aires Standard)》를 발행했다. 1875년에 출판한 『라플라타강 지역의 공화국 안내서(The Handbook of the River Plate Republics)』는 아르헨티나로 이민하려고 유럽인의 필독서였다.

9 라틴아메리카에서는 비합법적인 정치권력의 변동, 즉 정변을 혁명이라고 표현한다.

현안을 다룰 때는 법률적인 문제를 제기해도 소용없다.

국제법은 힘의 균형을 이룬 강대국 사이의 문제가 아니라면 아무도 진지하게 고려하지 않는다. 소멸시효가 없는 유일한 법은 힘의 법이다. 세계적으로 인정받는 국제법의 저자는 암스트롱[10], 드 방쥬, 크루프이다.

현재 인정받는 국제법의 원칙은 이런 식이다. 즉, 국민은 자기 땅의 자원을 개발할 줄 모르거나 개발할 능력이 없고, 지리적 이유나 정치적 이유로 영토 내에 고요만 감돈다면, 이는 전 세계적인 과업에 그만큼 손해가 된다. 따라서 태만이 만연한 땅을 가장 유능하고 근면한 사람들이 점령하는 것은 매우 도덕적이다. 숲은 나무꾼의 것이며, 들은 경작자의 것이고, 강은 수로를 운항하는 사람 것이다. 이것이 아득한 옛날부터 가장 선진적인 진보를 대표하는 국민과 인종이 끝 모를 야만과 침체를 대표하는 국민과 인종에 대항하여 벌여온 쟁투이다.

이제 이런 원칙을 우리에게 적용하려고 든다. 유럽과 북미에서는 우리가 무능해서 현재 문명이 요구한 바에 따라 소유한 영토도 개발하지 못한다는 견해가 유포되어 있기 때문이다.

이런 사고가 얼마나 뿌리 깊은지, 키드는 최근에 출판한 책에서[11] 우리를 침탈하는 일이 온당한지는 논하지도 않고, 우리를 예속시킬 정치제도와 행정제도를 논하고는 이렇게 얘기한다.

> 예전에는 백인이 거주할 땅을 놓고 여러 나라가 다투었다. 이제는 열대 지방을 물려받기 위해 극심한 경쟁을 벌이고 있다. 소유하겠다는 뜻이 아니다. 세

10 세 사람 모두 19세기 대포 제작자이다.

11 [원주] Benjamin Kidd, *The control of the Tropics*, The MacMillan Co., New York, 1898.

상에서 가장 문명화된 국민은 그런 견해에 관심이 없다. 어떤 계획 하에 열대 지방을 지배하려는 것이다.

따라서 이제 우리는 어떤 수단으로 독립을 수호할지 연구할 때이다.

II

> 고대의 병사와 병기는 어디에 있단 말이냐?
> 기백과 끈기는 어디에 있단 말이냐?
> [...]
> 아무도 너를 위해 싸우지 않는다는 말이더냐?
> 아무도 너를 수호하지 않는다는 말이더냐?
> – 레오파르디[12]

지난 시절 독립과 주권을 획득한 우리에게는 다음 두 가지 책무가 있다. 하나는 국가 발전을 위해 자원을 개발하는 책무요, 다른 하나는 국내 정치 문제를 해결할 책무이다. 만약 평화적인 방법으로 해결하지 못한다면 폭력적인 방법도 불사해야 한다.

대외정치와 관련해서는 친선·통상 조약 및 국경 획정 조약 체결과는 별개로, 먼로독트린의 적용과 해석에 관한 아메리카 공화국 사이의 합의 도출이

12 자코모 레오파르디(Giacomo Leopardi, 1798~1837)는 이탈리아 낭만주의 시인이다. 수메타가 인용한 시구는 『시가집(Canti)』에 수록된 「이탈리아에게(All'Italia)」라는 제목의 애국시에서 따온 것이다.

최우선 과제이다. 그리하여 먼로독트린을 우리 공법(公法)에 포함시켜야 한다. 또 오로지 미국에만 먼로독트린을 적용함으로써 아메리카 대륙의 여타 공화국 주권을 제한하는 일이 없도록 해야 한다.

우리가 이런 책무를 완수하지 못한다면 이 세기에 고난을 겪을 수도 있다. 우리가 직면한 국내외 정치의 성격은 예측불허이다.

예전에 아메리카 대륙의 민중을 하나 또는 여러 개의 연방으로 묶어서 공동으로 영토를 보전하고 주권을 수호해야한다고 권고하는 목소리가 드높았으나 아무도 경청하지 않았다.

그 어떤 정부나 정당이나 언론도 실현 가능한 계획, 효과적인 홍보를 진지하게 제의한 적이 없다. 그런 생각이 공식적으로 제기될 때마다 거대한 민중운동을 추동할 만한 확신도 없었고, 추진력도 없었다.

흡수로 사라질 위험은 비관론자의 머릿속에 있을 뿐이라는 생각이 대중의 마음을 사로잡고 있다. 우리의 전투 능력, 험준한 산, 열대 기후, 곤충과 질병은 침입자도 잘 알고 있으리라는 신화는 정신적 쇼크를 잠재웠다. 우리는 지금 영광스러운 전통을 중얼거리는 소리를 들으면서 부패하고 무지한 동양적 숙명론이라는 무기력 속에서 잠자고 있다.

우리 국가 현실을 비판하면서도 국가 수호는 조금도 염두에 두지 않고 있으니 놀라울 따름이다.

우리 대륙의 여러 나라에서 식민지 시대에 도끼와 낫으로 베어낸 숲과 잡초가 땅을 되차지했다. 우리의 농업지대와 목축지대는 집약재배를 하지 않아서 상대적으로 생산력이 낮다. 밀림과 비옥한 심토(深土)는 개발된 적이 없다. 단일 작물만 재배하고, 섬유식물, 사탕수수, 면화, 인디고, 담배, 고무나무, 밀처럼 생산량도 많고 유망한 작물 재배는 손을 놓고 있어서 우리의 공공질서까지도 때로는 특정 과일의 시장 가격변동에 좌우될 정도가 되었다. 해외 투자가와 계약체결에 열중한 나머지 가장 탐욕스러운 착복이 횡행하게 되었고, 독점으로 인해 산업은 성장하기도 전에 질식사했다. 우리는 한 푼어치도 못 되는 것에 50푼, 아니 100푼 이상을 런던의 은행가와 계약자에게 바쳤다. 고위 공직자가 묵인해주는 방법을 안다고 자랑하는 빈곤층 출신의 모험가를 끌어들였다. 무정부상태와 독재를 오락가락하는 우리는 개인의 안전, 재산, 생명도 담보하지 못했고, 그 결과 우리 지역에 적응할 수 있고 또 우리 인종에 동화될 수 있는 지중해의 거대한 이민 물결은 북으로 남으로 흘러들었으나 우리 해안은 비켜 갔다.[13] 북은 우리에게 식량까지 제공하고, 세계의 나머지 사람들이 우리를 입힌다.

베네수엘라의 경우를 제외하고, 지폐와 은화는 우리의 힘을 약화시켰다. 예외가 없지 않으나 국제 소송과 차관은 파산이라는 유령이 되어 대륙을 활보했고, 우리는 권리도 제대로 행사하지 못했다.

이리하여 우리의 잠재력은 무시되고, 에너지는 분산되었다. 교역, 생산, 인구는 얘기를 꺼내기도 창피할 만큼 증가하고, 공공부채는 경악할 만큼 증가했다. 우리는 고매한 이상에 빠져 토론을 기피했다. 최고의 판관으로 힘을 숭배하고, 신용은 추락하고, 사법부, 행정부, 민주주의 덕목은 권위가 떨어졌다. 우리는 삶의 잔칫상 앞에 앉아 있으면서도 몸에 이로운 음식은 거부하고 사탕 같은 후식만 바라는 아이들 같다. 우리는 기꺼이 참사의 재물이 되려고 하고, 우리 국민과 인종의 고유한 이해관계는 완전히 망각한 채 저 옛날의 보헤미안처럼 노래하고 싸우면서 길을 간다. 그래서 유럽과 영미의 사상가와 정치평론가들이 우리를 가혹하게 판단하는 것이다.

---

13 유럽 이민은 미국과 아르헨티나에 집중되었을 뿐, 열대에 위치한 라틴아메리카 국가로 들어오지 않았다는 뜻이다.

이렇게 독립 첫 세기 말에 열대 지방 아메리카를 폄훼하는 수많은 비난이 광범위하게 유포되었다.

이런 비난이 바로 열대 지방에서는 진보적인 문명 창조가 물리적으로 불가능하다는 북쪽 이론의 근거가 되고 있다. 이런 개탄스런 비관론의 정반대쪽에 있는 사람들은 극단적인 낙관론을 믿고 있다. 그리고 "세계 문명의 축은 다시 열대 지방으로 돌아올 것이므로"[14] 우리는 북쪽을 모방해야 한다고 주장한다.

오히려 진실은, 똑같이 위험한 이 두 주장의 중간에 있는 것 같다. 역사학

---

14 [원주] 훔볼트와 휘트니(Josiah Dwight Whitney) 등이 제기한 역사 시대의 기후 변화에 대한 다양한 이론에 따르면 현재 지구의 평균기온은 위대한 제국이 출현한 시기보다 훨씬 높다고 하는데, 이런 이론을 수용하지는 않는다고 할지라도 이집트 문화와 권력의 중심지인 이집트 북부, 인더스 문명이 출현한 펀자브 지방, 이란의 메소포타미아 문명은 기후로 보건대 열대 지방에 속하지는 않는다.

모든 고대 문명과 근대 문명의 중심지를 연결한 등온선은 최저 4도, 최고 22도로 온대 지방이므로 인류의 진보를 다루는 역사가는 온대 지방 바깥에서는 자기 이론의 근거를 찾을 필요가 전혀 없다.

만약 이집트, 칼데아, 인도가 이 등온선 바깥에 있었다고 가정해보면, 삶, 노동, 안전, 경제는 물질적 환경의 제약을 받았을 것이며, 자유와 질서의 조화로운 발전과 생산 활동이라는 측면에서 번영을 이룩하지는 못했을 것이다. 만년설에 뒤덮인 히말라야 인근의 추운 지방은 생각하지 말자. 펀자브 고지대는 잊도록 하자. 세차운동에 근거한 가설도 배격하자. 확실한 사실은 티그리스강과 유프라테스강, 인더스강과 갠지스강, 나일강의 주기적인 범람이 강 유역 거주민의 곡물창고를 채워주고 문명 건설의 기초를 마련해주었다는 것이다. 이런 문명은 외부의 강력한 세력과 접촉하지 않았더라면 결코 멸망하지 않았을 것이다.

그리스 이전 시대에 세계 중심축은 바빌로니아에서 테베(나일 강에 면한 고대 이집트의 수도)로 옮겨갔고, 계속 돌아서 아테네에서 로마로 움직였다. 그러나 에콰도르와 같은 위도에 있지도 않고, 열대 지방 안에 있지도 않다.

이름이 기억나지 않지만, 엘리제 르클뤼(Élisée Reclus)의 아낌없는 칭찬을 받을만한 러시아 저자에 따르면, 저 평균 기온선은 오늘날 평균 10도이며, 여기에는 시카고, 뉴욕, 런던, 오데사, 북경이 위치하고 있다.

아메리카 대륙에서 이 평균 기온선은 페루의 안데스 지방에서 무이스카(Muisca)족이 살고 있는 고원지대를 지나간다. 또 북쪽에서는 멕시코의 팔렝케(Palenque)에서 멕시코시티를 지나간다.

이 우리에게 가르쳐준 바는, 문명이란 지구상에 하나뿐인 적도 없었고, 하나뿐일 수도 없으며, 동일한 정치적 중심지의 작용 밑에서도 기후에 따라서 다양하다는 것이다. 또 열대 지방의 국가는 열대 지방 특유의 문명을 열망해야 한다는 것이다. 어떤 지역의 주민이 아무리 노력해도 땅과 기후라는 제약 조건을 극복할 수 없다. 따라서 인간이 적도에서 멀어질수록, 다시 말해서 땅이 척박해지고 기후가 가혹해질수록 생존투쟁은 필연적으로 강렬해진다. 가속도의 차이, 즉 발전의 차이는 이러한 노력의 강도 차이에 대응한다. 가속도의 차이에서 북쪽 문명과 열대 문명의 차이가 필연적으로 생겨난다.

어떤 인종이 거주하든지 열대 지방에서는 문명이 더디게 진보할 수밖에 없을 것이다. 제아무리 노력을 경주해도 결코 온대 지방의 문명을 따라잡지 못할 것이다. 어쩔 도리 없이 우리 인간은 주변 환경의 제약 속에서 살아가야 하기 때문이다. 그리고 이런 주변 환경 때문에 우리는 평화와 노동의 균형 속에서 살지 않을 수 없으며, 집안에서는 힘을 기르고, 낯선 침입자를 물리치기 위해서는 단결해야 한다.

우리는 이런 책무를 완수하고 있는가? 진보를 위한 공동의 노력에 기여하고 있는가? 이는 극히 중요한 문제이다. 인류의 연대는 모든 국민, 모든 인종에게 공동의 노력을 요구하기 때문이다. 나태하고 후진적인 국민은 사라지거나 더 강한 국민에게 예속당하는 고초를 겪었다.

이와 관련하여 중요한 점은 우리의 견해가 아니라는 사실을 기억하자. 세상에 유포된 견해도 아니며, 우리에게 위험한 견해도 아니기 때문이다. 그러면 외국인의 견해는 어떠한지 살펴보자.

어떤 경우 공식적인 견해는 자신들의 결정을 우리에게 강요하는 형식으로 나타난다. 금융업자의 견해가 그러한데, 우리 국채와 외채의 환율을 결정한다. 언론은 우리가 "진보의 요구 조건을 충족시킬 능력이 없다"라고 판단하고 우리를 "반쯤 문명화된 사람들"로 간주한다. 이런 견해는 영국의 백과사전 집필자도 지지한다. 정치평론가 고드킨[15]은 "이스파노아메리카의 대중은 매우 무지하다. 사회 지도층은 극히 적으며, 매우 부패한 사람들이다"라고 말한다.

현재 독일에서는 우리를 복속시킬 필요가 있다고 암시하고 있다. 인용을 많이 하면 싫어할 것이므로 키드[16]가 최근 글에서 우리의 영토 개발 무능력과 문명화 무능력에 대하여 개진한 의견을 옮기기로 한다.

> 무책임한 외국 기업과 금융기관 연합체는 공권력 행사자 배후에서 거대 기업을 조종하고, 정치를 장악하기도 한다. 현 상황을 두 단어로 기술하자면, 무정부상태와 파산이다.

이어 고드킨은 뉴욕에서 발행하는 월간지 《하퍼》[17]에서 아래 구절을 인용하여 자기주장을 정당화한다.

> 이름만 공화국이지 실상은 비정규군의 병영이다. 정부는 연속성도 없고 권위도 없다. 저열한 외국인이 운영하는 수출업체와 철도기업과 은행이 재무장관과 대통령을 비롯하여 정부각료 전부를 임명한다. 가끔은 법률 제정을 명하기도 한다.

---

15 에드윈 로렌스 고드킨(Edwin Lawrence Godkin, 1831~1902)은 아일랜드 출신의 미국 언론인이다.

16 벤자민 키드(Benjamin Kidd, 1858~1916)는 독일의 사회진화론자이다.

17 월간지 《하퍼(Harper)》는 1860년 6월에 창간된 종합문예지로, 문학, 정치, 문화, 금융, 예술을 다룬다.

세실 로즈[18]는 이스파노아메리카를 즉시 정복하라고 권고한다. 무엇보다도 정복을 하더라도 마땅히 저항할 능력이 없다고 말한다.

마지막으로 레키[19]의 말을 들어보자.

> 국가의 번영은 국내 활동의 정직성과 상업의 통합성에 기초하고 있다. 또 최고 지도자의 도덕적 품성, 공공 정신, 소박한 습관, 용기, 정직, 성격과 지성의 결과인 판단의 온건함과 확고함에 기초하고 있다. 어떤 국가가 번영하고 또 쇠망하는지 알고 싶다면 공공 활동에서 어떤 특성이 존중받는지 살펴보라. 유능한 재판관이 고위직의 행동에 대해서 진정으로 존경받을 만하다고 말하는가? 신념이 굳고, 논란의 여지가 없을 정도로 청렴한가? 일처리는 몇 점을 받을만한가? 이러한 도덕적 경향을 관찰하면 국민의 운세를 점칠 수 있다.

부정적인 평가를 하는 사람의 명단은 여기서 끝내겠다. 호세 마르티가 옳게 얘기했듯이, 우리가 하지 못한 이유는 시간이 부족했기 때문이다. 물려받은 불순물을 우리 피에서 걸러내느라 바빴기 때문이다.

저 사람들은 남의 눈 티끌은 보면서 자기 눈 대들보 못 보는 사람들이다. 저들에게도 악습이 있다. 그러나 악습을 능가하는 덕목이 있기에 진보의 대열에서 선두에 선 것이다.

---

18 세실 로즈(Cecil Rhodes, 1853~1902)는 영국의 정치인이다. 남아프리카공화국의 케이프에서 이집트의 카이로까지 영국 식민지로 연결하려는 아프리카 종단정책을 추진한 제국주의자이다.

19 윌리엄 에드워드 하트폴 레키(William Edward Hartpole Lecky, 1838~1903)는 아일랜드 출신의 사학자이다. 대표작으로는 전 8권에 이르는 『18세기 영국사(History of England during the Eighteenth Century)』가 있다.

주지하듯이, 우리 역시 극심한 역경 속에서도 무적의 힘을 길렀다. 그 힘은 바로 우리의 구세주, 즉 독립이라는 야생적인 자긍심이다. 그러나 우리는 그 힘이 자기에게만 향해 있기 때문에 독립을 수호하기에는 불충분하다는 사실을 알고 있다. 우리의 실수를 열거한다고 해서 우리에게 방어 능력이 없다는 사실을 증명하지 못한다. 그렇지만 목전의 위협 앞에서는 모든 힘을 즉각 동원함으로써 우리는 어수룩한 사람이라는 오명을 벗어야 한다. 불운과 눈물과 저주로 얼룩진 거대한 집단, 후안무치한 독재가 판을 치는 거대한 집단이라는 오명을 벗어야 한다.

열대의 아들인 우리는 있는 그대로를 사랑해야 한다. 저 금송아지 문명에 대항하여 우리 것을 수호할 능력이 있다는 것을 세계만방에 보여주어야 한다. 금송아지 문명은 한 줌에 지나지 않은 주인이 수백만의 종을 억압하고 있기에 지옥과 같다. 굶주릴까 두려워 비천한 탐욕에 영원히 시달리는 곳이다. 은행과 교회와 병영의 문명으로, 완전한 알몸에 이상이라는 빛의 의상을 입힐 수 있는 한 줌의 지식인과 예술인과 몽상가만이 구제할 수 있다.

III

> 아야쿠초 전투에서 프랑스군을 저지하지 못했더라면, 우리는 찬란한 전투를 준비해야만 했을 것입니다. 찬란하다고 말한 이유는 결국에는 승리할 것이 틀림없기 때문입니다. 그러나 항상 그렇듯이 큰 희생을 치루는 전투였을 것입니다.
>
> – 볼리바르[20]

라틴아메리카가 자기방어의 책무를 등한시해도 되는 시기가 지났다는 것이 확실하다면, 게다가 정부기관이 우리를 약화시키고 있다면, 우리 공화국에는 자원도 부족하고, 인구도 부족하고, 질서도 없으며, 공화국을 탐내는 사람들이 피와 보물을 가득 챙겼다면, 정복이 유행인데, 이제 그 대상이 우리라면, 라틴 아메리카 각국 정부와 국민은 방어태세를 갖추는 게 당연하다.

재차 거론하지만, 우리를 길들이려는 의도의 독트린이 예수회의 의도를 떠올리게 한다는 점은 논박할 가치도 없다. 예전에 유럽인과 미국인은 무지하거나 광신적이거나 노예화된 대중의 여건을 개선하고 문명화하여만 하였다. 이 독트린을 열대 지방에 적용하는 것은 야수적이고 역효과를 낳을 뿐이다. 공연한 일이다. 전함(戰艦)은 논쟁하지 않는다.

우리의 공공 관습을 조속한 시일 내에 근본적으로 바꾸는 일은 불가능에 가깝다. 그렇기에 우리는 부단히 노력해야 한다. 비록 이 시대가 산업주의와 힘의 시대이기는 하나 약소국이라도 도덕적 특성이 뛰어나다면 존중받으며, 강대국 또한 존중한다.

스위스만한 나라가 말썽을 일으키고 무질서하다면 유럽의 정치지도에서 사라질 것이다. 스위스가 존속하고 있는 이유는, 산맥이 산악지방 사람들을 지켜주는 것과 마찬가지로 평화의 기술과 진보의 열정이라는 측면에서 이웃국가에 필적하기 때문이다.

아르헨티나는 최근 사반세기 동안에 인구가 배로 증가하고, 도시가 들어서고, 가축이 백 배로 늘어나고, 땅이 척박하고 주기적으로 가뭄과 메뚜기떼가 습격해도 농경지 1,500만 에이커를 경작하고 있다. 아르헨티나, 칠레, 우루과이는 우리와 동일한 위험에 노출되어 있지 않다.

---

20 인용문의 출처는 시몬 볼리바르가 1925년 3월 11일 리마에서 프란시스코 데 파울라 산탄데르(Francisco de Paula Santander) 장군에게 보낸 편지이다. 볼리바르의 편지 원문과 수메타의 인용문이 조금 차이가 있어서 볼리바르 편지 원문을 번역하였다.

멕시코와 콜롬비아는 무엇보다도 군대가 월등하기 때문에 주변 국가보다 저항할 준비가 잘 되어 있다. 중미 몇몇 공화국의 훌륭한 노력은 고립되어 있다는 유감스러운 약점에 노출되어 있다.

최근 30년 동안의 군 역사, 특히 그리스·터키전쟁과 이스파노아메리카전쟁은 약자에게 유용한 교훈을 담고 있다. 그 교훈을 열거하면 아래와 같다.

① 기후, 지형의 장점, 용맹한 병사는 오늘 전투에서는 결정적인 우군도 아니고 중요한 요인도 아니다. 전쟁 물자가 훌륭하고 수가 많아야 전투력을 비교할 수 있다.

② 미숙한 병사가 들고 있는 현대 무기는 공격적이지 못하다. 일급의 물자와 함께 능숙한 기량을 함양해야 한다. 정확한 조준으로 적 사상자의 숫자가 돌격이나 원정의 성공 여부가 달려 있기 때문이다.

③ 현대 해군은 일정 각도 이상의 앙각(仰角)으로 치솟은 성채 공격에는 비효과적이다. 이는 푸에르토리코의 산 후안 요새나 쿠바의 산티아고 요새에서 증명되었다. 무섭도록 반복적으로 포격했어도 끄떡없었다. 해안포 한 문도 잘 사용하면 전함 한 척의 가치가 있다는 전문가의 견해에 동의한다.

이런 교훈을 염두에 둔다면, 신중을 기하라는 조언은 각 공화국에서 시간을 낭비하지 않고 군민의용군을 창설하고 국민 전체를 무장시키고도 남을 만한 무기를 확보하라는 뜻이다.

지방마다 사격 단체를 설립하자.

사관학교를 창설하자.

육지, 해안, 강을 방어하기 위한 연구를 진행하자.

중미와 남미를 지형에 따라 몇 개의 그룹으로 나눠서 공동 방어 계획을 수립하자.

이렇게 하면 적은 우리를 공격하기 전에 다시 한 번 생각할 것이다. 그리고 강대국 사이의 경쟁 관계를 이용할 수 있고, 우리 정치의 방향을 확정할 수 있을 것이다.

우리는 산등성이, 절벽, 늪지를 적절하게 이용하여 방어할 수 있을 것이다. 그러면 우리의 자연조건은 요새가 되고 여장[21]이 되어 중상주의와 힘의 옹호자들에게 도전하는 데 적합하고 충분하고 훌륭한 방어자가 될 것이다.

약탈은 피비린내 날 것이며, 그러면 약탈당한 쪽이 당당해질 것이다. 최신식 무기가 없고 또 이런 무기를 다룰 수 있는 병사가 없다면, 우리가 흘린 피로 비옥해진 땅은 약탈자에게만 좋을 뿐이다.

한편, 이 글에서 우리가 열렬히 지지하는 아메리카 연방에 대해 그다지 언급하지 않은 이유는, 아메리카 연방이 불가피하다고 생각하지 않는 바는 아니지만, 베로나 회의[22]에서 프랑스와 러시아가 이를 두려워한 이래로 볼리바르가 표범의 자식들 전부에 대항하기 위해 늑대의 자식들 전부가 강력하고 광범위한 동맹을 맺어야 한다고(현실 정치의 기획이 아니라 막연한 꿈으로, 고대 로마에서 공통의 어머니를 찾는 모든 국민의 고귀하고 아름다운 동맹에 대한 꿈으로) 외쳤음에도 불구하고 실패했기 때문이다.

우리의 당면 과제는 무장(武裝)이다.

---

21 여장(女墻)이란 성벽 위의 낮은 담을 일컫는다. 보통은 요철(凹凸) 모양이다.

22 스페인 왕정복고 후 페르난도 7세가 절대왕권을 추구하자 반란을 일으킨 자유파가 왕권을 제한하려고 하였다. 이에 반발한 페르난도 7세의 요청으로 1822년 11월 22일 이탈리아 베로나에서 러시아, 오스트리아, 프러시아, 영국, 프랑스가 모여 스페인 개입 문제를 논의했다. 러시아는 개입을 주장했지만 영국의 반대로 무산되었다. 그로부터 얼마 후인 1823년 4월 프랑스 단독으로 병력 9만5천명을 스페인에 파견하여 반란군을 진압하고, 페르난도 7세의 절대왕정을 복원시켰다.

국가방위의 필요성에 대한 인식은 국내정치의 모든 갈등보다 우위에 있다. 한 국민이 위험에 처한 것이 아니라 한 대륙, 한 인종 전체가 위험하다는 확신은 니카라과나 파나마나 아마존지역이나 오리노코강 지역만이 탐욕의 희생물이라고 상상할지도 모르는 이기주의를 침묵하게 만들 것이다.

영광과 오욕의 스페인은 최근에 역사상 가장 참담한 불행을 겪었다는 사실을 기억하자. 적절한 시기에 조치를 취했으면 위기를 모면했을 텐데, 항상 뒤늦게 조치를 취하는 자해적인 정치체제 때문이었다.

이런 나라는 서둘러야 한다.

우리는 늑장을 부려서는 안 된다.

중국은 가공할 만한 나라이다. 4억5천만 인구가 서구를 향해 진군한다고 상상만해도 모골이 송연해진다. 영국과 러시아의 경쟁은 중국의 배후지 통합을 지원하는 것처럼 보인다.[23] 중국의 저항력은 알 수 없는 신비인데, 문어가 들러붙은 것처럼 끈질기다. 그러나 일본은 중국의 무기력을 만천하에 드러냈고, 그로부터 4년 후 유럽은 중국의 해안 지방 할양이라는 외교적 문제를 몇 달 만에 해결했다.[24]

이 열강은 탐욕스럽다.

우리는 선견지명을 갖도록 하자.

지구상의 약소국 가운데 예속되지 않은 유일한 국가가 이스파노아메리카의

23 임오군란(1882년)과 갑신정변(1884년) 이후 중국은 조선을 보호국으로 삼았다. 이 때 영국은 조선에 대한 러시아의 영향력을 차단할 목적으로 중국을 지원했다.

24 청일전쟁(1894년)에서 패배한 중국은 일본에게 대만, 평후제도, 랴오둥 반도를 할양했다. 이후 러시아·프랑스·독일의 삼국 간섭으로 일본은 랴오둥반도를 중국에 반환했다. 청일전쟁 4년 후인 1898년 4월 프랑스는 광저우만을 점령하고, 영국은 6월에 주룽반도, 7월에 웨이하이를 조차했다.

공화국이다.

해방자 시몬 볼리바르가 예견했듯이, 장기간의 휴전 끝에 "자유에 반대하는 제국의 일반적인 경쟁"의 시대가 재개되었다.

공동의 위험이 닥쳤으니, 내부 분란을 일으키지는 말자. 우리는 아야쿠초 전투가 있은 지 75년 후에 우리는 볼리바르가 승리한 직후에 매우 지난하고, 매우 힘들고, 매우 중요하고, "찬란한 전투를 준비"했듯이 준비해야 한다.

열강은 우리 독립을 저해하려고 획책하고 있으며, 아메리카 대륙은 나약이라는 병을 앓고 있다.

강철을 벼르자.

무장하자.

이런 방비만으로 우리는 위험을 멀리할 수 있다.

우리 운명은 우리 손에 달렸다.

1899년 3월 뉴욕에서

세사르 수메타

제5부 여성의 목소리

21. 이스파노아메리카 여성작가의 임무

솔레다드 아코스타 데 삼페르

솔레다드 아코스타 데 삼페르(Soledad Acosta de Samper, 1833~1913)는 에스파냐어권 아메리카 여성 운동의 선구자이며, 1세대 여성작가이다. 약 50년에 걸친 창작 활동을 통해서 21권의 소설, 48편의 단편소설, 4편의 희곡, 43편의 사회학, 문학 연구, 21편의 역사논문과 수편의 역서를 남겼다.

콜롬비아 보고타에서 태어난 아코스타 데 삼페르는 유년기부터 유럽의 여러 국가를 여행했으며, 파리에서 수학하기도 했다. 독립운동에 참여한 아버지의 영향을 받아 어린 시절부터 조국에 이바지하고 싶다는 꿈을 가졌지만, 여성이라는 이유로 공직에 진출할 기회조차 없었다. 이러한 아코스타 데 삼페르가 보기에 작가가 되는 것은 활동 영역이 제한된 여성이 국가에 기여할 수 있는 수단이었다. 다시 말해, 가정의 테두리에서 벗어나지 못하는 여성을 계몽하여 사회에서 중요한 역할을 담당하도록 하고, 이를 통해 여성을 국가 발전의 주역이 만들겠다는 것이 목표였다. 그러한 맥락에서 1878년부터 3년간 아코스타 데 삼페르는 잡지 ≪여성≫을 발간하여 여성작가의 출판을 지원하기도 했다.

19세기 여성운동가들과 마찬가지로 아코스타 데 삼페르도 여성은 남성과 동등하지 않으며, 본질적으로 성적 차이가 존재한다고 본다. 여성은 선천적으로 온화하고 도덕적인 자질을 갖추고 태어나기 때문에 가정에서 발휘하는 능력을 공적인 영역으로 확장해 국가에 기여하는 것을 여성의 의무라고 생각한다.

「이스파노아메리카 여성작가의 임무」 역시 위와 같은 맥락에서 여성작가의 의무를 찾는다. 여성의 사회적 역할을 도덕성 함양으로 보기에 여성작가가 도덕적인 글로 건전한 후세대를 양성하는 것이야말로 공적인 영역에서 자신의 자질을 온전히 발휘할 수 있는 분야가 되리라 보는 것이다.

「이스파노아메리카 여성작가의 임무」에서는 잘 드러나지 않지만, 이 글이 수록된 『근대 사회의 여성(La mujer en la sociedad moderna)』 전반에 걸친 아코스타 데 삼페르의 주장은 당시로서는 선진적인 면이 있다. 「이스파노아메리카 여성작가의 임무」에서는 이스파노아메리카 여성의 지위가 상당히 높다고 보는데 반해, 책의 서론에서는 여전히 여성이 처한 현실에 대해 부정적이다. 또한 「이스파노아메리카 여성작가의 임무」에서는 가정 내에서 여성의 역할을 강조하지만, 아코스타 데 삼페르는 당시 보수적이던 여성주의자들과는 달리 결혼이 여성의 유일한 선택지가 아니라고 주장한다. 물론 여성의 권리를 주장하기보다는 의무를 강조한다는 점에서는 시대적 한계를 보이나, 국가의 안정화를 희구하던 당시에 국가 건설의 과업에서 배제된 여성의 사회적 참여를 이끌어내려 노력했다는 행보는 높이 평가할 만하다.

참고문헌

1. Acosta de Samper, Soledad. 1895. "Misión de la escritora en Hispano-América". En *Mujer en la sociedad moderna*. Paris : Garnier Hermanos, Libreros-Editores. pp. 381-390.

명쾌하게 논의할 힘은 없지만 가볍게라고 다뤄보고 싶은 첫 번째 문제는 이런 것이다. 이 세상에서 여성의 임무는 무엇인가? 온건한 관습을 장려하고, 도덕성 함양에 힘쓰며, 사회에 기독교를 전파하는 일, 다시 말해, 시대가 요청하는 문명을 전파하고, 이와 함께 다가올 시대를 위해 인류를 양성하는 일임에 틀림없다. 여기서 또 다른 의문이 생긴다. 그렇다면 신세계에서 여성작가의 임무는 무엇인가?

우선 바리니[1]가 『미국의 여성』이라는 책에서 이야기하는 바를 살펴보자.

> 인종마다 언어가 다르듯이 사상 또한 달라질 수 있기 때문에 각국마다 이상적으로 여기는 여성상이 존재할 수밖에 없다. 이러한 나의 생각을 보완하기 위해 각 국가의 여성상이 어떠한지 알아보자. 프랑스인에게 이상적인 여성은 문명이 가진 섬세하고도 아름다운 완전무결함을 체현해야 한다. 스페인에서 여성은 성당의 동정녀여야 하며, 이탈리아에서는 정원의 꽃과 같아야 한다. 터키인은 여성이 집안에 행복을 가져다주는 가구와 같기를 바란다. 어느 젊은 아랍 여인의 진심어린 불평을 상기해보자. "남편이 되기 전에는 내 발자국에도 입을 맞추더니, 지금은 쟁기 없은 나귀에 묶어 일이나 시킵니다." 아메리카의 조상 격인 영국에서는 여성이 다른 무엇보다 자녀의 '어머니'나 집안의 '안주인'이기를 바란다. 영국을 떠나 북미에 정착한 후에도 여성은 영국의 관습과 전통을 유럽 대륙에 두고 오지 않았다. 부자든 빈자든 모든 이민자는 몸과 함께 자신의 세계를 등에 지고 왔다. 모든 것을 버리고 떠날 때조차 사상과 같은 비가시적인 세계, 유년기에 받은 가정교육, 선조가 물려준 유산은 버릴 수 없었으며, 오랜 시간이 흐른 뒤에도 늘 경건한 마음으로 간직하였다.

이렇듯이 미국인에게 이상적인 여성은 영국인의 여성상과 같다. 그러나 미국여성은 영국여성보다 한층 더 집안의 안주인 역할에 충실하다.

---

1 샤를 드 바리니(Charles de Varigny, 1829~1899)는 프랑스 저술가이다. 아코스타 데 삼페르가 인용한 『미국의 여성(La femme aux États-Unis)』은 1893년 작이다.

이 문제에서 이스파노아메리카는 조상 격인 스페인보다 앞서 있다. 이스파노아메리카는 여성이 '성당의 동정녀'를 뛰어넘는 존재임을 일찍이 알아보았고, 독립 이후 건립된 여러 공화국은 여성에게 우수한 교육을 제공하고 한층 폭 넓은 사회적 역할을 부여하려고 했다. 정부는 부차적인 위치에 갇혀 있던 여성을 구출하기 위해 매진했다. 식민지 관례가 스페인의 딸인 우리 여성을 부차적인 위치를 넘어서 저열하다고까지 할 만한 상황으로 몰아넣었기 때문이다.

예를 들어, 콜롬비아의 사범학교에서는 상당 수준의 교육을 실시하고 있으며, 여학교뿐 아니라 남학교의 초등교육교사도 이곳에서 양성한다. 초등학교에서는 여교사가 교육, 규율, 행실 등 모든 방면에서 남교사를 능가한다는 것이 확인되었다. 보고타에는 여자음악학교가 있으며, 이 학교에서도 일류 교사가 배출되고 있다. 지금은 없어진 미술학교에서도 여성이 남성에게 뒤지지 않았다. 어떤 부인은 전신(電信)학교를 세워 일생을 전신 교육에 바쳤고, 이 학교에서 배출된 우수한 여학생이 콜롬비아의 수많은 회사에 취업함으로써 국가 발전에 이바지했다. 보고타 의학대학은 여학생에게 문호를 개방했으며, 남학생은 공부하는 여학생을 매우 존경하고 있다. 이렇듯이 콜롬비아 사회는 야심이 있는 여성에게 더 넓은 지평을 열어주었다. 그리고 다른 곳에서 설명했듯이, 콜롬비아 외의 이스파노아메리카 국가에서도 여성의 영향력은 확대되고 있다. 빠른 시일 내에 북미처럼 남미에서도 여성이 사회의 진보에 기여하게 될 것이다.

이제 우리 여성은 이스파노아메리카 사회에서 중요한 지위를 점하게 되었다. 따라서 여성은 현재 자기 위치에 대해 숙고할 필요가 있다. 이스파노아메리카 신생국은 이제 80년 이상 지속된 격변과 정치적 음모의 시기를 벗어났다. 이 시점에서 우리 여성은 노동에 매진하고, 바람직한 진보를 이룩하는 데 어떠한 영향을 미칠 수 있을지 파악해야 한다. 또한 다가오는 새 시대에서 여성의 역할에 대해 깊이 성찰해야 할 것이다.

이스파노아메리카 정부는 이제 발효 단계를 지났다. 자연법칙에 따른 발효에는 시간이 필요하듯이, 이질적이고 다양한 요소를 통합해 하나의 국가를 만들기 위해서는 필수불가결한 단계였다. 카르노[2](전 프랑스 대통령의 아버지인)는 저서에서 다음과 같이 말했다.

> 혁명 후의 국가를 거대한 와인 오크통에 비교해보고 싶다. 열정의 오크통 속에서는 표면부터 바닥까지, 최상의 와인부터 불결한 앙금까지 모든 것이 뒤섞인다. 하지만 발효는 이 술을 정화하고 풍부하게 할 것이다.

앞으로 우리는 소요사태, 정권교체, 어쩌면 제도 변화까지 목격하게 될 것이다. 하지만 이스파노아메리카의 국가는 문명의 품에서 구원받을 것이며, 문명의 법칙은 진보의 길에서 미적거리는 국가를 끌고 갈 것이다. 그리고 짧은 시일 내에 건실한 토대 위에 정부가 재건될 것이다.

경이로운 번영을 이룩한 미국은 이스파노아메리카에 유익한 선례가 될 것이다. 물질적 발전에서 세계 선두에 있는 미국에서는 여성의 막강한 영향력이 인정받고 있다. 어떻게 그럴 수 있었는가? 모두가 여성을 존중하기 때문이다. 왜 여성을 존중하는가? 여성의 행동, 성격, 도덕성이 존경받을만하며, 여성은 엄마이자 아내로서 제 할일을 다 할뿐만 아니라 남성의 진정하고도 건설적인 동반자 역할을 하기 때문이다. 여성은 꽃이나 꿈도 아니고, 장난감이나 장식품도 아니며, 더욱이 노예는 될 수 없다. 여성은 건실한 교양, 강인한 성품, 정신적 능력 등 모든 면에서 남편이나 오빠동생과 동등하다. 따라서 모든 길은

---

2 라자르 이폴리트 카르노(Lazare Hippolyte Carnot, 1801~1888)는 프랑스 제3공화국의 대통령 마리 프랑수아 사디 카르노의 아버지이다. 인용한 책은 1863년에 출판된『아들이 본 아버지 카르노에 대한 회고록(Mémoires sur Carnot par son fils)』(1863)으로 나폴레옹 시절 내무부장관과 국방부장관을 역임한 아버지에 관한 회고록이다.

여성에게 열려있다. 유일하게 정계 진출은 닫혀있지만, 사실 그 방면은 여성조차 원치 않는 길이다. 미국에서는 여성이 공무원, 변호사, 의사, 농부, 은행원 등의 직업에 종사할 수 있을 뿐 아니라 남성과 업무에서 동등하게 경쟁한다. 아무 것도 호의로 받지 않았다. 훌륭한 일을 해야만 칭송받으며, 남성보다 맡은 바를 잘 해내야만 영예로운 자리에 오르거나 상을 받을 수 있다. 이것이야말로 진정한 정의이고, 우리 여성이 국민에게 진정 긍정적인 영향을 주기를 원한다면 꿈꿔야 하는 사회의 모습이다. 하지만 이러한 정의를 누리기 위해서는 성실히 일하고 특혜를 거부해야 하며, 엄격한 정의 외에는 다른 무엇도 바라지 말아야 한다.

스페인계가 사는 나라에서는 여전히 여성을 아이와 다를 바 없는 열등한 존재로 바라보는 시선이 있다. 그리고 여성은 범상한 수준만 넘어서도 무안할 정도의 칭찬을 받는다. 그러나 우리는 모욕에 가까운 과찬은 거부해야 한다. 이는 우리 여성에 대한 기대치가 낮다는 것을 증명하며, 여성이 어떤 일을 해내거나 교양과 재능을 드러내는 일이 드물기 때문에 천품을 넘어서는 희귀한 사례로 갈채 받아 마땅하다는 사고를 반영하고 있다. 따라서 우리는 바람에 흩날릴 일시적인 찬양에 교만해서는 안 되며, 우리가 맡은 임무를 충실히 수행하는 데 전념해야 한다.

폭정, 혁명, 무질서의 반복으로 피폐된 이스파노아메리카 사회에서 도덕성을 회복하는 일은 분명 여성의 손에 달려 있다. 미래 세대의 어머니이자 자라나는 아이의 교사이며 사회에 건전한 기풍을 조성해야 하는 작가로서 여성은 이 사회를 구원하고 바람직한 방향으로 이끌어야만 한다.

그러나 이스파노아메리카 여성작가는 사실 그 수가 손에 꼽을 만큼 적다. 게다가 여성 스스로도 자신의 지적 능력을 신뢰하지 못하는 상황이라서 여성이 사회 진보에 일말의 영향을 미치는 것도 불가능해 보인다. 하지만 비록 현 상황이 열악하다고 할지라도 여성이 조금 더 적극적으로 자신의 임무를 자각한다면 더 많은 여성작가가 배출될 것이다. 인성이 바른 여성이라면 응당 유용한 인재가 되고자 할 것이고, 행복한 미래를 추구할 임무가 자신의 손에 달려 있다는 것을 깨닫는다면 다른 일은 제쳐두고 그 일에만 전념할 것이기 때문이다.

적어도 콜롬비아에서는 여성이 대단히 존경받으며, 다행히 다른 남미 국가에서도 스페인처럼 여성이 푸대접을 받지는 않는다. 저명한 저술가이자 외교관인 돈 후안 발레라[3]의 글에 따르면, 스페인에서는 "작가가 되고자 하는 여성이라면 몬하 알페레스[4]나 펜테실레이아[5]를 능가하는 용기를 가져야한다". 이어 발레라는 이렇게 말한다.

> 멋쟁이 신사도 이런 여성 앞에서는 아킬레우스가 될 것이다. 펜테실레이아를 죽음으로 몰고 가지는 않더라도 여인이 죽고 나서야 그 아름다움을 애도할 것이기 때문이다. 신화적 비유는 제쳐두고 다시 이야기로 돌아가자면, 문학계는 여성작가를 약간 비정상적이라서 피하고 싶고, 난잡하고 무례해서 가연을 맺기에는 곤란한 독신남 정도로 취급한다.

---

3 후안 발레라(Juan Valera, 1824~1905)는 스페인 외교관이자 소설가로 1874년에 출판한 『페피타 히메네스(Pepita Jiménez)』가 대표작이다. 본문에서 인용한 작품은 1889년에 출판한 『아메리카의 편지(Cartas americanas)』이다.

4 본명은 카타리나 데 에라우소(Catalina de Erauso, 1592~1650)로, 흔히 '수녀 대위'라는 뜻의 몬하 알페레스(Monja Alférez)라고 부른다. 바스크 출신의 여성으로 수녀가 되려고 수녀원에 들어갔지만 도중에 견디지 못하고 도망쳐 나왔다. 그 후 가명을 사용하고 남장을 한 몬하 알페레스는 신대륙으로 건너가 마푸체족과 싸우는 등 여러 전투에 뛰어들어 유명세를 얻었다.

5 펜테실레이아는 군신 아레스와 아마존의 여왕 오트레라 사이에서 태어나 아마존의 여왕이 된다. 트로이 전쟁에서 트로이 편을 들어 적장 아킬레우스를 죽이겠다고 호언했지만, 결국 아킬레우스가 던진 창에 맞아 죽는다. 아킬레우스는 펜테실레이아가 죽고 나서야 긴 머리카락을 보고 여자라는 것을 알고, 젊고 아름다운 펜테실레이아의 죽음을 애도했다고 한다.

하지만 이스파노아메리카는 그렇지 않다. 신문에 글을 기고하는 여성을 나쁘게 보는 사회적 시선은 없다. 오히려 사람들은 여성작가에게 귀를 기울이고 존중한다(질투로 폄훼하지 않는 경우에는 그러하다). 이러한 존중은 여성 시인도 모두 가정이 있으며, 틈이 날 때 종이에 끄적이면서도 가정을 소홀히 여기지 않았기에 가능한 것이다. 그래서 여성이 시와 산문을 쓰는 일은 당연히 허용할 뿐만 아니라 심지어 언론에서는 장려하고 칭송하기까지 한다. 물론 앞서 말했듯이, 이런 과도한 찬사는 신인 작가에게 허영심을 불어넣을 수 있으니 조심해야 할 것이다.

여성에게 작가라는 직업 선택의 기회가 열리고, 작가가 되겠다는 선택을 하는 데 아무런 장애가 없을지라도 이러한 꿈을 꾸는 여성이라면 다음의 한 가지 사항에 주목해야 한다. 바로 펜으로 이룰 수 있는 선(善)에 관해서이다. 하느님에게서 지적 자질을 부여받은 사람이라면 문명의 수레를 미는 데 그 자질을 사용해야 한다. 우리는 외국 문학계의 최신 유행을 흉내 내지 말아야 한다. 특히 프랑스 문학의 형식을 모방해서는 안 된다. 타인의 악덕을 그릴 것이 아니라 우리 땅의 미덕을 묘사해야 한다. 고귀하신 하느님께서 아메리카대륙에 세상에서 가장 찬란한 자연이라는 선물을 베푸신 것은 우리로 하여금 자연의 아름다움을 그리는 데 매진하도록 예비하신 것이며, 성장하는 신생 국가에 우리를 나게 하신 것 또한 우리 역사와 풍습을 부지런히 공부하여 값진 배움을 얻도록 하신 것이다.

남성이 신생 공화국의 물질적인 진보를 맡아 법을 개정하고 사회의 질서를 세우는 등 정치를 책임지는 동안, 여성이 새로운 문학을 창시하는 임무를 책임진다면 얼마나 아름답겠는가? 우리만의 고유한 문학, 아메리카적인 묘사와 아메리카만의 특성을 구현한 문학, 다시 말해 교훈적이고 계몽적이며 예술적인 동시에 영혼에 유익한 문학, 아름답고도 순수하여 세르반테스의 언어를[6] 사용하는 국가라면 어느 살롱에서든 언급할 가치가 있는 문학, 우리 딸들 손에 쥐어줄 수 있을 문학, 독자의 생각을 고양시킬 수 있는 문학, 교육적이면서도 우리가 조국과 같은 참신성과 독창성을 지닌 문학—우리가 꿈꾸는 이러한 문학에서는 부패한 유럽 문명의 악습을 반영하는 장면이나 범죄에 관한 묘사는 보이지 않을 것이다. 새로운 요람의 문필가가 어떤 주장을 하든지 간에, 소설은 못된 사람들의 실생활에서 일어나는 일을 정확하게 묘사하는 데 그쳐서는 안 된다. 소설은 교훈적인 동시에 재미가 있을 수 있으며, 인간 존재를 생생하게 그리면서도 우리의 이상을, 우리가 추구해야 할 것을, 훌륭한 여성과 남성의 모습을 그려내야 한다.

사회에 위로가 되고 즐거움이 되는 교훈을 제공하는 것보다 여성에게 더 아름다운 임무가 무엇이 있겠는가? 위대한 문학계에서 살아남은 작품은 도덕적인 바탕을 갖추었을 뿐 아니라 언어적인 면에서 세련되고 기품 있으며, 오직 순수하고도 아름다운 이미지만을 환기시킨다.

우리 이스파노아메리카 국가는 이제야 틀을 갖추기 시작했다. 작은 나무는 곧게 자랄 수도 있지만 휘어서 자랄 수도 있기에, 우리의 풍습도 곧고 체계적으로 성장해나가게끔 해야 한다. 이를 위해 새로운 남미의 여성작가 역시 북미의 여성작가처럼 탁월한 능력과 건강하고 유익한 생명력을 보여주어야 한다.

장년기를 지나 쇠퇴기로 향하는 내리막길에 접어든 사회의 작가는 길을 걷다가 멈춰 서서 독성이 있는 꽃을 꺾고, 늪지대를 가리키고, 길목에 있는 악습의 소굴을 묘사할 수도 있다. 그런 사회에는 여러 부류의 독자가 존재한다. 하지만 독자의 지성은 과도한 문명으로 피폐해졌고, 타락에 가까운 상세한 묘사로 인해 감각이 무뎌지자 점점 더 극도로 과장된 묘사로 양념한 음식을 필요로 하게 되었다. 너무 익은 과일은 부패하기 마련이기 때문이다. 우리 사회는 아직

---

6 여기서 세르반테스의 언어란 스페인어를 가리킨다.

그 단계에 접어들지 않았다. 우리는 성장하고 있고, 아직 모양이 형성되지 않았기에 깨끗하고 건실한 지적 양분을 필요로 한다. 우리의 능력을 십분 발휘해 정치사회 제도를 마련하고, 그 후에 우리 여성이 영혼의 양식이 될 문학을 이 신생 사회에 제공할 수 있다면 얼마나 큰 영광이겠는가!

독자의 눈앞에 악행과 부패한 관습을 보여줘서는 도덕성을 함양할 수 없다. 비록 그것이 이러한 악행의 폐해를 지적하고자 하기 위한 것일지언정 말이다. 독자는 시선을 끄는 묘사에 탐닉하는 경향이 있다. 또 이야기의 교훈은 금방 잊어버리지만, 난잡한 장면이나 나쁜 사례는 오래도록 기억하며, 이로 인해 받는 벌에는 그다지 주목하지 않는다.

일부 사람들이 우려하는 바는, 고귀한 영혼의 헌신과 미덕이나 선량한 사람의 이런저런 인생사 이야기는 흥미를 끌지 못하고, 오로지 죄받을 연애 이야기나 이목을 끈다는 것이다. 또 사람들은 현실성 없는 밀회 이야기만 좋아하는데, 이런 이야기는 낯부끄러울 뿐만 아니라 처녀가 읽어서는 안 되는 것이라고 얘기한다. 하지만 이런 걱정은 기우에 지나지 않는다. 재미있는 문체와 진실이 함께한다면 대중의 인기는 따를 것이다. 이런 이야기야말로, 불안정하고 가벼워서 마치 작년 여성복의 유행이 잊히듯이 흔적도 없이 사라지는 사이비 연애 이야기보다 오랜 생명력을 누릴 것이다. 그렇다. 아메리카의 여성작가는 문학 작품으로 선을 행하여 불후의 명성을 남기도록 전력을 다해야 한다. 이것이야말로 여명의 새벽을 맞이하고 있는 이스파노아메리카 문학에서 여성작가가 맡아야 할 임무이다.

22. 여성 노동자와 여성

클로린다 마토 데 투르네르

클로린다 마토 데 투르네르(Clorinda Matto de Turner, 1852~1909)는 페루의 쿠스코에서 태어났다. 1889년에는 소설 『둥지 없는 새(Aves sin nido)』로 명성을 얻었다. 하지만 작품이 원주민 여성에 대한 억압과 가톨릭 사제의 부패를 고발하였기에 마토 데 투르네르는 교회에서 파문당하고, 책도 금서가 되었으며, 여성을 고용하여 운영하던 인쇄소도 문을 닫게 된다. 결국 1895년 마토 데 투르네르는 아르헨티나의 부에노스아이레스로 망명하지 않을 수 없었다.

아르헨티나의 대학교에서 교수로 재직하며 마토 데 투르네르는 여성교육, 저술, 번역에 몰두하는 한편 대중을 상대로 강연도 많이 했다. 여기에 소개한 「여성 노동자와 여성」 역시 1904년 12월 8일에 아르헨티나 여성단체협의회에서 행한 강연문이다. 이 글은 파업과 노동조합에 대한 단상, 여성노동자의 권리와 의무, 여성운동가의 과업을 다루고 있는데, 강연 대상이 상류층 여성인 만큼 여성 노동자 계몽에 앞장서야 한다고 강조한다.

이 당시 라틴아메리카의 실증주의자와 유사하게, 마토 데 투르네르는 허버트 스펜서의 사회유기체설에 입각해 진보에 대한 낙관적인 시각을 보인다. 사회유기체설에서는 사회를 하나의 거대한 유기체로 본다. 여기서 개인은 세포에 비교할 수 있다. 유기체가 성장하기 위해서는 각 세포가 조화롭게 협업해야 하듯이, 사회에서도 각 요소의 상생이 사회가 원활히 유지되기 위한 필수 요소가 된다. 마토 데 투르네르가 노동자와 파업을 바라보는 시각도 이러한 이론을 기반을 두고 있다. 그렇기에 남성과 여성간의 차이를 인정하고 각자의 의무를 다르게 규정하는 것이며, 모두에게 같게 적용되는 절대적 평등이 아니라 동등한 노동에 대한 동등한 임금이라는 권리의 평등을 요구한다. 또 여성 노동자의 처우와 노동환경 개선도 위로부터의 개혁이며 전복적이지 않다. 또 여성이 처한 구조적 문제를 지적하지 않으며, 여성 노동자의 처우 개선 문제를 고용주의 관용에 일임하는 등 지나치게 낙관적이다.

참고문헌

1. Matto de Turner, Clorinda. 1909. "La obrera y la mujer". En *Cuatro conferencias sobre América del Sur*. Buenos Aires: Imprenta Juan A. Alsina. pp. 49-58.

교육·법무부 장관이자 노동법안을 작성하신
존경하는 호아킨 빅토르 곤살레스[1] 박사님께

여성 여러분

고명하신 여러분께서 다 알고 계신 이야기를 하면 지루하실 터이니 저는 오늘 파업의 정의나 현대 사회에서 파업의 의의에 대해 심도 있게 다루지는 않으

1 호아킨 빅토르 곤살레스(Joaquín Víctor González, 1863~1923)는 아르헨티나의 정치가이자 학자이다. 1904년 일일 8시간 노동, 주말 휴식, 고용주의 사고 책임, 노동단체 인정, 노사갈등 조정을 담은 노동법(Ley Nacional del Trabajo) 초안을 마련하여 의회에 넘겼으나 부결되었다.

려고 합니다. 그보다는 '여성, 나아가 인류를 위해'라는 기치 하에 활동하는 아르헨티나 여성단체협의회 회원 여러분과 여성운동가분들의 노고가 여성 노동자의 환경에 생명과 활기를 불어넣게 될 미래를 간략히 그려볼 생각입니다.

여성 노동자를 연구하는 많은 권위자께서 신문이나 잡지, 학회나 책을 통해 여성노동자가 처한 현 상황의 원인을 분석했고, 여성노동자가 주 근로자인 공장의 임금과 위생상태 개선을 위한 해법을 모색하고 또 실현하려 애썼습니다. 공장의 여성 노동자야말로 곧 어머니가 될 아가씨이거나 내일의 일꾼을 양육하는 어머니이거나 조숙한 나이에 윤리적인 순수함을 잃어버릴 처녀이거나 의지할 데 없는 미망인이기 때문이며, 이들 대부분이 무지로 인해 꿈도 희망도 없는 짐승과 같은 상태로 전락해버렸기 때문입니다.

하지만 솔직히 말하면, 이러한 연구들은 실제보다 상황을 암울하게 묘사하고 있습니다. 사실 부에노스아이레스를 비롯하여 아메리카 여성노동자의 상황은 유럽의 여성노동자에 비해 열악하지 않습니다. 유럽을 모방하는 맹렬한 풍조가 우리 사회를 현혹하여 분별력을 마비시키지 않고, 전보로 접하는 유럽의 소식이 매력적으로 포장되지만 않았더라도, 이 나라에서 파업사태를 목격할 일이 없었을 것입니다. 유럽의 사회구조나 노동환경을 연구하기 위해 구대륙의 대도시를 밟아본 적이 있는 사람라면 임금, 주거환경, 식생활을 포함하여 유럽 노동자의 생활환경 전반이 아메리카 노동자의 생활환경에 비해 현저히 열악하다는 것을 아실 것입니다.

유럽의 노동자는 매우 낮은 임금을 받으며, 일 년에 두세 번 특별한 날에만 고기를 먹을 수 있는 궁핍한 생활을 하고 있습니다. 땅을 경작해봐야 그 해 수확물의 최상품은 땅주인의 몫이고, 나머지만 갖게 됩니다. 옷도 저급 원단으로 지어 입습니다. 이런 상황에 처해 있기 때문에 유럽의 노동자는 신세계에 대해 작은 소식이라도 접하게 되면, 매우 감격하여 약속의 땅으로 이주하고자 합니다. 신세계는 그 사람들의 기대를 무너뜨리지 않습니다. 아메리카의 항구에 들어서는 순간부터 이민자는 신사숙녀로 대우받고, 이 땅의 모든 것이 행복을 가져다주리라는 것을 깨닫게 됩니다. 일하고자 하면 능력에 합당한 임금을 받을 수 있으며, 정부는 이민담당부서를 통해 이들을 지원할 것입니다. 농부의 눈앞에는 광활한 아르헨티나의 땅이 펼쳐집니다. 여러 기후대가 공존하는 이 땅에서 재배되는 수많은 작물은 수확하면 오롯이 자기가 차지할 것입니다. 아르헨티나는 우애로 모든 사람을 법 앞에 평등하게 대우할 것이며, 여성의 본질인 숭고한 박애심으로 불행을 당하면 보호해 줄 것입니다.

길거리에서나 학교에서나 우리는 일을 좋아하고 규율을 잘 지키는 정직한 노동자가 안정된 삶을 영위한다는 증거를 목격하고 있습니다. 노동자의 아이들은 모두 보살핌을 받고 있습니다. 이와 대조적으로 빈민촌 아이들은 방치되고 있습니다. 그 경우는 일반론에서 벗어난 예외로 봐야 합니다. 빈민촌 남편들이 부성애가 부족해 아버지의 역할을 하지 않으며, 게을러 불평만 늘어놓고, 아내에게 빌붙어 살기 때문입니다. 물론 예외도 있겠지만 말입니다.

따라서 스펜서[2]가 주장하듯, 사회가 하나의 유기체이고 사회의 발전과 성장이 구성요소의 성질에 좌우된다면, 우리 사회는 이미 삶의 절정기에 도달했다고 할 수 있습니다. 그렇기에 다른 유기체를 생성할 수도 있고, 정체된 부분이나 약점을 보완하는 데 주력할 수도 있을 것입니다. 응달에서 자란 힘없는 식물에게서 성장을 기대할 수 없듯이 정체된 부분은 국가 발전에 기여할 것이 없습니다. 여러분, 예전에는 “위대한 것은 대중과 거리를 두려는 경향이 있다. 독수리는 높은 곳을 찾고, 사상가는 다락방에 틀어박힌다”고 했습니다. 하지만 오늘날 하늘의 전기는 우리 손에 굴복했으며, 사상가는 대중의 곁으로 다가왔

2 허버트 스펜서(Herbert Spencer, 1820~1903)는 영국의 철학자이자 사회주의자로 다윈의 진화론을 받아들여 사회도 생물과 마찬가지로 진화한다고 보았다.

습니다. 마음은 가까워지고, 물리적 힘과 지적인 힘이 단단히 결합되어 인류 진보의 거대한 수레바퀴를 움직이고 있습니다. 파업은 누구에게도 긍정적인 결과를 가져다주지 못합니다. 파업은 진보의 수레바퀴를 멈추게 하는 혼란에 불과합니다.

노동자를 보호하기 위한 법안을 마련한 스페인의 전 장관 에두아르도 다토[3] 박사나 왕립 입법·사법 학술원 원장 호세 카날레하스 이 멘데스[4], 호세 가스콘 이 마린[5] 외에도 많은 걸출한 지식인들이 파업이라는 불유쾌한 주제를 연구해왔습니다. 이들은 고용주와 노동자 사이의 이익 갈등이 자본과 노동 간의 충돌로 격화되는 양상을 대단히 참혹히 묘사합니다. 하지만 우리나라에서 그러한 광경은 매우 보기 힘듭니다. 우리 노동자 가정은 아직 젊고 순수하여 사회적 악습을 모르고, 따라서 파업에 무지하기 때문입니다. 앞서 언급한 카날레하스 씨는 여러 요인을 들며 파업 투쟁에서 중요한 요소를 노동자가 노예나 종의 위치에서 벗어나 자유로운 개인이 된 것은 부정할 수 없는 진보이나, 급여를 받게 되었을 뿐 여전히 프롤레타리아라는 점을 부각합니다. 그리고 노동자가 막대한 축재를 한 소수나 재산을 가진 특권 계급과 자신을 비교하기 때문에 이전보다 더 열등한 조건 속에서 살게 된다고 강조합니다. 아르헨티나에 이러한 극단적인 불균등은 없습니다. 우리는 '자유'라는 단어가 내포하는 광범위한

---

3 에두아르도 다토(Eduardo Dato, 1856~1921)는 스페인 내각 총리를 역임한 정치인으로 노동부를 창설했으며, 여성노동과 아동 노동에 관한 사회 개혁을 주창한 인물이다.

4 호세 카날레하스 이 멘데스(José Canalejas y Méndez, 1854~1912)는 스페인 내각 총리를 역임한 정치인으로, 근로시간, 여성 노동 관련 법안을 통과시켰다.

5 호세 가스콘 이 마린(José Gazcón y Marín, 1875~1962)은 스페인 정치인이자 변호사이다. 1902년에는 세비야대학교 정치행정학과 교수로 재임하고 있었다. 후일 교육부 장관을 역임했으며, 1917년에는 『노동조합과 계약의 자유(Los sindicatos y la libertad de contratación)』라는 책을 출판했다.

의미 그대로 자유롭기 때문이고, 법으로 권리의 평등을 규정해놓았기 때문입니다. 이런 평등이야말로 진정한 순수 사회주의의 스승이신 예수님의 가르침이기도 합니다. '악에서 비롯된 선은 배격하라'는 것이 우리의 기본 원칙입니다.

다토 씨가 빌바오[6] 사회에 대해 말한 것처럼, 유럽 대륙뿐 아니라 아메리카에서도 원시적 의미가 퇴색된 사회주의, 특히 점진적 사회주의를 추종하는 사람이 대다수입니다. 계급 간 평등, 모두가 함께하는 노동, 공동 소유와 같은 유토피아적 발상은 실현되는 순간 혼돈으로 귀결될 것이 분명함에도 불구하고 많은 노동자의 마음을 빼앗았습니다. 계급 간의 차이는 앞으로도 존재할 것입니다. 사회적 불평등은 신께서 인류에게 부과한 물리 법칙과 같이 불변할 것입니다. 또한 우리 모두는 변함없이 다른 능력과 다른 외모, 다른 인성을 부여받을 것이고, 감성이 다를 것이며, 어떤 사람은 금발로 태어나지만 어떤 사람은 흑발로 태어날 수밖에 없을 것입니다. 하지만 노동자들은 이러한 차이에 주목하지 못하고 실현 불가능한 꿈을 좇습니다. 정치적 목적이나 명성을 갈구하는 선동자들은 때때로 국민의 존엄성까지 해치지만 노동자는 이를 자각하지 못하고 선동에 휩쓸리고 맙니다. 여기 모이신 여성 여러분에게 노동자는 사회에서 가장 존중받아 마땅한 존재입니다. 노동자가 바로 진보의 상징이며, 노동이라는 고귀한 종교의 사제이고, 이 신전에서 삶의 행복이 태어날 것이기 때문입니다.

공동 노동! 좋습니다. 그러면 누가 공동 노동을 감독할 것입니까? 건강에

---

6 빌바오는 스페인 북부 바스크 지역의 중심 도시로, 19세기 중반부터 산업도시로 성장한다. 약 40년 만에 인구가 35만에서 80만으로 증가하며 급격한 성장세를 보이는데, 그 중심에는 광산과 공장에서 일하는 노동자가 있었다. 스페인 노동자 총연합과 스페인사회노동당(PSOE)을 창설한 파쿤도 페레사구아(Facundo Perezagua)가 1885년에 빌바오에서 노동조합 활동을 지휘하면서 1890년에 3만 명이 참여하는 비스카야의 노동자 총파업을 이끌었다.

유해하고 위험한 일은 누구에게 맡겨야 합니까? 지적 노동과 기계적 노동 사이에는 어떤 차이가 있는 것입니까? 누가 봉급을 결정합니까? 독신, 기혼, 가족과 함께 사는 사람과 그렇지 않은 사람 등 개인차에 따라 달라지는 필요를 어떻게 계산할 것입니까? 게으름뱅이, 범죄자, 아둔한 자들은 어떻게 할 것입니까?

우리는 이런 문제를 필히 숙고해봐야 합니다.

그렇습니다! 자신의 행동에 책임을 질 줄 아는 정직한 노동자는 집산주의로 가는 길을 택하지 않을 것입니다. 기독 사회주의는 받아들일 수도 있습니다. 물론 노동자의 처우를 개선하고 행복을 가져다준다는 전제 하에 말입니다. 하지만 노동자는 이미 그 미소 가득한 미래가 속임수이며 믿어서는 안 된다는 것을 알고 있습니다. 자유가 법적 권리에서 온다는 것을 아는 노동자는 이렇게 말할 것입니다. '나는 일을 할지 말지 결정할 자유가 있다. 하지만 타인의 일할 자유를 뺏을 권리는 없다.' 그리고 여기에서 세상의 모든 인류가 서로 완전한 관계를 구축하기 위해 필요할 규율이 나오게 됩니다. "남에게 대접을 받고자 하는 대로, 너희도 남을 대접하라."[7]

우리가 이룩한 문화 수준에서 타인에게 희생을 강요하는 것은 어불성설입니다. 그보다는 고용주와 노동자 양쪽 모두에게 동등한 행동을 요구해야 할 것입니다.

노동자에게 돈도 시간도 빼앗기고 싶지 않습니까? 그렇다면 고용주 역시 노동자에게 시간과 돈을 탈취해서는 안 될 것입니다. 평등과 정의를 바랍니까? 그렇다면 직공도 평등과 정의를 누리기를 바라야 합니다. 이기심과 비정함으로 무장한 적도, 이 형제애가 넘치는 도시, 광명의 도시에서 오늘의 친구가 될 것

---

7 마태복음 7장 12절이다.

입니다. 이곳에서는 실증주의의 눈보라가 영혼의 이타적인 감각을 마비시키는 일은 없기 때문입니다.

지금까지 우리는 다른 나라의 경우를 통해서 파업에 대해 개괄적으로 살펴보았습니다. 인간의 가치는 타인에게 행한 선으로 매겨져야 한다는 것을 전제로 하고, 이제 오늘의 강연의 핵심인 여성 노동자에 대해 이야기하고자 합니다. 단언컨대 여성은 사회적 평등이라는 문제를 남성과는 다른 시각에서 볼 것입니다. 여성 특유의 꼼꼼한 일처리 능력은 재봉 일에 적합했기에, 의류 생산에 종사하게 되었습니다. 이미 대형 공장에서는 여성이 소모기[8]와 연결된 방추와 북을 능숙하게 다뤄 완벽한 결과를 만들어내고 있습니다.

가사에 익숙한 여성은 특유의 예리한 통찰력으로 한눈에 사건의 중요도를 파악할 수 있습니다. 따라서 정직하고 사려 깊은 여성 노동자라면 파업에 참가하지 않을 것입니다.

마찬가지로 남편과 자식이 파업에 참가하는 것도 막을 것입니다. 여성이라면 으레 한 주를 봉급 없이 보낸다는 게 어떤 의미인지 가족 누구보다 잘 알고, 파업 연대가 내건 약속의 실체도 분명히 헤아리고 있기 때문입니다. 여성은 산업 사회를 뒤흔드는 파업이 노동자에게는 손해만 입히며, 잃어버린 일당은 되찾을 길이 없다는 사실을 잘 알고 있습니다. 실업한 남편은 악습에 젖어 평생 고통 받게 될 것이고, 파업이 성공한다면 공장은 문을 닫게 될 것입니다. 비참한 생활은 계속되고, 일손은 남고, 일자리는 부족하고, 아이들은 빵을 달라며 울 것입니다!

우리 자매님들, 여성 노동자 여러분은 혼란으로 가는 길을 부추기는 선동자를 믿지 않습니다. 여성은 본능적으로 가정의 평화라는 쉴 새 없는 노동의

---

8 소모기(梳毛機)는 실을 만드는 공정에서 양털과 같은 섬유를 고르는 기계이다.

산물을 수호하고자 하기 때문입니다. 하지만 동시에 우리는 여성 노동자에게 다가가서 일할 수 있고, 일할 줄 안다는 것이 행복에 이르는 방법이라고 믿도록 설득해야 할 것입니다. 결국 모든 생명은 고통의 족쇄를 차고 미지의 죽음을 향해 나아갑니다. 우리 단체는 그런 숙명 속에서도 여성이 일, 질서, 경제를 사랑하도록 선전하는 데 집중해야 합니다.

앞서 언급한 스펜서 이론의 총화인 진화론은 개인으로서 여성이라는 우리의 이상에 막대한 이익을 가져다 줄 것입니다. 우리는 여성과 남성 간의 절대적인 평등이라는 터무니없는 주장을 펼치는 것이 아닙니다. 여성과 남성 사이에는 상호교환이 불가능한 육체적 기능의 차이가 존재하기 때문입니다.

남성이 어머니가 될 수 있습니까?

그러나 영혼과 육신으로 구성된 남성 역시 무한한 창조의 산물 가운데 하나이자 여성의 젖에서 태어난 것임을 잊어서는 안 됩니다.

지금은 우리가 여성 보호주의의 기치를 들고 좋은 행동을 보임으로써 남성에게 가르침을 전할 적기입니다. 이기적인 남자들이 우리의 이상을 비웃는 것을 두려워하지 마십시오. 인류의 진보에 기여한 거대한 이상에도 작은 시초가 있었음을 기억하고 힘을 낼 때입니다.

스티븐슨[9]이 풀턴의 증기기관 이용에서 착안하여 증기기관차를 발명했을 때 회의론자들은 뭐라고 했었습니까? 틀림없이 악마의 물건이라고 했을 것입니다. 순진한 사람들의 믿음을 흔들리게 하는 이단의 발명품이라고 했을 것입니다. 하지만 세계의 진보를 이끄는 선구자들은 포기하지 않았고, 우리는 반세기만에

9 조지 스티븐슨(George Stephenson, 1781~1848)은 영국의 발명가로 '철도의 아버지'라고 부른다. 증기기관을 동력으로 사용하는 기관차를 발명하고, 철도를 부설했다. 그리고 로버트 풀턴(Robert Fulton, 1765~1815)은 미국의 기술자로 영국으로 건너가 운하와 선박에 대해 공부하였다. 최초의 증기선 발명자는 아니지만, 실용화에 최초로 성공한 인물이다.

이러한 진보가 갈릴레오의 지구처럼 불멸의 영역에 들어서는 것을 목격했습니다. 승리의 기관차는 괴물과 같이 평원이든 고원이든 가리지 않고 대지의 품을 누비게 되었습니다. 바퀴 달린 아수라이자 철제 소우주는 문명의 사절이 되어 전 세계에 들어섰습니다. 비늘도 알록달록한 색깔도 없는 뱀은 한걸음에 수 마일을 가고, 단걸음에 지역을 오갑니다.

기차는 유니콘처럼 이마에 뿔을 달고 있습니다. 하이메 푸익 이 베르다게르[10]가 말했듯이, 지상에 있는 모든 동물의 형상이 그 안에 녹아있습니다. 사자처럼 포효하고, 소처럼 울부짖으며, 뱀처럼 몸을 꼬고, 용처럼 기어가기 때문입니다.

사자이자 소이고, 뱀이자 용인 기관차는 이 땅의 잠들어 있는 힘을 깨워 일터로 보내기 위해 태만을 물리치러 쫓아가고, 게으른 자를 덮치며 울부짖습니다.

수 파운드의 석탄이 일일 사료이고, 보일러가 배이며, 불꽃이 심장이 됩니다. 증기는 피가 되고, 바퀴는 근육이 됩니다. 시간의 그을음이 눌러 붙은 거대한 기계는 산과 도시를 지나가며 온갖 지역의 사람을 품에 안고 실어 나릅니다. 기차가 지나간 거대한 바위는 노동자의 노력과 자본주의자의 대담한 시도로 예술, 과학, 평화의 신전을 받치는 아치가 되고, 기둥이 되며, 첨탑이 될 것입니다.

그렇습니다. 노동자와 자본주의자는 화합하며 함께 가야 합니다. 그리고 기차라는 무쇠 거인처럼 여성 노동자의 이상 역시 시간이 흐르면서 자유로운 노동의 덕으로 강인해질 것입니다. 오직 스스로 완전한 자만이 자유로울 수

---

10 하이메 푸익 이 베르다게르(Jaime Puig y Verdaguer, 1852~1915)는 스페인에서 에콰도르로 건너가 정착한 이민자 저술가이다.

있습니다.

희망의 태양은 세상에 능력을 뽐낼 여성 노동자를 향해 미소 지으며 동녘에서 떠오르고 있습니다. 여성은 학교, 작업장, 학회, 공장, 관공서, 사무실, 저술, 대학교, 언론 등 장소를 가리지 않고 믿음을 가지고 일합니다. 노동을 신성하게 여기면, 범죄 감소라는 직접적인 결과가 나타납니다.

우리가 연구한 바로는, 여성 범죄 100건 가운데 78건이 치정 사건이고, 20건이 이해 다툼, 질병과 유전병이 20건, 2건이 기타 사건이었습니다. 여성 범죄자 가운데 노동자는 거의 없습니다. 대다수는 가난 때문이거나 남편에게 버림을 받았기 때문에 일어난 사건입니다. 특히 후자는 아이를 버리는 잔인한 범죄의 주요한 동인입니다. 버림받은 여자를 소위 '명예실추'라고 부르는데, 이 경우도 여자의 책임은 아닙니다. 막스 노르다우[11]가 말한 '상투적인 거짓말' 가운데 하나일 뿐입니다.

우리는 지금 장엄한 역사적 순간을 목도하고 있습니다. 그렇기에 더더욱 발전의 조류를 좋은 길로 이끌 수 있도록 매진해야 합니다. 이를 위해서 우리는 여성 노동자에게 다가가야 합니다. 삶을 힘들게 하는 유토피아에 대한 이야기로 환상을 부추기거나 불건전한 잡념으로 머리를 어지럽혀서는 안 됩니다. 오히려 상류층이나 부자를 부러워할 필요가 없으며, 부자야말로 평범한 사람이 흔히 누리는 숙면과, 식성, 소박한 유흥거리와 건강을 부러워한다는 것을 알려주고 여성이 노동을 사랑하도록 이끌어야 할 것입니다.

여성 노동자에게 아메리카 노동자와 유럽 노동자의 차이점과 아메리카

---

11 막스 노르다우(Max Nordau, 1849~1923)는 헝가리 출신 문필가로 독일 신문사에 투고하며 성공을 거두었다. 1883년에 출판한 『문명사회의 상투적인 거짓말(Die konventionellen Lügen der Kulturmenschheit)』에서는 종교, 정치, 경제, 결혼에서 진실을 직시하거나 말하지 않고 상투적 거짓말로 얼버무리며 기존 체제에 안주하려는 비겁한 행동을 비판한다.

노동자의 이점을 분명히 주지시켜야 합니다. 마음속에 대륙을 뛰어넘는 형제애를 불러일으켜야 합니다. 그리고 매우 튼튼한 사슬이 전 세계의 선한 여성을 묶고 있으며 사슬의 고리 하나하나가 여성에게 명예가 됨을 우리가 행동으로 보여줘야 합니다. 여성노동자는 해만 끼치는 파업에 참여하거나 보이콧과 블랙리스트에 관심을 보여서는 안 된다는 것을 알고 있습니다. '증기가 바퀴를 움직일 때, 손은 황금을 움직인다'는 사실을 이미 경험으로 깨우쳤습니다. 여러분은 이보다 훨씬 더 많은 것을 알고 있습니다. 집에 빵이 넘쳐야 가정에 행복이 넘치고, 사랑으로 맺어진 부부도 화목하게 삽니다. 사랑의 언약이야말로 검소한 집안보다 휘황찬란한 대저택에서 더 깨지기 쉬운 법이지 않습니까? 겉보기야 화려한데, 어떤 아픔이 있는지 알 수는 없습니다.

우리는 여성노동자를 교육하고 지도하는 데 관심을 기울여야 합니다. 이러한 우리의 활동은 남성이 사회적 혼란이라는 독을 중화시킬 때 사용할 해독제가 되고, 일터에 문명을 전파하는 영광을 가져다 줄 것입니다.

우리는 비행선을 타고 창공을 가로지르는 비행사를 찬양해야 합니다. 대지의 품속과 지면에 철길을 놓는 건설업자를 칭송해야 합니다. 공장 설립자를 응원하고 노동자에게 평등과 정의를 실천하기를 권장해야 합니다. 그리고 성실하게 노력하는 여성에게 젊은 아메리카의 운명을 맡겨야 할 것입니다.

우리는 여성노동자에게 다이아몬드 왕관을 부러워할 필요가 없다는 것을 일깨워줘야 합니다. 성스러운 노동이라는 숭고하고도 보편적 법칙이 땀으로 빛나는 이마에 후광을 비춰주기 때문입니다. 우리는 우리의 자매인 여성노동자에게 적절한 지지를 보낼 의무가 있습니다. 떠도는 영혼과 가라앉은 마음에 활기를 불러 넣읍시다. 한층 더 넓은 활동 영역으로 나아갈 수 있도록 문을 열어줍시다. 일한만큼 보상받을 수 있게끔 투쟁합시다. 같은 일을 하더라도 단지 여성이라는 이유로 급여를 적게 주는 업자가 있습니다. 아! 어찌 벌의 날갯짓 소리가 사자의 울음소리보다 이롭다는 것을 잊는단 말입니까!

보육시설과 여성노동자의 권리를 보호하기 위한 협회를 설립합시다. 여성의 성품과는 어울리지 않는 파업과 같은 소요사태는 없어야 합니다. 여성은 평화와 타협을 사랑하는 온화한 사람입니다.

또한 삶의 투쟁 속에서 질서정연한 노동이 얼마나 아름답게 빛나는지를 눈앞에 보여줌으로써 노동자를 격려합시다. 진정한 덕을 실천할 때, 교양 있는 영혼의 섬세한 빛은 노동자의 얼굴을 더 아름답게 비출 것이고 노동자를 더욱 고무시킬 것입니다. 그때 여성노동자는 가정과 조국의 행복과 안녕을 이끌게 될 것입니다.

마지막으로 우리는 사회적 지위를 막론하고 유력자나 사상가가 노동자뿐 아니라 가난한 사람에게도 관심을 가지도록 앞장서야 할 것입니다. 우리의 형제로 그들의 처우를 개선해야 합니다. 빅토르 위고의 말씀을 전합시다. "책임감이여, 일하라. 너의 시간이 도래하였다. 인류의 정신을 고양하라!"

23. 해묵은 문제

알폰시나 스토르니

알폰시나 스토르니(Alfonsina Storni, 1892~1938)는 아르헨티나의 대표적인 페미니즘 문인이다. 스위스에서 태어나 아르헨티나의 시골 산 후안과 지방도시 로사리오에서 성장한 알폰시나 스토르니는 집안 형편이 여의치 않아 정규교육을 받지 못했다. 그러나 1909년 교사양성소에 입학하여 공부하는 한편 잡지 《로사리오 세계》에서 일했다.

잠시 시골학교 교사로 근무하던 알폰시나 스토르니는 1811년 부에노스아이레스로 이사했다. 그리고 이듬해에 아버지 없는 아들을 낳았다. 생계를 위해 약국 계산원 등 닥치는 대로 일을 하는 한편, 대중잡지 《카라스 이 카레타스(Caras y Caretas)》를 비롯하여 여러 잡지와 신문에 단편, 연애시, 서정시, 수필을 기고했다.

한동안 아르헨티나 문단은 알폰시나 스토리니의 작품을 통속문학으로 간주했다. 감각적인 사랑과 일상에서 경험하는 여성의 애환을 평범한 단어와 소박한 형식으로 표현했기 때문이다. 그러나 1990년을 전후하여 라틴아메리카에서 페미니즘 문학에 대한 관심이 고조되면서 알폰시나 스토리니는 가난, 무학, 미혼모, 여성이라는 악조건에도 불구하고, 문학작품과 삶이라는 실천을 통해 여성에 대한 사회적 편견에 부단히 도전한 대표적인 페미니즘 문인이라는 재평가를 받았다.

여기에 번역한 「해묵은 문제(Un tema viejo)」는 1919년 4월 25일 잡지

《라 노타(La nota)》에 기고한 글이다.

참고문헌

1. Storni, Alfonsina. 1919. "Un tema viejo". *La Nota*. Num. 194. 25 de abril. pp. 500-502.
2. Storni, Alfonsina. 2014. *Escritos : imágenes de género*. Córdoba, Argentina: Editorial Universitaria Villa María.
3. Gutiérrez Larreta, Carlos. 1919. "Comités femeninos". *La Nota*. Num. 193. 18 de abril. pp. 461-462.
4. Kirkpatrick, Gwen. 1990. "The Journalism of Alfonsina Storni: A New Approach to Women's History in Argentina". In Emilie Bergmann et. al. *Women, Culture, and Politics in Latin America*. Berkeley: University of California Press. pp. 105-128.

페미니즘에 관해서는 더 이상 글 한 줄도 쓰지 말자고 결심한 시기가 있었다. 이미 성취한 문제에 대해 이야기하는 것은 시간 낭비라고 생각했기 때문이다.

그러나 이 잡지의 지난 호에서 카를로스 구티에레스 라레타(Carlos Gutiérrez Larreta)의 「여성 위원회(Comités femeninos)」라는 제목의 글을 마주하고 나서야, 나는 비로소 그간의 의욕상실 상태에서 벗어났으며, 내 인생의 백만 번째 바보짓을 해야겠다는 생각이 들었다.

친절하기 그지없는 우리 구티에레스 라레타는 평소에 위대한 마드리갈[1]이나 소네트를 읊던 가락으로 그 글을 썼을 것 같다.

터키 담배를 두어 개피 피우고, 좋아하는 시 몇 편을 읽은 후에, 알록달록한 당구공 몇 개를 골라서 황금 큐대로 우아하게 공을 쳤을 것이다.

그런 당구 치기가, 바로 그 글이다. 그러나 칼럼리스트가 가지고 노는 빛나는 당구공은 실제 인생에서는 무거운 세상이고, 공을 치는 큐대는 무시무시한 법을 따른다. 이 사실을 직관적으로 깨닫는 순간, 우리 모두는 공포에 질려 떨기 시작하고, 안색이 변하고, 눈물이 흐르며, 표정이 어두워지고 혼란스러워진다. 설명할 수도 이해할 수도 없는 그것 앞에서 말이다.

마치 여성의 교활함을 너그러이 용서한다는 듯한 태도로 페미니즘에 대해 이야기하는 것은 무신경하게 저글링을 하는 것이나 다름없는 일이다.

페미니즘은 그저 너그러운 마음으로 친절하게 다룰 대상이 아니며, 훨씬 더 많은 것을 얻을 자격이 있다. 다른 모든 집단적인 변화가 그렇듯 페미니즘 역시 중요한 문제이기 때문이다.

이른바 페미니즘이라는 것은 남성 지도 능력의 실패를 의미한다고 감히 말할 수 있을 것 같다. 법이라는 수단을 통해 인간 행복을 위해 필요한 균형에 다다르려 했지만 실패로 돌아간 것이다.

만일 국가와 가정의 우두머리가 자신이 책임지고 있는 사람들이 필요로 하는 것을 모두 파악하고 채워줄 수 있었다면야 이제는 유명해진 페미니즘 문제를 포함한 모든 근대 문제는 해결되었을 것이다.

인간의 눈으로 바라본 인생이란 인지 가능한 방정식이 아니다. 그렇기 때문에 아무리 미리 예측해서 대비하려고 해도, 절대로 개개인의 영적 존재의 내밀한 구석까지는 알 수가 없다. 인간 개개인의 갈망, 채워지지 않은 이 갈망이 바로 진화를 추동하는 힘의 필수적인 요소이다.

---

1 마드리갈은 짧은 서정시이다.

이 영속적인 불일치, 이 목마름, 이 희망, 이 끝나지 않은 움직임으로부터 영원성이 만들어진다.

남성은 여성보다 우월하다고 말하는 것, 여성은 남성과 같다고 말하는 것 등이 모두 나에게는 그저 번지르르한 말뿐인 것으로 느껴진다.

페미니즘에 대해 이야기하면서 다른 모든 것과 분리시켜 아무런 관계없고 마치 예외적인 일처럼 이야기하는 것, 마치 여자의 변덕에서 비롯된 임의적인 무엇으로 취급하는 것은 어처구니없는 일이다.

'우리가 계속 다른 걸 권하고 있는데도 불구하고 여성은 이걸 원하네'라고 생각하는 것은, 결국 생각하지 않는 것이나 다름없다.

여성은 무엇을 원하는가?

그런데 집단적인 생각과 열망은 자라고 싶을 때 저절로 자라는 버섯 같은 것인가?

남자가 명령해서 손가락에 손톱이 자라는 것인가?

페미니즘을 비웃는 것은, 이를테면 손가락 끝에 손톱이 달렸다고 비웃는 것처럼 어처구니없는 일로 보인다. 마치 씨눈이 열매가 되는 과정처럼, 혹은 열매가 자기의 구성 요소를 씨눈으로 바꾸는 과정처럼, 인류는 차근차근 순서를 밟아 우리가 페미니즘이라고 부르는 것에 도달한 것이다.

줄기와 마찬가지로, 씨눈에는 진실이 있다. 그리고 줄기에는 이파리와 마찬가지의 진실이 있고, 이파리에는 꽃 혹은 성장의 다른 상태에 해당하는 진실이 있다.

물론 우리는 그 변화의 상태 중 어떤 시기가 더 조화롭고 완전한지에 대해 스스로의 의견을 표명할 권리가 있다.

구티에레스 라레타는 그토록 탁월한 고대 그리스인에게는 페미니즘이 없었다는 것을 발견했다. 하지만 그리스가 탁월한 이유가 이 때문일 수는 없다. 그런 기준을 따르자면, 우리는 균형을 맞추기 위해 페미니즘이 없던 민족을 찾아내는 것으로 충분하다고 믿을 수밖에 없을 것이다.

나는 중세에도 페미니즘은 없었다고 지적할 수도 있을 것이다. 야만스러운 명예와 탐욕스럽다 못해 우울한 종교를 구실로 삼아 여성의 존엄을 모욕하는 미개의 특징을 보이는 시대인 중세 말이다.

하지만 사실, 어떤 운동에 관해 언제나 과거보다는 현실의 결실인 현재가 더 많은 것을 가르쳐줄 수 있다.

만일 그리스의 경우처럼 찬란한 과거와 비교해 우리가 살고 있는 현 시대가 퇴보한 것으로 보인다면, 그 퇴보의 책임을 페미니즘에 전가할 수는 없다.

오히려 반대로, 페미니즘은 아무것도 보이지 않는 이 탁한 물속에서 페미니즘의 지지점과 페미니즘의 빛줄기를 찾기 위해서 퇴보한 이 시대에 태어난 것이다. 그리고 이를 찾아가는 과정에서 여성은 스스로의 눈을 통해 보기를 원한다.

다시 설명하겠다. 가톨릭의 교리는 파탄 상태이다. 문명도 파탄 상태이다. 20세기부터 오늘까지 이룩한 모든 것은 균형과 잃고 중심축에서 벗어나 요란스럽게 무너지고 있다.

남성은 오랜 시간 똑같은 것을 반복하다가 싫증난 나머지 새로운 행동, 새로운 말, 새로운 삶을 요구하고 있다.

이것은 태양처럼 오래된 이야기이다.

이제는 통합에서 부분으로 가고 있다.

권력은 분산되고, 지식도 분산되고, 책임감도 분산된다.

후견인이 없으면 인간은 앞으로 일어날 일을 알지 못하면서도 무턱대고 후견으로부터 해방되기를 바란다. 오늘날 인간의 모든 세포는 책임감을 느끼기를 열망한다.

분열하는 것, 분리하는 것, 분할하는 것…

만사가 그렇게 변했다.

있으나마나한 교리, 어려운 경제 상황, 불의, 이제 여성은 누구에게 기도해야 할까? 여성은 '내 손으로 해보고 싶다'는 말도 감히 꺼내지 못한 채, 무슨 일을 해도 실패할 것이라는 생각을 인간의 정의나 하느님의 말이라고 고분고분 받아들여만 할까?

나는 누군가의 삶을 움직이는 손이 완벽할 때, 그 손이 모든 것을 미리 준비하고 돌봐줄 때 완벽한 복종을 이해할 수 있다. 이때의 복종은 달콤하고, 노예상태는 쾌락이다.

그러나 모든 것이 변하고 있고, 과거의 인간 사상을 반영하던 수많은 법과 관습이 바뀌고 있는 와중에도 정부의 보호도 남성의 보호도 받지 못하는 일부 여성은 살이 찢어지는 고통 속에 버티고 서 있다.

자기 생계를 책임져본 적이 있는 여성만이, 행여나 고운 발바닥을 다칠까봐 걱정한답시고 남자가 발치에 던지는 꽃다발에 대해 이야기할 자격이 있는 것이다!

생존을 위한 투쟁에는 휴전도, 성별도, 연민도, 꽃도 없다. 오, 시인이여! 처음 도착하는 자가 모든 것을 차지한다. 대체로 이 사람은 가장 강한 자이다. 그리고 다음에 도착하는 자는 앞 사람 것을 강탈한다.

이것이 바로 내가 고된 학습을 통해 배운 유일한 규칙이다.

여성 주로 이런 무자비한 삶 때문에 복종의 굴레를 깨뜨리고, 이제 의지를 펼치고, 생각을 펼치고, 개성을 펼치는 것이다.

남성으로부터 분리되는 것이 아니다.

교리가 여성에게 부과한 신성한 사명을 더 이상 믿지 않는 것이다.

남성에게 등을 돌리는 것이 아니다. 여성은 투쟁할 때 자식을 생각한다. 자식 역시 남성이다. 하지만 이제 국가의 보호를 믿지 않고, 남성의 정의를 믿지 않고, 앞서 말했듯 스스로 책임을 지려는 것이다.

이렇게 여러 가지 일을 하다 보면 여성은 본능으로부터 다소 멀어지지만,

도대체 누가 본능이 단순한 수단이 아니라 목적이라고 말했는가?

선택은 인류를 특징짓는 여러 능력 중 하나가 아닌가?

오직 남성만이 선택할 수 있는 자질이 있다고 보는 것은 남성이라는 종의 이기주의일 뿐이다. 나는 오늘날 페미니즘이 정의(正義)의 문제라고 단호하게 말할 수 있다.

여성이 열망하는 이러한 사고방식은, 여성이나 남성이나 자유롭게 태어났으며 자신의 의지를 행사할 권리가 있다는 사실에 부응한다.

당연하지만, 여성이 능력을 계발하다보면 터무니없는 잘못을 저지르게 될 것이다. 이는 남성이 수많은 일을 지휘해오던 오랜 경험에도 불구하고 이제껏 잘못을 저질러왔고 또 현재도 잘못을 저지르고 있는 것과 마찬가지다.

아울러 누구도 완벽할 수는 없기 때문에 여성과 남성이 완벽을 위해 공동으로 노력하더라도 이미 저지른 실수를 이제는 남자와 여자가 함께 저지르게 될 것이라고 생각한다.

그러나 책임을 지려는 여성의 열망에는 다름이 아니라 낯선 법이 여성을 지배하고 있으며, 이런 법은 남성이 실패해도 개정함으로써 생존할 수 있었다는 데 있다.

우리가 페미니즘이라고 불러온 이 운동이 무엇을 준비하고 있는지 알 수는 없지만, 그 무엇도 페미니즘을 멈출 수는 없을 것이다.

이러한 상황에서 머지않아 여성의 존엄성을 부끄럽게 만드는 관념이나 법을 폐지할 수 있을 것이다. 이미 몇몇 강건한 여성은 어깨를 짓누르던 이러한 짐을 내려놓았다. '유감', '용서', '실수'와 같은 단어를 '여성의 권리', '어머니의 권리', '인간의 권리'로 바꾸는 것은 페미니즘의 필연적이고 소중한 승리가 될 것이다.

이외에도, 여성 문화의 주요한 부분을 차지하는 것은 여성성의 고양, 더 큰 영적인 은총, 통제된 본능만이 부여할 수 있는 조화 등이 있다.

이 말은 바로 앞 문단과 모순되는 이야기로 보일 수 있지만, 사실은 그렇지 않다.

의식적 추론의 명료함을 기반으로 한 통제된 본능은 교리가 무턱대고 강요하는 본능과는 매우 다른 어떤 것이다. 본능의 균형을 잡는 일은 페미니즘의 또 다른 승리가 될 것이다.

그리고 친절하기 그지없는 우리 구티에레스 라레타의 말처럼 만일 그리스도가 여성에게는 다른 길을 정해준 것이라면, 여성이든 남성이든 그런 길을 이해할 수 없고 이해한 적도 없다는 사실을 다시 한 번 확인하게 될 것이다. 왜냐하면 어떤 종류의 글에서 인용해도 적절하게 보이는 신화라고 할지라도 인간으로서는 좀처럼 받아들이기 어려운 경우가 있기 때문이다. 그러나 나약한 인간은 하느님의 무한한 선을 믿어 의심치 않으면서도, 수많은 복음에도 불구하고 죽이고, 훔치며, 때로는 루벤 다리오의 말처럼 "장미와 비단 같은 작은 죄"[2]를 저지른다. 그리스도에게는 실례가 되는 말이지만, 루벤 다리오는 틀림없이 상당한 페미니스트였을 것이다.

2　니카라과 출신의 시인 루벤 다리오(Rubén Darío, 1867~1916)가 1912년에 발표한 시 「피오레티(Fiorett)」의 한 구절이다.

24. 여성이 아메리카 정신 형성에 미친 영향

테레사 데 라 파라

테레사 데 라 파라(Teresa de la Parra, 1899~1936)는 베네수엘라 귀족 가문에서 태어나 수도 카라카스 인근에 있는 사탕수수 농장 저택에서 어린 시절을 보냈다. 여섯 살 때 아버지의 갑작스런 죽음으로 테레사 가족은 유럽으로 떠났다. 1910년 다시 베네수엘라로 돌아온 테레사는 문학동호회를 만들고, 문필 활동을 시작했다. 1924년에 출판한 소설『이피게네이아(Ifigenia)』로 문명(文名)을 얻었다. 또 다른 소설로는 1929년에 출판한『마마 블랑카의 회고(Memorias de Mamá Blanca)』가 있다.

1930년 콜롬비아 작가들은 테레사를 초청하여 '정복 시기, 식민지 시대, 독립 시기 여성의 중요성'이라는 제목으로 수도 보고타와 바랑키야에서 강연회를 개최했다. 테레사는 3부로 나누어 강연을 진행했는데, 제1부에서는 정복 시기의 원주민 여성과 메스티소 여성의 역할을 강조했고, 제2부에서는 식민지 시대에 수도원이나 집에 머물면서도 영향력을 행사한 여성의 삶은 다루었다. 제3부에서는 독립 영웅 시몬 볼리바르에 관한 소설 구상을 중심으로 이야기했다. 여기에서는 강연 제1부를 소개한다.

참고문헌

1. De la Parra, Teresa. 1982. "Influencia de las mujeres en la formación

del alma americana". En *Obras(Narrativa, ensayos, cartas)*. Caracas: Ayacucho. pp. 471-489.

지금에서야 이곳, 보고타를 찾아 가장 친하고도 오랜 친구들 앞에 선 것이 제게는 꿈만 같습니다. 이곳에 오기 전 느꼈던 헛된 근심은 사라졌고, 오히려 지금 저는 인생의 가장 아름다운 순간에 있다는 확신과 기쁨으로 충만합니다.

제 마음은 이미 오래 전부터 콜롬비아의 부름을 받았습니다. 저는 그 부름에 답하고 싶었지만, 늘 먼 곳에서 손짓과 미소로 화답할 수밖에 없었습니다. 소심한 사람은 사랑에 빠지더라도 지나치게 가까이 다가가는 것을 두려워하기 때문입니다. 올 가을 부름은 목소리가 되었습니다. 그 목소리가 저를 유혹하고 채근하자 그제야 저는 두려움을 내려놓고, 진취적 정신을 보호하는 선한 별을 믿으며 이 여행을 준비했습니다. 지금 보시듯이, 완전히 빈손으로 오고 싶지는 않았기 때문입니다.

저를 재촉한 목소리는 편지에 담겨 저를 찾아왔습니다. 11월 초였습니다. 저는 첫 이탈리아 여행을 마치고 꽤 오랜만에 파리로 돌아온 참이었습니다. 그래서 뇌이Neuilly의 작은 집으로 내려가 책을 읽으며 겨울을 조용히 보낼 생각이었습니다. 어쩌면 일을 조금 해야 할 수도 있었지요. 파리는 예측불허니까요. 그런데 어느 날 아침 콜롬비아에서 온 편지가 저를 깨웠습니다. 보고타에 사는 친구들이 보낸 초대장이었습니다. 콜롬비아로 와서 제 자신과 문학적 소명 그리고 책에 대한 연설을 부탁한다는 내용이었습니다. 그 매력적이고도 위험한 초대에 저는 형언할 수 없을 정도로 당황했습니다. 그때까지 단 한 번도 대중 앞에 서본 적이 없던 저는 며칠간 유혹과 의문의 대해(大海)에서 표류하는 것 같았습니다. 연설은 어떻게 준비하는 것일까? 작가로서 독자 앞에서 이야기한다는 것은 어떤 것일까? 나를 가까이서 본 적이 없어서 날 좋아하는 것은 아닐까? 이토록 간헐적이고 불안정한 소명도 문학적 소명이라 부를 수 있을까? 하지만 다른 한편으로는 오랜 나날 동안 평온히 바다를 항해하고, 마그달레나(Magdalena)강을 천천히 거슬러 오르면서 밀림과 안데스 산맥을 따라 제가 꿈에서 본 낯익은 도시를 찾아간다는 상상만으로도 제 영혼은 황홀했습니다. 창문 밖 파리의 안개 낀 가을은 황금빛 낙엽을 휩쓸고 지나가고, 흩날리는 낙엽 사이로 열대(熱帶)가 저를 불렀습니다. 유년기에 책에서 접한 낭만적인 콜롬비아의 풍경이 눈에 선했습니다. 바예 델 카우카 주(州), 대저택이 있는 농장, 장미꽃잎이 너울대던 욕조, 강아지 마요, 흑인 여인 펠리시아나, 떠나가던 길 저 멀리서 뒤돌아 본 꽃이 흐드러진 창틀과 거기서 여전히 에프라인을 배웅하며 하얗게 빛나던 마리아.[1]

이와 같이 여행이라는 빛나는 환상을 목전에 두니 그 꿈을 실행할 방법과 그에 따른 결과는 이미 문제가 되지 않았습니다. 여행에 뒤따를 결과 중에서 제가 가장 걱정한 것은 바로 연설의 주제 선정이었습니다. 친구들의 제안을 받아들이는 것이 마땅했습니다. 책이 독자의 영혼과 깊은 우애를 쌓게 되면, 여타 친우관계와 마찬가지로 비밀을 듣는 것을 넘어 이야기하고픈 달콤한 갈망이 피어나게 됩니다. 이곳 콜롬비아에서도 제 작품[2]이 많은 사랑을 받았다는 것을 알고 있습니다. 여기 와서는 제 눈으로 직접 목격했습니다. 지금으로서는 사랑받을 짓을 한 게 없는데도 과분한 사랑을 받는 아이처럼 우쭐대는 기분입니다. 콜롬비아 사람들은 강아지, 꽃, 새장 속의 새와 같이 친숙하지만 무용한

---

1 콜롬비아 낭만주의 소설가 호르헤 이삭스(Jorge Isaacs)의 대표작 『마리아(María)』(1867)의 첫 장면이다. 어린 주인공 에프라인이 교육을 받기 위해 보고타로 떠나는 길에 높은 언덕에서 집을 돌아보니, 어머니 방 창문으로 마리아가 보였다.

2 테레사 데 라 파라가 1924년에 출간한 소설 『이피게네이아(Ifigenia)』를 가리킨다.

것을 사랑하듯이 제 작품에도 가정적이고 욕심 없는 사랑을 베풀어주었습니다.

그러니 아버지와 같은 집에 도착한 오늘 이렇게 친밀한 미소가 떠오르는 것도 당연한 일입니다. 하지만 안타깝게도 저에 대해 이야기하기에는 이곳에 온 지도 얼마 되지 않았고, 이 자리에 모인 청중도 많아서 마음을 터놓고 진솔하게 얘기하기 어렵습니다. 30년, 35년, 또는 40년 안에 저는 콜롬비아로 돌아올 것입니다. 그때 저는 롱사르의 소네트[3]처럼 양초 곁, 북과 실패 사이에 앉아서 노년의 몸을 떨며 밤새 내 젊은 날의 경이로운 이야기를 읊어줄 것입니다. 『이피게네이아』에서 이야기한 위대한 콜롬비아 시인과의 사건[4]도 그때가 되면 실명을 거론하며 이야기할 수 있을 것입니다. 아무도 제 이야기가 거짓인지 밝혀내지 못할 때가 오면 저는 콜롬비아 시인 이야기 외에도 멋진 이야기들을 꺼내서 지금의 제 모습이 아닌 제가 되고 싶었던 아름다운 모습을 청중 여러분의 눈앞에 보여드릴 수 있을 것입니다.

친구들이 제안한 첫 번째 주제인 제 자신에 관한 이야기는 이런 약속으로 대신하겠습니다. 두 번째 주제, 문학적 소명에 대해서는 이렇게 말씀드릴 수밖에 없을 것 같습니다. 아무리 찾으려 애써보았지만 늘 그랬듯이 찾을 수 없었다고 말입니다. 문학적 소명이라는 것이 너무나도 덧없다보니, 때로는 제가 실제 저자가 아니라는 비방이 나돌아도 평온하고도 기쁜 마음으로 그 소문을 믿어버릴 정도입니다. 험담을 좋아하는 사람들 중에는 늘 기지가 부족해서 도리어 상대의 기분을 좋게 만드는 말을 쏟아내는 사람들이 있는 법이니 말입니다.

---

3 피에르 드 롱사르(Pierre de Ronsard, 1524~1585)는 16세기 프랑스 시인이다. 이 강연에서 인용한 시는 롱사르의 대표작 『엘렌의 소네트(Sonnet à Hélène)』로, 여기서 롱사르는 아름다운 여인 엘렌도 늙으면 자기를 사랑한 롱사르를 받아주지 않았던 것을 후회하리라고 노래한다.

4 테레사 데 라 파라의 소설 『이피게네이아』에는 주인공 마리아 에우헤니아를 사랑하는 콜롬비아 시인이 등장한다. 이 시인은 주인공에게 키스를 하려다가 거부당한다.

소명을 잃고 나니 제 작품도 저의 소유물이 아니게 되면서 막중한 책임감으로부터 자유로울 수 있었습니다. 작품의 가치를 긍정하고 지켜주는 소명의식 없이 작품을 쓴다는 것은 어떤 것일까요? 제 책이 더 이상 저의 것이 아니라는 것은 어느 정도 사실입니다. 겉표지에 마치 실수처럼 남아있는 이름을 제하면 소설 속에는 더 이상 제 흔적이 남아있지 않습니다. 제 첫 작품은 아직 끝을 알지 못하는 요즘 시대의 소녀가 썼습니다. 두 번째 작품[5]은 여전히 이 선한 아메리카의 기와지붕 아래 살아계신 할머니들과 마찬가지로 살아생전 따뜻하고 정이 많은 할머니가 쓰신 작품입니다. 제가 보기에는 지금 이 자리에 함께 하지 못한 이 두 분이 제 소설의 진정한 작가입니다. 이들은 삶의 양 극단에서 얼마간의 시간을 저와 함께했습니다. 소녀는 삶의 열망을 이야기했고, 노인은 삶의 막바지에 다다른 우울을 이야기했습니다. 그리고 자신들의 비밀을 털어놓고 나서는 책을 출판할 때가 되자 소리도 없이 사라졌습니다.

책의 내용에 대한 세 번째 주제를 한정시켜 현대 소녀의 위기라는 『이피게네이아』의 주제를 다룬다면 흥미로우면서도 중요한 이야기가 될 것 같다는 생각이 들었습니다. 논의의 여지도 있고, 시급히 해결해야 할 문제이기 때문입니다. 이 주제에 대해서는 피하지 않고 이야기해 보겠습니다.

격렬한 폭언을 퍼붓는 이도 있었지만 대다수의 도덕주의자는 차분하게 마리아 에우헤니아 알론소[6]의 일기를 볼테르적이고, 불성실하다고 비판하며 소녀의 손에 쥐어주기에는 너무 위험하다고 판단했습니다. 저는 이 일기가 현 시대의 소녀를 있는 그대로 반영하고 있기 때문에 해롭다고 생각하지 않습니다. 엄격한 환경에서 성장했을수록 소녀의 마음속에는 반항기에 접어든 마리아 에우

---

5 1929년에 출판한 소설 『마마 블랑카의 회고(Memorias de Mamá Blanca)』를 가리킨다.

6 마리아 에우헤니아 알론소(María Eugenia Alonso)는 『이피게네이아』의 여주인공 이름이다.

헤니아 알론소가 숨쉬고 있기 마련입니다. 억압적인 환경에서 이를 감추고 있을지 모르겠습니다만, 이 마리아 에우헤니아는 일기장에 쓴 내용을 생생한 목소리로 아가씨들의 귓가에 속삭일 것입니다. 이 일기는 수구 도덕주의자가 보는 것처럼 혁명 선전 서적이 아닙니다. 오히려 이 작품은 현대 우리 사회의 전형적인 질병을 보여줍니다. 바로 갑작스러운 분위기의 변화와 새로운 공기의 부족으로 인해 늘어나는 불만이나 이스파노아메리카 특유의 자신감 과잉과 같은 문제입니다. 도덕주의자의 비판에 신경 쓸 문제가 아닙니다. 항구에서 선원들이 공공위생과 진실을 희생하면서까지 건강증명서를 발급받으려하는 것처럼 사건을 은폐해서는 전염병을 막을 수 없습니다. 빛과 공기가 있어야 질병을 막을 수 있습니다. 그리고 악의 근원이 근대적이라면, 근대적인 위생 조치를 도입해야 합니다. 오늘날 여성이 겪고 있는 위기는 여성에게 순종에 순종, 또 순종을 설파한다고 해결되지 않습니다. 그러한 방식은 대문 안에 유순한 한 여인의 삶을 통째로 가둬놓을 수 있었던 시절에나 통용되었습니다. 지금은 여성이 차를 몰게 되었고, 침대 맡에는 전화가 있으며, 신문과 여행을 접하는 세상입니다. 이런 사회는 닫힌 문을 존중해주지 않습니다. 마치 라디오처럼 세상은 원치 않아도 벽을 넘어 들려오고 가정생활에 섞여듭니다. 여성이 강인하고 건강하며, 진정 위선을 벗어던지기를 바란다면 새로운 생활방식에 반해 여성을 굴복시키려 해서는 안 됩니다. 여성은 스스로 자유로워야 하며, 위험과 책임에 대해 의식해야 합니다. 또한 가정의 어머니가 아닌 다른 형태로도 사회에 기여할 수 있어야 하며, 일을 함으로써 금전적으로 독립해야 합니다. 여성에게 남성은 주인도 적도 아니며, 결혼 후 여성을 착취할 구애자도 아닙니다. 남성은 친구이자 동료이며 협력자입니다. 노동은 신앙을 배제하지도 않고, 성스러운 의무에서 벗어나지도 않습니다. 오히려 영혼을 정화하고 강인하게 만드는 수행입니다. 하지만 전통에 따라 여성에게 신앙, 복종, 수동성을 강제하는 경우에는 조용하지만 위험한 반발심을 야기할 것입니다. 예전에는 좋다고 여기던 것을 이제는 족쇄라고 여겨 증오하게 될 것이고, 겉으로는 평온해보일지 모르지만 속으로는 격분해 있을 영혼은 복수의 기회만을 노리다가 회칠한 무덤[7]이 되어 버릴 것입니다. 여성의 덕성이 건강한 활동을 통해서 위험에 노출될 수도 있다는 생각은 잘못입니다. 여성의 진정한 적은 책도, 대학도, 연구실도, 사무실도, 병원도 아닙니다. 오히려 불행한 결혼생활을 하는 여성이나 결혼적령기의 소녀가 옛날식 교육과 회의주의의 희생양이 되어 경거망동한 행실과 문란한 사교생활에 빠지는 것이 진정한 여성의 적입니다. 이런 여성을 학업과 노동의 길로 이끌었더라면 수천 배는 성스럽고 고귀한 결과를 낳았을 것입니다.

제가 말하는 '노동'은 힘없고 가여운 여자아이가 부당하게 착취당하고 적은 급여를 받는 모욕적인 일자리가 아닙니다. 제가 말하는 노동은 여성에게 적합한 직책으로, 전문적인 준비가 필요하고 담당업무와 능력에 따라 정당한 급여가 받는 일을 가리킵니다. 제가 방금 말한 내용과 어조로 말미암아 저를 여성참정권운동의 옹호자로 생각하지는 말아주십시오. 저는 여성참정권운동에 대해 무지하기에 이 운동을 옹호하지도 비난하지도 않습니다. 여성이 남성과 똑같은 정치적 권리를 누리고 책임을 지기 위해 목소리를 높인다는 것 자체가 너무 놀랍고도 혼란스러워서 저는 여성참정권운동가가들 주장하는 바를 끝까지 들을 수조차 없었습니다. 여성참정권운동가와는 달리 저는 남성이 헌신적으로 정치를 떠맡는다는 사실에 감사해야 한다고 생각하는 편입니다. 제가 보기에 정치인이라는 직업은 석탄광부와 맞먹을 정도로 현존하는 직업 중에 가장 힘들고 더러운 일입니다. 뭣 하러 그런 자리를 요구한단 말입니까?

제 여성주의는 온건합니다. 저는 급작스럽고 파괴적인 혁명이 아니라 과거

---

7 마태복음 23장 27절에 나오는 구절이다. 예전에 유대인이 평장을 하고 회칠을 했던 장례관습에 빗대어 겉으로는 깨끗한 척 하지만 속은 벌레가 들끓고 있는 것과 같은 인간에 대한 상징으로 사용된다.

의 힘을 이용하고 교육함으로써 현대 여성이 새로운 권리를 획득해야한다고 생각합니다. 그리고 이 예민한 논점을 다루고 증명하기 위해서 저는 앞으로 세 차례 강연을 통해 우리 땅의 역사에서 여성이 어떻게 헌신해 왔는지 개괄하고자 합니다. 다시 말해, 스페인 정복시기, 식민지 시기, 독립시기에 여성이 역사에 미친 영향에 대해 이야기해볼 것입니다. 저는 우리의 스페인 가톨릭 아메리카 국가에 공통된 정신이 있다고 믿고 단결하여 이 정신을 고양하는 것이 넓은 의미의 애국이라고 생각합니다. 그래서 역사적 개관에 이스파노아메리카의 모든 국가를 포함시켰으며, 이 강연에 '여성이 아메리카 정신 형성에 미친 영향'이라는 제목을 붙였습니다.

하지만 제가 역사 개괄을 마쳤을 때 예기치 못하게 뉴욕을 거쳐 아바나로 여행을 떠나야 했습니다. 콜롬비아 여행의 첫 도정이었습니다. 저는 두 도시에서 제 마지막 강연의 주제인 현대 여성에 대한 새로운 정보를 얻을 수 있으리라 생각했습니다. 사실 흥미로운 정보를 찾았습니다만, 글로 풀어내려 하는 순간 작가로서의 소명의식이 저를 저버렸습니다. 활동과 소음이 가득한 뉴욕은 작업하기엔 부적절했고, 아바나는 뉴욕에 비해 조용했지만 달콤한 휴식에 취해 일을 할 수 없었습니다. 그래서 저는 현대 여성을 다루는 것은 포기하고 헌신적인 여성에 집중하기로 결정했습니다. 현대 여성보다는 과거의 헌신적인 여성상에서 나타나는 우아함과 진정하고도 자발적인 희생의 무한한 시(詩)가 제 마음에 더욱 깊은 울림을 주는 것도 사실입니다.

여행에서 받은 인상을 간략히 말씀드리자면, 아바나는 라틴계 여성이 더 유용하고 정당한 방향으로 진화했다는 것을 확인할 수 있는 가장 좋은 장소입니다. 아바나의 여성은 여성성을 잃지 않으면서도 좋은 결과를 얻을 수 있었습니다. 쿠바가 전통적이고 토속적인 크리오요 특성을 여전히 유지하고 있었기 때문에 정신적 침략으로부터 여성을 지켜낼 수 있었던 것입니다. 아메리카주의는 아바나의 하층민에서부터 상류층까지 어느 누구의 영혼에도 침투하지 못했습니다. 영어, 관광사업, 달러의 공세와 계속되는 여행의 영향에도 불구하고 아바나 사람들은 전통 있는 크리오요로서 품성과 품위를 잃지 않았습니다. 매우 많은 쿠바 여성이 일과 공부를 하고 있으며, 그 와중에도 원칙과 전통에 대한 공경이나 여성성을 잃지 않았습니다. 저는 아바나에 머무를 때 친구 집에서 지냈습니다. 그 집의 정원이 바로 대학과 맞닿아 있어서 저는 매일 같이 남학생에 버금갈 만큼 많은 여학생이 등교하는 것을 볼 수 있었습니다. 또한 저는 그곳에서 매우 품위 있는 중산층 가족을 가까이 알고 지내게 되었습니다. 그 집은 스무 살부터 서른 살까지 딸만 다섯이었습니다. 셋은 졸업하고 성공하여 개인병원을 운영하거나 종합병원에서 일하고 있었으며, 둘은 아직 학교를 다니고 있었습니다. 다섯 모두 품행이 매우 방정하고, 예쁘고, 여성스러웠습니다. 의사인 딸 셋은 일을 해서 나이 드신 부모님을 돕고, 동생들 학비도 지원했습니다. 일을 한다고 해서 결혼과 멀어지는 것도 아니었습니다. 다섯 가운데 둘은 약혼자가 있었고, 크리오요 전통에 따라 저녁 식사에 약혼자를 집으로 초대하기도 했습니다. 제가 목격한 바에 따르면, 이 새로운 교육과 아바나 상류층에 여전히 잔존하는 전통적인 교육 사이에는 현저한 차이가 있습니다. 부유한 상속자인 아바나의 상류층 아가씨는 테니스와 브릿지 경기를 즐기고, 파투[8]의 옷을 입으며, 직접 차를 운전합니다. 또 수녀원에서 생활했거나 엄격한 가정에서 성장했습니다. 이들은 대개 아름답고 매우 우아하며 사교적이고 매력적입니다. 하지만 현대 사회에 적합한 교육을 받지 못한 관계로 성품이나 문화 수준뿐 아니라 특히 윤리 수준에서 노동으로 훈련된 여성만 못합니다.

7월이나 8월쯤 콜롬비아를 방문할 예정인 가브리엘라 미스트랄[9]은 제게 편

8 장 파투(Jean Patou, 1887~1936)는 프랑스 디자이너로 현대 여성 기성복의 선구자이다.

9 가브리엘라 미스트랄(Gabriela Mistral, 1889~1957)은 칠레의 시인으로 1945년 라틴아메리카

지를 보내 이러한 여성 교육에 대한 소망을 넌지시 내비쳤습니다. 그리고 콜롬비아는 이 방면에서 "열대에서 가장 건강한 국가"라고 평가했습니다. 이 중대한 주제에 관해서는 가브리엘라가 틀림없이 저보다는 더 정확한 이야기를 할 것입니다. 이 사안에 대해 정통하기도 하고, 자기 생각을 알리려고 애쓰는 활동가이기 때문입니다. 이 시대 아메리카 여류시인 중 최고로 꼽히는 가브리엘라와 델미라 아구스티니[10]는 세세한 점에서 무척 대조적입니다. 이 대조를 통해서 금전적인 독립과 노동이 여성을 구제하고 존엄성을 높여준다는 사실을 간략히 증명해보겠습니다.

젊고, 아름다우며, 천재적 재능을 타고난 델미라 아구스티니는 부르주아의 엄격한 집안에서 태어났습니다. 델미라의 인생은 『이피게네이아』의 마리아 에우헤니아 알론소가 비극으로 치달은 경우라고 볼 수 있습니다. '여성은 모두 결혼해야 마땅하다'라는 전통에 따라 델미라는 조건이 잘 맞는 상대와 매우 어린 나이에 결혼했습니다. 식을 올리고 며칠이 지나지 않아 몰이해라는 비극이 시작됩니다. 남편 쪽은 비열하고 횡포한 주인 노릇을 했고, 아내 쪽은 자신이 남편보다 수천 배 우월한데 스스로가 노예로 전락했다고 생각했기에 속으로 남편을 경멸하게 되었습니다. 애증의 갈등은 이혼으로 이어지고, 결국 어느 날 이혼 조정 면담장에서 남편은 아내를 죽이고 자살합니다. 이런 일만이 델미라를 굴복시키고 자신의 정복욕을 채울 유일한 방법이었기 때문입니다.

반면, 가브리엘라 미스트랄은 곤궁하지만 명예를 소중히 여기고 검소하게 생활하는 가정에서 태어났습니다. 그리고 이런 환경 때문에 세속적인 관습에

작가 가운데 최초의 노벨문학상을 수상했다.

10 델미라 아구스티니(Delmira Agustini, 1886~1914)는 우루과이 모데르니스모를 대표하는 시인인데, 요절했다.

구애받지 않고 어릴 때부터 일을 시작했습니다. 시간이 지나면서 노동과 선한 가톨릭교도의 신앙심은 새로운 이상을 보여주었고, 가브리엘라는 이런 이상을 현대 생활의 필요에 맞게 받아들였습니다. 그리고 세상으로 나가 사회주의와 가톨릭의 사도(使徒)이자 아메리카인의 자유와 고귀한 영혼의 수호자로서 고통 받고 또 투쟁하고 있습니다.

가브리엘라가 이 자리에 온다면 권위 있는 목소리로 여러분께 왜 여성주의가 정당하고 지금에 와서 필수불가결한지 이야기할 것입니다. 따라서 저는 여러분께서 허락하신다면 이제 헌신적인 여성, 다시 말해 '여성이 아메리카의 정신 형성에 미친 영향'에 대해 이야기하려고 합니다. 솔직히 제목을 정하기까지 고민이 많았습니다. 간명한 표현을 찾기 위해서는 유려함을 포기해야 한다는 딜레마가 저를 잔혹하게 괴롭혔습니다. 라틴아메리카, 이베로아메리카, 이스파노아메리카, 원주민아메리카, 원주민 이스파노아메리카가 아닌 '아메리카의 정신'이라고 명명하는 것이 과연 옳은지, 또 콜롬비아인이 듣기에 괜찮을지 확신이 없었습니다. 저는 이 모든 합성어가 내용면에서도 형식면에서도 마음에 들지 않았습니다. 날개가 달린 듯 가벼운 것도 아니고, 우아하지도 않았습니다. 게다가 크리오요가 외국에서 수입한 속물주의(snobism) 같다는 생각이 들었습니다. 좋은 점도 없지는 않았으나 그보다 나쁜 점이 훨씬 많고 고상한 취향을 망가뜨린 속물주의 말입니다. 다른 한편으로 우리 아메리카에 그렇게 많고도 다양한 세례명이 있다는 사실이 매우 슬펐습니다. 표현을 하나하나 살펴보니, 제각기 다른 표현에 반대하면서 아메리카를 분리하는 방식을 담지하고 있었습니다. 저는 뜬금없이 사실을 규정하는 언어의 힘에 대해 생각했습니다. 사물과 이름 사이의 감미로운 친밀감에 대해 생각했습니다. 마지막으로 광활하고 다양하지만 기적적일 정도로 유사한 점이 많은 우리의 아름답고도 이름 없는 조국을 생각했습니다. 마주잡을 손이나 아버지가 물려준 이름조차 없음에도 불구하고 이렇게 닮은 점이 많다는 것은 참 경이로운 일이지만, 지금 이 조국은 성마저 빼앗기고 고아 신세로 전락하여 재산을 잃을 위기에 처해있습니다. 그래서 저는 합성어로 된 이름을 버리고 사랑을 담아 '아메리카의 정신'으로 명명하기로 결정했습니다. 여러분도 저를 이해하리라고 믿습니다.

정치인, 군인, 기자, 사학자가 사물에 상반된 이름을 붙이며 일생을 보낸다면, 젊은이와 민중, 그 중에서도 우리 여성은 다수이면서도 무질서하기에 이름을 섞어서 애정 섞인 혼란을 재창조하는 데 치중합니다. 특히 이 성가신 대립은 살아있는 언어의 작품이 아닌 인쇄술의 작품입니다. 그리고 이 대립이 원주민아메리카주의와 이스파노아메리카주의를 대치하게 만들었습니다. 여기서 이 대립하는 양상이 어떤 나쁜 점을 내포하고 있는지를 이야기하려는 것은 아닙니다. 이 두 사고방식은 마치 한 집안에 있는 불화의 두 횃불처럼 대립하고 있습니다. 한 쪽에는 여전히 자신이 주인이고 귀족이라 믿는 무식하고 무감각한 백인이 비인간적인 경멸을 보내고 있고, 다른 쪽에서는 낭만적인 원주민주의(indianismo)가 성행하며 스페인의 정복이 피와 포화로 이루어졌다는 부당한 해석을 더욱 부추기면서 백인 침략자를 향한 메스티소의 소리 없는 증오가 들끓고 있다고 선전합니다. 마치 정복이 단지 파괴만 일삼았고, 이러한 파괴가 모든 전쟁과 침입의 영원하고도 증오스러운 법칙이 아니라 세계사에서 아메리카의 정복에서만 보이는 유일한 경우인 것처럼 말입니다! 이 주제를 논의할 때마다 뛰어나고도 선량하신 라스 카사스 신부님[11]을 끊임없이 언급합니다. 저는 라스 카사스 신부님을 사도이자 성인이라 생각합니다. 신부님은 전쟁을 독려하는 잔인한 영혼과 약자를 향한 강자의 부당한 학대를 용기 있게 규탄했습니다. 하지만

11 바르톨로메 데 라스 카사스(Bartolomé de las Casas, 1484~1566)는 도미니크회 수도사로, 원주민의 처우 개선에 힘쓰며 신대륙의 처참한 현실을 유럽에 전하고, 원주민 노예제 폐지를 주장했다.

많은 평화주의와 사회주의의 선지자와 마찬가지로 라스 카사스 신부님 역시 박애와 정의를 열정적으로 사랑하시고 나서는 사보나롤라[12] 학파에 속하는 자신의 불타는 언변에 더 매료되었습니다. 안타깝게도 당시에는 우수한 논객에게 필요한 정치적 회담도 언론도 존재하지 않았습니다. 힘이 넘치는 신부님의 선전은 상상으로 빚어낸 사망률로 인해 더 풍부해졌습니다. 하지만 스페인 제국의 주적이던 개신교도와 북미인에게 역사적 문헌이 된 신부님의 글은 우리의 평판을 조직적으로 훼손하는 무기가 되었습니다.[13] 게다가 때로는 같은 동포끼리도 대립을 부추기고 인종 간의 증오에 불을 붙이기 위해 라스카사스 신부님의 글을 이용하기도 했습니다.

라스카사스 신부님과 동시대의 여성은 조용히 자비와 평화를 설파했습니다. 이들은 정복기의 여인이었습니다. 이름도 없는 사비니의 여인들[14]은 화합의 주도자가 되어 가정을 안정시키고 도시를 건설했으며, 융합과 사랑이라는 소리 없는 대업을 세대를 거쳐 가며 실현하였습니다.

모두가 잘 알고 있듯이 정복의 서사시는 가톨릭 여왕 이사벨[15]이라는 여성에게서 시작되었습니다. 이사벨 여왕은 콜럼버스를 통해 스페인의 화려하고도

---

12 지롤라모 사보나롤라(Girolamo Savonarola, 1452~1498)는 이탈리아 도미니크회 수도사이다. 설교에 매우 능해 정치적인 영향력을 발휘했으며, 자유주의와 종교 개혁적인 시각에서 시민에 대한 믿음을 보였다. 결국 교황과의 대립으로 종교재판에 처해진다.

13 이 구절에서 테레사 데 라 파라는 20세기 초반 스페인에서 등장한 흑색전설(leyenda negra)의 논의에 동감을 표명하고 있다.

14 로마의 초대 왕 로물루스는 로마에 여인이 부족하자 잔치를 열어 이웃 부족을 초대했다. 축제 중 남자들은 쫓아내고 사비니의 여인을 강제로 납치해 부인으로 삼았다. 후에 사비니 남성들은 복수를 하기 위해 로마를 공격하지만, 사비니의 여인들은 남편과 자식을 잃고 싶지도 않았고, 아버지와 형제를 잃고 싶지도 않았기에 전쟁을 가로막고 평화를 주도한다.

15 가톨릭 여왕 이사벨(Isabel la Catolica, 1451~1504)은 스페인의 재정복을 완수하고, 콜롬버스의 항해를 지원한 여왕이다.

무질서한 르네상스를 아메리카의 정글로 보냈습니다. 이사벨 여왕이야말로 시공간의 거리를 뛰어넘은 우리 아메리카의 어머니이자 대모입니다. 식민지 시대 이후 생활이 여유로워지자 이사벨 여왕은 더 부드럽게 묘사되었고, 그 상징적인 모습은 옛날 우리의 할머니인 크리오요 부인의 전형적인 특징을 보여줍니다. 크리오요 부인을 떠올릴 수 있도록 잠시 호세 마리아 데 에레디아[16]가 번역한 『누에바에스파냐 정복(La Conquista de la Nueva España』의 서문에서 이사벨 여왕의 초상을 묘사하는 부분을 상기해보고자 합니다. 우리가 매일 반복하면서 외우는 기도문을 통해 집안의 수호성인을 기리는 것처럼, 민족에 대한 헌신과 믿음을 담아 읽어보겠습니다.

> 1504년 11월 26일 메디나 델 캄포(Medina del Campo)에 있는 성에서 이사벨 여왕이 서거했다. 용기 있고, 정숙하며, 헌신적이던 여왕은 여성의 재능에 남성의 덕을 결합한 인물이었다. 여왕의 영혼은 시대를 앞서갔다. 지식과 책을 극단적으로 사랑했다. 대담하고 명민한 여왕은 그라나다를 정복하고 콜럼버스를 이해했다. 여왕은 임종의 침상에서 고대 철학자처럼 평온하게 누워 유언을 남겼다. 신앙과 사랑, 지식과 아량이 넘치는 이 위대한 유언은 여왕의 고귀한 삶을 보증해주었다. 여왕은 선했다. 죽음의 고통과 공포 속에서도 여전히 어머니의 근심으로 카스티야의 백성과 인디아스[17]의 자식들을 생각했다. 스페인 전역이 비할 데 없이 훌륭한 이 여인을 기려 눈물을 흘렸다. 여왕은 스페인 역사상 가장 훌륭하고도 위대한 왕이었다. 자연마저 여왕의 죽음

16 호세 마리아 데 에레디아(José María de Heredia, 1842~1905)는 쿠바 태생의 프랑스 시인이자 번역가로 베르날 디아스 델 카스티요(Bernal Díaz del Castillo)의 『누에바에스파냐 정복의 진상(Verdadera historia de la conquista de la Nueva España)』를 프랑스어로 번역했다.

17 인디아스(Indias)란 스페인의 아메리카 식민지를 일컫는다.

을 애도하는 듯 했다. 대지가 흔들렸다. 하늘은 침울하고도 장엄한 빛으로 간소한 장례를 품어주었다. 여왕은 살아생전 획득한 땅에서 영면을 취하고 싶다 했다. 폭풍우와 천둥번개가 휘몰아치고 강물이 범람하는 가운데 장례 마차는 그라나다를 향해 출발했다. 이사벨 여왕의 통치는 이후 무적함대와 함께 바다로 가라앉은 스페인 영광의 여명이었다.

이사벨 여왕과는 대조적으로 바다 건너편에서는 초기 국모들의 감미로운 이야기가 전개되었습니다만, 이들의 일화는 연대기 작가들의 목소리에 묻혀버렸습니다. 고통과 사랑으로 가득 찬 이 여인들의 초라한 삶은 다룬 적이 거의 없습니다. 이야기조차 전해지지 않는 경우도 많습니다. 대부분이 원주민이었고 스페인 이름으로 세례를 받았습니다. 개중에는 공주도 많았습니다. 도냐 마리나[18], 도냐 카탈리나[19], 도냐 루이사[20], 카라카스를 정복한 파하르도의 어머니 도냐 이사벨[21]과 잉카 가르실라소의 어머니로 비통한 일을 겪은 도냐 이사벨[22]

---

18 도냐 마리나(Doña Marina)는 스페인식 이름이다. 원래 이름은 말리날리(Malinalli)이지만, 흔히 말린체(Malinche)라고 부른다. 정복자 에르난 코르테스(Hernán Cortés)의 통역사로 일했고, 코르테스와의 사이에서 최초의 메스티소를 낳았다.

19 도냐 카탈리나(Doña Catalina)는 페드로 데 에레디아(Pedro de Heredia)가 카르타헤나를 정복할 때 동행했던 원주민 통역으로, 원주민 부족과 평화협정을 맺는 데 큰 공을 세웠다.

20 도냐 루이사(Doña Luisa)는 마야 원주민 부족의 공주로, 코르테스의 심복이던 페드로 데 알바라도(Pedro de Alvarado)의 정부로, 과테말라 정복에 동행했다.

21 도냐 이사벨(Doña Isabel)은 베네수엘라 북부의 마르가리타섬에 살던 과이케리(guaiqueri)족의 여족장이다. 스페인 정복자 사이에서 낳은 아들 프란시스코 파하르도(Francisco Fajardo, 1528~1564)가 베네수엘라의 카라카스를 정복했다.

22 도냐 이사벨(Doña Isabel)은 잉카 제국의 공주였으나, 스페인 정복자인 세바스티안 가르실라소 데 라 베가(Sebastián Garcilaso de la Vega)와 결혼하여 가톨릭 세례를 받았다. 둘 사이에 태어난 아들 잉카 가르실라소 데 라 베가(Inca Garcilaso de la Vega, 1539~1616)는 잉카의 생활과 설화 등을 다룬 『잉카 왕실사(Los Comentarios Reales)』를 집필했다.

처럼 잘 알려진 인물도 있지만, 그 외에도 아버지로부터 통치권을 물려받은 상속자 신분에서 가여운 노예가 된 여인은 백인 남편과 자신의 땅에 대한 통치권을 나누고, 지도자로서의 자질로 면바지와 줄을 꼬아 만든 샌들, 밀짚모자 사용법을 가르쳤습니다.

여러분! 인디아스의 환경에 완벽히 적응한 백인의 모습은 낭만주의적인 전설이 아닙니다. 그것은 여성의 사랑이 만들어낸 기적 같은 변화입니다. 라스 카사스 신부님 역시 원주민 여인의 아름다움에 대해 찬미하면서 베라 파스시(市)에만 60명이 넘는 원주민 여자가 스페인 남성과 결혼했다고 이야기합니다. 여러 이야기 중에서도 특히 스페인인 곤살로 게레로[23]가 니쿠에사의 원정대에 몸을 실었다가 난파하여 8년간 원주민과 함께 살았다는 이야기는 매우 감명 깊습니다. 게레로의 동료 아길라르(Aguilar)는 원주민 부족으로부터 탈출해서 게레로의 몸값을 준비해 돌아왔습니다. 아길라르는 우상을 숭배하는 원주민과 함께 살면 영혼을 잃게 된다며 게레로를 타이르지만 게레로는 다음과 같이 말하며 아길라르를 떠나보냅니다.

> 형제여, 나는 결혼했네. 자식이 셋이고 전쟁이 있으면 나를 족장으로 생각한다네. 신과 함께 떠나시게. 나는 이미 얼굴을 칠했고 귀를 뚫었다네. 여기 내 자식들 셋이 얼마나 예쁜지 한번 보게나. 자네가 가지고 있는 초록색 묵주를 내 아이들을 위해 줄 수 있겠는가. 부탁일세.

갈대나 밀짚으로 오두막을 지어 살고, 코코야자나무가 늘어선 해변에서

23 곤살로 게레로(Gonzalo Guerrero, 1470~1536)는 스페인 선원으로, 정복자 디에고 데 니쿠에사(Diego de Nicuesa, 1478~1511)와 함께 유카탄 정복에 나섰다가 원주민과 함께 생활했다.

바닐라에 카카오를 섞어먹거나 카사베[24]를 구워먹던 원주민 여인들은 열대의 나우시카아[25]가 되어 손님의 저녁을 차리면서 동시에 우리 크리오요에게 중세에 해당하는 식민지 시대의 도래를 준비합니다. 이 시대의 종교는 거의 무의식적이라고도 할 수 있는 자연에 대한 경배였습니다. 새로 온 야만인이 원주민에게 교리문답을 하는 동안, 자연은 야만인에게 교리문답을 했습니다. 일렬로 심은 나무가 높이 자라 하늘이 드문드문 보이는 천장을 만들고 나뭇가지가 듣기 좋은 노래를 부르는 대농장(hacienda)은 자연을 숭배하는 고딕 성당이 되었습니다. 이 성당에서는 카카오, 커피, 바나나, 목화, 담배, 사탕수수 등의 풍부한 축복이 내렸습니다. 모두를 위한 축복이 있기에 이 성스러운 풍요 속에서 모두 형제가 됩니다. 정복자 후안 데 카스테야노스[26]가 감사의 마음을 담아 만든 콜롬비아의 사도신경을 모두가 매일 같이 읊으며 기도할 것입니다. 저도 며칠 전 바예 델 카우카와 킨디오(Quindío)의 초원을 거쳐 콜롬비아로 들어오면서 이 시를 읊었습니다.

황금의 땅, 풍족한 땅
영원한 집을 세울 땅,
식량이 풍부한 땅,
큰 마을과 넓은 평지를 갖춘 땅,
밝고 평안한 축복의 땅,

---

24 유카 가루로 만든 빵을 가리킨다.

25 나우시카아(Nausicaa)는 오디세우스가 난파하여 스케리아 섬에 닿았을 때 만난 공주이다. 오디세우스에게 먹을 것과 입을 옷을 제공하고 고향 이타카로 돌아갈 수 있게 돕는다.

26 나우시카아(Nausicaa)는 오디세우스가 난파하여 스케리아 섬에 닿았을 때 만난 공주이다. 오디세우스에게 먹을 것과 입을 옷을 제공하고 고향 이타카로 돌아갈 수 있게 돕는다.

우리의 고통에 종지부를 찍은 땅.

여행이나 어떤 일을 할 때 마음먹기에 따라서 일의 방향이 좌우되듯이, 전혀 예기치 않은 순간에 우리는 마음 내키는 대로 방향을 바꾸기도 합니다. 이베리아반도를 떠날 때는 베네치아를 라이벌로 둔 상인이거나 군인이던 스페인 포르투갈 정복자들이 예기치 않게 열대의 아르카디아를 노래한 최초의 시인이 되었습니다. 황금을 찾으러 온 사람들은 이상을 발견했습니다. 관대한 대륙과 갑작스럽게 마주한 후 자신의 내부에 있는 황금을 발견한 것입니다. 얼마나 많고도 많은 무지한 모험가가 바다를 건너자마자 자연의 기적을 맛보고 족장이 되고 훌륭한 신사가 되었던가요. 아! 배가 나아갈수록 더 많은 별이 가까이 다가오는 향기로운 밤하늘을 올려다보며 열대 바다를 항해한 것이 결코 헛된 일은 아니었던 것입니다. 유럽의 바다를 건너 우리 아메리카의 대륙을 향해 퍼져가던 그 해 봄의 기적은 모험가에게 부와 사랑을 약속했습니다. 여행을 통해 거칠고 호전적이던 정복자들이 부드럽고도 온화한 연인이 되는 법을 배운 것입니다.

아메리카 사회를 형성하는 데 있어서 부드럽고도 깊은 흔적을 남긴 여성은 셀 수 없이 많습니다. 거의 모두라고 해도 과언이 아닐 정도입니다. 아메리카의 여성은 크게 셋으로 분류할 수 있습니다. 인종 간의 충돌로 인해 박해받은 정복기의 여성, 신앙심이 깊고 꿈이 많았던 식민시기의 여성, 영감을 주고 실행에 옮긴 독립기의 여성입니다. 멕시코, 보고타, 리마, 키토, 카라카스, 부에노스아이레스, 아바나 등지에서 여성은 동일한 변화의 양상을 보였습니다. 같은 도시에 살거나 이웃이나 자매처럼 말입니다. 콜롬비아, 베네수엘라, 아르헨티나, 칠레, 에콰도르에서도 실천가이며 연인이던 여성독립영웅들이 긴 수난을 겪었지만, 저는 오늘 수난을 겪은 원주민의 전형으로 멕시코와 페루에서 핀 두 송이의 초라한 원주민 꽃을 소개하고자 합니다. 말년에는 찬양받으며 행복을 이룬 멕시코의 말린체, 즉 도냐 마리나와 페루의 군주 투팍 유팡키[27]의 손녀이자 아메리카 최초의 작가 잉카 가르실라소 데 라 베가의 어머니인 우수에 찬 잉카의 공주 도냐 이사벨입니다. 도냐 이사벨의 삶은 사랑과 눈물 사이를 부드럽게 오갑니다. 이사벨의 유순한 헌신과 자기희생은 냉담함과 배신으로 되돌아왔습니다. 하지만 도냐 이사벨은 개의치 않고 침묵과 체념 속으로 침잠했습니다. 버림받은 여인의 고통은 쫓겨난 아들에 대한 그리움으로 농익었고, 어머니 품에서 강제로 떼어낸 아들은 나중에 스페인 고전문학에서 가장 아름다운 책으로 꼽히는 『잉카 왕실사』를 저술했습니다.

에르난 코르테스의 정치적 재능과 원주민을 다루고 협상하는 명민함은 늘 칭송받아 왔습니다. 하지만 여러분, 코르테스의 신비로울 정도로 명민한 두뇌의 이름이 바로 도냐 마리나입니다. 제가 읽어본 누에바에스파냐 정복에 관한 연대기는 두 세편 정도밖에 되지 않지만, 모두 도냐 마리나가 통역가이자 중재자로서 중요한 역할을 맡았다고 보고 있습니다. 적절한 조언을 하고, 코르테스와 원정대를 몰살시키려고 획책한 촐룰라(Cholula)의 음모를 파헤치기도 하면서 말입니다. 비록 언급되는 경우는 적더라도, 우리는 더 많은 것을 유추할 수 있습니다. 멕시코 정복에서 도냐 마리나의 영향력은 역사가들의 연대기에서 알려진 것보다 훨씬 심대했으며, 도냐 마리나의 중재와 조언 역시 훨씬 많고 섬세했으리라는 것은 명약관화합니다. 아마도 도냐 마리나에 대해 애정을 가지고 이야기한 베르날 디아스[28]조차 도냐 마리나의 활약을 있는 그대로 다루지 않았을 것입니다. 역사가들은 군사활동으로 인한 혼란에 압도되어 여인들의 이야기

---

27 투팍 유팡키(Túpac Yupanqui, 1441~1493)는 잉카의 열 번째 군주로 정복 사업을 통해 영토를 넓혔다.

28 베르날 디아스 델 카스티요(Bernal Díaz del Castillo, 1495?~1584)는 스페인 군인이자 역사가이다. 에르난 코르테스의 멕시코 원정에 가담했으며, 멕시코 원정의 실상을 전달하기 위하여 『누에바에스파냐 정복의 진상』(1632)을 저술했다.

는 하지 않습니다. 도냐 마리나의 활동은 역사라는 공식적이고 장엄한 의식에는 어울리지 않는 사소한 이야기이고, 역사는 파괴와 죽음을 활동무대로 펼쳐지기 마련이기 때문입니다. 주로 여성들의 작품인 화합에는 이름이 없습니다. 여기에는 비극적인 요소가 부족하고 서사시를 지을 소재도 없습니다. 이러한 행복은 비록 찬란히 빛나지는 않지만 책 안에서가 아니라, 자식으로, 인종 간의 우애 있는 융합과 전통이라는 겸허한 덕(德)으로 영속되며, 이러한 변화가 삶의 가혹함을 다듬어 사회를 밝고 행복하게 변화시킬 것입니다.

에르난 코르테스는 돈 후안(Don Juan) 같은 사람이었습니다. 멕시코 정복 원정을 떠나기 전부터 이미 셀 수 없이 많고도 어려운 사랑을 정복해냈습니다. 스페인 엑스트레마두라스 지방의 메데인(Medellín)에서 태어난 코르테스는 아버지의 뜻에 따라 살라망카로 공부하러 갑니다. 하지만 네브리하[29], 페드로 마르티르[30], 루시오 마리네오[31]와 같은 당시 유명한 인문학자의 수사학, 그리스어, 철학, 라틴어 수업은 청소년이던 학생 코르테스에게 단조롭게만 느껴졌고, 창문과 발코니 아래에서 살라망카 처녀에게 바칠 노래나 시를 짓는 것이 더 재밌었습니다. 어느 날 밤 발코니를 오르려 담을 타던 코르테스는 담이 무너지는 바람에 다치게 되었고, 수일동안 침대에 누워 도시에 퍼진 추문과 겸허한 시골 귀족이던 아버지 돈 마르틴 코르테스의 실망을 견뎌야했습니다. 아버지 돈 마르틴은 아들이 지식의 장미를 추구하기보다는 악자(pícaro)의 파란만장한

29 안토니오 데 네브리하(Antonio de Nebrija, 1441~1522)는 스페인 역사학자이자 언어학자로, 최초로 스페인어 문법을 정리하고 사전 편찬에 힘쓴 학자이다.

30 페드로 마르티르 데 앙글레리아(Pedro Mártir de Anglería, 1457~1526)는 이탈리아 역사가로, 스페인에서 신대륙의 문물에 관하여 집필했다.

31 루시오 마리네오 시쿨로(Lucio Marineo Sículo, 1460~1533)는 이탈리아 인문학자이자 역사가로, 생애 대부분을 스페인에서 보내며 스페인 르네상스에 영향을 준 학자이다.

삶을 살면서 사랑의 야생화를 꺾을 사람이라는 것을 깨달았습니다. 그래서 금화가 아닌 동화(銅貨)가 가득 든 주머니를 축복과 함께 쥐어주고는 산루카르 데 바라메다(Sanlúcar de Barrameda)에서 출발해 서인도로 향하는 원정선(船)에 아들 코르테스를 태워버렸습니다. 당시 에르난 코르테스는 열아홉 살이었습니다. 신생 식민지인 산토 도밍고(Santo Domingo)와 쿠바에서도 코르테스는 사랑의 모험을 계속했습니다. 친절하고 맵시가 좋으며 풍부한 표현과 우아한 말솜씨까지 겸비한 총독 벨라스케스(Velásquez)는 베르날 디아스에 따르면, "부를 나눠주는 데 인색하지 않은" 사람이었습니다. 그 덕택에 벨라스케스 밑에서 일하던 코르테스는 땅과 농장의 주인이 될 수 있었습니다. 하지만 그 와중에도 코르테스는 처녀, 미망인, 유부녀와 사랑을 나눴고, 그로 인해 수차례 자상(刺傷)을 입고는 수염을 길게 길러 상처를 숨겼습니다. 쿠바 바라코아(Baracoa) 시(市)에 정착한 코르테스는 "들끓는 마음과 들끓는 날씨로 인해" 그라나다(Granada) 여인인 카탈리나 후아레스(Catalina Juárez)와 결혼 약속까지 했으나, 카탈리나의 출신이 비천하고, 가난한데다 평판도 좋지 않아 그 약속을 어겼습니다. 이로 인해 코르테스는 성당에 몇 달을 갇히기도 했습니다. 많은 역경 끝에 자유를 얻은 코르테스는 결국 가난한 카탈리나 후아레스과 결혼했지만, 그럼에도 아내가 공작의 딸이었다면 더 행복했을 거라고 즐겁게 말하곤 했습니다.

시간이 흘러 멕시코 정복이 시작된 후 타바스코(Tabasco) 지역의 족장이 도냐 마리나를 코르테스에게 선물로 바쳤을 때, 도냐 마리나는 그토록 대범하고 방탕하며 사랑을 즐기는 코르테스를 알게 되었습니다. 베르날 디아스 데 카스티요는 코르테스가 선물로 받은 목록을 "도마뱀 네 마리, 모포, 오리 다섯 마리, 황금 조각과 별 가치 없는 물건들"이라고 나열하고, 다음과 같이 말합니다.

> 선물로 받은 원주민 여성을 개종시키고, 도냐 마리나라는 이름을 붙였다. 도냐 마리나는 진정 위대한 족장의 딸이면서 스스로도 위대한 공주였고, 신하

들을 거느리는 여주인이었다. 겉으로도 매력적이었고, 여러 일에 잘 나서고, 수완이 좋았다. 도냐 마리나는 우수한 여성이었고, 언어에 뛰어났다. 이 여인은 정복 사업의 기분 좋은 시작을 알리는 것 같았고, 그 이유로 코르테스는 항상 도냐 마리를 데리고 다녔다.

도냐 마리나는 족장의 후계자 자리와 재산을 빼앗기 위해 친부와 계부의 손에 외지의 원주민들에게 노예로 팔려갔습니다. 여러 사람의 손과 여러 도시를 거치는 떠돌이 생활을 하면서 빠른 적응력을 습득했고, 후에 코르테스가 정복하게 될 여러 민족의 문화, 계획, 다른 부족과의 경쟁 관계, 언어를 배웠습니다. 이런 식으로 도냐 마리나는 타고난 지능에다가 여행으로 얻은 넓은 시야와 고통 속에서 배운 기지를 겸비할 수 있었습니다. 도냐 마리나는 마야어와 아스테카인이 사용하던 언어를 구사했고, 스페인어로도 세비야에서 태어난 사람처럼 유창하게 의사를 전달했습니다.

코르테스라는 인물이 도냐 마리나에게 얼마나 눈부신 인상을 남겼을지는 가히 상상하기 힘듭니다. 원주민의 신앙에 따르면 코르테스는 희고 강력한 신, 태양과 달의 아이, 미지의 세계에서 온 대사(大使)이자 신들의 장군이었습니다. 무기는 천둥과 번개가 치는 듯했고, 날개가 달린 것만 같은 동물은 코르테스를 태우고 쏜살같이 달렸습니다. 장신(長身)의 체격과 수염은 코르테스가 무적이라는 것을 암시했을 것입니다. 원주민의 고대 예언처럼 코르테스는 결국 아스테카 제국을 무너뜨리고, 그 폐허 위로 새로운 시대를 열기에 이릅니다. 원주민 남성에게 코르테스는 아스테카의 적그리스도이고, 스페인의 무기와, 말, 병사는 파괴와 죽음의 묵시록에 등장하는 괴물이었다면, 도냐 마리나와 같은 원주민 여성들에게 코르테스는 분명 메시아였습니다.

도냐 마리나는 동포로부터 받은 것이 거의 없었습니다. 어머니는 딸을 팔아 돈을 챙겼습니다. 도냐 마리나는 이 마을 저 마을 떠도는 눈물겨운 생활을 하는 동안 가난한 여성의 비참한 처우를 알게 되었습니다. 원주민 여인은 가장 저열한 일을 하고, 학대당했으며, 어릴 때는 희생 제물로 팔려가고, 어른이 되어서는 신부감으로 팔려갔습니다. 아이를 품에 안은 여성을 우상으로 숭배하는 새로운 군주 아래에서 이들은 틀림없이 이전보다는 형편이 나아지리라고 생각했을 것입니다. 혁명의 필요성에 따라 자신의 민족을 배반하면서도 열성을 다해 코르테스와 백인의 편에 선 도냐 마리나는 사랑을 통해 미래에 있을 인종간 화합의 포문을 열었으며, 비록 기초적인 수준이지만 아메리카 최초의 여성주의 운동을 시작했습니다.

"여러 일에 잘 나서고 수완이 좋았다"고 베르날 디아스는 도냐 마리나를 묘사했습니다. 이 거칠고도 단순한 표현 속에 어찌나 많은 특색이 내포되어 있으며, 얼마나 많은 것을 엿볼 수 있단 말입니까! "여러 일에 잘 나서고 수완이 좋았다"라는 말은 도냐 마리나가 일처리를 잘하고, 늘 준비가 되어 있었으며, 말솜씨가 좋고, 조심스러우면서도 어느 정도의 애교도 있었고, 천성적으로 너그러웠다는 것을 의미합니다. 베르날 디아스의 생생한 이야기를 따라가면 우리는 도냐 마리나가 행동하는 것을 느낄 수 있고 마치 친밀한 우정을 쌓은 것처럼 한 여인을 알아가게 됩니다. 도냐 마리나는 전형적인 여성이자 창조적이고 늘 분주한 영혼답게 신문물을 열정적으로 받아들입니다. 하지만 이상주의자였던 이 여인은 모든 것을 너무 쉽게 믿어버렸습니다. 도냐 마리나에게는 만물이 놀라움의 연속이었습니다. 상냥하고 호감이 가는 사람이라 도냐 마리나는 가는 곳마다 환영을 받았습니다. 자리에 따라 어떻게 행동할지 알았고, 특유의 쾌활함으로 불화를 해결할 줄 알았기 때문입니다. 목테수마[32]가 침략자를 파악하기

32 목테수마(Moctezuma, 1486~1520)는 아스테카 왕으로 영토 확장에 애썼지만 스페인인의 침입으로 아스테카의 마지막 황제가 되었다.

위해 보낸 화가와 서기는 상세한 편지를 써서 고했는데, 화살을 표현한 불꽃과 말을 나타내는 날개달린 영혼이 하늘을 가로지르는 가운데 신비한 힘 중 하나로 도냐 마리나의 초상을 그려 넣었습니다. 도냐 마리나를 거치지 않은 교서가 없었습니다. 모든 평화협약도 코르테스의 곁에서 도냐 마리나가 주재했습니다. 회담의 연설을 번역할 때는 신랄한 표현을 부드럽게 바꾸기도 했습니다. 베르날 디아스의 이야기에서 펼쳐지는 수많은 역경을 따라가다 보면 마치 숨겨진 신의 섭리처럼 비록 보이지 않지만 도냐 마리나의 지속적인 개입이 있음을 짐작할 수 있습니다. 특히 이러한 의혹을 증폭시키는 결정적 순간이 있습니다. 멕시코를 손에 넣고 난 뒤 코르테스는 그때까지 보여주던 모든 정치적 기지를 잃어버린 것처럼 행동합니다. 불필요할 정도로 가혹해지고, 승자의 거만함이 하늘을 찌르며, 목테수마라는 신성한 인물을 모독하며 민중의 화를 돋웁니다. 재앙이 일어날 것이 피부로 느껴집니다. 불만이 솟구치고 우이칠로보스(Huichilobos)신[33]에게 스페인인을 잔인하게 희생 제물로 바치는 '슬픈 밤'[34]이 도래할 것을 느낄 수 있습니다. 여기서 우리는 독서를 그만두고 자비와 화합의 영혼을 찾고자하는 마음이 듭니다. 도냐 마리나, 당신은 어디 있었나요?

코르테스의 열정은 격렬한 만큼 짧았습니다. 도냐 마리나를 향한 사랑은 금방 잔잔한 애정으로 변해버렸습니다. 멕시코를 정복하고 얼마 지나지 않아, 코르테스는 도냐 마리나를 스페인 하급 귀족인 돈 후안 데 하라미요(Don Juan de Jaramillo)와 결혼시킵니다. 베르날 디아스에 의하면 "존재감이 대단했고 이미 누에바에스파냐 원주민에게 완벽한 영향력을 행사하던 도냐 마리나"는

33 아스테카인이 숭앙하던 전쟁의 신이자 태양신인 우이칠로포츠틀리(Huitzilopochtli)를 스페인인은 우이칠로보스라고 불렀다.

34 슬픈 밤(Noche Triste)이란 1520년 6월 30일 밤 아스테카인이 코르테스와 스페인군을 테노츠티틀란에서 몰아낸 사건을 가리킨다.

체념하며 결혼을 승낙합니다. 보좌관이자 중재자로서 핵심적 역할을 수행하던 도냐 마리나는 긴 전쟁이 끝난 뒤 원주민 세계에서 권력을 되찾았으며, 위대한 사랑에 대한 기억과 함께 미래에 산티아고(Santiago)의 기사가 되고 스페인 하급 귀족으로 인정받은 아들 돈 마르틴 코르테스(Don Martín Cortés)를 얻었습니다.

어느 날 도냐 마리나는 예기치 않게 어릴 때 자신을 팔아넘긴 어머니를 마주하게 됩니다. 베르날 디아스 델 카스티요가 이 장면에 성경의 색채를 더해 이야기하는 구절을 읽어보겠습니다.

> 과사괄코(Guazagualco) 부락에서 코르테스는 사람을 보내 그 지역에 사는 모든 족장을 불러 모았다. 성스러운 교리와 앞으로 원주민과의 관계에 대해 연설을 하기 위해서였다. 그러자 다른 부족장과 함께 도냐 마리나의 어머니와 가톨릭으로 개종하며 라사로(Lázaro)라는 이름을 갖게 된 도냐 마리나의 이복형제가 왔다. 노모는 자신과 너무나도 닮은 도냐 마리나를 보고 딸임을 알아보았다. 어머니와 동생은 그들을 죽이라고 명령을 내릴 것이라 생각하고 울며 겁에 질려 있었다. 도냐 마리나는 자신의 가족이 그렇게 우는 것을 보고는 겁먹을 필요 없다고 위로하며, 그때는 어머니께서 시칼랑고(Xicalango) 부족에게 딸을 팔아넘기는 것이 잘못된 행동이라는 사실을 몰라서 그랬던 것이니 둘을 용서한다고 했습니다. 그리고는 많은 의복과 금붙이를 선물하였습니다. 도냐 마리나는 우상 숭배로부터 자신을 멀리하시고, 지금의 남편과 같은 신사와 결혼하여 코르테스님의 아이를 가진 것은 전부 신의 은총이며, 누에바에스파냐 전 지역의 부족장이 될 수 있다고 하더라도 원치 않았을 것이고, 코르테스를 섬기는 것이 이 세상 다른 어떤 것보다 의미가 있다고 덧붙였습니다. 제가 여기서 이야기하는 것은 전부 제가 실제로 목격한 것입니다. 맹세합니다. 아멘.

저는 여러분이 이 대목에 대해 어떻게 생각하실지 모르겠습니다. 저는 매우 마음에 들었습니다. 인물은 오래 전에 찍은 영화 필름의 주인공처럼 등장했습니다. 갑작스러운 움직임이 돋보였고 극적 순간에 희극적인 순수함이 두드러졌습니다. 도냐 마리나는 형제의 손에 팔려간 요셉이며, 과거의 슬픈 기억을 상기시키는 가족을 용서하는 행동은 자비의 상징입니다. 가족을 보자마자 용서합니다. 경이로운 먼 세계에서 온 옷과 보석을 너그럽게 내줍니다. 환상적인 모험 이야기를 해주고, 새 가족을 어머니와 동생에게 소개합니다. 모두 외지에서 온 승자의 핏줄입니다. 도냐 마리나는 행복하기에 너그러움을 보이며 과거의 악행을 용서할 수 있었던 것입니다.

베르날 디아스는 눈앞에 생생히 떠오르게 서술을 해나가며 자신의 문체가 부족하고 단정치 못하다고 사죄합니다. 그럼에도 불구하고 "옛날이야기도 고대 로마의 이야기도 아닌 어제 일어난 일을 기억에서 온전히 꺼내야 한다"는 책임감을 느낀다고 말합니다. 누에바에스파냐 정복에 대해 연대기를 쓴 고마라[35]와 같은 유명한 작가나 관리들이 베르날 디아스가 백 번이 넘는 전투에서 직접 목격한 사실을 왜곡했기 때문입니다. 베르날 디아스는 청춘의 추억이 망가지는 것을 고통스레 보고만 있을 수는 없었고, 기억을 다시 복구하기 위해 최선을 다해 자신의 경험을 풀어내려 합니다. 하지만 문인이 아닌 투박한 군인이던 베르날 디아스는 자신의 진실된 이야기를 다 써놓고도 죽기 전에는 감히 출판할 엄두를 못 냈습니다. 너무 조잡해보였고 시시콜콜한 이야기로 가득했기 때문입

35 프란시스코 로페스 데 고마라(Francisco López de Gómara, 1511?~1566?)는 아메리카에 가 본 적이 없었지만, 친분이 있었던 에르난 코르테스와 아메리카를 다녀온 군인들의 이야기를 근거로 『멕시코 정복사(Historia de la conquista de México)』(1552)를 저술했다. 베르날 디아스는 이 책이 역사를 왜곡하고 있다고 비판하고, 이를 바로잡겠다면서 『누에바에스파냐 정복의 진상』을 집필했다.

니다. 하지만 사실 이러한 세목이야말로 변덕스러운 신의 은혜로 우리의 기억에 남아있는 것이며, 이 투박한 글쓰기야말로 진정한 기억의 시학을 담고 있는 것입니다. 탐험을 함께한 말의 색과 이름, 재주와 품질, 예기치 않게 항해 중에 망아지를 낳은 밤색 말, 아바나에서 부자라고 소문이 난 군인 후안 세데뇨(Juan Cedeño)가 얼마나 많은 카사베와 말린 돼지고기를 가지고 다녔던지. 이뿐만 아니라 베르날 디아스는 다음과 같은 이야기도 전합니다.

> 우리는 후안 솔리스(Juan Solís)를 '문 뒤에 숨은 놈'이라고 불렀다. 보이지 않는 곳에서 엿듣는 습관 때문이었다. 타리파(Tarifa)는 싸움에도 일에도 쓸모가 없어서 별명이 '흰 손을 가진 놈'이었다. 페드로 데 이리시오(Pedro de Iricio)는 '다리가 짧은 놈'이었다. 그는 보이는 것과 달리 아무 것도 못하는 사람이었다.

사건의 흐름 속에서 이렇게 세세한 대목이 생생하게 나타납니다. 도냐 마리나의 활동 역시 이 생생한 소동 속에서 함께합니다. 그리고 그 자체로 보통의 이야기보다 더 뛰어나고 아름다워 산문체 로망스 시(詩)라고 명명할 수 있는 베르날 디아스 이야기의 꽃이 바로 도냐 마리나입니다.

아마 여러분께서는 제가 이렇게 말하는 것이 직업병이며, 말실수를 하지 않으려면 소설가라는 울타리 안에만 머무르는 것이 낫다고 생각하실 수도 있습니다. 하지만 그렇지 않습니다. 저는 말실수를 하고 있다고 생각하지 않습니다. 이러한 서사 장르가 도덕적으로 우월하다고 확신하고 있으며, 이러한 표명을 하는 것이 저의 의무라고 생각합니다. 베르날 디아스와 같은 글쓰기에 비하면 역사적 사실, 즉 공식 역사는 남성만의 연회에 불과합니다. 남성은 예의를 갖춰 연회장에 모여 지적인 이야기를 하고 유려한 연설을 합니다. 하지만 부자연스러운 모임에서 주고받는 남성들의 이야기는 마음을 울리지는 못합니다. 이것은 거짓 축제에 불과합니다. 여성이 배제되면서 삶을 연결하는 줄기 중 하나가 끊겨버린 것입니다. 반면에 로마인의 이야기와 복음서를 보면 베르날 디아스의 이야기처럼 생생하고 감동적인 이야기의 전면에 여성이 등장하고, 동물은 친구이자 형제로 부각됩니다. 2,000년이 지난 일이지만 아직도 베들레헴의 노새와 소의 숨결은 마음을 뜨겁게 합니다. 예수님의 수난극을 쓴 전도사도 베르날 디아스와 마찬가지로 투박한 연대기작가입니다. 뛰어난 플루타르코스[36]를 포함해서 그 시대의 위대한 작가 중 어느 누구도 수난극 수준의 영구적인 힘을 가진 이야기를 써내지 못했습니다. 예수님의 수난에서는 수탉이 무대에 오르는 장면도 매우 중요하고 여성들 역시 도냐 마리나처럼 극의 사건을 따라 몰려다닙니다. 누구도 여성의 길을 가로막지 않습니다. 오히려 환영합니다. 여성이 바로 그 날의 주인공입니다. 수난극은 모두들 내다볼 수 있도록 길에서 공연합니다. 2,000년 전부터 쉼 없이 이야기되고 상연되어 온 수난극은 지금도 여전히 성주간이 되면 섬세한 사실주의적 묘사와 사랑의 전통을 이어가며 민중이 공연하고 이야기합니다. 일례로 안달루시아 사람들이 부르는 일곱 번의 넘어짐을 들어봅시다. 여담처럼 들리시겠지만 실제 삶에서와 마찬가지로 무명의 중요치 않은 인물에게도 똑같이 비극이 일어난다는 점에서 이러한 이야기들은 가치를 지니며, 저는 이 중요성을 강조하는 의미에서 아래의 사에타[37]를 여러분께 들려드리고 싶습니다.

예수님은 십자가를 어깨에 메고 경사가 급한 언덕을 올라갑니다. 무대는 일상에서 가까이 있는 물건들로 꾸며지기 때문에, 이 언덕은 예루살렘에 있는 것

36 플루타르코스(46?~120?)는 고대 로마의 그리스인 철학자이자 저술가로, 플라톤 철학의 전문가였으며 박학다식으로 유명했다.

37 사에타(saeta)는 스페인에서 부르는 성가이다.

이 아니라 세비야에 있는 모든 길이 될 수 있습니다. 이 거리의 이름은 고통의 길입니다. 머리는 산발하고 피를 흘리면서 나사렛 사람의 옷을 입은 예수님이 옵니다. 천천히 걸어 사람들을 헤치고 지나갑니다.

고통의 거리
맨발의 그리스도가 길을 오르고 있었습니다.
보라색 튜닉을 걸치고
머리에는 가시면류관을 쓰고
어깨 위에는 나무를 짊어지고 있었습니다.
갑옷과
투구와 창에서 번쩍이며
태양은 시야를 가렸습니다.
그리스도는 유다를 기억했습니다.
아들처럼 그의 뺨에
키스를 하고는
그를 팔아넘긴 자를 기억했습니다.
그와 같은 치욕을 생각하자
첫 번째 넘어짐이 있었습니다.

이마를 흘러 내려오며 눈에 들어가는 피로 인해 앞을 제대로 볼 수 없습니다. 예수님은 발에 채이는 물질적인 장애물과 갑작스레 머리를 스쳐 지나가는 고통스러운 기억 때문에 발이 걸려 넘어지고 또 넘어집니다. 그렇게 여섯 번을 넘어지고 성 베드로의 부인(否認)을 떠올릴 때는 눈물이 피와 섞입니다. 시야가 지나치게 어두워지자 결국 성 베드로를 생각하며 예수님은 가장 거세게 넘어지고 맙니다. 그리고 모퉁이를 돌면 갑자기 성모 마리아와 마주칩니다. 그때는 너무 감격해 언어로 표현할 수 없을 지경입니다. 적막만이 감돕니다. 그 장면을 제대로 감상할 수 있는 증인은 인간이 아닌 엷은 공기와 하늘을 나는 새의 날갯짓뿐입니다.

머리를 풀어 헤치고 흐느끼는
성모 마리아가 있습니다
눈물이 앞을 가려 그녀의 눈은
격렬한 샘물과 같습니다.
어머니는 말씀하십니다. 내 아들아!
예수님은 말씀하십니다. 어머니!
그리고는 더 이상 말이 없습니다.
더 이상 말을 이을 수 없었기 때문입니다.
그들을 보기 위해 하늘에서는
제비 한 마리가 멈춰섭니다.
비둘기들은 입을 다물고
바람도 멈춥니다.
그때 그리스도의
일곱 번째 넘어짐이 있었습니다.

이보다 더 역사적 장면을 잘 표현할 수 있을까요. '더 잘'이라고 한 것은 이야기의 도덕적 목적이 과거의 온기를 현재로 전하며 특정 사물과 사람을 사랑하도록 하기 위한 것이기에, 더 사랑스럽고 가치 있게 그릴수록 더 좋은 이야기이기 때문입니다. 흔히 말하듯 권위 있고 존경받는 것을 폄하하고 싶은 마음에서 이런 말을 하는 것이 아닙니다. 하지만 저는 역사가의 진실이 상대적일수록, 비역사가의 이야기와 전통의 진실성이 절대적일 수 있다고 봅니다. 이들의 이야기가 훨씬 현실에 근접해있고 더 매력적으로 역사를 보여주기 때문입니다. 게다가 전통은 사라집니다. 전통은 이상적인 효용성과 소멸을 앞두고 있다는 조건 때문에 두 배로 사랑해줘야 합니다. 인쇄술이 전통을 파괴하고 있습니다. 기억은 이미 기록된 것을 보관하려 하지 않고, 기억하더라도 그것은 인쇄된 형태를 모방하는 식으로 이루어집니다. 이제는 베르날 디아스나 사에타를 작사한 무명의 작가처럼 문어보다는 구어로 이야기할 줄 아는 사람이 없습니다. 얼마 전에 저의 조국에서 이를 확인할 수 있었습니다. 베네수엘라야말로 모든 종류의 발전을 가장 잘 볼 수 있는 나라이기 때문입니다.

어느 날 카라카스에서 친구들과 있을 때 저희는 민요가 듣고 싶어서 꽤 유명세를 누리고 있던 흑인 가수들을 불렀습니다. 야노(Llano) 사람들이었습니다. 친절하고 자신의 출신지에 대한 자부심이 넘치던 그 사람들은 선율이나 가사가 가장 전형적인 민요를 골라 불러줬습니다. 갈레론, 호로포, 코리도 음악에[38] 맞춰 야노 사람들이 참전한 독립전쟁의 장면을 노래했습니다. 하지만 가사는 모두 역사를 서술한 글에서 따온 단어로 점철되어 있었습니다. "용감한 전사", "조국의 아버지", "영광의 켄타우루스" "국가의 이름을 낳은 영웅"과 같은 가사는 기타와 마라카스의 반주에 맞춘 역사 수업의 축약본이었습니다. 민중은 모든 일에 무의식적으로 매력을 더할 줄 알기에 이 역사 수업 역시 굉장히 재미있었습니다.

여러분, 뛰어난 연설자는 행동으로 보여주는 것이 아니기 때문에 저도 그에 질 수는 없습니다. 역사에 반대하며 여담으로 빠졌으니, 다시 역사로 돌아갑시다. 길지는 않을 테니, 걱정하지 마십시오.

원주민 공주들은 자신의 법과 전통에 따라 스페인 정복자와 결혼했습니다.

---

38 갈레론(galerón), 호로포(joropo), 코리도(corrido)는 야노 사람들의 민요이다.

이러한 결합은 많은 경우 스페인 정복자들이 가톨릭 성사를 행하지 않아 귀천상혼(貴賤相婚)에 해당하였고, 따라서 스페인 남성의 의지에 따라 원하는 날 결혼을 파기할 수도 있었습니다. 영원한 강자의 법칙인 일방향적인 복종과 신의는 그때부터 전조를 나타내 지금도 여전히 우리의 원주민 사회가 앓고 있는 만성병이 되었습니다. 도냐 마리나의 이야기에서 봤듯이, 어떤 정복자는 스페인에서든 식민지에서든 성당에서 원주민 여인과의 결합을 인정받아 명문 메스티소 집안을 세우기도 했지만, 많은 경우 더 젊고 좋은 조건의 유럽 여성과 가정을 꾸리기 위해 원주민 여인을 떠났습니다. 정복자 세바스티안 가르실라소 데 라 베가와 마지막 페루 왕실의 손녀이자 조카인 다정한 잉카 공주 이사벨이 후자의 경우였습니다. 결국 이사벨은 여생을 홀로 보내게 됩니다.

세바스티안 가르실라소는 아메리카 정복사의 위대한 장군과 마찬가지로 엑스트레마두라 출신이었습니다. 스페인의 가장 고명한 집안과 친척이던 세바스티안 가르실라소는 시인 호르헤 만리케, 목가시를 쓴 가르실라소와 그라나다에서 공훈을 세운 가르실라소의 후손입니다. 두 형은 카를로스 5세의 곁에서 이탈리아와 플랑드르로 원정에 참여했고, 세바스티안 가르실라소 역시 더 넓은 곳에서 활동하고 싶다는 야망을 가지고 아메리카로 떠나는 배에 몸을 실었습니다. 처음에는 알바라도의 황당무계한 원정대에 참가하기도 했지만, 나중에는 프란시스코 피사로를 따라서 페루 정복에 나섰습니다. 세바스티안 가르실라소의 인생은 위대한 정복자의 전형처럼 경이로움으로 가득 차 있었습니다. 원주민과 전쟁을 끝마치고 나서 광활한 토지의 주인이 되고, 보물과 경이의 신생 국가에서 반신(半神)이자 반제왕(半帝王)이 된 세바스티안 가르실라소는 르네상스의 가장 야망있는 용병의 꿈을 이룹니다. 잉카 제국의 옛 수도인 쿠스코에 자신의 성을 지어 너그러운 주인이 된 세바스티안 가르실라소는 매일 50명 이상의 손님을 받아 식사를 대접하고, 쿠스코를 지나는 모든 친구와 가난한 지인을 재우고, 입히고, 말을 제공했습니다. 또한 대농장을 여럿 소유한 주인으로서 원주민에게 너그럽고 인자했습니다. 곤살로 피사로와 리마의 부왕 간의 끔찍한 내전이 터지기 이전, 평화기에 쿠스코의 거리와 광장은 잉카 사회의 어두운 잔재 위로 피렌체의 찬란함이 펼쳐졌습니다. 존경받던 원주민 귀족이 슬픔과 가난 속에서 비쿠냐와 비스카차 털로 만든 모포를 두르고 살아가는 동안 스페인인은 종교 행렬, 가장행렬, 기마전 등 호화로운 축제를 즐겼습니다. 이러한 축제가 얼마나 호화스러웠던지 한번은 행렬에 등장한 무어인의 터번에 30만 두카도 치의 보석이 붙어있었다고 합니다. 시대의 불안으로 인해 부와 위험은 함께 다녔습니다. 가벼운 말다툼도 결투와 죽음으로 이어지기 일쑤였고, 명예 문제와 복수 때문에 계략이 난무했습니다.

이러한 호화스러운 생활과 밝은 미래에 대한 기대가 가득한 분위기에서 잉카 공주 도냐 이사벨은 세바스티안 가르실라소의 성의 안주인이 되었습니다. 쿠스코 귀족사회를 형성한 스페인 지주는 정중하고 예의바르게 도냐 이사벨을 대했습니다. 도냐 이사벨 또한 예를 갖춰 손님을 대접하고 대주교와 서신을 주고받았으며, 세바스티안 가르실라소에게 극진한 사랑을 받았습니다. 도냐 이사벨은 식민지풍 저택의 원시적인 형태인 호화로운 궁에서 상냥하고 친절한 크리오요 안주인 자리를 맡았습니다.

곤살로 피사로와 부왕 누녜스 데 벨라(Núñez de Vela)가 사투를 벌일 때, 세바스티안 가르실라소는 쿠스코를 떠나 부왕 편에 섰습니다. 텅 빈 커다란 집에서 도냐 이사벨은 여섯 살 난 아들과 단 둘이 남겨졌습니다. 이 아이가 미래에 『잉카 가르실라소의 플로리다(La Florida del Inca)』와 『잉카 왕실사』의 저자가 될 잉카 가르실라소입니다. 70년 후, 늙고 가난한 메스티소 시인 잉카 가르실라소는 스페인 코르도바의 집에 은거하며 생동감과 사랑이 넘치던 유년기의 추억에 대해 쓰면서 피와 포화가 난무하던 그 시절에 어머니가 겪은 수난을 묘사합니다. 세바스티안 가르실라소의 적이 모자의 목을 치기 위하여 집을 약탈하고 가구를 불태웠을 때, 그 집의 비밀 방에 숨어 두려움에 떨던 어머니와 아들은 원주민과 스페인 하인들이 몰래 가져다주던 옥수수로 연명했습니다. 어린 잉카 가르실라소는 여러 밤 창문 사이로 미남이지만 무섭던 아버지의 적, 노장 카르바할(Carvajal)이 길을 지나가는 모습을 보았습니다. 회갈색 노새 등에 탄 카르바할의 턱수염은 어둠 속에서 하얗게 빛났고, 자주색 망토를 두르고 하얀 깃털로 장식한 호박단 모자를 쓴 장군은 군수품을 정비하고, 형벌과 사형을 명하며 좁고 조용한 길을 빠르게 내려갔습니다.

공포가 물러가고, 세바스티안 가르실라소의 부재 동안 도냐 이사벨은 아들과 함께 잉카 공주의 자리와 가르실라소의 아내 자리로 돌아왔습니다. 성탄절과 성 요한 축일이 되어 지주들이 공물을 바치러 오면 아들 잉카 가르실라소는 잉카 문자 키푸(quipu)로 셈을 도왔습니다. 오후에는 기나긴 가족 모임이 이어졌습니다. 아타우알파의 처형[39]과 스페인인과의 전쟁에서 살아남은 친척들, 나이든 잉카 귀족, 왕자들이 궁을 찾았습니다. 친지들은 어머니 주변에 둘러앉아 지난날의 영광과 제국의 멸망을 알린 하늘의 예언을 추억하고, 아이는 그들의 이야기에 귀를 기울였습니다. 잉카 가르실라소는 책에서 다음과 같이 이야기합니다.

> 잃어버린 행복에 대한 기억으로 늘 눈물과 울음으로 끝을 맺었다. '군주에서 신하가 되어버렸다'.

아들과 단 둘이 있을 때면, 도냐 이사벨은 종종 감격에 겨워 떨리는 목소리로 세상에 문명을 전달한 신이자 쿠스코의 건설자이며 태양의 자식인 망코

---

39 아타우알파(Atahualpa, 1502~1533)는 잉카의 마지막 황제로, 피사로에게 체포되었다. 1533년 이복동생을 암살하고 반스페인 음모를 꾸민 죄로 사형선고를 받았다.

카팍과 그의 아내에 대한 전설을 이야기해주었습니다. 별빛이 반짝이는 따뜻한 밤이면 어머니는 아들의 손을 잡고 나가 은하수가 만드는 천상의 알파카의 모습을 가르쳐 주었고, 달에서 사랑에 빠진 여신의 입맞춤의 흔적을 찾아내었고, 처녀가 든 항아리를 오빠가 천둥소리로 깨버려 쏟아져 나온 물이 비가 되었다는 이야기도 해주었습니다.

내전이 끝난 어느 날 세바스티안 가르실라소 데 라 베가가 쿠스코로 돌아왔습니다. 여전히 부유하고 성공한 장군이었습니다. 메스티소 아들 잉카 가르실라소는 엄숙한 의식이 있을 때면 하인들이 원주민 왕자들을 목마 태우고 나가던 전통에 따라 하인의 목마를 타고 아버지를 맞이하러 갔습니다. 그러나 아버지는 스페인 귀족 여인과 결혼을 하기 위해 돌아온 것이었습니다. 전쟁의 공포가 지나가자 수모와 이별이 찾아온 것이었습니다. 오랜 시간 멀리 떨어져 있는 생활이 사랑에 충실한 사람과 마음이 떠난 사람의 사이를 갈라놓는 이야기는 언제나 있었던 것 아니겠습니까. 유년기에 큰 낙담을 가져다 준 이 사건을 회고록에서 이야기하면서도 노쇠한 잉카 가르실라소는 늘 격렬한 존경심을 가지고 사랑하던 아버지를 책망하는 말은 하지 않습니다. 조용히 지나간 계모를 향한 날카로운 문장도 하나 없습니다. 잉카 가르실라소의 고통은 오직 버림받은 가여운 원주민 여인에 대한 기억을 향해 있습니다. 마치 신비주의적 이상주의의 샘물에서 그러한 불충에 대한 보상을 찾고자 하는 것 같습니다. 잉카 가르실라소는 『잉카 왕실사』를 어머니께 바치고 있습니다. "페루 잉카의 황실 핏줄보다는 세례수로 더 고매해지신 어머니께". 희망과 용서를 담은 어찌나 아름다운 묘비입니까!

재혼하고 얼마 지나지 않아 노인이 된 아버지 세바스티안 가르실라소는 쿠스코에서 사망했습니다. 청소년이던 메스티소 아들은 원래 어머니가 소유하던 땅과 농장에 대한 권리를 돌려받기 위해 스페인 궁정으로 갔습니다. 재판은 오랜 시간을 끌었고, 그 사이 페루에 남았던 어머니, 도냐 이사벨도 돌아가시게 됩니다. 잉카 가르실라소는 한창의 나이에 스페인에 홀로 남겨졌지만 존경과 사랑을 받았습니다. 무어인과의 전쟁에서 능력을 발휘하고, 여행을 떠나 이탈리아에서 머무르다 스페인으로 귀국해서는 신부가 되었고, 남은 생을 영적 삶에 바쳤습니다. 재산도 얼마 남지 않은 잉카 가르실라소는 하인 몇 명과 코르도바의 집에 은둔하여 살면서 내면세계에 침잠했습니다. 젊은 시절에 잘 배우지 못한 인문학 공부를 마치고 나서는 시인으로서의 영혼을 깨워 15, 16세기의 모든 시적 조류를 섭렵하였습니다. 그리스, 라틴 고전과 함께 스콜라 철학을 공부하고, 르네상스 시대의 뛰어난 저술가와 시인의 저서를 읽었으며, 유다 레온[40]의 『사랑에 관한 대화록』 세 편을 아름답게 번역했습니다. 생의 가을에 접어들었을 때 고독한 예술가의 영혼은 아메리카 조국을 그리워했습니다. 페루야말로 완숙기의 작품들 안에서 잉카 가르실라소 영혼의 진정한 약속의 땅으로 나타나게 됩니다. 잉카 가르실라소는 직접 코르도바의 정원에 코카나무를 심고 어릴 적에 쿠스코 들판에서 꺾던 꽃을 스페인에서 키우기도 하면서, 『페루 통사(Historia General del Perú)』, 『스페인인 간의 내전(Las Guerras Civiles entre españoles)』, 『잉카 가르실라소의 플로리다』를 유려하고도 재미있게 서술해나가기 시작했습니다. 아메리카의 역사가이자 시인이었던 잉카 가르실라소는 민속학자이기도 했습니다. 하지만 잉카 가르실라소의 재미있는 산문이 정점에 도달한 것은 『잉카 왕조사』에서였습니다. 유년기의 기억과 다른 이들이 어린 잉카 가르실라소에게 이야기해준 회상에 대한 회상. 그 안에서 미래 아메리카의 민족성을 형성할 두 주류가 잉카 가르실라소의 인생에서 그랬듯이 사랑으로

40 유다 레온 아브라바넬(Judah Leon Abravanel, 1460?~1521)은 포르투갈 출신의 유대인 철학자이자 시인이며, 저서로는 『사랑의 대화(Dialoghi d'amore)』가 유명하다.

합치되었습니다. 미국의 작가인 프레스코트[41]는 잉카 가르실라소의 왕조사를 원주민 정신의 분출이라고 평가합니다. 실제로 귀를 기울이면 투명한 산문 아래로 저승의 울음 섞인 탄식이 들려오는 듯합니다. 그 소리는 별을 가리키며 잉카의 순수한 전설을 이야기하던 어머니 목소리가 메아리치는 소리입니다. 글이 없었기에 목소리에 맡겨졌던 이야기들은 메스티소 아이의 귓가에서 어머니의 마지막 목소리가 죽어갈 때 함께 사라져버렸습니다. 하지만 노년기에 접어든 아이는 고향에서 멀리 떨어져 고향에 대한 향수로 유년기로 돌아가고, 어머니에 대한 사랑을 가지고 수천 년 간 지속되었던 목소리를 되찾았습니다. 그리고 투명한 산문 속에 경건하게 그 이야기를 담아서 상징을 창조했습니다. 원주민의 피리, 케나 소리가 멀리서 들려오는 것처럼 인정받지 못하고 잊혀져버린 원주민 할머니들의 마음 깊은 곳에서 조용하고도 떨리는 울음소리가 들려옵니다. 단조의 슬픈 가락은 우리 아메리카 정신의 소동 속에서 여전히 진동하고 있는 진정하고도 여린 음률입니다. 메스티소 스페인인인 잉카 가르실라소처럼 우리 역시 미래에 대한 믿음을 지니고 지금까지 흘린 피와 눈물에 대해 용서해야 할 것이며, 어느 누구도 부인하지 않고 스페인(Castilla)의 형식 속에서 아메리카의 정신을 보존해야 합니다.

41 윌리엄 프레스코트(William H. Prescott, 1796~1859)는 미국의 역사학자로, 『페루 정복사(A History of the Conquest of Peru)』(1847) 등 라틴아메리카 관련 역사책을 저술했다.